G000320265

Kierkegaard Studies
Monograph Series
8

# Kierkegaard Studies

Edited on behalf of the

Søren Kierkegaard Research Centre

by Niels Jørgen Cappelørn and Hermann Deuser

---

## Monograph Series 8

Walter de Gruyter · Berlin · New York

2003

# Kierkegaard und Schelling

## Freiheit, Angst und Wirklichkeit

Herausgegeben von
Jochem Hennigfeld und Jon Stewart

Walter de Gruyter · Berlin · New York
2003

*Kierkegaard Studies*
Edited on behalf of the Søren Kierkegaard Research Centre
by Niels Jørgen Cappelørn and Hermann Deuser

*Monograph Series*
Volume 8

Edited by Hermann Deuser

The Foundation for the Søren Kierkegaard Research Centre
at Copenhagen University
is funded by The Danish National Research Foundation.

♾ Printed on acid-free paper which falls within the guidelines of the ANSI
to ensure permanence and durability.

*Bibliographic information published by Die Deutsche Bibliothek*

Die Deutsche Bibliothek lists this publication in the Deutsche Nationalbibliografie; detailed bibliographic data is available in the Internet at <http://dnb.ddb.de>.

ISBN 3-11-017499-5

ISSN 1434-2952



Printed in Germany
Disk conversion: OLD-Satz digital, Neckarsteinach
Cover design: Christopher Schneider, Berlin

# Inhalt

# Preface

The essays collected in this volume of the *Kierkegaard Studies. Monograph Series* were originally given as papers at the Schelling-Kierkegaard Workshop held at the University of Copenhagen on August 19th, 2000. The Workshop was organized and sponsored by the Søren Kierkegaard Research Centre and took place in conjunction with the Centre's annual Research Seminar (August 16th-18th, papers published in the *Kierkegaard Studies. Yearbook* 2001).

In the context of its work on the new critical edition of Kierkegaard's writing, *Søren Kierkegaards Skrifter,* the Centre had begun the philological and commentary work on the notebooks that Kierkegaard wrote when he was in Berlin in the winter of 1841-42. These notebooks include, among other things, the notes that he wrote when he attended the lectures at the Friedrich-Wilhelms-Universität in Berlin. These included Karl Werder's lectures on Hegel's logic and Philipp Marheineke's lectures on dogmatics, but most famous of all was the course given by F. W. J. Schelling with the title *Philosophie der Offenbarung.* This course was anxiously awaited by many people since Schelling had not published anything on philosophy for the previous several years. Moreover, this was his inaugural course at the University of Berlin where he had been appointed for the explicit purpose of combatting Hegelianism. Kierkegaard's notes to Schelling's lectures appear in *Notebook 11* of *Søren Kierkegaards Skrifter,* volume 19. This volume appeared in November 2001. These lectures constitute one of the most significant points of overlap between Kierkegaard and Schelling. Scholars have, however, explored many other significant points of connection, for example, between some of the central ideas in Schelling's *Freiheitsschrift* and Kierkegaard's *The Concept of Anxiety.* Thus, it seems that Schelling's philosophy had in one way or another an enduring effect on the development of Kierkegaard's thought.

Given that the preparatory work for *Søren Kierkegaards Skrifter,* volume 19, was underway, the Centre decided to encourage scholarship on Kierkegaard's relation to Schelling by hosting a seminar on the subject. The idea was to invite the leading international specialists who had done work on this issue and enjoin them to come together and discuss the relation in a forum organized by the Centre. Since the area of research was so specialized and since there were so few established scholars with expertise on this issue, it was decided that the seminar should have the character of a workshop that would allow for discussion of works-in-progress in a less formal atmosphere than a normal scholarly conference.

The present volume contains the papers given at that workshop, in their revised form, and is supplemented by two more papers. We hope that this volume in conjunction with the new text of and commentaries to *Notebook 11* in *Søren Kierkegaards Skrifter,* volume 19, will stimulate future research on this rich topic.

JOCHEM HENNIGFELD JON STEWART

Landau, Copenhagen
November 2001

# Kierkegaards Schelling

## Eine historische Einführung

Von TONNY AAGAARD OLESEN

Übersetzt von KRISTA-MARIA und HERMANN DEUSER

*Abstract*

The present article is a historical introduction which attempts to set forth all of the material which could be relevant for an understanding of Kierkegaard and Schelling. The hermeneutical function consists in identifying and presenting the texts which are to be introduced: this will be done first by means of an overview of the primary text materials; second by means of an investigation of the historical context which forms the background for an immediate understanding and appropriation of the concrete passages. The goal is to bring the historical horizon of experience of the text closer to the reader before beginning with a more synthesizing interpretation of the text itself. The goal of the historical introduction is to emphasize the factual, positive knowledge of the circumstances relevant for the text and is thus conceived also as a general introduction to studies which are primarily systematic and oriented towards application.

Die folgende Darstellung ist eine historische Einführung in Kierkegaards Schelling, das heißt desjenigen Schelling, wie er in Kierkegaards historischem Kontext und in seinen Werken vorkommt. Es ist also nicht die Rede von einer Einführung in Schellings Philosophie. Schellings Werke werden nur in dem Umfang einbezogen, in dem der Kontext es unmittelbar erfordert. In den Anmerkungen jedoch wird relevante Sekundärliteratur angeführt, die der weiteren Lektüre dienen kann. Für die ganze Einführung gilt demnach: Sie sollte als Starthilfe aufgefaßt werden, ihr Ziel besteht nur darin, die jeweils eigene Anwendung zu ermöglichen.

Die Einführung besteht aus vier Kapiteln. Im ersten Kapitel wird eine Verortung von Kierkegaards möglichem Schellingverständnis in der Zeit bis 1840 versucht, wie es aus dem historischen – dänischen und deutschen – Hintergrund hervortritt. Das zweite Kapitel behandelt Kierkegaards Aufenthalt in Berlin im Wintersemester 1841/42, darunter auch sein Referat zu Schellings Vorlesungen. Im dritten Kapitel wird dem Einfluß nachgespürt, den Schelling auf Kierkegaards späteres Denken gehabt haben könnte; und dies ist auch der Angelpunkt im letzten Kapitel, worin eine kurze Darstellung der Kierkegaard-Schelling-Rezeption vorgelegt wird.

## *1. Hegel als Parenthese in Schelling*

> „Die Annahme, Hegel sei eine Parenthese in Schelling, bekommt mehr und mehr Gültigkeit, und man wartet bloß darauf, daß sie geschlossen wird."[1]

Die Aufzeichnung, die hier als Motto des Kapitels steht, hat Kierkegaard in eines seiner Notizbücher im Jahre 1840 eingetragen.[1] Im Licht der Geschichte betrachtet enthält seine Beobachtung zweifellos eine prophetische Vorwegnahme der Vorlesungen, die Schelling ein Jahr später in Berlin beginnen sollte, ebenso wie sie klar andeutet, welche Erwartungen Kierkegaard an Schelling gehabt haben könnte, als er im Wintersemester 1841/42 dorthin reiste, um sich als treuer Zuhörer in dessen Auditorium einzufinden. Ist dies gesagt, so muß doch sofort hinzugefügt werden, daß die Aufzeichnung, im Blick auf das Jahr 1840 gelesen, aufs erste äußerst verblüffend wirkt.

Die Aufzeichnung ist nämlich in einem Kontext geschrieben, in dem der Hegelianismus bei bester Gesundheit zu sein scheint. In Berlin arbeitete man immer noch beharrlich daran, Hegels Gedankengut zu veröffentlichen, weiterzuentwickeln und zu verbreiten.[2] Wirft man

---

[1] Vgl. die Aufzeichnung im „Notizbuch 5" (Not 5:18), gedruckt in *Søren Kierkegaards Skrifter* (*SKS*), Bd. 19, Kopenhagen 2001. – Die Abkürzungen von Kierkegaards Schriften richten sich nach den Verzeichnissen in *Kierkegaard Studies. Yearbook,* Berlin / New York 1996ff., bzw. nach den in der Kierkegaard-Edition üblichen Abkürzungen, vgl. *SKS* K19 [Kommentarbd. zu Bd. 19], S. 638f. und 641. – Deutsche Kierkegaard-Zitate sind nach dem dänischen Original übersetzt bzw. werden mit vorliegenden deutschen Übersetzungen kritisch verglichen; auf die Vergleichsstellen ist dann jeweils gesondert hingewiesen.

[2] Die Ausgabe von Hegels Werken, die zwischen 1832 und 1845 erschienen ist, 2. Ausg. 1840-1847, trug den Untertitel: „Vollständige Ausgabe durch einen Verein von Freunden des Verewigten".

einen Blick auf die philosophische Literatur der 30er und bis in die 40er Jahre des 19. Jahrhunderts, so gibt es kaum einen Zweifel darüber, daß Hegels philosophische Position immer noch die dominierende war. In der Zeit um 1830 gab es natürlich schon eine harte religionsphilosophische Kritik an Hegel, besonders ab 1840 eine scharfe Kritik an der Hegelschen Logik; aber selbst diese anti-Hegelsche Literatur, mit der Kierkegaard im übrigen recht vertraut war, schien doch unmittelbar keine neue Philosophie hervorzubringen, die stark genug gewesen wäre, Hegel in eine Parenthese zu setzen.

Wendet man sich dem dänischen Kontext zu, so liegen die Verhältnisse ähnlich. Johan Ludvig Heiberg hatte um 1830 sehr zur Verbreitung der Hegelschen Philosophie beigetragen, unter anderem durch seine spekulative Zeitschrift *Perseus* (1837/38), worin er eine Darstellung der Hegelschen Logik vorlegte.[3] Heibergs Agitation in Sachen Hegel veranlaßte zwar den Philosophieprofessor Frederik Christian Sibbern zu einer Gegendarstellung in einem Artikel aus dem Jahr 1838, in dem er die vielleicht bedeutendste Kritik an Hegel in der dänischen Literatur geliefert hat[4] – abgesehen nur von Kierkegaards späterem Angriff; doch trotz Sibberns Kritik befand sich der dänische Hegelianismus noch immer in seinem Anfangsstadium.

---

[3] Die erste hegelianische Schrift dänischer Sprache war J. L. Heibergs *Om den menneskelige Frihed* (1824). In Verbindung mit seinem Unterricht an der Militärhochschule von 1830-36 veröffentlichte er unter anderem *Grundtræk til Philosophiens Philosophie, eller den speculative Logik* (1832) und *Indlednings-Foredrag til det i November 1834 begyndte logiske Cursus paa den kongelige militaire Høiskole* (1835). Demnach erhielten zu dieser Zeit dänische Offiziere Unterricht in Hegels Logik: „Es waren weitgehend die, die den Krieg von 1848-50 gewannen, während spätere Jahrgänge, die diesen Ballast nicht trugen, sich 1864 geschlagen geben mußten", so Flemming Conrad in *Smagen og det nationale. Studier i dansk litteraturhistorieskrivning 1800-1861,* Kopenhagen 1996, S. 152. Später gründete Heiberg *Perseus. Journal for den speculative Idee,* von dem jedoch nur der 1. (1837) und der 2. Band (1838) erschienen. Der 1. Band enthielt unter anderem Heibergs Kritik an W. H. Rothes durch Schelling beeinflußte Abhandlung über *Læren om Treenighed og Forsoning. Et speculativt Forsøg* (1836), der 2. Band unter anderem Heibergs „Det logiske System. Første Afdeling", das nie weiter ausgearbeitet wurde.

[4] Es war Heibergs Kritik an Rothes Abhandlung, die Sibbern dazu veranlaßte, in einer Reihe von Artikeln in der *Maanedsskrift for Litteratur* 19 (1838) eine solide Kritik der Hegelschen Philosophie zu entwickeln. Die Artikel erschienen als selbständige Schrift unter dem Titel: *Bemærkninger og Undersøgelser fornemmelig betreffende Hegels Philosophie, betragtet i Forhold til vor Tid,* Kopenhagen 1838 (abgekürzt: Sibbern *Bemærkninger og Undersøgelser*). Kierkegaard äußerte später über diese Schrift, daß Sibbern hier wirklich etwas geleistet habe (*Pap.* V B 47,5, 96,8). Als Kierkegaard später nach Berlin reiste und Schellings Kritik an Hegel hörte, war er also schon gut gerüstet.

Erst mit Hans Lassen Martensens Vorlesungen über Philosophiegeschichte, Moralphilosophie und spekulative Dogmatik, die an der Universität von Kopenhagen in den Jahren seit 1837 gehalten wurden, erreichte Hegels Philosophie ihre große Verbreitung.[5] Martensens Vorlesungen waren das große Universitätsereignis jener Zeit, eine Attraktion, die Hegel bei den Studenten in Mode brachte.[6] Martensen hatte zwar seine religionsphilosophischen Vorbehalte gegen Hegel, meinte aber, um weiter zu gehen als Hegel, müßte man sich dessen Philosophie, welche er als die zu ihrer Zeit vortrefflichste erachtete, erst sorgfältig aneignen. Bis Mitte der 1840er Jahre, als die Ära des dänischen Hegelianismus ausläuft, erscheint der größte Teil der Literatur zu Hegel, darunter auch eine Übersetzung von Hegels Geschichtsphilosophie und zwei Darstellungen der Hegelschen Logik.[7]

Als Kierkegaard 1840 seine Aufzeichnung niederschrieb, befand er sich somit mitten in einer von Hegel begeisterten Zeit, und er war davon nicht unbeeinflußt. Er kannte Heibergs Schriften und war –

---

[5] Eine Übersicht über die Vorlesungen, die Martensen an der philosophischen und insbesondere an der theologischen Fakultät gehalten hat, findet man in Skat Arildsens Buch *Martensen. Hans Liv, Udvikling og Arbejde. I. Studier i Det 19. Aarhundredes Danske Aandsliv,* Kopenhagen 1932, S. 156-158 (abgekürzt: Arildsen *Martensen*).

[6] Es gibt viele verstreute Quellen, die dieses dokumentieren. Hier soll lediglich Arildsens Monographie über Martensen genannt werden (Arildsen *Martensen* [s. Anm. 5]), S. 162-164, und H. C. A. Lund *Studenterforeningens Historie 1820-70. Dansk Studenterliv i det 19. Aarhundrede,* Bd. 1-2, Kopenhagen 1896-98; Bd. 1, S. 452-454. Vgl. auch Leif Granes Abschnitt „Hegelianismen“ in *Københavns Universitet 1479-1979,* Bd. 5, Kopenhagen 1980, S. 360-369.

[7] Vgl. Søren Kattrups Übersetzung *Georg Wilhelm Friedrich Hegel's Forelæsninger over Historiens Philosophie, udgivne af Eduard Gans, 2. Oplag besørget af Karl Hegel,* Kopenhagen 1842. Darstellungen von Hegels Logik findet man in Rasmus Nielsen *Den speculative Logik i dens Grundtræk,* Heft 1-4, Kopenhagen 1841-44, die unter anderem in P. M. Stillings Abhandlung *Philosophiske Betragtninger over den speculative Logiks Betydning for Videnskaben,* Kopenhagen 1842, kritisiert wurde, sowie in Adolph Peter Adler *Populaire Foredrag over Hegels objective Logik,* Kopenhagen 1842, Ktl. 383. In Hans Frederik Helvegs unumgänglichem Übersichtsartikel „Hegelianismen i Danmark“, gedruckt in *Dansk Kirketidende,* 1855, Nr. 51-52, S. 825-837, 841-852, wird aus der Sicht des Nekrologen ein Bild des dänischen Hegelianismus nachgezeichnet, das nach Helveg mit Kierkegaard als letztem Hegelianer endet, durch den der Hegelianismus zu Fall gebracht wurde. Eine neuere Darstellung findet man in S. V. Rasmussen *Den unge Brøchner,* Kopenhagen 1966, S. 159-188; siehe auch Carl Henrik Kochs Doktorarbeit über Adler, *En flue på Hegels udødelige næse,* Kopenhagen 1990.

zumindest zeitweise – Zuhörer in Martensens Auditorium.[8] Zu diesem Zeitpunkt, im Jahre 1840, arbeitete er außerdem an dem Werk, das am meisten von Hegel beeinflußt ist, nämlich der Magisterabhandlung *Über den Begriff Ironie* (1841).[9] In diesem Hegelschen Horizont stößt man selten auf den Namen Schelling, und wenn dies geschieht, ist es natürlich Schelling in der Eigenschaft eines überwundenen Standpunktes, eine philosophiegeschichtliche Zwischenbilanz in der Entwicklung von Kant zu Hegel. Schelling spielt somit auch keine Rolle in *Über den Begriff Ironie*[10], und wirft man einen Blick in Kierkegaards frühe Journale und Notizbücher, so wird man entdecken, daß Schelling nahezu abwesend ist. Er wird nur ein einziges Mal explizit erwähnt, und das in Verbindung mit einer Reflexion aus dem Jahre 1837 über die *Idee der Persönlichkeit* des jüngeren Fichte.[11]

Wenn Kierkegaard trotzdem die neue Erwartung an Schelling für aufzeichnungswert gehalten hat, so muß man wohl annehmen, daß er dem eine Bedeutung zugeschrieben – daß er vielleicht geradewegs

---

[8] Vgl. zum Beispiel V. Ammundsen „Søren Kierkegaards Ungdom. Hans Slægt og hans religiøse Udvikling“ in *Festskrift udgivet af Københavns Universitet i Anledning af Universitetets Aarsfest November 1912,* Kopenhagen 1912, S. 126, woraus hervorgeht, daß Søren Kierkegaard im Wintersemester 1837/38 Martensens Vorlesung über die Einleitung zur spekulativen Dogmatik gehört hat; vgl. Kierkegaards Referat in *Pap.* II C 12. Unter Kierkegaards Aufzeichnungen findet sich ebenfalls ein Referat zu Martensens Vorlesungen über die neuere Geschichte der Philosophie von Kant bis Hegel (1838/39), das jedoch nicht von Kierkegaard selbst geschrieben wurde (*Pap.* II C 25, gedruckt in *Søren Kierkegaards Papirer,* Bd. XII, Kopenhagen 1969), sowie ein Referat zu den Vorlesungen über die spekulative Dogmatik (1838/39), das teilweise von Kierkegaard selbst geschrieben ist (vgl. *Pap.* II C 26-27, gedruckt ebd., Bd. XIII, Kopenhagen 1970).

[9] Über die Entstehungsgeschichte von Kierkegaards Abhandlung zur Disputation vgl. Søren Bruuns und Johnny Kondrups Texterläuterungen zu dem Band *Om Begrebet Ironi* in *SKS* K1, 125-129. Die Behauptung, Kierkegaards Abhandlung *Über den Begriff Ironie* sei die von Hegel am meisten beeinflußte Schrift, wird in einem Artikel des Verfassers [T. Aa. Olesen] näher beleuchtet: „Kierkegaard's Socratic Hermeneutic in *The Concept of Irony*“ in *International Kierkegaard Commentary,* Bd. 2: *The Concept of Irony,* hg. v. Robert L. Perkins, Macon, Georgia: Mercer University Press, 2001, S. 101-122.

[10] Er wird nur an einer einzigen Stelle genannt, und das in Verbindung mit der Erwähnung eines Briefes von Solger an Tieck, in dem Solger Schellings Versuch mißbilligt, in der Freiheitsschrift (vgl. Anm. 12) zeigen zu wollen, daß das vollkommene Sein im Dasein liege, vgl. *SKS* 1, 344 (zusammen mit dem Kommentar zur Stelle).

[11] Vgl. *Pap.* II A 31, S. 30. In Søren Bruuns Texterläuterung zu *Der Begriff Angst* in *SKS* K4 werden die Aufzeichnungen II A 1-30 als frühe Ansätze zu *Der Begriff Angst* dargestellt. Dazu gehört auch *Pap.* II A 31.

mit der Möglichkeit gerechnet hat, Schelling würde die Parenthese schließen. Doch Schelling hatte ja zu Kierkegaards gesamter Lebenszeit[12] kein philosophisches Werk publiziert, und die zahlreichen Versprechungen und Erwartungen einer baldigen Veröffentlichung, die jahrzehntelang im Umlauf waren, wurden nach und nach enttäuscht. Selbst als Schelling im Jahre 1834 mit seinem vielversprechenden Hegel-kritischen Vorwort zur deutschen Übersetzung von Victor Cousins Buch über die französische und deutsche Philosophie[13] überraschte und die Erwartungen über ein Comeback in der philosophischen Szene am größten waren, konnte er der neugewonnenen Position niemals gerecht werden. Auch als 1834 Gerüchte umliefen, Schelling wolle den zentralen, aber vakanten Lehrstuhl nach Hegel übernehmen, wurde ebenfalls nichts daraus. Schelling setzte unbeirrt seine stille Wirksamkeit in München fort und überließ es Georg Andreas Gabler, in Berlin die Philosophie in Hegels Sinn weiterzuführen.[14] Im Jahre 1840 gab es demnach keine offiziellen Anzeichen dafür, daß Schelling ein Jahr später in Berlin mit dem Versuch, den Hegelianismus in seiner eigenen Hochburg zu bekämpfen, für eine Sensation sorgen würde. Der Diplomat C. C. J. Bunsen kann zwar bereits in einem Brief an Schelling aus dem Sommer 1840 den erneut geäußerten dringlichen Wunsch des preußischen Königs Friedrich Wilhelm IV. zitieren, Schelling nach Berlin zu holen, doch trotz Bunsens Verhandlungen mit Schelling im nächsten halben Jahr fällt Schellings eigentlicher Beschluß erst im Früh-

---

[12] Schellings Freiheitsschrift bezeichnet einen Abschluß, aber auch ein wichtiges Supplement für die frühere Identitätsphilosophie. In *Denkmal der Schrift von den göttlichen Dingen etc. des Herrn Friedrich Heinrich Jacobi und der ihm in derselben gemachten Beschuldigung eines absichtlich täuschenden, Lüge redenden Atheismus* (1812) ist eine neue theologisch-philosophische Orientierung deutlicher erkennbar. Nach 1813, Kierkegaards Geburtsjahr, gab Schelling nur eine Abhandlung heraus, nämlich *Die Gottheiten von Samothrake* (1815), ein eher religionshistorisches als ein religionsphilosophisches Werk.

[13] Victor Cousin *Über französische und deutsche Philosophie. Aus dem Französischen von Dr. Hubert Beckers. Nebst einer beurtheilenden Vorrede des Herrn Geheimraths von Schelling,* Stuttgart & Tübingen 1834, Ktl. 471, S. III-XXVIII.

[14] Hegels Lehrstuhl war nach seinem Tod im Jahre 1831 recht lange unbesetzt, weil man keinen qualifizierten Nachfolger finden konnte. Im Sommer 1834 führte man Verhandlungen mit Schelling über diese Stelle, jedoch vergebens. Im Jahr darauf wurde unter einigen Protesten der Hegelianer Georg Andreas Gabler als Nachfolger ernannt. Eine Beschreibung der Verhältnisse findet sich bei Max Lenz *Geschichte der Königlichen Friedrich-Wilhelms-Universität zu Berlin,* Bd. I-II, Halle 1910-1918 (abgekürzt: Lenz *Geschichte*); Bd. I, S. 474-483.

jahr 1841.[15] Was war es denn, worauf Kierkegaard in seiner Aufzeichnung anspielte?

Um diese Frage zu beantworten, muß der Versuch gemacht werden, einen möglicherweise unbeachteten Kontext aufzusuchen, der Kierkegaard 1840 gegenwärtig gewesen ist; und mit dessen Darstellung sollte es gelingen, Kierkegaards Aufzeichnung ihre unmittelbare Unverständlichkeit zu nehmen, was gleichzeitig die gebührende Einleitung zu Kierkegaards späterer Bekanntschaft mit Schellings Vorlesungen sein müßte.

Der Ausgangspunkt für diese Untersuchung ist natürlich folgender: Wir wissen, daß Schelling lange schon an einer Philosophie gearbeitet hat, die tatsächlich für sich beanspruchte, eine Parenthese um Hegels philosophisches Werk zu setzen. Nur ist es so, daß diese Arbeit, seine Spätphilosophie, die sich als recht umfassend erwies, erst 1856-1861 von Schellings Sohn postum herausgegeben wurde.[16] Eine Kenntnis von Schellings Philosophie mußte also über die Hörerschaft seiner Vorlesungen vermittelt werden, vor allem in München (1806-1820, 1826-1841), aber auch in Erlangen (1820-1826). Dies ist die Spur, die im weiteren Verlauf zu verfolgen ist. Das heißt: Es muß untersucht werden, ob Kierkegaard in seinem unmittelbaren Umfeld eine Idee von Schellings Spätphilosophie gehabt haben kann. Zwei Perspektiven bieten sich hier sofort an. Erstens die dänische Schelling-Rezeption: Wie weit reichte eigentlich die Kenntnis von Schelling im Kopenhagen Kierkegaards? Zweitens die deutsche Literatur in den 30er Jahren: Könnte Kierkegaard hier mit dem Thema vertraut geworden sein, das später in der zweideutigen Überschrift zum Ausdruck gebracht wurde: „Schelling nach Hegel"?[17]

---

15 Diese Verhandlungen mit Schelling sind bei Lenz *Geschichte* (s. Anm. 14), Bd. II,2, S. 9f., 42-44, dargestellt; abgedruckt in Manfred Frank *F. W. J. Schelling: Philosophie der Offenbarung 1841/42,* 3. Ausg. Frankfurt am Main 1993 [1977] (abgekürzt: Schelling *Philosophie der Offenbarung 1841/42*), S. 477-480. Friedrich Wilhelm IV. hat die endgültige Kabinettsorder erst am 17. Februar 1841 unterschrieben. Daß sich die Neuigkeit schnell verbreitete, geht aus einem Artikel in *Le Semeur. Journal religieux, politique, et littéraire* (Paris), Bd. 10, Nr. 9 (3. März), S. 66, hervor; deutsch abgedruckt bei Schelling *Philosophie der Offenbarung 1841/42,* S. 488-490.

16 Vgl. *Friedrich Wilhelm Joseph von Schellings sämmtliche Werke,* hg. v. K. F. A. Schelling, Bd. 1-14 (1. Abteilung 1-10, 2. Abteilung 11-14), Stuttgart und Augsburg 1856-61 (abgekürzt: *Schellings sämmtliche Werke*).

17 Gleich nach dem Bekanntwerden der Berufung Schellings nach Berlin ist der Ausruf Arnold Ruges gegenüber Feuerbach vom 11. Februar 1841 überliefert: „Schelling ist nach Berlin berufen: Schelling nach Hegel!" (Schelling *Philosophie der Offenbarung 1841/42* [s. Anm. 15], S. 521)

## *Züge der dänischen Schelling-Rezeption*

Die dänische Schelling-Rezeption gehört zu den vielen Kapiteln der dänischen Geistesgeschichte, die noch nicht geschrieben sind. In der Sekundärliteratur zu einzelnen Autoren jener Zeit findet sich zwar die Natur- und Identitätsphilosophie des frühen Schelling, aber eine Gesamtübersicht zu dieser Periode gibt es nicht. Deshalb muß man den mühsameren Weg zu den Quellen selbst wählen. In diesem Zusammenhang, und besonders dann, wenn das Interesse Schellings Spätphilosophie gilt, genügt es nicht, sich auf die Literatur der zeitgenössischen Philosophie zu verlassen. Eine neue Institution meldet sich zu Wort, die Bildungs- oder Studienreisen, und damit eine neue Art von Literatur: Lebenserinnerungen, Tagebücher und Briefe. Von den Dänen, die nach Süden reisten und Schelling besuchten, um an seinen Vorlesungen teilzunehmen, gibt es eine Menge überlieferter Berichte, die unter dem Titel „Schelling im Spiegel seiner dänischen Zeitgenossen“ ein ausgezeichnetes Supplement zu Xavier Tilliettes verdienstvoller Ausgabe zeitgenössischer Schilderungen abgeben könnten.[18] Wie verlockend es auch sein mag, diesen Stoff vollständig darzustellen, liegt dies jedoch außerhalb der arbeitsökonomischen Grenzen dieses Artikels; ebenso wie das Folgende in keiner Weise beansprucht, eine erschöpfende Darstellung der dänischen Schelling-Rezeption zu sein.

Der Däne, wenn man ihn so nennen kann, der Schelling sicher am besten gekannt hat, war Henrich Steffens (1773-1845). Er ging im Sommer 1798 auf Studienreise nach Deutschland und war bald danach Mitglied des inneren Kreises der Romantiker in Jena. Hier traf er auch Schelling, dessen Naturphilosophie entscheidende Bedeutung für ihn bekam. Als Steffens 1802 nach Kopenhagen zurückkehrte und zum Ende desselben Jahres am Elers Kollegium vor einer großen Schar von Zuhörern seine bahnbrechenden Vorlesungen hielt, war es nicht nur die Romantik, die sich in Dänemark ankündigte, sondern auch Schellings Naturphilosophie.[19] Es gelang Steffens jedoch nicht, die ängstlichen Be-

---

[18] Vgl. Xavier Tilliette (Hg.) *Schelling im Spiegel seiner Zeitgenossen,* Bd. 1, Turin 1974; Bd. 2, Turin 1981; Bd. 3, Mailand 1987; Bd. 4, Mailand 1997 (abgekürzt: *Schelling im Spiegel seiner Zeitgenossen*).

[19] Obwohl Steffens seine Vorlesungen in Kopenhagen bis 1804 fortsetzte, veröffentlichte er nur die erste Reihe unter dem Titel *Indledning til philosophiske Forelæsninger,* Kopenhagen 1803. Eine textkritische und kommentierte Ausgabe dieser Vorlesungen wurde von Johnny Kondrup für die dänische Sprach- und Literaturgesellschaft vorgelegt (zusammen mit einer ausführlichen Nachschrift), Kopenhagen 1996. Vgl. Carl Henrik Kochs gründliche Rezension in *Danske Studier,* Kopenhagen 1997, S. 227-242.

hörden davon zu überzeugen, daß er zu einer festen Anstellung an der Universität geeignet war, und so verließ er 1804 Dänemark, um für den Rest seines Lebens in Deutschland zu wirken, zunächst in Halle (1804-1811), danach in Breslau (1811-1832) und zuletzt in Berlin (1832-1845).

Auf den ersten Blick erscheint Steffens' philosophische Entwicklung als Parallele zu der Schellings, weil sich beide seit 1809 von der Naturphilosophie ab- und eher „existentiellen und religionsphilosophischen Problemstellungen" zuzuwenden scheinen.[20] Dazu muß jedoch gesagt werden, daß in dieser späteren Periode Steffens' Kenntnis von Schellings philosophischer Arbeit nicht nur eher oberflächlich war, sondern sich auch die Frage stellt, ob sich Steffens nicht faktisch von Schellings charakteristischer „kontemplativer Haltung" wegentwickelt hatte.[21] Als Schelling 1841 nach Berlin kam, wurden die beiden alten Freunde wieder zusammengeführt. Steffens war in Berlin im Wintersemester 1841/42 nicht nur in Schellings Auditorium zu finden, sondern verkehrte auch privat mit Schelling; unter anderem arrangierte er einige Wochen vor seinem Tod im Jahre 1845 ein großes Geburtstagsfest für seinen Freund.[22] Schelling dankte sei-

---

[20] Vgl. Johnny Kondrups Nachschrift (s. Anm. 19), S. 191.

[21] Vgl. Helge Hultberg *Den ældre Henrich Steffens. 1811-1845,* Kopenhagen 1981, S. 104. In Hultbergs Buch findet sich eine durchgängige Charakterisierung des Verhältnisses zwischen dem „älteren" Steffens und Schelling, so wie Hultberg auch eine entsprechende Übersicht zum „jungen" Steffens gegeben hat; vgl. *Den unge Henrich Steffens. 1773-1811,* Kopenhagen 1973 (Festskrift udgivet af Københavns Universitet i Anledning af Universitetets Årsfest November 1973). Vgl. auch Fritz Paul *Henrich Steffens. Naturphilosophie und Universalromantik,* München 1973 (abgekürzt: Paul *Steffens*), sowie Paulus Svendsen *Gullalderdrøm og Utviklingstro. En idéhistorisk Undersøkelse,* Oslo 1940, S. 327f.

[22] Vgl. den Brief von P. M. Stilling an F. C. Sibbern vom 14. Februar 1845. Darin heißt es unter anderem über das Geburtstagsfest: „Steffens brachte mit großer Munterkeit das Hoch aus für ‚den Mann', welcher, obwohl jünger als Steffens selbst, doch sein Lehrer und Meister war" (Jens Holger Schjørring *Teologi og filosofi. Nogle analyser og dokumenter vedrørende Hegelianismen i danske teologi,* Kopenhagen 1974, S. 52-56; S. 54). Während seiner Studienreise 1844-46 hielt sich Stilling von 1844-45 in Berlin auf, wo er unter anderem Schelling hören wollte. Darüber heißt es im oben genannten Brief, daß „Schelling in diesem Semester gar nicht gelesen hat", das heißt im Wintersemester 1844/45. Über Vorlesungen im Sommersemester 1845 heißt es in einem Brief an Martensen vom 3. Juli 1845: „Über Schelling will ich nichts schreiben. Er liest nämlich nicht Ph. der Offenbarung, sondern Ph. der Mythologie, und diese Vorlesungen kennen Sie ja zur Genüge. Er hat nicht viele Zuhörer, jedoch von allen philos. Professoren die meisten" (ebd., S. 59). Schließlich heißt es zusammenfassend in einem Brief an Kolderup-Rosenvinge vom 10. Juni 1846: „Wenn ich trotz allem ganze 2 Semester in Berlin verbrachte, so hatte das seinen Grund darin, daß ich doch schon Lust hatte, Schelling zu hören, der nach eigener Aussage mir gegenüber im

nerseits für die lange Freundschaft, indem er einige Zeit nach dem Tode von Steffens eine öffentliche Gedenkrede für ihn hielt; diese Rede wurde jedoch nicht, wie die Studenten es gewünscht hatten, an Steffens' Totenbahre gehalten[23], sondern in dem kleinen Band mit Steffens' *Nachgelassenen Schriften* als Vorwort gedruckt, der 1846 erschien.[24]

Es ist sicher etwas Wahres an der Auffassung, die Schelling in diesem Vorwort zum Ausdruck bringt, daß Steffens fast mehr durch seine Persönlichkeit als durch seine Schriften gewirkt hat.[25] Darüber

---

Sommersemester lesen wollte. Eine Vorlesung: ,Philosophie der Mythologie' wurde auch wirklich angekündigt und nach Verlauf des halben Semesters endlich begonnen, um ebenso schnell wieder abgebrochen zu werden. Mein Gewinn blieb insoweit, was Schelling angeht, enttäuscht" (ebd., S. 60f.). Diese Zeugenaussage kann vielleicht das Verzeichnis der Schelling-Vorlesungen in Berlin ergänzen, das Ralf Borlinghaus in seiner übrigens hervorragenden Abhandlung *Neue Wissenschaft. Schelling und das Projekt einer positiven Philosophie,* Frankfurt am Main u. a. 1995 (abgekürzt: Borlinghaus *Neue Wissenschaft*), S. 89, vorgelegt hat. Wenn hier und im weiteren Verlauf auf die Übersicht und Darstellung von Borlinghaus hingewiesen wird, so muß hinzugefügt werden, daß diese sich in hohem Maße auf die solide Vorarbeit in Horst Fuhrmans' Einleitung zu Friedrich Wilhelm Joseph Schelling *Grundlegung der positiven Philosophie. Münchner Vorlesung WS 1832/33 und SS 1833,* Bd. 1-2, Turin 1972 (abkürzt: Schelling *Grundlegung*); Bd. 1, S. 11-63, stützt.

23 Vgl. P. M. Stillings oben genannten Brief an Sibbern, wo berichtet wird: „Ich komme gerade in diesem Augenblick von einer Versammlung der Studenten, die ihre Liebe und Hingabe für Steffens' Persönlichkeit öffentlich zum Ausdruck bringen wollen. Zwar war der *endgültige* Beschluß noch nicht gefaßt, *als* ich die Versammlung verließ, um zu meiner Wohnung zu gehen und diese Zeilen zu schließen (die im nächsten Augenblick mit der Post abgehen), aber es wurde unter anderem entschieden, daß man sich an Schelling wenden und ihn auffordern sollte im Namen der Universität an Steffens' Totenbahre zu sprechen. Falls Schelling, wider Erwarten, diese Bitte abschlagen sollte, so wird man sich an Neander wenden", S. 56. Schelling hielt seine Rede jedoch nicht an „Steffens Totenbahre", sondern erst später. Vgl. auch F. C. Sibbern in einem Brief an Zeuthen vom 26. März 1845, in dem es heißt: „Daß Schelling nicht an Steffens' Grab gesprochen hat, wundert mich nicht; denn so, wie ich mir Schelling vorstelle, würde er mindestens 14 Tage gebraucht haben, um eine solche Rede fertig zu kriegen und sie vielleicht sogar dann letztlich noch verworfen haben" (*Breve til og fra F. C. Sibbern,* hg. v. C. L. N. Mynster, Bd. 2, Kopenhagen 1866 [abgekürzt: *Breve til og fra F. C. Sibbern*], S. 208).

24 Henrich Steffens *Nachgelassene Schriften. Mit einem Vorworte von Schelling,* Berlin 1846. Schelling hielt seinen Vortrag am 24. April 1845, in erweiterter Form gedruckt S. III-LXIII.

25 Schelling schreibt: „Es gibt Individuen, bei denen der Werth ihrer literarischen Leistungen den ihrer Person übertrifft. Bei *Steffens* galt das Umgekehrte insofern, als man seine Persönlichkeit noch immer höher anschlagen mußte, als seine geistigen Hervorbringungen", S. LV.

gibt es viele Zeugnisse, teils aus der Zeit, in der Steffens in Kopenhagen las, teils von den dänischen Reisenden, die Steffens in Deutschland besuchten. Im Frühjahr 1840 erhielt Steffens dann die offizielle dänische Anerkennung, indem er zum Ritter geschlagen wurde. Das führte ihn nach Kopenhagen, wo er auf dem zweiten skandinavischen Naturforschertreffen sprach. Aber weder hier noch in seinen Erinnerungen, deren Erscheinen im selben Jahr begann[26], hätte er, wie oben angegeben, Informationen über die Berufung Schellings nach Berlin durchsickern lassen können. Indessen wurde er fast zum Dreh- und Angelpunkt jener Dänen, die zu Beginn der 40er Jahre nach Berlin gingen, unter anderem um Schelling zu hören. Einer von ihnen war bekanntlich Søren Kierkegaard, der jedoch zu seiner eigenen Verwunderung Steffens' Persönlichkeit nicht in dem Maße wie seine Schriften hat achten können.[27]

Im Kreis um Steffens, während seiner Vorlesungen 1802-04 in Kopenhagen, gab es eine Reihe von Persönlichkeiten, von denen jede auf ihre Weise in einer Beziehung zur neuen Philosophie Schellings stand. Der Dichter Adam Oehlenschläger (1779-1850), den Steffens zu romantischer Produktivität begeisterte, erzählt selbst, daß er keine Geduld besaß, schwierige philosophische Werke zu lesen, so daß er statt dessen einige Freunde fand, die es verstanden, Schellings Gedanken in die „Volkssprache" zu übersetzen.[28] Von 1810-1854 war Oehlenschläger Professor für Ästhetik, doch diese Tätigkeit erscheint strenggenommen ganz unphilosophisch und ohne theoretisches Gewicht.[29] Er trug oft seine eigenen Werke vor, so auch im

---

[26] Vgl. Henrich Steffens *Was ich erlebte. Aus der Erinnerung niedergeschrieben,* Bd. 1-10, Breslau 1840-44; im selben Jahr ins Dänische übersetzt von Fr. Schaldemose. Erst in Band 4, der 1841 erscheint, trifft Steffens Schelling in Jena.

[27] Vgl. Kierkegaards Brief an den Philosophieprofessor F. C. Sibbern vom 15. Dezember 1841, in dem es heißt: „*Steffens* habe ich einige Male gehört, ich habe auch mein Honorar bezahlt, um ihn zu hören, aber seltsamerweise wollte er mir nicht gefallen. Und ich, der ich mit ungeheuerem Enthusiasmus viel von dem gelesen, was er geschrieben hat [...] – ich wurde ganz und gar enttäuscht", B&A, Nr. 56, S. 83f. Kierkegaards Verhältnis zu Steffens wird in Paul *Steffens* (s. Anm. 21), S. 212-214, erwähnt und ist ausführlicher dargestellt in Helge Hultbergs Artikel „Steffens und Kierkegaard" in *Kierkegaardiana* 10 (1977), S. 190-199.

[28] Vgl. *Oehlenschlägers Levnet, fortalt af ham selv,* Bd. 1-2, hg. v. Poul Linneballe & Povl Ingerslev-Jensen, Kopenhagen 1974; Bd. 2, S. 128.

[29] Der ästhetisch interessierte Kierkegaard hat an den Vorlesungen Oehlenschlägers nicht teilgenommen, vgl. F. J. Billeskov Jansen „Oehlenschläger" in N. Thulstrup (Hg.) *Kierkegaard: Literary miscellany* (*Bibliotheca Kierkegaardiana,* Bd. 9), Kopenhagen 1981, S. 91-111; S. 94.

Sommer 1817, als er in München Schelling besuchte; hier entwickelte sich eine persönliche Freundschaft, die seither Bestand hatte.[30] Obwohl Oehlenschläger in München von Schelling begeistert war, ja, sogar beschlossen hatte, dessen neues Werk zu studieren – das fleißig annoncierte, aber nie publizierte Werk *Die Weltalter*[31] –, bleibt doch zweifelhaft, wieweit Oehlenschläger später über Schellings positive Philosophie informiert war.

Der Physiker Hans Christian Ørsted (1777-1851), von 1806 an Professor für Physik an der Universität von Kopenhagen und seit 1829 Direktor der Polytechnischen Lehranstalt, war sicher einer je-

---

[30] Vgl. *Oehlenschlägers Levnet* (s. Anm. 28), Bd. 2, S. 195f., wo es heißt: „Schelling hörte mich beim Vorlesen meiner Erzählung *Die Mönchsbrüder;* er war ein Freund meiner Muse, wurde mein persönlicher Freund und hat seither seine Gesinnung getreu bewahrt". In den ca. zehn Tagen im Mai 1817, die Oehlenschläger in München war, verbrachte er fast seine ganze Zeit zusammen mit Schelling. In seiner Reisebeschreibung *En Reise, fortalt i Breve til mit Hiem,* Bd. 1-2, Kopenhagen 1817/18; Bd. 1, S. 273-283, hat er eine ausführliche Beschreibung dieser Begegnung gegeben, die sich unter anderem auf den Brief an Christiane Oehlenschläger stützt, der in der nächsten Fußnote genannt wird. Aus seinen Briefen wissen wir, daß er seither auch mit Schelling korrespondierte und ihn auf seiner Reise nach Berlin 1844-45 besucht hat; vgl. *Breve fra og til Adam Oehlenschläger 1809-1829,* 2. Reihe, Bd. 1-6, Kopenhagen 1953-81 (abgekürzt: *Breve fra og til Adam Oehlenschläger 1809-1829*); Bd. 3, S. 404f., und *Breve fra og til Adam Oehlenschläger 1829-1850,* 3. Reihe, Bd. 1, S. 38f. und Bd. 3, S. 27.

[31] In einem Brief an Christiane Oehlenschläger vom 16. Mai 1817 erzählt Oehlenschläger ausführlich über seinen täglichen Umgang mit Schelling. Sie diskutierten unter anderem über die gelehrte philosophische Sprache, mit der Schelling zu Oehlenschlägers Überraschung auch nicht zufrieden war: „Er [Schelling] ist mit dem meisten, was er früher geschrieben hat (mit der Form), unzufrieden und gibt nun bald ein Werk *auf Deutsch* heraus, das ich zu lesen und zu studieren beschlossen habe" (vgl. *Breve fra og til Adam Oehlenschläger 1809-1829* [s. Anm. 30], Bd. 2, S. 124-127; S. 124). Oehlenschläger selbst nennt den Titel von Schellings Werk nicht, das aber tut Daniel Preisz in einem informationsreichen Kommentar zur Stelle (Bd. 4, S. 300f.), in dem nicht nur berichtet wird, daß *Die Weltalter* schon 1811 und auch 1812 annonciert worden waren, 1815 sogar im Messekatalog als erschienen aufgeführt wurden, sondern auch, daß Schelling einige Jahre danach dem schwedischen Dichter Per Daniel Amadeus Atterbom (1790-1855) vorgeschlagen hatte, das Werk ins Schwedische zu übersetzen; vgl. Atterboms „Minnen från Tyskland och Italien" in *Samlade Skrifter i ubunden Stil,* Bd. 1, Örebro 1959, S. 142. Bei Atterbom, der im Januar 1818 Schelling besuchte, findet man übrigens auch die ausführliche Beschreibung seines Treffens mit Schelling, vgl. ebd., S. 140-175. Ein Bruchstück aus *Die Weltalter* (1811-1813) wurde erst 1861 in *Schellings sämmtliche Werke* (s. Anm. 16), 1. Abt., Bd. 8, S. 195-344, publiziert, im ganzen ist das Werk erst in der Jubiläumsausgabe 1946, hg. v. M. Schröter, erschienen.

ner Freunde, die Oehlenschläger behilflich waren, Schellings Denken zu verstehen. Er war zwar von Schellings Naturphilosophie geprägt, verhielt sich aber auch kritisch unter anderem zu Schellings Konstruktionen.[32] Im Herbst 1823 besuchte er Schelling in Erlangen[33], später im Jahr 1843 auch in Berlin[34], hatte aber vermutlich keine Zeit zu einem tieferen Eindruck von Schellings neuer philosophischer Orientierung. Gut ein Jahrzehnt vor seinem ersten Treffen mit Schelling mußte Ørsted Schellings Namen und Ehre in der Öffentlichkeit verteidigen, eine scharfe literarische Auseinandersetzung und sicher die einzige größere Diskussion über Schellings Naturphilosophie, die es in dieser Periode der dänischen Literatur gegeben hat.

Auslöser des Streites war Nicolai Frederik Severin Grundtvig (1783-1872). Er hatte mit Begeisterung Steffens in Kopenhagen gehört und war sehr stark von Schelling beeinflußt, doch nach einem späteren religiösen Durchbruch startete er einen heftigen Angriff auf Schellings Naturphilosophie. Dies geschah zunächst in *Verdenskrøniken* von 1812, wobei er die identitätsphilosophische Harmonisierung der Gegensätze des Daseins angreift, nicht zuletzt die des Gegensatzes zwischen Gut und Böse; ebenso die pantheistische Ausschließung der eigentlichen Sünde und damit der Seligkeit, die Mythologisierung der Lehrsätze des Christentums und schließlich den Geistes-

---

32 In einem längeren Brief an Adam Oehlenschläger vom November 1807 verteidigt Ørsted eingehend Schellings (und Steffens') Naturphilosophie, nimmt aber Abstand von der Art, in der Schelling (und Steffens) die Natur konstruieren. Hier bekennt Ørsted auch: „Schelling scheint mir jeden Tag kraftvoller und ruhiger zu werden und muß sicher nicht wie ein Schwärmer behandelt werden" (vgl. *Breve fra og til Adam Oehlenschläger 1798-1809,* 1. Reihe, Bd. 3, S. 3-25; S. 13, und *Breve fra og til Hans Christian Ørsted,* hg. v. Mathilde Ørsted, Bd. 1-2, Kopenhagen 1870 [abgekürzt: *Breve fra og til Hans Christian Ørsted*]; Bd. 1, S. 221-237; S. 231).

33 In einem Brief an seine Schwester, Frau Bull, vom 10. Oktober 1823 schreibt Ørsted recht kurz gefaßt über Schelling unter anderem: „Ich habe ihn in Erlangen gesehen, wo er Professor ist. Er hat nun viele Jahre in der Stille gearbeitet, so daß ich denke, daß wir wichtige Werke von ihm erwarten können. Er hat in den späteren Jahren eine liebenswerte und gebildete Frau für sich gefunden" (*Breve fra og til Hans Christian Ørsted* [s. Anm. 32], Bd. 2, Kopenhagen 1870, S. 78).

34 In den tagebuchartigen Briefen von Juli bis August 1843 berichtet Ørsted seiner Ehefrau sorgfältig über seine zahlreichen Treffen mit Schelling, bei denen sie über viele Themen diskutiert haben, unter anderem über „Die Wehrpflicht in Preußen" und „Das Licht" (vgl. ebd., S. 173-207).

hochmut, der sich in Schellings unzugänglicher Kunstsprache zu erkennen gibt.[35]

Der erste, der Grundtvigs Angriff beantworten sollte, war der Historiker und Literat Christian Molbech (1783-1857), der ebenfalls Schelling später in München besucht hat.[36] Er brachte eine kleine Schrift in Umlauf, in der er Grundtvigs ‚unkundige' und ‚ungerechtfertigte' Angriffe zurückwies, was Grundtvig bloß dazu veranlaßte, mit einer weiteren Schrift zu antworten, die ein polemisches Fragezeichen hinter Schellings Identitätslehre setzte, hinter die Verneinung der Wirklichkeit des Bösen und des lebendigen, unveränderlichen Gottes.[37] H. C. Ørsted antwortete Grundtvig mit der Streitschrift *Imod den store Anklager* von 1814, was damit endete, daß Grundtvig erneut eine Schrift mit dem vielsagenden Titel veröffentlichte *Imod den lille Anklager, det er Prof. H. C. Ørsted, med Beviis for at Schellings Philosophie er uchristelig, ugudelig og løgnagtig* (1815).[38] Grundtvig setzte seine Kritik an Schellings Natur- und Identitätsphilosophie mit einer Reihe philosophischer Artikel in seiner Zeitschrift *Dannevirke* (1816-1819) fort, aber nichts deutet darauf hin, daß er irgendwann von Schellings späterer Entwicklung

---

[35] Ich folge hier C. I. Scharling *Grundtvig og Romantiken belyst ved Grundtvigs Forhold til Schelling,* Kopenhagen 1947 (abgekürzt: Scharling *Grundtvig*), worin Grundtvigs Beeinflussung durch und seine Auseinandersetzung mit Schelling ausführlich beschrieben werden, darunter auch die angeführte Fehde. Grundtvigs Verhältnis zu Schelling wird mehrfach beleuchtet, siehe besonders Henning Høirup *Grundtvigs Syn paa Tro og Erkendelse. Modsigelsens Grundsætning som teologisk Axiom hos Grundtvig,* Kopenhagen 1949; Helge Grell *Skaberordet og billedordet. Studier over Grundtvigs teologi om ordet,* Kopenhagen 1980, und Ole Vind *Grundtvigs historiefilosofi,* Kopenhagen 1999.

[36] In der Biographie *Christian Molbech* von Morten Borup, Kopenhagen 1954 (abgekürzt: Borup *Molbech*), wird über das Treffen Molbechs mit Schelling nichts anderes berichtet als: „seine [Molbechs] Ansicht von Geschichte war stark romantisch betont; nicht umsonst hatte er auf einer Studienreise nach Deutschland Steffens und Schelling kennengelernt" (S. 81). In Molbechs *Reise giennem en Deel af Tyskland, Frankrige og Italien i Aarene 1819 og 1820,* Bd. 1-3, Kopenhagen 1821-22; Bd. 3, S. 427-457, findet sich eine längere Beschreibung des Aufenthaltes in München, aber Schelling wird mit keinem Wort erwähnt.

[37] Vgl. Scharling *Grundtvig* (s. Anm. 35), S. 113f., und Borup *Molbech* (s. Anm. 36), S. 332f. Molbechs Schrift hat den Titel *Til Hr. N. F. S. Grundtvig, Capellan i Udby, i Anledning af hans Verdenskrønike og Kjøbenhavns Skilderie No. 29, fra Christian Molbech,* Kopenhagen 1813.

[38] Schelling und die Naturphilosophie werden besprochen bei Ørsted *Imod den store Anklager,* Kopenhagen 1814, S. 58-82, und bei Grundtvig *Imod den lille Anklager,* Kopenhagen 1815, S. 71-139.

Kenntnis nahm.[39] Kierkegaard erwähnt diese Fehde nie, obwohl es unwahrscheinlich ist, daß er sie nicht gekannt hat. Eine andere Frage ist jedoch, inwieweit Grundtvigs Angriff auf Schellings ‚mediieren' als Vorläufer und Parallele zu Kierkegaards späterem Angriff auf die Philosophie Hegels betrachtet werden kann.[40]

So wie Oehlenschläger, H. C. Ørsted und Chr. Molbech Schelling in seiner sogenannten Weltalter-Phase (1811-1827) besuchten[41], so gilt dies auch für die nächste Reihe der Reisenden. Der erste, der hier erwähnt werden muß, ist der Kritiker und Schulmann Peder Hjort (1793-1871), von 1822 an Lektor für deutsche Sprache an der Akademie Sorø.[42] Er war ein begeisterter Schelling-Schüler, der sich für vier Monate um den Jahreswechsel 1818 in München aufhielt und ein guter Freund in Schellings Haus wurde.[43] Im Januar 1820 besuchte er erneut Schelling in München und im Winter 1820 in Erlangen.[44] Trotz des per-

---

39 Grundtvigs Auseinandersetzung mit Schelling in *Dannevirke* wird von Scharling *Grundtvig* (s. Anm. 35), S. 198-212, dargestellt. Im selben Buch, S. 213-241, findet sich eine Übersicht zu Schellings Spätphilosophie, der positiven Philosophie, die als Antwort Schellings auf Grundtvigs Angriff bezeichnet wird, von der Grundtvig also keine Kenntnis hatte.

40 Daß es eine solche Parallele gibt, ist schon mehrfach vorgetragen worden. Siehe zum Beispiel das Kapitel „Grundtvigs Opgør med Schellings Identitetsfilosofi som aandshistorisk Forløber for Kierkegaards med Hegelianismen" bei Henning Høirup in *Grundtvigs Syn paa Tro og Erkendelse* (s. Anm. 35), S. 85-89, und Søren Holm *Filosofien i Norden før 1900,* Kopenhagen 1967, S. 59. Eine Bestreitung dieser Sichtweise findet sich bei Ole Vind in *Grundtvigs historiefilosofi* (s. Anm. 35), S. 489f.

41 Vgl. Siegbert Peetz „Die Philosophie der Mythologie" in Hans Jörg Sandkühler (Hg.) *F. W. J. Schelling,* Stuttgart & Weimar 1998, S. 151f.

42 Über Hjorts Leben und nicht zuletzt sein Verhältnis zu Schelling kann man bei Morten Borup nachlesen in *Peder Hjort,* Kopenhagen 1959 (abgekürzt Borup *Hjort*). Sein Verhältnis zu Schelling hat er selbst geschildert in der Vorrede zu *Kritiske Bidrag til nyere dansk Tænkemådes og Dannelses Historie. Kirkelig-etisk Afdeling,* 1. Heft, Kopenhagen 1856.

43 Während seines ersten Besuchs in München wurde Hjort von dem schwedischen Dichter Atterbom begleitet (s. Anm. 31). Borup zitiert in *Hjort* (s. Anm. 42), S. 44-55, Hjorts Schilderungen über seinen Aufenthalt und sein Treffen mit Schelling. Siehe auch Hjorts Briefe an Oehlenschläger, gedruckt in *Breve fra og til Adam Oehlenschläger 1809-1829* (s. Anm. 30), Bd. 3, S. 22 (11. Dezember 1817) und S. 34f. (22. Januar 1818). Es gibt einen späteren Brief von Atterbom vom 31. Mai 1822, in dem er Hjort fragt, ob er etwas von Schellings Familie und ob er das Gerücht gehört habe, daß Schelling seine ‚Philosophie der Mythologie' herausgeben wolle, vgl. *Udvalg af Breve fra Mænd og Qvinder skrevne gjennem en lang Række År til P. Hjort,* Bd. 2, Kopenhagen 1869, S. 322f.

44 Eine Schilderung dieser Besuche findet sich bei Borup *Hjort* (s. Anm. 42), S. 68-74 und S. 78.

sönlichen Engagements im Umgang mit Schelling konnte Hjort jedoch dessen Philosophie nie so recht in die eigene schriftliche Produktivität umsetzen. Wohl protestierte er schon 1815 gegenüber seinem Professor, dem Kirchenhistoriker Jens Møller (1779-1833), und dessen ewiger Polemik gegen Schelling[45] und tat 1818 den feierlichen Schritt, die Freundschaft mit dem von ihm bewunderten Oehlenschläger abzubrechen, weil er dessen Skepsis Schelling gegenüber nicht akzeptieren konnte[46], aber das Nächstliegende, eine öffentliche Verteidigung Schellings, geschah nur indirekt durch die Wahl des Themas in seiner philosophischen Abhandlung über Johannes Scotus Eriugena von 1823.[47]

Carsten Hauch (1790-1872), der ebenso wie Hjort an der Akademie von Sorø lehrte und später die Professur für Ästhetik von Oehlenschläger übernommen hat, studierte eifrig Schellings Werke, konnte ihn aber nie besuchen.[48] Das taten hingegen die beiden klas-

---

[45] Vgl. ebd., S. 137, wo Hjort erzählt, daß Møller an jedem zweiten Tag während seiner Vorlesungen Schelling einen „Seitenhieb" verpaßte. Zu Møllers theologischem Profil siehe *Københavns Universitet 1479-1979,* Bd. 5 (s. Anm. 6), S. 304-307.

[46] Hjorts interessanter Brief an Oehlenschläger – der in Rom im Frühsommer 1818 geschrieben wurde – ist ein kleines Manifest und eine Apologie für Schelling. Gedruckt wurde er in *Breve fra og til Adam Oehlenschläger 1809-1829* (s. Anm. 30), Bd. 3, S. 42-63.

[47] P. Hjort *Johan Scotus Erigena, oder von dem Ursprung einer christlichen Philosophie und ihrem heiligen Beruf,* Kopenhagen 1823. Eine Bibliographie über Hjorts Werke findet man in *Peder Hjort. Et Tilbageblik i Anledning af Hundredaaret efter hans Fødsel. Mindeord fra Nærtstaaende,* Kopenhagen 1893, S. 135-139.

[48] Hauch, der von seiner Ausbildung her eigentlich Zoologe war, aber am bekanntesten als Schriftsteller gewesen ist, war zweifellos ein Kenner von Schellings Werken. Ende 1834, vermutlich angeregt durch das Vorwort Schellings an Cousin (s. Anm. 13), war Hauch eifrig damit beschäftigt, wieder Schelling zu lesen; vgl. *Udvalg af Breve fra Mændog Qvinder skrevne gjennem en lang Række År til P. Hjort,* Bd. 2, Kopenhagen 1869, S. 239f. Während seines Aufenthaltes in Rom schickt er am 5. September 1825 einen Brief an Oehlenschläger, der eine so kuriose Anekdote über Schelling enthält, daß sie erwähnt werden muß. Hauchs enger Kamerad in Rom, der Maler und Bildhauer Johann Martin Wagner (1777-1847), der ein enger Freund Schellings war, hatte erzählt, wie er, als er wie Schelling in Würzburg wohnte, sich durch sein polemisches Wesen so viele Feinde geschaffen hatte, daß er sich nur zur Nachtzeit hinausschlich. Hauch zitiert nun Wagner: „Der Schelling aber, der war auch so ein Kauz wie ich, mit dem war ich guter Freund, bey dem lagen alle die Bücher umher und auf der Erde, einen langen Rock hatt' er an, der bis zu den Fersen herunterhing, er hatte einen großen Kopf, und ein Paar Augen hell und durchdringend wie der Teufel. Der Jacobi wieder der war ganz anders; Der saß in seiner langen Bibliotheek, ganz am Ende zierlich angelehnt in einen Sofa. Schelling hatte nur dreyzig oder vierzig Bücher und alle auf der Erde unordentlich um ihn herum" (*Breve fra og til Adam Oehlenschläger 1809-1829* [s. Anm. 30], Bd. 3, S. 305).

sischen Philologen Frederik Christian Petersen (1786-1859), von 1818 an außerordentlicher Professor an der Universität Kopenhagen, und Peter Oluf Brøndsted (1780-1842), an derselben Stelle von 1832 an Professor für Philologie und Archäologie.[49] Ersterer besuchte Schelling im Sommer 1817 in München[50], letzterer, dessen Reisetagebücher auch gedruckt wurden[51], zum Jahreswechsel 1819. Ein dritter, nämlich der Lehrer Niels Bygom Krarup (1792-1842), hörte Schellings Vorlesungen in Erlangen im Sommer 1822[52], doch keiner der drei hatte vermutlich eine tiefere Kenntnis von Schellings Philosophie.

---

49 Über das Wirken beider an der Universität siehe Ivan Boserup „Klassik filologi efter 1800“ in *Københavns Universitet 1479-1979,* Bd. 8, Kopenhagen 1992, S. 294-308.

50 In einem Brief an J. P. Mynster vom 28. August 1817 berichtet Petersen: „Schelling habe ich mir ganz anders vorgestellt. Wenn Sie, ohne ihn zu kennen, mit ihm in einer Gesellschaft zusammenkämen, würden Sie sich kaum weitere Gedanken darüber machen, als daß er ein ziemlich in sich verschlossener Mann ist. Dennoch freut es mich zu erfahren, daß er stets eifrig an der umfassenden Darstellung seines Systems arbeitet“ (*Af efterladte Breve til J. P. Mynster,* Kopenhagen 1862, S. 63f.).

51 Brøndsted hielt sich vom 28. Dezember 1818 bis zum 12. Januar 1819 in München auf und hat eine kurze Schilderung der Begegnung mit Schelling gegeben in der postum erschienenen Schrift *Uddrag af P. O. Brøndsteds Reise-Dagbøger. Samlet og udgivet af N. V. Dorph,* Kopenhagen 1850, S. 91f. Darin heißt es unter anderem: „An seinem großen Werk *über die verschiedenen Menschenalter* [im Original deutsch] arbeitet er fleißig, aber das ganze muß vollkommen fertig sein, bevor etwas durch den Druck bekannt gemacht werden kann. Er vertraute mir jedoch an, daß seine Abhandlung über den Kult der Kabiren als Bruchstück jenes größeren Werkes gesehen werden kann [s. Anm. 12]. Schelling hat diesen Glauben, und im Gespräch mit mir tröstete er sich damit, daß er gewagt habe, sein Leben, ja, alles als Pfand darauf zu setzen, daß nicht nur für *alle* Nationen die Glaubenssysteme über das Übersinnliche und ihre Religionsgebäude alle samt und sonders zusammenhängen durch gemeinsamen Ursprung und gegenseitige Überlieferung, sondern auch, daß es bestimmt einmal einem Menschen gelingen werde, diesen Zusammenhang und diese Überlieferungskette herauszufinden und darzustellen – eine große, außerordentlich merkwürdige Idee. Wenn es *ihm* nur gelingen würde, alles das herauszufinden, von dem er meint, daß es in dieser Sache einmal zu entdecken ist“ (S. 91)!

52 Krarup hat sein Treffen mit Schelling in einem Brief an F. C. Olsen vom 29. August 1822 beschrieben. Über Schellings Vorlesung schreibt er unter anderem: „Ich hatte etwas Angst davor, es könnte mir bei ihm so gehen wie bei Hegel in Berlin, bei dem ich eine Stunde hospitierte, ohne einen einzigen Gedanken zu verstehen. Aber diese Angst war unbegründet; denn ich könnte mich hier nur über eine allzu große Anzahl von Ideen beklagen, die es mir unmöglich machte, sie alle zu behalten, und ich erinnere mich nicht, über ein Kollegium so vergnügt gewesen zu sein wie über dieses. Er hatte alles aufgeschrieben und sprach mit so viel Klarheit, wie es der Gegenstand zuließ“ (M. Borup *Mellem klassiske filologer. Af Niels Bygom Krarups Brevvekslinger,* Kopenhagen 1957, S. 124).

Größere philosophische Empfänglichkeit hatte natürlich der Philosophieprofessor Frederik Christian Sibbern (1785-1872). Er besuchte Schelling in München bereits 1813[53] und war vermutlich mit dessen Philosophie, die wohl auch sein ganz eigenes Denken[54] beeinflußt hat, gut vertraut. Im Jahre 1838 spricht er in seinen *Bemærkninger og Undersøgelser* explizit über Schellings frühe, bahnbrechende Philosophie, der gegenüber Hegel nur eine einseitige Entwicklung darstelle; eine Betrachtungsweise, die auch der späte Schelling geltend machte, ihn allerdings will Sibbern nicht in seine Darstellung mit einbeziehen.[55] Sibbern war andererseits sicherlich über Schellings spätere Bemühungen orientiert, und es ärgerte ihn sichtlich, daß Schelling aufgehört hatte zu

---

[53] In einem Brief vom 16. Juli 1813 schreibt Sibbern an Sophie Ørsted: „In München habe ich schöne Tage verbracht. Neben Steffens hat mir niemand mehr bedeutet, und mit keinem habe ich in so kurzer Zeit so viel erlebt wie mit *Schelling.* Ich muß Ihnen fürwahr erzählen, wie lieb er mir geworden ist und wie eigentümlich und liebenswert ich ihn fand. Ich wohnte – und das rein zufällig – in einem Haus neben ihm und sah ihn gewöhnlich jeden zweiten Tag; ich hätte ihn wahrscheinlich jeden Tag gesehen, hätte er nicht vor nicht allzu langer Zeit eine junge Frau aus Gotha zu sich geholt, die er sehr umsorgte und mit der er viel zusammen war. Er erfreute mich auch sehr durch seine Liebe zu Steffens, den er sich gerne in seine Nähe gewünscht hätte, und er hoffte wohl, ihn einmal nach München zu bekommen. Mit seinen angekündigten ‚Weltaltern' wird es noch etwas dauern" (*Breve til og fra F. C. Sibbern* [s. Anm. 23], Bd. 2, S. 83).

[54] Sibberns Verhältnis zu Schelling scheint immer noch unerforscht. In Poul Kallmoes Buch *Frederik Christian Sibbern. Træk af en dansk Filosofs Liv og Tænkning,* Kopenhagen 1946, und Svend Erik Stybes Abschnitt über Sibbern in *Københavns Universitet 1479-1979,* Bd. 10, S. 49-55, wird Schelling nicht erwähnt. Bei Jens Himmelstrup in *Sibbern. En Monografi,* Kopenhagen 1934, S. 80, 122, bei Poul Lübcke „F. C. Sibbern: Epistemology as Ontology" in *Danish Yearbook of Philosophy,* Bd. 13, Kopenhagen 1976, S. 84-104; S. 90 Anm. 28, bei Robert J. Widenmann „Sibbern" in *Kierkegaard's Teachers* (*Bibliotheca Kierkegaardiana,* Bd. 10), Kopenhagen 1982, S. 70-88; S. 71, und bei Carl Henrik Koch „Frederik Christian Sibbern" in *Streiftog i den danske filosofis historie,* Kopenhagen 2000, S. 54-72; S. 54, 58, wird Schellings Einfluß im Vorbeigehen und beinahe als selbstverständlich erwähnt – ja, auf der letztgenannten Seite wird Schelling als „Lehrmeister" bezeichnet. Eine interessante Abhandlung, in der Sibbern einen zentralen Punkt in Schellings Philosophie bespricht, ist „Om den intellectuelle Anskuelse, saavel i Almindelighed, som med Hensyn til dens Hovedarter i Særdeleshed. Med Tillæg om den mystiske", gedruckt in *Philosophisk Archiv og Repertorium,* Hefte 1-4 [in einem Band], Kopenhagen 1829-30, und Heft 2 (Oktober 1829), S. 97-139; besonders S. 114ff.

[55] Sibbern *Bemærkninger og Undersøgelser* (s. Anm. 4), S. 16f. Hier heißt es in einer Fußnote: „Ich versäume nicht zu bemerken, was sich sonst wohl von selbst verstehen müßte, daß ich, wenn ich hier Schelling erwähne, beständig nur Schelling vor Augen habe, so wie er damals war. Schelling, wie er jetzt ist, habe ich hier nicht zu berücksichtigen, und ich hätte ihn hier auch nicht berücksichtigen können, wie er jetzt ist. Selbst hat er uns ja über viele Jahre so gut wie nichts geliefert."

publizieren.[56] Von 1830 bis Ende 1840 war Sibbern der Lehrer und Freund, der der jüngeren Generation empfahl, Schelling aufzusuchen, zum Beispiel F. L. B. Zeuthen[57], H. L. Martensen[58] und Kierkegaard.[59]

Während Schelling nun ganz im Zentrum der literarischen Fehde stand, die Grundtvig veranlaßt hatte, so war er weniger deutlich sichtbar in der philosophischen Debatte, die sich später in Verbindung mit dem sogenannten Howitz-Streit anbahnte.[60] Der Arzt Franz Gothard Howitz (1789-1826) hatte dazu herausgefordert mit seiner Schrift *Om Afsindighed og Tilregnelse. Et Bidrag til Psychologien og Retslæren* von 1824, worin er den Begriff der Freiheit mit einer Vorliebe für den deterministischen Standpunkt diskutierte. Sein direkter und indirekter Angriff auf den deutschen Idealismus in der Tradition von Kant brachte eine Reihe von Gegenschriften hervor, unter anderem von Anders Sandøe Ørsted, F. C. Sibbern, Peder Hjort und J. P. Mynster, auf die Howitz mit seiner Schrift *Determinismen eller Hume imod Kant* (1824) replizierte. Hier leistet er polemischen Verzicht auf ein Verständnis von Schellings ‚Mystik', wonach ein Mensch sowohl durch Notwendigkeit wie auch durch freies Handeln zum Sünder wird.[61] In seinem Beitrag zu dieser Debatte beruft sich Jakob Peter Mynster

---

56 In einem Brief an Zeuthen vom 28. Januar 1844 stellt er eine Betrachtung darüber an, daß Philosophen mit dem Publizieren bis ins hohe Alter warten sollten: „Glaubst du nicht, *Schelling* hätte viel gewonnen, wenn er, statt früh in halbreifem Zustand so vieles von seiner Ideenfülle in die Welt hinaus zu senden und es damit von seiner Seele loszulösen, es länger für sich behalten hätte?" (*Breve til og fra F. C. Sibbern* [s. Anm. 23], Bd. 2, S. 204)

57 Siehe Sibberns Empfehlungsbrief an Schelling von 1833, in welchem Zeuthen gute Worte mit auf den Weg bekommt, ebenso wie Schelling auch davon unterrichtet wird, wie es Oehlenschläger und H. C. Ørsted geht. Dies ist nachzulesen in *Breve til og fra F. C. Sibbern* (s. Anm. 23), S. 182-184. Vgl. Zeuthens eigene Darstellung in *Et Par Aar af mit Liv,* Kopenhagen 1869, S. 58f.

58 Martensen hat in seinem Buch *Af mit Levnet. Meddelelser af H. Martensen,* Bd. 1, Kopenhagen 1882 (abgekürzt: Martensen *Af mit Levnet*), S. 61-71, 80-82, Sibbern daran erinnert; er berichtet auch, daß Schelling 1835 „Sibbern und H. C. Ørsted mit Interesse erwähnt" (ebd., S. 157).

59 Vgl. Niels Thulstrup „Kierkegaard and Schelling's Philosophy of Revelation" in *Kierkegaard and Speculative Idealism* (*Bibliotheca Kierkegaardiana,* Bd. 4), Kopenhagen 1979, S. 144-159; S. 144.

60 Die philosophische Seite dieses Streites wird bei Oluf Thomsen dargestellt in *F. G. Howitz og hans Strid om ‚Villiens Frihed',* Kopenhagen 1924. Die eher anthropologische und rechtspsychiatrische Seite wird in Knud Michelsen *Synålejomfruen og lægevidenskabens menneskeopfattelse,* Kopenhagen 1989, beleuchtet sowie in Knud Waaben *Retspsykiatri og strafferet i historiens lys,* Kopenhagen 1997.

61 Vgl. Howitz *Determinismen eller Hume imod Kant,* S. 75 Anm. und S. 65f.

(1775-1854) – von 1834 an Bischof von Seeland – zwar nicht speziell auf Schelling[62], doch seine späteren Schriften zeugen von einer intensiven Beschäftigung mit dessen Philosophie[63], ja, er hat sich sogar – in unserem Zusammenhang – in besonders interessanter Weise über Schellings Spätphilosophie geäußert.[64] Die Howitz-Fehde wird mit Jo-

---

[62] In seiner Rezension von Howitz' Artikel *Determinismen eller Hume imod Kant* in *Dansk Literatur-Tidende* (1825) bemerkt Mynster nur, daß die Erwähnung Schellings durch Howitz eine Unredlichkeit sei; vgl. Mynster *Blandede Skrivter,* Bd. 1-2, Kopenhagen 1852-57 (abgekürzt: Mynster *Blandede Skrivter*); Bd. 2, S. 193.

[63] Mynster beschreibt selbst sein frühes Verhältnis zu Schelling als eines der Bewunderung; vgl. J. P. Mynster *Meddelelser om mit Levnet,* 2. Aufl. Kopenhagen 1884 [1854], S. 118f. Mynster diskutiert in vielen seiner Schriften mit Schelling, zum Beispiel in „Udvikling af Begrebet Tro" (1821), „Bidrag til Læren om Drivterne" (1827) und nicht zuletzt in „Logiske Bemærkninger om Identitet" (1826), die allesamt gegen Schellings Identitätsphilosophie gerichtet sind. Alle drei Abhandlungen wurden gedruckt in Mynster *Blandede Skrivter* (s. Anm. 62). Die letztgenannte Abhandlung schickte Mynster an den Stiftpropst J. Paludan-Müller, der in einem Brief vom 27. Mai 1826 begeistert in dieser Form zurückschreibt: „Die logischen Bemerkungen finde ich völlig begründet und scharfsinnig. Vom Standpunkt der Logik her wird *Schelling* Schwierigkeiten haben sich zu verteidigen. Aber mit diesen Waffen kann man ohne Zweifel glücklich gegen die meisten Philosophen Deutschlands kämpfen" (*Af efterladte Breve til J. P. Mynster,* Kopenhagen 1862, S. 125). Siehe auch O. Waage *J. P. Mynster og de philosophiske Bevægelser paa hans Tid i Danmark,* Kopenhagen 1867. Mynsters Verhältnis zu Schelling wird übrigens sporadisch angesprochen bei Niels Munk Plum in *J. P. Mynster som Kristen og Teolog,* Kopenhagen 1938, zum Beispiel S. 29, 106, und bei Børge Ørsted in *J. P. Mynster og Henrich Steffens,* Bd. 1-2, Kopenhagen 1965; Bd. 1, zum Beispiel S. 356f., 408, aber erstaunlicherweise nicht bei H. Schwanenflügel in *Jakob Peter Mynster. Hans Personlighed og Forfatterskab,* Bd. 1-2, Kopenhagen 1900-01, oder in Niels Thulstrups sonst umfassendem Artikel „Mynster" in *Kierkegaard's Teachers* (*Bibliotheca Kierkegaardiana,* Bd. 10), Kopenhagen 1982, S. 15-69.

[64] Vgl. zum Beispiel Mynsters Artikel „Rationalisme, Supprarationalisme", gedruckt in *Tidsskrift for Literatur og Kritik* (1839), in dem erwähnt wird, daß das zeitgenössische Denken nicht auf Hegels Standpunkt stehenbleiben kann: „Es wird [dem kundigen Leser] nicht unbekannt geblieben sein, daß *Schelling* immer noch als eine geistige Macht da ist, die großen Einfluß ausübt, und es gibt sehr wohl Indizien, die darauf deuten, daß es in die hier behandelte Richtung geht; da *Schelling* uns aber noch immer fast jede schriftliche Mitteilung über seine jetzt gewonnene Einsicht vermissen läßt und wir nicht auf das vertrauen können, was seine Zuhörer, rechtmäßig oder unrechtmäßig, mitteilen, so ist, was wir darüber mit Gewißheit wissen, allein darauf beschränkt, daß *Schelling* seine Art, die Welt zu betrachten, die historische nennt, im Gegensatz zur logischen, wie die neuere Philosophie es geltend machen wollte (Stahl, Philosophie des Rechts I. 55). Damit hat er dem Christentum ohne Zweifel in seiner Philosophie einen Platz bereitet und geht von einem positiv Gegebenen aus, nicht bloß von einem Gedachten; aber die näheren Bestimmungen fehlen uns" (Mynster *Blandede Skrivter* [s. Anm. 62], Bd. 2, S. 110). Mynsters Artikel, den Kierkegaard ganz sicher gelesen hat, war ein Beitrag zu einem philosophischen Streit über die Gültigkeit des ‚Satzes vom Widerspruch', das heißt

han Ludvig Heibergs (1791-1860) Artikel *Om den menneskelige Frihed* von 1824 abgeschlossen.[65] Er nimmt die Sache vom Hegelschen Standpunkt her auf, für den die Philosophie Schellings bloß ein Durchgangsmoment darstellt. Howitz gegenüber kann Heiberg leicht Schelling verteidigen[66], aber als Schelling später in der Vorrede an Cousin Hegel angreift, kann Heiberg wiederum nur Hegel in Schutz nehmen.[67]

---

über die Frage, inwieweit kontradiktorische Gegensätze ‚mediiert' werden könnten. Dieser Streit wurde unter anderem von Victor Kuhr in *Modsigelsens Grundsætning,* Kopenhagen 1915, dargestellt. Daß Mynsters Bemerkungen zu Schelling gelesen wurden, geht zum Beispiel hervor aus Zeuthens Artikel „Om det Schellingske System" in *Evangelisk Ugeskrift,* 2. Reihe, Kopenhagen 1859, Nr. 16 (1. April), S. 241-256.

65 Vgl. Heiberg *Om den menneskelige Frihed. I Anledning af de nyeste Stridigheder over denne Gjenstand,* Kiel 1824, nachgedruckt in *Johan Ludvid Heibergs prosaiske Skrifter,* Bd. 1-11, Kopenhagen 1861-62 (abgekürzt: *Heibergs prosaiske Skrifter*); Bd. 1, S. 1-110. Heiberg, der gerade zu Hegels Philosophie bekehrt worden war, schickte seine Schrift natürlich an den Meister selbst, vgl. Morten Borup in *Johan Ludvig Heiberg,* Bd. 1-3, Kopenhagen 1947-49; Bd. 1, S. 139, 148-150.

66 In *Om den menneskelige Frihed* schreibt Heiberg an Howitz gerichtet: „was die neueste Literatur betrifft, so hat er Schellings Abhandlung über die menschliche Freiheit nicht verstanden – denn alles, was Schelling mit ideeller Bedeutung meint, nimmt er in einem empirischen Sinn", und in einer vertiefenden Fußnote sagt Heiberg: „Besonders diese Art des Mißverständnisses ist bei Lesern von philosophischen Schriften sehr allgemein und hat vornehmlich bei der erwähnten Schrift von Schelling oft stattgefunden. So gibt es sogar sogenannte *philosophische* Leser, die Schelling vorwerfen, er lasse in jener Abhandlung Gott auf eine *zeitliche* Weise auferstehen, obwohl er zu den häufigen Zeitausdrücken, die er natürlich nicht vermeiden kann, weil er keine neue, von allen empirischen Vorstellungen unabhängige Sprache herstellen kann, oft genug die Worte hinzufügt: ‚nicht in der Zeit, sondern in der Idee'" (*Heibergs prosaiske Skrifter* [s. Anm. 65], Bd. 1, S. 7).

67 Vgl. Heibergs Abhandlung „Det logiske System", gedruckt in *Perseus* 2 (1838), wo es in der Einleitung heißt: „Schon Schelling hatte im Vorwort zu einer deutschen Übersetzung einer Schrift von Cousin behauptet, daß die erste Kategorie bei Hegel, nämlich das Sein oder der Satz, in dem dies ausgedrückt wird (also der erste logische Satz), unfruchtbar sei und nicht weiterführe, so daß Hegel nur durch eine willkürliche Vorgehensweise, durch die Einmischung von etwas Fremdem und von außen Geholtem, durch Subreption, zur nächsten Kategorie gekommen war, dem Werden, jener Grund-Kategorie aller Bewegung, ohne die das System von Anfang an stillstehend wäre und es zu keinem Fortschritt oder keiner Entwicklung brächte, was doch die Bedingung eines jeden *Systems* ist. Dieses Mißverständnis, das viele andere mit Schelling teilen, wollte ich in aller Klarheit darstellen. Doch dies konnte nicht geschehen außer durch eine systematische Entwicklung des Anfangs des logischen Systems selbst; nur so wird es sich faktisch zeigen, daß die Kategorie Werden sowohl analytisch wie auch synthetisch mit der Kategorie Sein gegeben ist und daß sie genau so analytisch und synthetisch zur Kategorie Dasein führt" (*Heibergs prosaiske Skrifter* [s. Anm. 65], Bd. 2, S. 116f. Vgl. auch A. P. Adler *Populaire Foredrag over Hegels objective Logik,* Kopenhagen 1842, S. 17f.).

In den 30er Jahren, als Schelling bereits die Grundgedanken der positiven Philosophie vortrug, die er später in Berlin mitteilen sollte[68], waren es besonders drei dänische Reisen nach München, die eine gewisse Aufmerksamkeit verdienen. Die erste wurde von Severin Claudius Wilken Bindesbøll (1798-1871) unternommen, der von 1825-1838 Religionslehrer an der Borgerdyds-Schule war, Kierkegaards hochgeschätzter Lehrer und, seit Kierkegaard 1836 selbst dort Latein unterrichtete, zugleich ein guter Freund.[69] Er ging von 1832-1834 auf eine längere Auslandsreise, die ihn unter anderem nach München führte, wo er am 25. August 1832 Schelling in der Akademie der Wissenschaften vortragen hörte. Über die Begegnung mit Schelling, die sich leider nur auf diesen einen Tag erstreckte, hat er in seiner außerordentlich informationsreichen Reisebeschreibung berichtet, deren erster Band 1840/41 veröffentlicht wurde.[70]

Der nächste Reisende ist Frederik Ludvig Bang Zeuthen (1805-1874), seit 1835 Pfarrer im Ribe Stift auf Jütland, der sich fast im Gegenzug zum aufkommenden Hegelianismus Schelling zuwandte und von dessen Philosophie so stark ergriffen wurde, daß er 1833 mit dem einen Ziel nach München reiste, „den großen Zauderer", wie man Schelling damals nannte, zu hören.[71] Zeuthen besuchte die Vorlesungen im Sommersemester, aber was er eigentlich gehört hat, ist nicht

---

[68] Borlinghaus *Neue Wissenschaft* (s. Anm. 22), S. 81, stellt in diesem Sinne fest: „In seinen Vorlesungen von 1827 war die Idee einer positiven Philosophie geboren, die in letzter Konsequenz nicht mehr dialektische, sondern geschichtliche Philosophie sein wollte." F. L. B. Zeuthen (s. u.) hörte, wie Schelling erklärte, „daß ein *wissenschaftlicher Monotheismus* zum ersten Mal von ihm am Katheder in München 1827 entwickelt worden war" (*Min Udenlandsreise i Aarene 1833-1834,* Kopenhagen 1875, S. 15).

[69] Vgl. Per Krarup *Kierkegaard og Borgerdydsskolen,* Kopenhagen 1977, S. 75, wo berichtet wird, daß Bindesbøll einer jener Lehrer war, die Kierkegaards Herzen am nächsten standen. Er wurde jedoch 1838 Pfarrer in Nakskov; von 1851 bis 1856 war er Bischof in Aalborg, wo Kierkegaards älterer Bruder, Peter Christian Kierkegaard, dieses Amt übernahm.

[70] Vgl. Bindesbøll *Meddelelser fra og om Udlandet meest religiøse og kirkelige Gjenstande vedkommende,* Bd. 1, Kopenhagen 1841, S. 77f. (Kierkegaard besaß zwei Hefte dieses Werkes, die 1840 veröffentlicht wurden, vgl. Ktl. 352-353). Dort findet sich eine Charakterisierung von Schellings Erscheinung, die mit den Worten schließt: „Man muß ihn hören, um ihn zu studieren. Er spricht nicht wie einer, der sein Vertrauen in Papier und Bücher setzt oder das Leben und die Kraft des Geistes weggeschrieben hat. Er tritt mit einer Zuversicht auf, als ob er nur zu sprechen brauchte, so geschieht es, nur zu befehlen, so steht es da." Der Absatz über Schelling wurde zum ersten Mal gedruckt in *Theologisk Tidsskrift* (Kopenhagen) 2,2 (1838), S. 86f.

[71] Dies berichtet Zeuthen in *Et Par Aar af mit Liv,* Kopenhagen 1869, S. 58, wo er auch auf einigen Seiten seine erste Begeisterung für Schellings Philosophie beschreibt.

ganz sicher. Aus seiner eigenen ausführlichen Reisebeschreibung geht hervor, daß er sich frühmorgens mit dem Lesen geliehener Referate über Schellings ‚Philosophie der Mythologie‘[72] vorbereitet hat; doch wie die Schellingphilologie nachgewiesen hat, müßte Schelling in diesem Sommer über ‚Das System der Weltalter‘ vorgetragen haben.[73] Wie dem auch sei, Zeuthen konnte jedenfalls frische Nachrichten für seine Freunde in Kopenhagen mitbringen; er hat selbst jedoch nichts über Schelling publiziert, bevor dessen *Sämmtliche Werke* erschienen waren;[74] dann aber schrieb er sofort die einzige längere Schelling-Abhandlung in dänischer Sprache, nämlich die *Philosophiske Afhandlinger til Orientering i den schellingske Verdensbetragtning* von 1860.

Schließlich gingen die beiden jungen, vielversprechenden Freunde, der Jurist Frederik Christian Bornemann (1810-1861) und der Theologe Hans Lassen Martensen (1805-1884), in den Jahren 1834-1836 auf eine längere Studienreise, die sie im Herbst 1835 nach München und in Schellings Auditorium führte. Aus Bornemanns Hand gibt es keine Berichte über die Reise[75], aber Martensen, an den wir uns nun halten müssen, hat in seinen späteren Erinnerungen ein gutes Bild über das

---

[72] Zeuthen hat in seinem Buch *Min Udenlandsreise i Aarene 1833-34,* Kopenhagen 1875, S. 11-19, einen ausführlichen Bericht über seinen Aufenthalt bei Schelling gegeben, in dem es unter anderem heißt: „Ich habe mir in München alle Mühe gemacht, so viel von Schellings später philosophischer Weltbetrachtung kennenzulernen, wie es mir möglich war. Da ich leihweise Mitschriften über seine Philosophie der Mythologie bekommen konnte, stand ich zwischen 3 und 4 Uhr morgens auf, saß und las ununterbrochen bis 12-1 Uhr, und das an vielen Tagen. Aber trotz allem habe ich keine zufriedenstellende Vorstellung von dem Ganzen bekommen. Das gelang erst 20 Jahre später, als seine nachgelassenen Werke herauskamen und ich mich in Sorø mit der ganzen Liebe meiner Jugend auf diese stürzte“ (S. 19).

[73] Vgl. die Übersicht über Schellings Vorlesungen von Borlinghaus *Neue Wissenschaft* (s. Anm. 22), S. 90. Die Vorlesungen im Sommersemester 1833 über ‚Das System der Weltalter‘, auch ‚Große Münchner Einleitung‘ genannt, wurde veröffentlicht auf der Grundlage von Zuhörerreferaten von Horst Fuhrmans in Schelling *Grundlegung* (s. Anm. 22), Bd. 1-2.

[74] In seinem Rezensionsartikel „Om Trangen til nye philosophiske Ideer“ anläßlich der Publikation von *Schellings sämmtlichen Werken* (s. Anm. 16), 2. Abt., Bd. 3, berichtet Zeuthen über sein Treffen mit Schelling, aber auch zum Beispiel darüber, wie Professor Peter Erasmus Müller in seinen Vorlesungen an der Kopenhagener Universität 1814-25 „die religionsphilosophischen Resultate der Naturphilosophie Schellings“ zusammengefaßt hatte; vgl. *Ugeskrift for den evangeliske Kirke i Danmark,* Bd. 10, Kopenhagen 1857, S. 277-285; S. 283.

[75] Bornemann, der später Professor für Rechtswissenschaft wurde, war vermutlich nach der Veröffentlichung von Friedrich Julius Stahls *Die Philosophie des Rechts nach geschichtlicher Ansicht,* Bd. I-II,1, Heidelberg 1830-1833, in der Schellings Spätphilosophie eine bedeutende Rolle spielt, stark motiviert, Schelling zu treffen.

Treffen mit Schelling gezeichnet.[76] Schellings mündlicher Vortrag imponierte ihm außerordentlich, darunter die Aussprache gewisser Worte, zum Beispiel „eine für die Zuhörer unvergeßliche Betonung" von ‚das *unvordenkliche* Sein'.[77] Was den Inhalt der Vorlesungen betrifft, müßte er nach der Schelling-Chronologie ‚Allgmeine Einleitung in die Philosophie der Mythologie'[78] gehört haben, was mit Martensens eigener Wiedergabe übereinzustimmen scheint.[79] Dazu muß al-

---

[76] Eine vollständige Charakteristik Schellings findet sich in Martensen *Af mit Levnet* (s. Anm. 58), Bd. 1, S. 148-159. Siehe auch Arildsens meisterliche Biographie *Martensen* (s. Anm. 5), die jedoch für das Treffen mit Schelling nur zwei Seiten opfert, nämlich S. 94f. Dafür bringt Arildsen einige interessante Briefe von Martensen an den Theologieprofessor H. N. Clausen, geschrieben auf der Reise vor der Ankunft in München, wo Martensen sich etwa in der Zeit von September bis Dezember 1835 aufhielt. Aus Berlin hören wir auf diesem Wege vom 12. Dezember 1834, daß Martensen über die aktuellen Verhandlungen mit Schelling, was die Nachfolge Hegels betraf, orientiert war (Arildsen *Martensen,* S. 499; vgl. hierzu einen Brief von H. C. Ørsted vom 20.12.1834, abgedruckt in *Breve fra og til Hans Christian Ørsted* [s. Anm. 32], Bd. 2, S. 134) und daß man ihm mitgeteilt hatte, daß Schelling in der Sommerperiode nur zweimal in der Woche Vorlesungen hielt, weshalb er mit dem Besuch warten wollte bis zum Winter – was wohl recht günstig war, da Schelling im Sommer 1835 Freisemester hatte; vgl. Borlinghaus *Neue Wissenschaft* (s. Anm. 22), S. 91. Im Brief heißt es weiter: „Über sein [Schellings] System sind hier die verschiedensten Gerüchte im Umlauf, welche nur dazu beitragen, die Sehnsucht danach zu steigern, sich selbst von dessen Beschaffenheit zu überzeugen" (Arildsen *Martensen,* S. 500). Etwas gedämpfter klingt es in einem Brief aus Heidelberg vom 10. August 1835: „Ich hatte hier die Gelegenheit, mich mit Schellings Heften bekannt zu machen, und fand sie nicht so anziehend, als daß ich viel Zeit dafür opfern wollte, ihn zu hören" (S. 506).

[77] Vgl. Martensen *Af mit Levnet* (s. Anm. 58), Bd. 1, S. 149.

[78] Vgl. Borlinghaus *Neue Wissenschaft* (s. Anm. 22), S. 91. Daraus geht hervor, daß Schelling im Wintersemester 1835/36 ‚Allgemeine Einleitung in die Philosophie der Mythologie, sodann ausführlicher Vortrag des 2. Teiles derselben', vorgetragen hat, welches eine Fortsetzung der Vorlesungen über ‚Die Philosophie der Mythologie' sein sollte, die im Sommersemester 1834 gehalten wurden. Vgl. Horst Fuhrmans' Einleitung zu Schelling *Grundlegung* (s. Anm. 22), Bd. 1, S. 33.

[79] Zum Inhalt der Vorlesungen berichtet Martensen unter anderem: „Bei näherer Betrachtung mußte es Aufmerksamkeit wecken, daß er in seiner positiven Philosophie, die der negativen, rein rationalen entgegengesetzt ist, die Darstellung einer, wie er sie nennt, *Philosophischen* Religion geben will. Man darf hier nicht an Rationalismus denken, kann aber vielleicht in Kürze die Sache im Hinblick auf die Eleusinischen Mysterien bei den Griechen erklären. In diesen Mysterien war der Volksglaube damit beschäftigt, sie nicht etwa aufzulösen, sondern ein höheres Verständnis dafür zu geben. Die Eingeweihten wurden selig dadurch, daß sie die *Prinzipien* für die mystischen Gestalten schauen konnten. Auf diese Weise sollten auch wir bei Schelling in die Mysterien eingeführt werden und die ewigen Prinzipien, sowohl für die Mythologie wie für die Offenbarung, schauen, das historische Christentum. Was ich bei Schelling gehört habe, war ein Stück eines theogonischen und kosmogonischen Prozesses,

lerdings angemerkt werden, daß Martensen, als 1882 seine Erinnerungen veröffentlicht wurden, ins Kielwasser von Schellings Ausgabe der nachgelassenen Schriften geriet und eine persönliche Schelling-Renaissance[80] erlebte, die ganz sicher die Darstellung und Einschätzung des Treffens aus seiner Jugendzeit gefärbt hat.[81] Wie groß der Einfluß war, den Schelling auf Martensen hatte, ist schwer zu entscheiden, doch alles deutet darauf hin, daß Martensen sowohl während der Reise wie auch danach mehr von Hegels Philosophie angezogen wurde[82], ja, selbst in München konnte Schelling nicht mit dem Einfluß

---

eine Lehre über die Potenzen, durch die Gott sich selbst und das Universum hervorbringt. Insbesondere nahm mich seine Auffassung der Mythologie gefangen. Im Gegensatz zu jener Auffassung, die meint, sich mit einer bloß subjektiven Erklärung der Mythen als menschlicher Erfindungen, als dichterischer Verkleidungen von Ideen oder Geschichten begnügen zu können, sieht er in den Mythen objektive, göttliche Mächte, die das menschliche Bewußtsein beherrschen, das sie in Besitz genommen haben. Die mythische Entwicklung bleibt demnach ein höherer Naturprozeß, der mit dem Christentum zu Ende geht, welches kein Mythos ist, sondern *Geschichte,* was Schelling entschieden behauptet, indem er an der Untrennbarkeit von Offenbarung und Geschichte festhält" (Martensen *Af mit Levnet* [s. Anm. 58], Bd. 1, S. 150f.).

80 Einen guten Eindruck von Martensens späteren Studien der Werke Schellings, aber auch der Kritik an Schellings Theologie, bekommt man bei der Lektüre des Briefwechsels mit dem Freund und deutschen Theologen I. A. Dorner, in *Briefwechsel zwischen H. L. Martensen und I. A. Dorner 1839-1881,* Bd. 1, Berlin 1888, zum Beispiel S. 311-313, 316-322, 331-334, 340-342.

81 So stellt Arildsen auch richtigerweise fest, daß es schwierig ist, „ja, unmöglich auf Grund des vorliegenden Quellenmaterials, die Stellung des jungen Martensen zur Philosophie Schellings näher zu schildern. Der ältere Martensen erzählt ja in seinem Buch *Af mit Levnet* nicht, wieviele Vorlesungen er gehört hat, als er jung war, was Schelling gesagt hat und wie er sich damals dazu stellte; sondern er verflicht den Eindruck des Jungen mit dem Verständnis des Älteren über die ganze spätere Philosophie Schellings. Das bedeutet, daß Martensens Schilderung von Schelling und dessen Vergleich mit Baader sehr wohl einen Quellenwert zur Erhellung der Person von Martensen um 1882 hat, nicht aber von Martensen in den Jahren 1835-36" (Arildsen *Martensen* [s. Anm. 5], S. 95 Anm. 60).

82 Martensen hat selbst beschrieben, welche „Erschütterung" ihn und die Hegelsche Schule in Berlin 1834 traf, als Schellings früher erwähntes Vorwort zur Übersetzung von Cousins Schrift herauskam: „Über viele Jahre hin hatte Schelling ein vollkommenes Schweigen beobachtet. Nun kam er in diesem Vorwort plötzlich mit einem Passus gegen Hegel. Hier äußerte er das berühmte Wort, daß man mit rein rationaler Philosophie – und Hegels Philosophie war ja eine rein rationale Philosophie – die Wirklichkeit nicht erreichen könnte und daß die Wirklichkeit nur verstanden werden könnte durch einen höheren Empirismus. Er bezeichnete entsprechend Hegels Übergang von der logischen Idee zur Natur als einen Gedankenbetrug, der nicht das Geringste erkläre. Durch alle Hegelschen Auditorien, in denen ich häufig hospitiert habe, ging ein Widerhall von Grobheiten gegen Schelling. Unter anderem nannte man ihn einen philosophischen Krüppel, der in ein Hospital für Invalide gehörte, weil er ganz unbrauchbar geworden sei, um in der Philosophie mitzureden, der seine

konkurrieren, den Franz von Baader[83] auf Martensen besaß. Als Martensen nach Kopenhagen zurückkehrte und mit den Vorlesungen über Philosophiegeschichte und spekulative Dogmatik begann, konnte er sicherlich nicht umhin, seine Zuhörer, darunter auch Kierkegaard, über Schellings Spätphilosophie zu unterrichten.[84] Nichts deutet jedoch darauf hin, daß Martensen Hegel als Parenthese in Schelling auffassen wollte.[85]

Es gibt sicherlich überall in der dänischen Literatur der damaligen Zeit Bekundungen einer gewissen Bekanntschaft mit der Spätphilosophie Schellings, wie zum Beispiel in der Abhandlung des Philosophieprofessors Poul Martin Møller (1794-1838) über die Unsterblichkeit (1837), woraus Kierkegaard später zitiert und worin es in einer Fußnote über Hubert Becker, „der ein Anhänger von Schellings

---

eigenen besseren Jugendgedanken vergessen hätte und nun von der Vernunft auf einen blinden Empirismus heruntergefallen wäre usw. Nichtsdestoweniger fielen Schellings Worte wie ein Stachel in die Seelen, und viele von denen, die jetzt gegen ihn polemisierten, sind danach zu ihm übergetreten" (Martensen *Af mit Levnet* [s. Anm. 58], Bd. 1, S. 97f.).

83 Martensen, der auf seine alten Tage ein Buch über Jacob Böhme schrieb (1881, dt. 1882), in dem an Baader, aber auch an Schelling erinnert wird, schreibt in seinen Erinnerungen, wie es ihn geärgert habe, daß die beiden großen Geister nicht miteinander sprechen wollten. Über das Treffen mit Baader heißt es unter anderem: „Bei einem der ersten Male, als ich bei ihm war, sagte er: Sie sind gekommen, um Philosophie zu studieren. Sie werden nicht viel finden, denn unser Schelling hat Bankrott gemacht. Ich rate Ihnen deswegen, Jacob Böhme zu studieren, bei dem sie alles finden werden – ein Rat, dem ich damals jedoch nicht folgte. Ein andermal, als ich gelegentlich äußerte, man könnte doch die Annahme wagen, daß Schelling persönlich vom Christentum ergriffen sei, antwortete er: Falls er ein Christ ist, dann lebt er mit seiner unchristlichen Philosophie wie ein Christ mit einem heidnischen Weib. Den mythologischen Forschungen Schellings konnte Baader nicht zustimmen, weil er darin eine zu große Anerkennung des Heidentums sah, und er sagte: Zur Strafe für die Sünden der Naturphilosophie muß sein Geist nun über den mythologischen Sümpfen brüten" (Martensen *Af mit Levnet* [s. Anm. 58], Bd. 1, S. 156).

84 In *Søren Kierkegaards Papirer*, Bd. XII, Kopenhagen 1969, S. 280-331, findet sich, wie oben angeführt, ein gedrucktes Zuhörerreferat unbekannten Ursprungs von Martensens Vorlesungen über Philosophiegeschichte im Wintersemester 1838/39, aus dem allerdings hervorgeht, daß Schelling (S. 313-318) an den üblichen Platz in der Reihenfolge der Systeme gestellt worden war, das heißt vor Hegel. Aber die Schelling-Vorlesung, die sonst die Spätphilosophie nicht erwähnt, wird auf eine so seltsame Art beendet, die enthüllen könnte, daß in dieser Sache mehr gesagt worden war. So heißt es: „Auf Daub (Theologumena) hatte Schelling Einfluß; und diese Theologumena bilden einen Übergang zu Hegel, sie lassen das Christentum mehr zu Ehren kommen, ähneln aber doch sehr Schelling. Den ontologischen Beweis für Gottes Dasein entwickelt Daub vortrefflich. Er ging mit seinem Zeitalter über Hegel hinaus. Schelling: Vorlesungen über die Theologie und das Christentum (Martens.[s] Quelle)" (S. 317f.).

neuem System ist", heißt: „Seine Meinung über die Sache ist die, daß die Philosophen der Gegenwart am besten täten, wenn sie mit Geduld die Bekanntmachung der späteren philosophischen Arbeiten Schellings abwarten würden, worin ein zufriedenstellender Bescheid über das betreffende Problem gegeben werden wird. Er hält es für eine Indiskretion zu verraten, was Schelling seinen Zuhörern davon anvertraut hat: Doch in einer Anmerkung teilt er nach einer dafür eingeholten Genehmigung einige wenige Zeilen daraus mit. Doch wird dadurch, wie man sich leicht vorstellen kann, kein klarer Gedanke vorgebracht."[86] In ähnlicher Weise kann auch der Stiftspropst an der Frauenkirche in Kopenhagen Eggert Christopher Tryde (1781-1860) genannt werden, der in seiner Abhandlung „Theologische Studien" von 1838 in einer Fußnote anmerkt, daß Schelling früher den Schöpfer und die Schöpfung in einem gemeinsamen dunklen Urgrund vereinigen wollte, und er fügt hinzu: „Es scheint nach dem, was von den späteren Forschungen jenes tiefen Denkers bekannt wurde, daß er diese seine Anschauung erheblich modifiziert hat."[87]

Faßt man diese Skizze der Schelling-Rezeption im dänischen Goldzeitalter zusammen[88], so kann man feststellen, daß es im Kopenhagen Kierkegaards eine gewisse Vertrautheit mit der Entwicklung der Philosophie Schellings gegeben hat; ob diese aber ausreicht, Kierkegaard zu seiner Aufzeichnung zu inspirieren, ist schwer zu entscheiden.

---

85 Siehe zum Beispiel den Schluß in Martensens Doktorarbeit *Mester Eckart. Et Bidrag til at oplyse Middelalderens Mystik,* Kopenhagen 1840, dort heißt es: „Jeder Versuch, der in neuerer Zeit gemacht wurde, diese [Religion und Philosophie] durch Überspringen der Kritik und Reflexion unmittelbar zu versöhnen, war nur ein Zurückfallen auf den Standpunkt der Mystik und Theosophie, was zu einem großen Teil für Schelling und seine Schule gilt" (S. 148). Über das positive Verhältnis von Martensen zu Schelling vgl. Hermann Brandt *Gotteserkenntnis und Weltentfremdung. Der Weg der spekulativen Theologie Hans Lassen Martensens,* Göttingen 1971.

86 P. M. Møller „Tanker over Muligheden af Beviser for Menneskets Udødelighed, med Hensyn til den nyeste derhen hørende Literatur" in *Maanedsskrift for Litteratur* 17 (1837), S. 1-72, 422-453; S. 452.

87 Vgl. *Theologisk Tidsskrift* (Kopenhagen) 2,2 (1838), S. 8f.

88 Man kann nicht ausschließen, daß es noch mehr Dänen gegeben hat, die in jener Zeit Schelling besucht haben; dies festzustellen, wäre eine Aufgabe künftiger Forschung. Als eine reine Kuriosität könnte hinzugefügt werden, daß H. C. Andersen am 23. November 1840 zusammen mit Schelling bei einer Abendgesellschaft des Porträtmalers Stiegler war. Andersen war eingeladen worden, weil die Frau des Gastgebers gerade mit großer Begeisterung *Nur ein Geiger* gelesen hatte, doch es ist äußerst zweifelhaft, daß Andersen mit Schelling über Philosophie diskutiert haben sollte. Vgl. *H. C. Andersens Dagbøger,* hg. v. Helga Vang Lauridsen, Bd. 2, Kopenhagen 1973, S. 62f.

Doch die Vorstellung ist nicht ohne Reiz, daß sowohl H. C. Ørsted wie auch H. O. Brøndsted, F. C. Petersen, F. C. Sibbern und H. L. Martensen, die alle Schelling besucht hatten, jeder auf seine Weise, an der Beurteilung von Kierkegaards *Über den Begriff Ironie,* woran dieser gerade so beharrlich arbeitete, beteiligt waren.[89]

### *Der deutsche Neo-Schellingianismus*

Wenden wir uns vom dänischen Kontext aus der deutschen Rezeption von Schellings Spätphilosophie zu, wie sie von 1830 an zum Ausdruck kommt, so können wir wie Mynster in seinem Artikel von 1839 damit beginnen, unsere Aufmerksamkeit auf Friedrich Julius Stahls großes dreibändiges Werk zu richten: *Die Philosophie des Rechts nach geschichtlicher Ansicht* (Bd. I-II,1-2, Heidelberg 1830-1837). Im Vorwort des ersten Bandes beruft sich Stahl mit großer Begeisterung auf Schellings neue, geschichtlich-positive Philosophie, die nicht nur ein ‚System der Freiheit' ist, sondern auch im christlichen Glauben an einen persönlichen Gott gründet. Mit Schellings neuer Orientierung wird nach Stahl „eine neue Aera der Philosophie" eingeleitet, bei der man sich als Ausgangspunkt und treibende Kraft auf den christlichen, evangelischen Rechtsstaat beruft, den Stahl mit seinem Werk begründen will.[90] Stahl bezieht sich in seiner Darstellung direkt auf Schellings Vorlesungen in München, die er auch in einem Referat wiedergibt.[91] Wie man festgestellt hat, war die Wirkung von Stahls Werk kolossal;[92] die Augen wurden einem für Schellings Spätphilosophie geöffnet, und dies in einer eigenartigen, nicht unpolitischen Konzeption, die zur Verdrängung von Hegels Rechtsphilosophie benutzt wurde. Die Wirkung von Stahls ‚Reaktion' hatte in keiner Weise abgenommen, als er 1840 – ein Jahr vor Schelling – nach Berlin berufen wurde und dort vor einem vollbesetzten Auditorium gegen die Sabotage seines Unterrichts durch zornige Hegelianer kämpfen mußte.[93]

---

[89] Siehe Søren Bruuns und Johnny Kondrups Texterläuterung zu *Om Begrebet Ironi* in *SKS* K1, 129-145.

[90] Vgl. Stahls Vorwort in Bd. I, S. V-XVI.

[91] Vgl. ebd., S. 55f., 238-269, 353-362.

[92] Vgl. Walter E. Ehrhardts Einleitung zu *F. W. J. Schelling: Philosophie der Mythologie. Nachschrift der letzten Münchener Vorlesungen 1841,* hg. v. A. Roser & H. Schulten, Stuttgart-Bad Cannstatt 1996, S. 19f.

[93] Vgl. Walter Bußmann *Zwischen Preußen und Deutschland. Friedrich Wilhelm IV. Eine Biographie,* München 1992, S. 135-152.

In der ersten Hälfte der 30er Jahre wurde eine ganze Literatur von Schriften und Artikeln veröffentlicht, die auf Schellings Spätphilosophie aufmerksam machten, mit ihr diskutierten oder von ihr Abstand nahmen. Ein gutes Zeichen dafür, wie ernst man die Herausforderung Schellings nahm, findet sich in der von Hegel selbst gegründeten Zeitschrift *Jahrbücher für wissenschaftliche Kritik* (1826-1846).[94] Darin publizierte Karl Rosenkranz 1835 auch eine Rezension von Otto Friedrich Gruppes Buch *Wendepunct der Philosophie im neunzehnten Jahrhundert* (1834) und faßt die neuschellingschen Bestrebungen unter Nennung der Namen zusammen: „Der Neoschellingianismus, [Friedrich Julius] Stahl, [Jacob] Sengler, [Karl Friedrich] Bachmann, [Carl Philipp] Fischer, [Christian Hermann] Weiße, [Immanuel Hermann] Fichte, [Christlieb Julius] Braniß, [Otto Friedrich] Gruppe und anonyme Stimmen erheben sich gegen Hegel und verheißen eine andere Aera der Philosophie.“[95] Hier ist nicht der Ort, diese ganze Literatur[96] auszubreiten; aber so, wie es unmittelbar aussieht, erhielt Schellings

---

[94] Siehe Lars Lambrechts interessante Darstellung der Hegelschen Rezeption von Schellings Spätphilosophie in „Ein Schwenk der Berliner ‚Jahrbücher' zu Schelling“, gedruckt in Christoph Jamme (Hg.) *Die ‚Jahrbücher für wissenschaftliche Kritik'. Hegels Berliner Gegenakademie,* Stuttgart-Bad Cannstatt 1994, S. 228-253.

[95] Vgl. *Jahrbücher für wissenschaftliche Kritik* 1 (1835), S. 899; hier zitiert nach dem Nachdruck in Karl Rosenkranz *Kritische Erläuterungen des Hegel'schen Systems,* Königsberg 1840 (abgekürzt: Rosenkranz *Kritische Erläuterungen*), S. 26 – ein Werk, das Kierkegaard besaß, vgl. Ktl. 745. Die zur Identifikation beitragenden, in eckigen Klammern eingefügten Vornamen sind vom Verfasser [T. Aa. O.] eingesetzt, wobei zu sagen ist, daß es sich im Index von Christoph Jamme im Falle ‚Fischer', dem der Vorname Kuno zugeordnet wird, um einen Fehler handeln muß; es geht um Carl Philipp Fischer, dessen Buch *Die Freiheit des menschlichen Willens im Fortschritt ihrer Momente,* Tübingen 1833, direkt auf Schellings Vorlesungen in München aufbaut, ebenso wie *Die Wissenschaft der Metaphysik im Grundrisse,* Stuttgart 1834, unverkennbar in der neuschellingschen Prägung steht.

[96] Als eine ausgezeichnet erklärende Fußnote zur Stelle bei Rosenkranz kann man Johann Eduard Erdmann empfehlen: *Die Deutsche Philosophie seit Hegels Tode,* 4. Ausg., Berlin 1896 [1869] (Nachdruck Stuttgart-Bad Cannstatt 1964), § 332ff.

[97] Die unmittelbare Wirkung der Spätphilosophie Schellings kann ebenso sichtbar gemacht werden durch Nachschlagen in einem der Lexika aus der damaligen Zeit. So kann man am Ende des langen Artikels zu Schelling im *Brockhaus' Conversations-Lexicon,* Bd. 9, Leipzig 1836, Ktl. 1219-1310, schon einen Eindruck von der eher offiziellen, autoritativen Schelling-Rezeption bekommen: „Seit dieser Zeit [1816] hat sich S. von dem literarischen Publicum ganz zurückgezogen, und nur in seiner Vorrede zu der von Beckers übersetzten kleinen Schrift Cousin's ‚Über franz. und deutsche Philosophie' (Stuttg. 1834), mit welcher Cousin die zweite Auflage seiner ‚Philosophischen Fragmente' einleitete, über die Umwandlung seiner philosophischen Ansicht, von welcher man schon anderwärts her, durch seines Schülers Stahl ‚Philo-

unveröffentlichte Spätphilosophie so viele Sprachrohre, daß man sie gar nicht umgehen konnte.[97] Es ist wohl diese Bewegung, aus der die schlagwortartigen Sentenzen herkommen und in der sich Kierkegaards pseudonyme Satire später tummelt, zum Beispiel daß die Philosophie ‚positiv' sein soll, daß man ‚weiter gehen soll (als Hegel)', daß die Philosophie ‚eine neue Aera' eingeleitet hat, ‚eine neue Epoche'.

Die Konsolidierung der neuschellingschen Philosophie wird auch in der Übersichtsliteratur bestätigt, die sich die 30er Jahre hindurch fortsetzte. Kierkegaard besaß zum Beispiel Julius Schallers *Die Philosophie unserer Zeit* von 1837, worin an mehreren Stellen auf Schellings Spätphilosophie Bezug genommen und Stahl als Quelle genannt wird.[98] In Jacob Senglers Einleitung in die Philosophie und spekulative Theologie aus demselben Jahr nimmt Schelling gleich zwei Positionen in der historischen Architektonik des Inhaltsverzeichnisses ein: zuerst als Urheber des Identitätssystems, womit er einen Auftakt zu Hegel bildet, dann als Schöpfer eines neuen Freiheitssystems, womit er, indem er in eine neue Richtung weitergeht, die Hegelsche Periode abschließt.[99] Hier ist Hegel also in Parenthese gesetzt. In einer dritten zeitgenössischen Philosophiegeschichte, der des Hegelianers Carl Ludwig Michelet, *Geschichte der letzten Systeme der Philosophie in Deutschland von Kant bis Hegel* (1837/38), die Kierkegaard ebenfalls besaß, wird zwar Hegel nicht in Paren-

---

sophische Rechtslehre' Manches vernommen hatte, einige, wiewohl noch unbefriedigende Andeutungen gegeben; sowie den Gegensatz, in welchem es zu seines Nebenbuhlers Hegel's Systeme steht, herausgehoben. S.'s neueste Philosophie nennt sich christliche und positive oder historische, weil sie, in Übereinstimmung mit der christlichen Lehre, Gott als frei setzt, was sich durch die That der Geschichte beurkundet. Wie aber mit dieser Freiheit die Nothwendigkeit sich vereine, welche früher die Stelle der Freiheit einnahm, ist bis jetzt noch nicht einzusehen."

98 Vgl. Julius Schaller *Die Philosophie unserer Zeit. Zur Apologie und Erläuterung des Hegelschen Systems,* Leipzig 1837, Ktl. 758, S. 15, 234f. und bes. 285ff.

99 Vgl. Julius Sengler *Ueber das Wesen und die Bedeutung der speculativen Philosophie und Theologie in der gegenwärtigen Zeit, mit besonderer Rücksicht auf die Religionsphilosophie,* Bd. 2: *Specielle Einleitung in die Philosophie und speculative Theologie,* Heidelberg 1837. Im Hinblick auf dieses Werk muß man jedoch darauf achten, „Ausführung und Überschrift" nicht zu verwechseln – wie Johannes Climacus in anderem Zusammenhang in den *Philosophischen Brocken* (*Philosophiske Smuler* [*SKS* 4, 273]) sagt; zwar gibt Sengler eine Darstellung des frühen Schelling und schließt seinen Abschnitt zu Hegel mit einem interessanten Übergang: „Vermittlungsversuche, das Hegel'sche Vernunft- und das Schelling'sche Freiheitssystem zu vereinigen: Weiße und I. H. Fichte" (S. 319-324), der auf Schellings Vorwort zur Cousin-Schrift aufbaut; doch scheint gerade der Abschnitt über den späten Schelling ziemlich reduziert zu sein, nämlich auf eine halbe Seite (S. 451f.).

these gesetzt; aber es wird – mit Stahl und Schellings Vorwort zur Cousin-Schrift als Quelle – eine interessante Darstellung von Schellings ‚Philosophie der Offenbarung' geliefert.[100]

Immanuel Hermann Fichte, einer der bedeutendsten Philosophen jener Zeit, hat ebenfalls dazu beigetragen, den Weg von einer Hegelschen zu einer neuschellingschen Philosophie zu bahnen, obwohl man ihn nicht im eigentlichen Sinn einen Neuschellingianer nennen kann.[101] Er betonte schon früh, daß Schellings Spätphilosophie das Individuationsprinzip ins Recht gesetzt hat, und darin lag eine klare Kritik an der Philosophie Hegels.[102] In Fichtes bedeutender *Zeitschrift für Philosophie und spekulative Theologie* (1837-1846), die Kierkegaard abonniert hatte, läßt sich in einer Reihe von Artikeln eine gewisse Beeinflussung durch Schellings positive Philosophie erahnen oder zumindest eine beachtliche thematische Übereinstimmung feststellen. In seinen eigenen Beiträgen, zum Beispiel „Ueber das Verhältniß des Form- und Realprincipes in den gegenwärtigen philosophischen Systemen" (1838) und „Die Voraussetzungen des hegelschen Systems" (1839), unterscheidet Fichte immer sorgfältig zwischen dem frühen und dem späten Schelling[103], und die Pointe liegt hier wie auch später in *Beiträge zur Charakteristik der neueren Philosophie* (1841) darin, daß Hegel in seiner ersten Phase mit Schelling startet, Schellings positive Philosophie hingegen ihren Start mit Hegels letzter Entwicklung nimmt, um der Philosophie eine vollständigere Ausrichtung zu geben.[104] Wenn es einen besonderen Grund gibt, Fichte hervorzuheben, so liegt dieser nicht zuletzt darin, daß er vermutlich einen viel größeren Einfluß auf den dänischen Hegelianismus hatte, zum Beispiel auf Martensen, als man

---

100 Vgl. Carl Ludwig Michelet *Geschichte der letzten Systeme der Philosophie in Deutschland von Kant bis Hegel,* Bd. 1-2, Berlin 1837-38, Ktl. 678-679; Bd. 2, S. 407-416.

101 Vgl. Stefan Koslowski *Idealismus als Fundamentaltheismus. Die Philosophie Immanuel Hermann Fichtes zwischen Dialektik, positiver Philosophie, theosophischer Mystik und Esoterik,* Wien 1994.

102 Siehe zum Beispiel I. H. Fichte *Grundzüge zum Systeme der Philosophie,* Bd. 1: *Das Erkennen als Selbsterkennen,* Heidelberg 1833, Ktl. 502, S. VI, und ders. *Religion und Philosophie in ihrem gegenwärtigen Verhältnisse,* Heidelberg 1834, S. 38.

103 Vgl. *Zeitschrift für Philosophie und spekulative Theologie* 2,1 (1838), S. 21-108, und 3,2 (1839), S. 291-306, Ktl. 877-911.

104 Vgl. I. H. Fichte *Beiträge zur Charakteristik der neueren Philosophie oder kritische Geschichte derselben von Des Cartes und Locke bis auf Hegel,* 2. Ausg. Sulzbach 1841, Ktl. 508, S. 1029f.

normalerweise annimmt[105], so wie er auch ganz sicher Kierkegaards Denken geprägt hat.[106]

Als Kierkegaard 1840 seine Aufzeichnung über Hegel als Parenthese in Schelling niederschrieb, hatte sich also diese Parenthese schon in einer Reihe von Jahren in Gestalt des Neuschellingianismus manifestiert: zuerst der negative Schelling, gefolgt von Hegel; und danach: ‚neue Aera' und ‚weiter gehen' zum positiven Schelling. Oft richtete sich das Interesse aber auch auf den Versuch, die Hegelsche Philosophie mit der neuschellingschen zu versöhnen, so zum Beispiel in Ferdinand Webers ambitiöser Schrift *Die Construction des absoluten Standpunktes und das System des absoluten Idealismus* (Rinteln & Leipzig 1840); oder es finden sich Kritiken solcher Versöhnungsversuche wie zum Beispiel in Carl Hinkels beharrlicher Arbeit *Die speculative Analysis des Begriffs ‚Geist' mit Darlegung des Differenzpunktes zwischen dem Hegel'schen und Neu-Schelling'schen Standpunkte einerseits und dem absoluten Standpunkte Weber's andrerseits* (Rinteln & Leipzig 1840). Aber wie dem auch sei, der Neuschellingianismus stand auf der Tagesordnung. So findet sich auch im Sommer 1840 in der Zeitschrift der Junghegelianer Arnold Ruge und Theodor Echtermeyer, *Hallische Jahrbücher für deutsche Wissenschaft und Kunst,* eine längere Artikelreihe unter der charakteristischen Überschrift „Der Neuschellingianismus und die Freiheit".[107] Als am 3. März 1841 die Nachricht über Schellings Berliner Berufung Paris erreicht hatte, konnte *Le Semeur* ohne weiteres notieren, daß es in Deutschland „eine junge Schule von Philosophen [gibt], die sich auf das neue System Schellings stützen und vorgeben, Hegel *überwunden* zu haben"[108].

Ohne Zweifel hat Kierkegaard einen großen Teil jener neuschellingschen Literatur gekannt. Zusammen mit Teilen der dänischen Schel-

---

[105] Die Bedeutung des jüngeren Fichte für das philosophische Denken in Dänemark wird beleuchtet in P. P. Jørgensens immer noch imponierender Arbeit *H. P. Kofoed-Hansen (Jean Pierre) med særligt Henblik til Søren Kierkegaard. Bidrag til Belysning af Aandskulturelle Strømninger i det 19. Aarhundredes Danmark,* Kopenhagen 1920 (abgekürzt: Jørgensen *Kofoed-Hansen*), S. 23-46. In diesem Zusammenhang ist der Philosophieprofessor Poul Martin Møller von großer Bedeutung.

[106] Bei Emanuel Hirsch *Kierkegaard-Studien,* Bd. 2, Gütersloh 1933, S. 508-529, wird der Einfluß des jüngeren Fichte auf Kierkegaard dargestellt – ohne Fichte, so heißt es, sei Kierkegaard kaum zu verstehen.

[107] Die Zeitschrift erschien von 1838 bis 1844, vom 2. Juli 1841 an unter dem Namen *Deutsche Jahrbücher für Wissenschaft und Kunst.* Die Artikelreihe findet sich im Jahrgang 1840, Nr. 171 (17. Juli) – Nr. 177 (24. Juli), und ist mit ‚Schmidt' in Erfurt unterzeichnet; vermutlich derselbe Alexis Schmidt, auf den wir später noch zurückkommen werden.

[108] Vgl. Schelling *Philosophie der Offenbarung 1841/42* (s. Anm. 15), S. 489f.

ling-Rezeption muß der Neuschellingianismus als der historische Verständnishorizont angesehen werden, der Kierkegaards Aufzeichnung ihren unmittelbaren Sinn gibt. Wenn der Neuschellingianismus sich im Verhältnis zu Hegels Philosophie definiert hat, so war dies natürlich eine komplexe Affäre, da Hegels überschaubare Verfasserschaft nach seinem Tod 1832 durch die Veröffentlichung seiner Vorlesungen beträchtlich vermehrt wurde. (Die eigenen Vorlesungsmanuskripte wurden durch Zuhörerreferate ergänzt.) Der Hegelianismus wurde angegriffen, weil er nur den frühen Schelling berücksichtige; aber es bleibt immer noch eine offene Frage, wieweit der ältere Schelling in seiner Polemik Kenntnis hatte zum Beispiel von Hegels Vorlesungen über Ästhetik (Bd. 1-3, 1835), die Geschichte der Philosophie (Bd. 1-3, 1836), die Philosophie der Geschichte (1837, 2. Ausg. 1840) und die Religionsphilosophie (1840). Dies ergab allmählich eine volle Klammer, die man um Hegel setzen mußte. Ihren besonderen Reiz hat diese ganze Rezeption der Spätphilosophie Schellings außerdem darin, daß sie auf einer Erwartung über Schellings bevorstehende Publikation der positiven Philosophie beruht. Noch kann also nichts entschieden werden, die Parenthese ist noch offen, oder wie Kierkegaard es ausdrückt: „man wartet bloß darauf, daß sie geschlossen wird“. Während dieser langen Wartezeit wurde Schelling 1841 plötzlich nach Berlin berufen.

## 2. *Mit Schelling als Reiseziel*

> „Hätte Schelling nicht in Berlin gelesen, so wäre ich nicht fortgefahren, hätte Schelling nicht salbadert, so wäre ich vermutlich gar nie mehr gereist“.[109]

### *Der Berlinaufenthalt*

Als Kierkegaard um den 27. Oktober 1841 in Berlin[110] ankam, hatte er eine mehr als zehnjährige Studienzeit hinter sich. Im Sommer 1840 hatte er das theologische Amtsexamen bestanden und im fol-

---

[109] Vgl. den Brief an Bruder Peter Christian Kierkegaard – vermutlich vom Februar 1842, gedruckt in *Breve og Aktstykker vedrørende Søren Kierkegaard,* Bd. 1-2, hg. v. Niels Thulstrup, Kopenhagen 1953-54; Nr. 70, Bd. 1, S. 110 (dt. in *B, GW1* 25, 105).

[110] Kierkegaard reiste von Kopenhagen am 25. Oktober um 11 Uhr ab und war 24 Stunden später in Stralsund. Von hier aus fuhr er mit einer Diligence, die vermutlich am 27. Oktober in Berlin ankam. Vgl. Peter Tudvads Kommentar zu Not 8:2 und 8:9 in *SKS* K19.

genden Wintersemester 1840/41 und im Sommersemester 1841 an den Übungen im Pastoralseminar teilgenommen. Am 29. September 1841 hatte er mit großem Erfolg seine philosophische Magisterabhandlung *Über den Begriff Ironie* verteidigt, für welche er am 26. Oktober offiziell den Magistergrad erhielt – ein Werk von beachtlichem philosophischem Pensum, sorgfältiger Quellenarbeit und sprühendem Ideenreichtum, womit Kierkegaard seine bis dahin beste Leistung vorgelegt hat. Es ist wirklich bedauerlich, daß Kierkegaard dem Rat Sibberns nicht folgte, das Werk sofort ins Deutsche zu übersetzen; statt dessen mußten nun ganze 88 Jahre vergehen, bis es dazu kam.[111] Mit der abgeschlossenen Magisterarbeit war Kierkegaard jedenfalls an dem Punkt seiner akademischen Karriere angekommen, an dem eine Studienreise als das Allernatürlichste erschien. Daß er am 11. Oktober – am selben Tag, an dem in Berlin das Wintersemester begann – endlich die Verlobung mit Regine Olsen auflösen konnte, woran er gleichzeitig mit der Abhandlung über die Ironie ‚gearbeitet' hatte, bedeutete eine zusätzliche Motivation, um von Kopenhagen Abstand zu gewinnen.

Kierkegaard hatte seine Auslandsreise für eineinhalb Jahre geplant[112], doch sie endete mit der Reduzierung auf viereinhalb Monate in Berlin. Daß Kierkegaard Berlin als Ziel seiner Studienreise wählte, ist zuallererst Schelling zu verdanken. Es ist fraglich, ob Kierkegaard nach München gereist wäre, um Schelling bei der ‚Offenbarung' seiner positiven Philosophie zu hören; doch Schelling beim Schließen der Parenthese um Hegel in der philosophischen Hochburg Berlin zu hören, war ganz gewiß ein unwiderstehliches Angebot. Die Friedrich-Wilhelm-Universität in Berlin hatte auch anderes zu bieten.[113] So war Kierkegaard gleich nach seiner Ankunft ein aufmerksamer Zuhörer von Ph. K. Marheinekes Vorlesungen über „Die

---

111 Kierkegaard schreibt in einem Brief an Sibbern vom 15. Dezember 1841: „Je länger ich hier in Berlin lebe, desto mehr spüre ich, wie richtig der Rat gewesen ist, den Sie mir aus Fürsorge sowohl für mich wie für meine Abhandlung immer wieder gegeben haben, sie ins Deutsche zu übersetzen. Nun, ich will sehen" (*B&A,* Nr. 55, Bd. 1, S. 84 [vgl. dt. in *B, GW1* 25, 79]). Erst 1929 erschien *Über den Begriff Ironie* in deutscher Sprache, sowohl in einer Ausgabe von Wilhelm Kütemeyer als auch in einer von Hans Heinrich Schaeder; vgl. meinen Artikel „On Annotating *The Concept of Irony* with Reference to the Editorial History" in *Kierkegaard Studies. Yearbook 2000,* ed. by N. J. Cappelørn & H. Deuser, Berlin / New York 2000, S. 396-421.

112 Vgl. die Aufzeichnung Not15:4 in *SKS* 19, 437.

113 Im Brief an F. C. Sibbern vom 15. Dezember 1841 notiert Kierkegaard: „*Berlin* ist wohl der einzige Ort in Deutschland, dessen Besuch in wissenschaftlicher Hinsicht sich lohnt" (*B&A,* Nr. 55, Bd. 1, S. 85 [vgl. dt. in *B, GW1* 25, 79]).

Christliche Dogmengeschichte", von denen er ausführliche Mitschriften anfertigte.[114] Er hörte auch Steffens über seine Anthropologie vortragen, was jedoch zu einer solchen Enttäuschung wurde, daß Kierkegaard die Vorlesungen nicht nur aufgab, sondern zugleich vermied, Steffens zu besuchen[115], was sonst eigentlich ganz natürlich gewesen wäre. Schließlich hörte er den ‚virtuosen' K. Werder in einer Vorlesung über „Logik und Metaphysik mit besonderer Rücksicht auf die bedeutendsten älteren und neueren Systeme", die er stichwortartig notierte.[116] Obwohl es keine Zeugnisse dafür gibt, daß er auch andere Vorlesungen gehört hat, ist dies jedoch nicht auszuschließen.

Bevor Martensen seine Reise antrat, hatte Mynster paradoxerweise geäußert, das Beste an einer Auslandsreise für junge Leute sei, daß sie Zeit fänden, etwas zu tun.[117] Diese Worte könnten ausgezeichnet auf Kierkegaard passen; denn im Gesamtbild seiner Produktivität während des Berlinaufenthalts könnte es zweifellos so aussehen, als ob Kierkegaards primäre Aktivität nicht die Vorlesungen waren, sondern eher eine Art Zerstreuung, die ihm bei der anstrengenden Arbeit zu dem Riesenwerk *Entweder-Oder*[118] helfen sollte. Am 6. Februar 1842 faßt Kierkegaard selbst die Früchte seines Aufenthaltes in einem Brief an seinen Freund Emil Boesen mit folgenden Worten zusammen: „Dieser Winter in Berlin wird immer seine große Bedeutung

---

114 Diese Vorlesungsreihe hatte am 17. Oktober 1841 begonnen. Die Mitschrift – mit Einleitung und Kommentar – ist veröffentlicht als „Notesbog 9" und „Notesbog 10" in *SKS* K19. Vgl. auch die letzte Aufzeichnung in „Notesbog 8". Marheineke besuchte im übrigen Kopenhagen in Verbindung mit dem Reformationsfest im Jahre 1836 und war seither ein wohlbekannter Name in theologischen Kreisen, was unter anderem aus den beiden Übersetzungen hervorgeht: *Udkast af den praktiske Theologie,* Nykjöbing 1841, und Christian Andreas Hermann Kalkar *Udsigt over den christne Kirkes Historie. Udarbeidet efter Marheineke, nærmest til Brug for lærde Skoler,* Odense 1841.

115 Siehe die Personenbeschreibung im Brief an Sibbern (*B&A,* Nr. 55, Bd. 1, S. 83f.) und im Brief an Spang vom 18. November 1841 (*B&A,* Nr. 51, Bd. 1, S. 77).

116 Vgl. *SKS* K19, 382. Die Aufzeichnungen, die Werders Vorlesungen betreffen, befinden sich im „Notesbog 9" in *SKS* 19; vgl. auch in den letzten Aufzeichnungen in „Notesbog 8". Siehe ferner auch die Personenbeschreibung von Werder im Brief an Sibbern (*B&A,* Nr. 55, Bd. 1, S. 84), sowie im Brief an Spang vom 8. Januar 1842 (*B&A,* Nr. 61, Bd. 1, S. 93). – P. M. Stilling hörte später ebenfalls Werders Vorlesungen, siehe dessen Beurteilung in Jens Holger Schørring *Teologi og filosofi,* Kopenhagen 1974, S. 54f. und 61.

117 Vgl. Martensen *Af mit Levnet* (s. Anm. 58), Bd. 1, S. 94f.

118 Während seines Aufenthaltes in Berlin schrieb Kierkegaard Hunderte von Seiten zu *Entweder-Oder;* vgl. Jette Knudsens und Johnny Kondrups Darstellung der Entstehungsgeschichte in den Texterläuterungen zu *Enten-Eller, SKS* K2-3, 38-58.

für mich haben. Ich habe eine Menge geschafft. Wenn Du bedenkst, daß ich täglich 3 bis 4 Stunden Kolleg hatte, eine Sprachstunde täglich und daß ich doch so viel schreiben konnte (und abgesehen davon, ich mußte anfangs viel Zeit für die Mitschrift von Schellings Vorlesungen aufwenden, die ich ins Reine geschrieben habe), eine Menge gelesen habe, da kann man nicht klagen."[119]

Kierkegaard hat sicher im Blick auf Schellings Auftreten in Berlin große Erwartungen gehegt, aber da war er lange nicht der einzige. Schellings philosophisches Comeback war, wie es Karl Jaspers 100 Jahre später bezeichnete, „das letzte große Universitätsereignis"; aber als eine akademische Sensation war es auch ein wahres ‚Medienereignis'. Philosophisch gesehen hatte Schelling selbst mit seiner Hegel-Kritik von 1834 den Grund für die großen Erwartungen gelegt, doch jetzt war die Szene nicht München, sondern ein Auditorium in Berlin voller Hegelianer. Theologisch gesehen gab es Erwartungen, daß Schelling gerade im Gegenzug zur negativen Philosophie den wahren christlichen Ausgangspunkt für das Denken positiv fassen würde. In Erwartung dieser christlichen Reaktion hatten sich bereits zahlreiche Hegelianer unter der Fahne des freien Denkens gesammelt. Politisch gesehen wurde diese voraussichtliche christliche Reaktion von offizieller Seite untermauert, das heißt von der mit Schellings Berufung verbundenen konservativen Intention des neu ernannten preußischen Königs Friedrich Wilhelm IV. Es hatte etwas Zweideutiges, daß Schelling von der Macht geradezu gesponsert wurde, daß er eine unerhört hohe Bezahlung erhielt und auf eine recht vornehme Plazierung in der Rangordnung avancierte.[120] All dies gab auf jeder Ebene Stoff für Sensatio-

---

[119] *B&A,* Nr. 68, Bd. 1, S. 107 (vgl. dt. in *B, GW1* 25, 101).

[120] Schellings privilegierte Einstellungsbedingungen sind beschrieben in Lenz *Geschichte* (s. Anm. 14), Bd. II,2, S. 42-44; gedruckt in Schelling *Philosophie der Offenbarung 1841/42* (s. Anm. 15), S. 477-480. Siehe auch Helmut Pölcher „Schellings Auftreten in Berlin (1841) nach Hörerberichten" in *Zeitschrift für Religions- und Geistesgeschichte* 6,3 (1954), S. 193-215 (abgekürzt: Pölcher „Schellings Auftreten in Berlin"), S. 197, wo gesagt wird, daß die ‚8000 Taler', die Schelling bekam, auch 1918 noch der höchste Lohn waren, den je ein Dozent in Berlin empfangen hat. Aus einem Brief an Peter Joh. Spang vom 8. Januar 1842 geht hervor, daß Kierkegaard Schellings zweideutige Situation recht genau gesehen hat: „Schellings Stellung ist nicht angenehm; er wird in die Interessen des Hofes hineingezogen, dies macht sein Auftreten ein wenig verhaßt und ist natürlich wie bei jeder äußerlichen Rücksicht immer schädlich. Die Hegelianer schüren. Schelling sieht so grimmig aus wie ein Essigbrauer" (*B&A,* Nr. 61, S. 92 [vgl. dt. in *B, GW1* 25, 86]). In einem späteren Brief erwähnt Kierkegaard ironisch Schelling als den „Geheimrat" (vgl. *B&A,* Nr. 67, Bd. 1, S. 103).

nen. Bei Schellings Ankunft in Berlin, eine Woche vor dem offiziellen Semesterbeginn, dem Abschluß des Wintersemesters im Frühling, wurde in allen Zeitungen, Zeitschriften und in einer Reihe von selbständigen Publikationen über diese Begebenheit in großem Stil diskutiert.[121] Auch in Dänemark verfolgte man dieses Ereignis.[122]

Die Quellen für Kierkegaards Aufenthalt in Berlin sind nicht überwältigend. Über die Vorlesungsreferate hinaus gibt es ein einziges Notizbuch mit 53 Aufzeichnungen, die zwischen dem 25. Oktober 1841 und Weihnachten geschrieben wurden und in denen Kierkegaard seine wenigen Eindrücke von der Reise festhielt.[123] Das Notizbuch enthält hauptsächlich durch die abgebrochene Verlobung inspirierte literarische Entwürfe, aber es findet sich auch eine Handvoll Aufzeichnungen, die sich mit Werders und Marheinekes Vorlesungen befassen, sowie zur Lektüre von Hegels Ästhetik.[124] Nur eine einzige dieser Auf-

---

121 Ein wesentlicher Teil dieses Stoffes ist gedruckt im ‚Anhang' [I, II, III] in Schelling *Philosophie der Offenbarung 1841/42* (s. Anm. 15).

122 So konnte Kierkegaard eine knappe Woche vor seiner Abreise folgende Notiz in der Zeitung lesen: „Berlin der 10. Oktober. Geheimrat von Schelling ist am 4. mit seiner Familie hier eingetroffen und ist in einem Gasthof abgestiegen. Unsere Zeitungen melden seine Ankunft in ihrer offiziellen Rubrik, eine Auszeichnung, die, soweit wir wissen, noch keinem hiesigen Gelehrten zuteil geworden ist, mit Ausnahme von Alexander v. Humboldt. Aber Humboldt ist allerdings auch der einzige Gelehrte in Preußen, der als solcher den Titel eines wirklichen Geheimrats führt. Man ist begierig auf Schellings öffentliches Auftreten: für das, was er wohl an unserer Universität vortragen wird – der Solennitets-Saal wird nicht groß genug sein, um alle aufzunehmen, die ihn hören wollen. Auch unter den Hegelianern ist aufgrund eines natürlichen Anständigkeitsgefühls jede andere Stimmung dem Respekt gewichen, den man der großen weltumfassenden Autorität dieses Mannes schuldet, und jedes Urteil wird zurückgehalten, bis Schelling selbst gesprochen hat" (*Dagen,* 19. Oktober 1841). Eine interessante Schilderung darüber, wie der werdende Kierkegaard-Anhänger H. P. Kofoed-Hansen vergebens versuchte, nach Berlin zu gelangen, um Schelling zu hören, und statt dessen sich damit begnügen mußte, die Berichte über die Vorlesungen aus den Zeitungen den Teilnehmern der literarischen Gesellschaft des Fyens Stifts in Odense vorzutragen, findet man in Jørgensen *Kofoed-Hansen* (s. Anm. 105), S. 98-101. Selbst über Kofoed-Hansens Wissen über Schelling wurde in der Zeitung berichtet, siehe *Berlingske politiske og Avertissements-Tidende,* Freitag, den 24. Dezember 1841, Nr. 301. Vgl. auch *Journal for Literatur og Kunst* (Kopenhagen) 1 (1843), S. 110, 186 und 234.

123 Sie finden sich als „Notesbog 8" in *SKS* 19, Kopenhagen 2001.

124 In den letzten vier Aufzeichnungen des Notizbuches knüpft er an Werder, Marheineke und Hegels Ästhetik an. Nicht uninteressant ist die Tatsache, daß Kierkegaard in Not 8:53 eine Stelle aus Hegels Ästhetik notiert, die Schellings Polemik, wonach Hegel alles ins Denken übertragen habe, widerspricht. Kierkegaards Studium der Ästhetik Hegels wird übrigens durch einige weitere Aufzeichnungen im Notizbuch 10 bestätigt.

zeichnungen bezieht sich auf Schelling.[125] Die Hauptquelle sind daher die 22 erhaltenen Briefe, die Kierkegaard von Berlin aus abschickte und von denen mehr als die Hälfte Schelling erwähnen.[126] Hinzu kommen verschiedene Zeugnisse von anderen Dänen, die sich zur gleichen Zeit in Berlin aufhielten und von denen mehrere so wie Kierkegaard von Kopenhagen gekommen waren, um Schelling vortragen zu hören.

In keinem erhaltenen Material von Kierkegaards Hand werden andere Dänen in Berlin namentlich genannt. Da sie sich aber alle zur Weihnachtszeit im Restaurant Belvedere versammelten, „wo wir für gewöhnlich essen", kann er berichten, daß ihre „Anzahl unglaublich ist, wie die der Heuschrecken in Ägypten".[127] An Sibbern schreibt er: „Die Dänen hier haben wohl Zeitungen, aber ich lese sie nicht"[128], während er dem Freund Emil Boesen seinen munteren und schlauen Umgang mit den offensichtlich allgegenwärtigen Dänen ausmalen kann.[129] Wer sind sie, auf die angespielt wird?

Hans Brøchner hat in seinen Erinnerungen an Kierkegaard den Schleier leicht gelüftet: „In dem Winter, den S. K. in Berlin verbrachte, traf er dort mit vielen Dänen zusammen, von denen nicht wenige dorthin gekommen waren, um Schelling zu hören. Unter ihnen war mein verstorbener Freund Christian Fenger Christens. Über ihn sprach Kierkegaard mit großer Anerkennung; er sagte mir später, daß Christens der fähigste aller Dänen war, die sich in jenem Winter in Berlin aufgehalten hatten; und unter ihnen waren ja solche Männer

---

[125] In Not 8:33 (vgl. *T* 1, 273f.) findet sich die oft zitierte Stelle über Schelling – und über Regine Olsen: „Ich bin so froh, daß ich *Schellings* 2te Stunde gehört habe – unbeschreiblich. Nun habe ich lange genug geseufzt und die Gedanken in mir geseufzt; als er dies Wort erwähnte: ‚*Wirklichkeit*' über das Verhältnis der Philosophie zur Wirklichkeit, da hüpfte in mir die Frucht des Gedankens vor Freude wie bei Elisabeth. Ich erinnere mich an fast jedes Wort, das er von dem Augenblick an sagte. Hier kann es vielleicht zur Klarheit kommen. Dieses eine Wort, das erinnerte mich an alle meine philosophischen Leiden und Qualen. – Und damit auch *sie* sich in meine Freude mischen soll: Wie gerne würde ich nicht zu ihr zurückkehren; wie gerne würde ich nicht mich selbst beschwatzen, daß es das Richtige sei. Ach, wenn ich es *könnte!* – Nun habe ich all meine Hoffnung in Schelling gesetzt, – aber wenn ich nur wüßte, daß ich sie glücklich machen könnte; ich reiste noch heute Abend ab."

[126] Vgl. *B&A,* Nr. 49-65, Bd. 1, S. 71-101, und Nr. 67-71, Bd. 1, S. 102-110. Schelling wird in zwölf dieser Briefe erwähnt, nämlich in Nr. 49, 51, 54-56, 61-63 und 67-70.

[127] Vgl. *B&A,* Nr. 58, Bd. 1, S. 87. Der Brief ist an Michael Lund geschrieben und trägt den Poststempel: Berlin 28. Dezember.

[128] Vgl. *B&A,* Nr. 55, Bd. 1, S. 85 (dt. in *B, GW1* 25, 79). Der Brief ist auf den 15. Dezember datiert.

[129] Vgl. *B&A,* Nr. 62, Bd. 1, S. 95 (dt. in *B, GW1* 25, 88-95). Der Brief ist auf den 16. Januar datiert.

wie Lic. Jur. (späterer Minister) A. F. Krieger und Auditeur (jetzt Departementchef im Kultusministerium) Carl Weis."[130] Durch seine Freundschaft mit Christens weiß Brøchner über eine Reihe amüsanter Vorfälle mit Kierkegaard in Berlin zu berichten, zum Beispiel wie Kierkegaard gerne Peter Conrad Rothe (1811-1902), einen 1840 examinierten Theologen, in philosophischen Gesprächen aufs Glatteis führte. Keiner dieser vier Dänen scheint jedoch Nachrichten über den Aufenthalt in Berlin hinterlassen zu haben.[131]

Mehr dazu erfährt man in den Erinnerungen des philosophisch interessierten Beamten Viggo Rothe (1814-1891), in denen berichtet wird, daß er im Wintersemester 1841/42 nach Berlin gereist war, um die Verhältnisse in Industrie und Handel zu studieren und dort unter anderem Stahls Vorlesungen über das preußische Staatsrecht zu hören.[132] Er beschreibt in diesem Zusammenhang „eine ganze Kolonie von jüngeren dänischen Studenten", zu denen, über die bereits erwähnten hinaus, die Theologen Jens Christian Juulsgaard Gammeltoft (1818-1873; cand. theol. 8. Juli 1841), Johan Nicolai Lange (1814-1865; cand. theol. 11. Februar 1841), Ingvard Henrik Linnemann (1818-1892; cand. theol. 1840), Johan Alfred Bornemann (1813-1890; lic. theol. 1840) und ein ‚Schmidt', vermutlich der slawische Philologe Caspar Wilhelm Smith (1811-1881), gehörten. Ferner werden drei Polytechniker genannt: Carl Ferdinand Wessel Brown (gest. 1879), Peter Martin Lindberg (geb. 1815) und Christian Thomsen Barfoed (1815-1889), sowie der Pharmazeut Emil Holm (1819-1917). Rothe berich-

---

130 Die Erinnerungen von Hans Brøchner, die zwischen 1871/72 geschrieben wurden, sind nachgedruckt bei Bruce H. Kirmmse in *Søren Kierkegaard truffet. Et liv set af hans samtidige,* Kopenhagen 1996 (abgekürzt: *Søren Kierkegaard truffet;* engl.: *Encounters with Kierkegaard: a life as seen by his contemporaries,* Princeton, New Jersey 1996; 2. verbesserte Aufl. 1998). Abschnitt 9, S. 317f., behandelt Kierkegaards Aufenthalt in Berlin. Christens (1819-1855), der das theologische Examen im selben Jahr wie Kierkegaard machte – er bekam die beste Note des Jahrgangs, Kierkegaard die viertbeste –, hatte bereits als Opponent bei der Verteidigung von Kierkegaards Disputation *Über den Begriff der Ironie* auf sich aufmerksam gemacht und publizierte 1845 den interessanten Artikel „Eine Parallele zwischen zwei Philosophen der neueren Zeit", das heißt Ludwig Feuerbach und Kierkegaard, gedruckt in *For Literatur og Kritik* 3 (1843), S. 1-17. Andreas Frederik Krieger (1817-1893) und Carl Mettus Weis (1809-1872) waren beide Juristen.

131 Es geht in diesem Artikel nicht um den Versuch, eventuell unentdecktes handschriftliches Material in den dänischen Archiven aufzuspüren. Das muß eine Aufgabe für die Zukunft bleiben.

132 Vgl. Viggo Rothe *Mit Livs Erindringer,* 1. Teil, Kopenhagen 1888. Die Beschreibung des Berlinaufenthalts findet sich S. 83-102.

tet, daß die dänischen Studenten, von denen ein Teil unter demselben Dach lebte[133], sich besonders mit theologisch-philosophischen Studien beschäftigten: „Es war insbesondere die Hegelsche Philosophie, die man damals sehr eifrig studierte, die man aber ihrem Inhalt nach einer gewissen Unchristlichkeit beschuldigte, weshalb Professor Schelling, der eigentlich an der Universität in München angestellt war und sich zu der Zeit, in der die Hegelsche Philosophie die Oberhand gewonnen hatte, sehr zurückhaltend zeigte, während man von seiner eigenen Philosophie annahm, daß sie eher eine christliche Richtung einschlagen würde, im Winter 1841/42 nach Berlin berufen wurde, um Vorlesungen zu halten, zu welchen der Zustrom so groß war, daß es schwierig wurde, dazu Zutritt zu bekommen." Es wird aber nichts darüber gesagt, inwiefern Rothe selbst Schelling gehört hat.

Ein eher lebhafter Bericht über die Zeit in Berlin findet sich in den Reisebriefen von Caspar Wilhelm Smith.[134] Er hielt sich in Berlin zwischen Mai und August 1841 auf und noch einmal von Oktober 1841 bis zur Mitte des Sommers 1842. Smith gibt viele Einblicke in die Berliner Umgangsformen, zum Beispiel die Mühe, eine Zulassung für Vorlesungen zu bekommen[135], aber leider stammen nur vier der Briefe aus der Zeit, in der Kierkegaard in Berlin war. In einem Brief vom 29. November 1841 schreibt er an den Polizeibevollmächtigten J. H. G. Tauber: „Denn du mußt wissen, seit wir Dänen in Berlin 15 Mann stark sind, sind wir auch so hochmütig geworden, daß wir uns ‚Fædrelandet' und ‚Corsaren' halten und leihen obendrein ‚Dagen' von Steffens. Heiliger Strohsack, was werden wir für ein Fest am Weihnachtsabend fei-

---

133 Vgl. ebd., S. 89f., wo es heißt: „Die meisten von ihnen wohnten in der Nähe voneinander in der Friedrichstraße im Stadtzentrum nicht weit von der Universität, dem Schloß und den Museen, und ein Teil von ihnen lebte miteinander in einem geschlossenen Pensionat, so daß sie eine Art dänische Kolonie in der deutschen Stadt bildeten. Nur Søren Kierkegaard lebte ziemlich isoliert, er wohnte in einem anderen Stadtteil als wir anderen, und wir sahen ihn seltener."

134 Vgl. H. D. Schepelern (Hg.) „Filologen Caspar Wilhelm Smiths Rejsebreve 1841-1845", gedruckt in *Danske Magazin indholdende Bidrag til den danske Histories Oplysning,* 7. Reihe, 5. Bd., Kopenhagen 1949-53, S. 81-172.

135 Smith schreibt am 30. Mai 1841 an seine Mutter unter anderem: „Um immatrikuliert zu werden, muß man sechs mal zwischen Rektor und Universitätsverwalter hin und her rennen, eine weltliche Person, die dem akademischen Senat zur Seite gestellt ist, um auf die Professoren aufzupassen, daß diese die Studenten nicht zu etwas verführen, was in den Augen des Königs von Preußen schlecht ist, denn auf das gelehrte Volk ist wie bekannt kein Verlaß. Will man eine Vorlesung hören, so kommt man angesichts des Honorars mit fünf Läufen hin und zurück zwischen Quästor und Dozent davon" (ebd., S. 91).

ern!“[136] Am 28. Dezember schreibt er an seine Mutter: „Zu meiner Schande muß ich dagegen gestehen, daß ich Schelling nicht höre, denn Gablers oben erwähnte Vorlesung fällt in dieselbe Zeit, und ich bin so verstockt, daß ich die tief und gründlich durchdachte Hegelsche Psychologie den neuschellingschen Luftschlössern vorziehe. Ich habe zwar ein paar Mal bei dem berühmten Mann hospitiert und muß gestehen, daß sein Vortrag eine außerordentlich schöne, vollendete Form hat; über den Inhalt läßt sich noch nichts sagen, und am allerwenigsten von mir, der ich ihn nicht im Zusammenhang gehört habe. Die meisten meiner Landsmänner hören ihn ständig, so werde ich wohl auch das Ganze zu lesen bekommen, wenn es fertig ist.“[137]

Anscheinend gab es noch mehr Dänen als nur Kierkegaard, die eine Mitschrift von Schellings Vorlesungen anfertigten; dies zu untersuchen ist eine Aufgabe künftiger Forschungsarbeit. Eine kleinere und freiere Mitschrift ist schon aufgespürt. Sie stammt von dem oben erwähnten J. A. Bornemann, über dessen eigenwilligen Charakter man in Smiths Briefen vieles lesen kann.

### *Exkurs: J. A. Bornemanns Referat und Mynsters Reaktion*

J. A. Bornemann war der jüngere Bruder von F. C. Bornemann, der mit Martensen nach München reiste, um dort Schelling zu hören. Nach Mynsters Tod 1854, als Martensen Bischof von Seeland wurde, übernahm J. A. Bornemann das theologische Professorat von Martensen, was vermutlich eher dem Einfluß des letztgenannten als dem eigenen Erfolg zu verdanken war.[138] Er blieb ein Anhänger der speku-

[136] Ebd., S. 111. Aus einem anderen Brief geht hervor, daß fünf der Dänen zusammenwohnen – was auch Viggo Rothe schilderte –, direkt gegenüber von Smiths Wohnsitz (vgl. ebd., S. 112).

[137] Ebd., S. 111. Smith, der sich an mehreren Stellen als Hegelianer bezeichnet, war auch ein treuer Hörer von Werders Vorlesungen (vgl. ebd., S. 96f.). Er gibt auch einige Schilderungen von Kierkegaard, wie er „unter anderem zu Spargnapani hineinging, um eine Tasse philosophische Schokolade zu trinken und ungestört über Hegel hinaus zu meditieren“ (ebd., S. 111). Diese Kierkegaard-Schilderungen sind nachgedruckt in *Søren Kierkegaard truffet* (s. Anm. 130), S. 91-93.

[138] Trotz einer auffallend geringen Produktivität und der wiederholten Klage der Studenten über den Unterricht bekam Bornemann dennoch die Stelle, obwohl man den besser qualifizierten P. C. Kierkegaard vorgeschlagen hatte. Vgl. Leif Granes Darstellung der Sache in *Københavns Universitet 1479-1979,* Bd. 5 (s. Anm. 6), S. 381f. Siehe auch Knud B. Christoffersen „Professor J. A. Bornemann og studenterne“ in *Kirkehistoriske samlinger,* Kopenhagen 1974, S. 173-197.

lativen Theologie in einer rechtshegelianischen – und Martensenschen – Form. Wie bereits erwähnt, wurde er 1840 Lizentiat der Theologie (lic. theol.) mit einer Abhandlung über die frühe Scholastik (Anselm und Abaelard). Während des Aufenthaltes in Berlin im Wintersemester 1841/42 hörte er mehrere Vorlesungen, darunter die Schellings, und stand in persönlichem Kontakt unter anderem zu Steffens und Marheineke, worüber er in einem Brief an Sibbern vom 15. Dezember 1841 berichtet.[139] In diesem Brief findet sich auch ein Resümee der ersten 15 Vorlesungen Schellings, das in seiner vollen Länge folgenden Wortlaut hat:

Lieber Herr Professor! Es war schon lange mein Vorsatz, Ihnen zu schreiben, und beschämt bitte ich Sie, mir den langen Aufschub zu vergeben. Als ich nach meiner Ferienreise wieder hierher kam, gedachte ich zu schreiben, wenn *Schelling* mit seinen Vorlesungen begonnen hätte; doch bald erfuhr ich, daß, sollte ich über diese etwas schreiben, ich erst einige Zeit verstreichen lassen müßte. Schelling hat nämlich ein ganz besonderes Talent, seine Zuhörer in Spannung zu halten, zugleich in Erwartung und Ungewißheit darüber, was kommen wird. Er hat nun 15 Stunden gelesen, und die Weihnachtsferien stehen unmittelbar bevor, und er steht jetzt erst am Ende der Einleitung, einer Darstellung des gegenwärtigen Status der Philosophie; aber über die Vorlesung selbst, oder wie er zu einer Offenbarungs-Philosophie kommen will, darüber hat man keinerlei Vorstellung oder Vermutung. Das eigentliche Hauptinteresse im Blick auf Schellings Vorlesungen muß ich also diesmal unbefriedigt lassen; aber – Sie werden mir wohl ein andermal gestatten, Ihnen darüber etwas mitzuteilen. Ich bezweifle nicht, daß Sie schon seine erste Vorlesung gelesen haben, die eigentlich nur eine Antrittsvorlesung ist, als solche aber schön und die Erwartung weckend. Es ist eine bewundernswerte Redegewandtheit, mit der er es unter diesen schwierigen Umständen, worin er sich unbestreitbar befindet, versteht, sich einen Weg zu bahnen und jedem Anstoß vorzubeugen, weil er sowohl über sich wie auch über Hegel spricht. Oft stellt er excurrierende Betrachtungen an, gerade diese aber sind im allgemeinen das Schönste und das, worin man seine Kunst am meisten bewundert. In der Einleitung, die er seinen Vorlesungen vorausschickt, gibt er eine Darstellung der Identitätsphilosophie in ihrer ersten und ursprünglichen Gestalt, die einzige, die er als die wahre anerkennt, und entwickelt danach, wie diese, die in ihrem Wesen nur ein Teil der Philosophie sein darf – eine *philosophia prima,* zu einer *philosophia secunda* führen muß, und sich dadurch selbst als die negative Philosophie erkennt und die andere als die positive setzt –, mißverstanden und als die ganze Philosophie aufgefaßt und somit in der Hegelschen Phil. zu der einen rationellen Philosophie geworden ist, welche, da sie der Macht des Positiven nicht widerstehen konnte, indem sie dieses in sich aufnahm, zu einer für die Wirklichkeit fremden Philosophie wurde. – Die Anschauung, die der Anknüpfungspunkt für seine Darstellung ist, ist der absolute Gegensatz zwischen Vernunft und Offenbarung; wenn die Offenbarung nichts anderes beinhaltet als die Vernunft, warum sollte man sich dann um sie kümmern? Als Faktum ist sie gerade das, was über die Vernunft hinausgeht. Deswegen soll die Philosophie selbst zur Einsicht in die Notwendigkeit führen, daß es eine

---

[139] Der Brief wurde gedruckt in *Breve til og fra F. C. Sibbern* (s. Anm. 23), Bd. 2, S. 198-202.

neue Wissenschaft ist, die dahin gelangt. Hat die Philosophie ein Verhältnis zur Wirklichkeit, dann muß – da alles Wirkliche von zwei Seiten her betrachtet werden kann: *was* es ist und *daß* es ist – erst dies erkannt werden, ob sie sich auf das bloße Wesen der Dinge bezieht, deren Begriff, oder auf deren Existenz; die Existenz geht über den Begriff hinaus und gibt erst die volle Erkenntnis des Dinges. Der Begriff gibt nur an, daß, *wenn* ein Ding existiert, es so und so sein muß. –

In der absolut logischen Wissenschaft wurde alles bis zur Pforte der Erkenntnis gebracht, nicht weiter. Dies ist die ‚negative Philosophie'; aber sie kann sich nicht selbst als solche erkennen, ohne daß sie das Positive setzt. Dies vermochte die Identitätsphilosophie nicht sofort; und hier trat Hegel auf, indem er die negative Philosophie zur absoluten machte. In seiner Kritik an Hegel hält Schelling sich an die ältesten Ausgaben seiner Werke, um so nachzuweisen, wie er sich nur nach und nach von der Identitätsphilosophie lösen konnte und sich in dem Irrglauben festsetzte, daß das Absolute, wo es auftrat, das wirklich existierende Absolute war; jetzt konnte er das Positive nicht mehr heraushalten, und es entstand auf diese Weise eine rationelle Philosophie, die in ein schlechtes Dogmatisieren verfiel, das alles Wirkliche zunichte machte. Er hält sich hier insbesondere an den Anfang und das Ende der Logik, den Übergang der Idee in Natur; er hat danach über die Stellung der Religion in der Identitätsphil. und bei Hegel gesprochen, und ebenso hat er die Entwicklung der Hegelschen Philosophie in der [Hegelschen] Schule berücksichtigt, jedoch ohne sie zu nennen. Man kann nicht leugnen, daß er es versteht, seine Kritik mit einer beispiellosen Popularität anzubringen; er weiß auch die vulnerablen Stellen auszuwählen und die Pointen so auszusprechen, daß sie leicht zu einem Stichwort werden. Hegels Gegner haben sich gewiß über seinen Beweis gefreut, daß die Hegelsche Logik eine rein subjektive Logik sei und daß es die objektive bei Hegel nicht gebe.

Das Interessanteste bei Schelling ist seine künstlerische Darstellung. Bisher kommt er mir ganz so vor wie in seinen Schriften. Seine Vorlesungen waren durchwebt von der Darstellung seiner philosophischen Persönlichkeit, und häufig verteidigt er sich selbst und gibt Erläuterungen, Erklärungen. – Er hat ein überaus ungewöhnliches Auditorium, Generäle, allerlei Beamte, Professoren, unter ihnen viele Hegelianer. Einige Male wurde aus Anlaß einiger Äußerungen über Hegel gezischt und gescharrt, aber das hat ihn nicht affiziert. – Steffens hat seine Vorlesung über Religionsphilosophie abgesagt, weil Schelling ‚Philosophie der Offenbarung' liest. Ich höre ihn also bloß über Anthropologie.[140]

Bornemanns Referat an Sibbern zeichnet ein Bild der Frustration und Faszination, die mit dem Auftreten Schellings verbunden war. Einerseits offenbarte Schellings lange Einleitung nicht den neuen Inhalt seines positiven Standpunktes, und seine überlegene Hegel-Kritik verblieb selbst negativ und konnte als solche nur Ungewißheit oder Erwartung bewirken. Andererseits hat Schelling durch seine künstlerische Darstellung viele seiner Zuhörer gefesselt, was vermutlich den unmittelbaren Schmerz über die drohenden Erwartungsenttäuschungen gelindert hat.

Wieweit Bornemanns Darstellung eine ausführlichere Mitschrift zugrunde liegt, ist nicht ganz sicher; eine solche Mitschrift ist jedenfalls

---

140 Ebd., S. 198-201.

noch nicht aufgetaucht. Daß aber auch andere als Kierkegaard die Vorlesungen mitgeschrieben haben, ist einigermaßen sicher. Das geht nämlich aus einem Brief von J. P. Mynster an Sibbern vom 13. Januar 1842 hervor, der mit den Worten beginnt: „Vielen Dank für die Mitteilung der beigelegten Briefe, die ich mit großem Interesse gelesen habe, obwohl die Schrift eine wahre Tortur für meine Augen gewesen ist und ebenso der Inhalt für mein Denken."[141] Die ‚beiliegenden Briefe' betreffend merkt der Herausgeber an: „Von einem anderen Dänen, der zur gleichen Zeit Schellings Vorlesungen in Berlin gehört und eine sehr ausführliche Darstellung ihres seither veröffentlichten Inhalts gegeben hat." Das ist schon ärgerlich, daß der Herausgeber, der anscheinend die Mitschrift gesehen hat, den Namen des Schreibers nicht angibt, ebenso wie es bedauerlich ist, daß er den Wert der Mitschrift im Verweis auf die postumen Werke Schellings herabsetzt.

Aber wie dem auch sei, so zeigt doch die Kritik, die Mynster auf der Grundlage dieser Mitschrift von Schellings Philosophie gibt, daß es nicht Bornemanns Bericht ist, den er in Händen hielt. Mynster hebt zum Beispiel hervor, daß Schelling mit seiner *philosophia prima* auf Geometrie und Logik verweist, und er erwähnt die Stelle, wo Schelling ‚Vernunft' von ‚vernehmen' ableitet – nichts davon findet sich in Bornemanns Bericht. Aus Kierkegaards Mitschrift wissen wir, daß die beiden Stellen in die Periode fallen, die Bornemanns Mitschrift abdeckt, wobei die erste vermutlich auf die 8. Vorlesung, die zweite dagegen ganz sicher auf die 4. Vorlesung zu beziehen ist. Da Mynsters Kritik in sich selbst als Dokument für die historische Kierkegaardforschung interessant ist, soll sie hier vollständig zitiert werden:

> Was Schelling gegen Hegel sagt, kann ich zumeist verstehen und billigen; sein eigener Standpunkt hingegen will mir nicht klar werden. Seine *philosophia prima* erklärt er selbst dadurch, daß er auf Geometrie und Logik verweist; doch nur weil diese Wissenschaften formelle sind, sind sie doch noch nicht ‚negative'. Und in jener *Ph. prima* soll ja viel mehr inbegriffen sein, als sie im allgemeinen erklären soll: *quid sit res;* aber wie kann dies negativ sein? – Würde man sich die *Phil. Prima* als Philosophie der Möglichkeit denken und die *secunda* als Philosophie der Wirklichkeit, dann sehe ich wieder nicht, wie jene negativ wird.
>
> Wenn die negative Philosophie *quid sit res* und die positive *quod sit* erklären soll, dann bleibt für letztere sehr wenig Inhalt übrig, außer daß das Amen der Wirklichkeit der Predigt der negativen Philosophie hinzugefügt würde. Und woher bezieht die positive Philosophie ihre Position? – Von dem unmittelbaren Bewußtsein? Aber da scheinen wir eher in der Schule von *Jacobi* zu sein als in der von Schelling; doch finden wir auch bei letzterem jetzt ‚Vernunft' abgeleitet von ‚vernehmen'. Falls dies die Absicht sein sollte, dann könnte man annehmen, daß die negative Philosophie den Schein des in

---

[141] Vgl. ebd., S. 202f., dort unmittelbar nach Bornemanns Brief abgedruckt.

der Erfahrung Gegebenen zerstören, die positive das Wesen entwickeln soll; aber hierzu scheint die Ausführung gar nicht zu passen.

Ich verstehe auch nicht, was Schelling mit ‚Philosophie der Offenbarung' meint; denn ich kann doch nicht annehmen, daß er ein solches beinahe unwürdiges Spiel mit seinen Zuhörern treiben würde, daß er unter ‚Offenbarung' nur die Offenbarung der Wirklichkeit verstanden hat.

Das Christentum scheint nach dem bis jetzt Geäußerten ihm nur eines unter vielem anderen zu sein. Doch vielleicht wollte er nur andeuten, daß die positive Philosophie ganz voraussetzungslos auf die Wirklichkeit zugeht und er die übrige Wirklichkeit uns dann lauter Rätsel vorlegen läßt, die erst gelöst werden, wenn man auf das Christentum stößt.

Doch all dies muß wohl die Zeit aufklären, falls im übrigen Schelling selbst sich darüber klar geworden ist.

Dies soll nicht der Ort sein, die Kritik Mynsters näher zu untersuchen, es wird nur konstatiert, daß man in Kopenhagen dank der vielen ausgeschickten Dänen das erste Auftreten Schellings in Berlin verfolgen konnte. Da nicht alle Dänen in Berlin regelmäßig Schellings Vorlesungen folgten, kann man nur vermuten, wer vielleicht die Mitschriften der Vorlesungen angefertigt und sie an Sibbern geschickt haben könnte. Von den oben genannten 15 Dänen können wir Viggo Rothe und Smith ausschließen, ebenso, wie es wenig wahrscheinlich ist, daß Bornemann zwei Mitschriften derselben Vorlesungen mitgeschickt haben könnte. Ferner ist es nicht unangemessen, die drei Polytechniker auszuschließen: Brown, Lindberg und Barfoed, sowie den Pharmazeuten Holm. Wenn auch weniger wahrscheinlich, so kann doch nicht ausgeschlossen werden, daß die Juristen Krieger und Weis, besonders letzterer, Schelling bis zum Ende gefolgt sind; aber alles spricht dafür, daß die Schreiber oder der konkrete Schreiber unter den restlichen Theologen gesucht werden muß: Christens, J. N. Lange[142], Gammeltoft, Linnemann oder vielleicht besonders P. C. Rothe.[143] Daß Kierkegaard seine ausführliche Mitschrift an Sibbern geschickt haben sollte, erscheint ganz unwahrscheinlich.

---

142 Lange tritt im übrigen – ebenso wie Christens – in biographischen Dokumenten Kierkegaards auf. Er war um 1850 von Kierkegaards Schriften tief beeindruckt, verteidigte dessen Kirchenkampf und suchte ihn auf, um auf seine religiösen Grübeleien eine Antwort zu finden (vgl. Kofoed-Hansen im einleitenden Nekrolog zu *Prædikener af Johan Nicolai Lange,* Kopenhagen 1866, S. XXIVf.; nachgedruckt in *Søren Kierkegaard truffet* [s. Anm. 130], S. 171). Siehe auch Jørgensen *Kofoed-Hansen* (s. Anm. 105), S. 18f., 501-508.

143 Über Rothe heißt es im *Dansk biografisk Leksikon,* Bd. 20, Kopenhagen 1941, wo auch weitere Literatur genannt wird: „Eine besondere Bedeutung bekam für ihn ein Aufenthalt in Berlin, wo er mit großem Interesse den Vorlesungen Schellings folgte und im übrigen auch mit Søren Kierkegaard verkehrte" (S. 217).

## *Kierkegaards Mitschrift von Schellings Vorlesungen*

In all ihrer Unvollständigkeit ist Kierkegaards Mitschrift der Schelling-Vorlesungen im Wintersemester 1841/42 eine der ausführlichsten, die überliefert ist. Trotz der Bedeutung, die sie deshalb sowohl für die Schelling- wie auch für die Kierkegaardforschung haben könnte, zeigt die eigenartige Editionsgeschichte dieser Mitschrift nur, daß sie jahrelang unbeachtet geblieben war. Zum ersten Mal erfuhr im Jahr 1911 eine größere Öffentlichkeit von ihrer Existenz, als der dritte Band von *Søren Kierkegaards Papirer* herauskam. Darin wurde die Mitschrift jedoch nicht abgedruckt, sondern in der Aufzeichnung C 27 konnte man die Datierungen aus Kierkegaards Mitschrift lesen, zusammen mit ein paar einzelnen Überschriften. Die Herausgeber P. A. Heiberg und Victor Kuhr haben vermutlich angenommen, daß der Inhalt nicht von breitem Interesse wäre. Ganze 51 Jahre sollten noch vergehen, ehe die Mitschrift in ihrer vollen Länge publiziert wurde. Alois Dempf hatte in seinem Artikel „Kierkegaard hört Schelling" (1957) mit Nachdruck dazu aufgefordert, Kierkegaards Manuskript zu veröffentlichen, das sich im Kierkegaard-Archiv der Königlichen Bibliothek in Kopenhagen befand[144], und diese Aufforderung hat sich Eva Schlechta-Nordentoft zu eigen gemacht und 1962 eine vollständige deutsche Ausgabe der dänischen Handschrift vorgelegt.[145] Von dieser Blamage hat sich die dänische Kierkegaardforschung erst wieder erholt, als Niels Thulstrup 1970 die ganze Mitschrift in Bd. XIII der 2. Ausgabe von *Søren Kierkegaards Papirer* veröffentlichte. Danach vergingen wiederum 19 Jahre, bevor Howard V. Hong und Edna H. Hong eine englische Übersetzung vorlegen konnten, die nicht nur einige Lesefehler in Thulstrups Ausgabe korrigierte, sondern man muß auch sagen, daß sie – trotz des sporadischen Einsatzes von Thulstrup – die erste kommentierte Ausgabe der Schelling-Mitschrift Kierkegaards darstellte.[146] Schließlich ist die Mitschrift 2001 als „No-

---

[144] Alois Dempf „Kierkegaard hört Schelling" in *Philosophisches Jahrbuch* 65 (1957), S. 147-161 (abgekürzt: Dempf „Kierkegaard hört Schelling"); S. 147.

[145] Die Übersetzung von Nordentoft erschien in Anton Mirko Koktanek *Schellings Seinslehre und Kierkegaard. Mit Erstausgabe der Nachschriften zweier Schellingvorlesungen von G. M. Mittermair und Sören Kierkegaard,* München 1962 (abgekürzt: Koktanek *Schellings Seinslehre*), S. 98-179, und wurde wieder abgedruckt in Schelling *Philosophie der Offenbarung 1841/42* (s. Anm. 15), S. 391-467.

[146] Die Übersetzung von H. V. Hong und E. H. Hong ist in Band 2 der *Kierkegaard's Writings* zu finden, der den Titel trägt *The Concept of Irony with continual Reference to Socrates, together with notes of Schelling's Berlin Lectures,* Princeton, New Jersey 1989.

tesbog 11" in *Søren Kierkegaards Skrifter* erneut erschienen; diesmal in einem textkritisch verbesserten Gewand, mit einer Texterläuterung, einer Einleitung zum Inhalt sowie mit einem ausführlicheren Kommentar als zuvor.[147]

Kierkegaards Mitschrift ist sicher unter großen Anstrengungen entstanden. Über die erste Vorlesung schreibt er selbst: „Schelling hat bei solchem Lärm und Getöse, unter Pfeifen und Fensterklopfen derer, die nicht zur Tür hereinkamen, vor einem dermaßen zusammengepferchten Auditorium begonnen, daß man fast versucht war, das Hören der Vorlesung aufzugeben, wenn das so weitergehen sollte", und er fügt hinzu: „Es ergab sich, daß ich zwischen den Notabilitäten – Prof. Werder und Dr. Gruppe – saß."[148] Die Charakterisierung, die Kierkegaard von dem unmittelbaren Umfeld der Vorlesungen gibt, kann durch die zahlreichen Zeugen der Vorlesungen ergänzt werden, deren Namen von Helmut Pölcher[149], Xavier Tilliette[150] und Manfred Frank[151] gesammelt wurden. Aus diesem Material ist zu ersehen, wie das größte Auditorium der Universität zum Bersten

---

[147] Der Text in *SKS* 19, Kopenhagen 2001, wurde erstellt von Niels W. Bruun, Leon Jaurnow und Kim Ravn. Im Kommentarband K19 finden sich die Texterläuterungen, eine allgemeine Einleitung von Steen Brock und Anders Moe Rasmussen und schließlich ein 60seitiger Kommentar von Tonny Aagaard Olesen.

[148] Vgl. *B&A,* Nr. 51, Bd. 1, S. 77. Der Brief mit dem Datum vom 18. November 1841 (vgl. dt. in *B, GW1* 25, 71) ist an P. J. Spang gerichtet. Eine vollständige Rekonstruktion der Anwesenden in Schellings Auditorium ist, soweit bekannt, noch nicht versucht worden, aber ein Teil der bekannten und weniger bekannten Namen werden in Schelling *Philosophie der Offenbarung 1841/42* (s. Anm. 15) angeführt. Wenn Joakim Garff in der neuen Standardbiographie *S. A. K. Søren Aabye Kierkegaard. En Biografi,* Kopenhagen 2000, S. 182, schreibt: „das Auditorium, in dem übrigens auch Karl Marx saß und, so gut es ging, mitzuhalten versuchte", so scheint diese Mitteilung doch in all ihrer Polemik entweder auf freier Phantasie zu beruhen oder auf bisher unbekanntem Quellenmaterial. Vgl. zum Beispiel Manfred Kliems im übrigen glaubwürdige Studie über *Karl Marx und die Berliner Universität 1836 bis 1841,* Berlin 1988, der auch Entwürfe von Marx aus der Berliner Universitätszeit aufnimmt, darunter übrigens auch Exzerpte von Marx aus Steffens' Vorlesungen über ‚Anthropologie' von 1837. Wenn Marx anwesend gewesen wäre, was er nicht war, so hätte er kaum, wie Garff meint, spezielle Schwierigkeiten gehabt, den Vorlesungen zu folgen; vgl. zum Beispiel die Dissertation von Helga Kuhnert *Materialistische Aspekte der Hegel-Kritik in der positiven Philosophie des späten Schelling,* Frankfurt am Main 1978.

[149] Vgl. Pölcher „Schellings Auftreten in Berlin" (s. Anm. 120).

[150] Vgl. *Schelling im Spiegel seiner Zeitgenossen* (s. Anm. 18), Bd. 1, S. 435-466.

[151] Siehe Anhang III in Schelling *Philosophie der Offenbarung 1841/42* (s. Anm. 15), S. 495-581 („Dokumente zu Schellings erstem Vorlesungszyklus in Berlin: Hörerberichte, Zeitschriftenartikel, zeitgenössische Brief- und Tagebuchäußerungen").

gefüllt war: „290 Studenten haben nur Plätze bekommen können, außerdem nimmt die Blüthe der Professoren aus allen Fakultäten Antheil an seinen Vorlesungen. Sodann wurden noch alle 140 Stehplätze für Hospitanten vergeben."[152] Der Kampf um die letzten Stehplätze, der Lärm der vielen, die nicht hineingelassen wurden, und der Krach in dem zusammengepferchten Saal haben vermutlich eine gewisse Konzentration erfordert, um Schellings Vorlesung folgen zu können. In diesem Milieu also tauchte Kierkegaard seine Feder in die Tinte und schrieb in zwei Heften nieder, was Schelling sagte. Die Mitschrift, die überwiegend dänisch abgefaßt ist, wurde dann in seiner Berliner Wohnung, wenn er nach Hause kam, mühsam ins Reine geschrieben.

Kierkegaards Mitschrift besteht aus 40 Aufzeichnungen, die jede für sich eine einzelne Vorlesung von einer Stunde[153] wiedergibt; seit jedoch Schelling vom 1. Februar 1842 an zweistündige Vorlesungen hielt, umfassen die Aufzeichnungen auch beide Stunden.[154] Die letzte Aufzeichnung enthält nur das Datum vom 4. Februar und zeugt also davon, daß Kierkegaard die zeitraubende Arbeit des Mitschreibens – und nicht zuletzt der Reinschrift – aufgegeben hatte. Kierkegaard hörte jedoch weiterhin die Vorlesungen;[155] da er aber am 4. März nach Kopenhagen zurückfährt[156], kann er sie in keinem Fall zu Ende gehört haben. Der Abschluß von Schellings Vorlesungen fand am 18. März

---

[152] Vgl. den Brief von Adolf Hilgenfeld an seinen Vater (vom 15. November 1841), in dem sich eine malerische Beschreibung der ersten Vorlesung befindet, gedruckt in Pölcher „Schellings Auftreten in Berlin" (s. Anm. 120), S. 193-195; *Schelling im Spiegel seiner Zeitgenossen* (s. Anm. 18), Bd. 1, S. 440f.; Schelling *Philosophie der Offenbarung 1841/42* (s. Anm. 15), S. 525f.

[153] Die Vorlesungen wurden am Nachmittag, 17-18 Uhr, gehalten.

[154] Kierkegaard notiert selbst in der Aufzeichnung Nr. 37, die er nach Schellings Chronologie „37. et 38." nennt, daß jetzt zweistündig gelesen wird. Folglich bezeichnet Kierkegaard Aufzeichnung Nr. 38 als „39. et 40.", während die nächste, das heißt Aufzeichnung Nr. 39, nur die Überschrift „41." trägt, ebenso wie er die letzte, die nur aus dem Datum besteht, „42." nennt. Es ist jedoch anzunehmen, daß Schelling seine Doppelvorlesungen fortgesetzt hat, während Kierkegaard das Mitschreiben nach der 41. Vorlesung aufgab. Mehrere Briefe Kierkegaards zeugen von großer Irritation darüber, daß man sich erlaubte, so lange am Stück vorzutragen (vgl. *B&A,* Nr. 67, Bd. 1, S. 103, und Nr. 70, Bd. 1, S. 110).

[155] In einem Brief an Emil Boesen vom 6. Februar 1842 schreibt Kierkegaard: „Schelling habe ich gänzlich aufgegeben, ich höre ihn bloß, schreibe kein Referat, weder vor Ort noch daheim" (*B&A,* Nr. 68, Bd. 1, S. 107 [vgl. dt. in *B, GW1* 25, 100]).

[156] Wir wissen, daß Kierkegaard am 6. März in Kopenhagen ankam; und berechnen wir die Heimreise – wie die Hinreise – mit zweimal 24 Stunden, so müßte er Berlin am 4. März verlassen haben.

statt und wurde von den Studenten mit einem Fackelzug gefeiert.[157] Damit hatte er wahrscheinlich im ganzen 62 Vorlesungen gehalten.[158]

Das große Verdienst von Kierkegaards Mitschrift liegt darin, daß sie nach den einzelnen Vorlesungen geordnet ist und daß die Aufzeichnungen teilweise datiert sind. Die folgende Übersicht zeigt die entsprechenden Zuordnungen:

| *Aufz. Nr.* | *Datum* | *Aufz. Nr.* | *Datum* | *Aufz. Nr.* | *Datum* | *Aufz. Nr.* | *Datum* |
|---|---|---|---|---|---|---|---|
| 1 | Undatiert | 11 | undatiert | 21 | undatiert | 31 | 24. Januar [Montag] |
| 2 | Undatiert | 12 | 8. Dezember [Mittwoch] | 22 | 3. Januar [Montag] | 32 | 25. Januar [Dienstag] |
| 3 | 22. November [Montag] | 13 | 10. Dezember [Freitag] | 23 | 5. Januar [Mittwoch] | 33 | 26. Januar [Mittwoch] |
| 4 | 23. November [Dienstag] | 14 | 13. Dezember [Montag] | 24 | 7. Januar [Freitag] | 34 | 28. Januar [Freitag] |
| 5 | 24. November [Mittwoch] | 15 | undatiert | 25 | 10. Januar [Montag] | 35 | 29. Januar [Samstag] |
| 6 | Undatiert | 16 | undatiert | 26 | 13. Januar [Donnerstag] | 36 | 31. Januar [Montag] |
| 7 | Undatiert | 17 | undatiert | 27 | 14. Januar [Freitag] | 37 | 1. Februar [Dienstag] |
| 8 | Undatiert | 18 | undatiert | 28 | 17. Januar [Montag] | 38 | 2. Februar [Mittwoch] |
| 9 | Undatiert | 19 | undatiert | 29 | 18. Januar [Dienstag] | 39 | 3. Februar [Donnerstag] |
| 10 | Undatiert | 20 | undatiert | 30 | 20. Januar [Donnerstag] | 40 | 4. Februar [Freitag] |

157 Karl August Varnhagen von Ense schreibt am 18. März 1842 in sein Tagebuch: „Es wurde erzählt, Schelling habe heute seine Vorlesungen geschlossen, und ihm werde ein Fackelzug gebracht, der von obenher veranstaltet worden, und zu dem sich die Studenten immer willig finden" (*Schelling im Spiegel seiner Zeitgenossen* [s. Anm. 18], Bd. 1, S. 459).

158 Diese Auskunft stammt von Dempf „Kierkegaard hört Schelling" (s. Anm. 144), S. 147. Demnach würden in Kierkegaards Mitschrift die letzten 20 Vorlesungen fehlen; ob hier aber von Einzel- oder Doppelstunden gesprochen werden müßte, wird nicht gesagt. Zwischen dem 4. Februar und dem 18. März gab es 36 mögliche Vorlesungstage.

Wie hier zu erkennen ist, hat Schelling regelmäßig vorgetragen, aber an bestimmten Tagen nicht.[159] Trotzdem erscheint es möglich, mit Hilfe der zeitgenössischen Zeugnisse die Datierung der drei Gruppen undatierter Aufzeichnungen aus Kierkegaards Mitschrift zu präzisieren. Aus dieser näheren Bestimmung wird auch klar, daß Kierkegaards Numerierung offenbar die faktisch gehaltenen Vorlesungen widerspiegelt; Kierkegaard hat sie alle gehört und keine übersprungen.

Schelling hat seine Antrittsvorlesung am Montag, dem 15. November 1841, gehalten, welches – wie Karl Rosenkranz in seinem Tagebuch vermerkt – der Tag nach dem Todestag von Leibniz und Hegel war.[160] Kierkegaards erste Aufzeichnung lautet in all ihrer Kürze: „er möchte als ein Verstorbener im griechischen Sinn, in platonischer Bedeutung betrachtet werden." Bezieht sich dies auf Schellings erste Vorlesung? Vergleicht man damit die Antrittsvorlesung, die Schelling selbst um den 9. Dezember 1841[161] herausgegeben hat, so scheint es da keine Übereinstimmung zu geben. Dagegen scheint ein anderes Zeugnis eines Zuhörers der 1. Vorlesung Kierkegaards kurze Mitschrift zu unterstützen und damit auch zu bekunden, daß das von Schelling selbst Publizierte zumindest nicht *alles* wiedergibt, was er an jenem Tag vom Katheder aus gesagt hat.[162] Daß Kierkegaards erste

---

159 Wenn Manfred Kliem in seiner hervorragenden Studie *Der junge Engels und die Berliner Universität 1837 bis 1842,* Berlin 1990, S. 59, im Zusammenhang mit Engels' Vorlesungsplan für das Wintersemester 1841/42 anmerkt, daß er Schelling jeden Donnerstag von 17-18 Uhr gehört habe, dann kann man nur feststellen, daß Engels die meisten Vorlesungen verpaßt haben muß.

160 *Schelling im Spiegel seiner Zeitgenossen* (s. Anm. 18), Bd. 1, S. 426; Schelling *Philosophie der Offenbarung 1841/42* (s. Anm. 15), S. 497. Bei Pölcher „Schellings Auftreten in Berlin" (s. Anm. 120), S. 199, ist ferner zu lesen: „Den Hegelianern mußte schon das Datum der Antrittsrede als berechnete Kampfansage vorkommen. Am 14. November versammelten sie sich im engeren Kreise ‚unter dem Schutz eines Gibsabgusses [sic!] des Wichmannschen Brustbildes von Hegel' [Zitat von Michelet], um des vor zehn Jahren erfolgten Todes des Meisters zu gedenken. Am folgenden Tage, einem Montag, begann Schelling zu lesen."

161 *Schelling's Erste Vorlesung in Berlin 15. November 1841,* Stuttgart und Tübingen 1841. Die Publikation wurde sofort im Tagebuch von Karl August Varnhagen von Ense am 9. Dezember 1841 notiert (vgl. *Schelling im Spiegel seiner Zeitgenossen* [s. Anm. 18], Bd. 1, S. 436).

162 Franz von Tschudi teilt nämlich folgendes mit: „Er deutete auch etwas dunkel an, das[s] er seinen Schülern hinterlassen werde, ähnlich Sokrates, der (im Phaidon) jedem weisheitsuchenden Jüngling, der wenige Tage nach seinem Tode nach Athen kam, nach seinem Tode erschien" [sic!] (*Schelling im Spiegel seiner Zeitgenossen* [s. Anm. 18], Bd. 1, S. 443).

Aufzeichnung vom 15. November stammt, wird auch von der Tatsache bestätigt, daß die zweite Vorlesung am Donnerstag, dem 18. November[163], gehalten wurde und daß es keine weiteren vor dem 22. November, die Kierkegaard als die dritte anführt, gegeben hat.

Im Hinblick auf die nächste Gruppe mit sechs undatierten Aufzeichnungen soll lediglich festgestellt werden, daß die Vorlesungen an den elf möglichen Tagen bis zum 8. Dezember[164] gehalten wurden. Die dritte Gruppe der undatierten Aufzeichnungen fällt in die Zeit bis zu den Weihnachtsferien, und wir wissen, daß die letzte dieser Vorlesungen am Donnerstag, dem 22. Dezember, gehalten wurde, womit Schellings Einleitung sich anscheinend ihrem Ende näherte.[165] Dies wird auch durch Kierkegaards Notiz am Ende der 21. Aufzeichnung bestätigt, wo es heißt: „Damit ist die Einleitung fertig." Die übrigen sechs Aufzeichnungen dieser Gruppe gehören zu den Vorlesungen, die in den noch verbleibenden sieben Tagen gehalten wurden.

Für die weitere Charakterisierung der Mitschrift Kierkegaards soll zunächst festgestellt werden, daß seine Aufzeichnungen nicht bewertend oder kommentierend sind, sondern daß sie so gut wie möglich referieren, was gesagt wurde, oft einfach in Zitatform. Das, was da wiedergegeben wird, sind also nicht Kierkegaards, sondern Schellings Worte und Gedanken. Das Interessante an Kierkegaards Mitschrift ist deshalb das, *was* er gehört hat, und nicht seine *Meinung* über das Gehörte – diese kennen wir nur aus seinen Briefen und aus der früher schon genannten Aufzeichnung in „Notesbog 8". Um den Inhalt der Mitschrift näher zu bestimmen, ist es allerdings notwendig, den Quellenstoff mit einzubeziehen, den es darüber hinaus zu Schellings Berlinvorlesungen im Wintersemester 1841/42 gibt.

Es ist von vielen Seiten bezeugt, daß Schelling nach dem Manuskript vorgetragen hat, aber auch, daß er trotzdem durch seinen le-

---

163 Im „Notesbog 8", das Kierkegaard in Berlin führte, findet man die bekannte Aufzeichnung: „Ich bin so froh, *Schellings* zweite Stunde gehört zu haben", denn in ihr hatte er ‚die Wirklichkeit' thematisiert. Dies entspricht der zweiten Aufzeichnung zur Schelling-Mitschrift. Varnhagen von Ense datiert diese Vorlesung auf Donnerstag, den 18. November (vgl. *Schelling im Spiegel seiner Zeitgenossen* [s. Anm. 18], Bd. 1, S. 435).

164 Adolf Hilgenfeld notiert am 18. Dezember: „Schelling liest nur zu selten, statt 6mal gewöhnlich nur 3mal und dann hat er sein schweres System in wenig Stunden zusammengedrängt, so daß es recht schwer wird, ihn zu verstehen"; *Schelling im Spiegel seiner Zeitgenossen* (s. Anm. 18), Bd. 1, S. 441. Im Bezug darauf könnte man es wagen, die 11. Vorlesung auf Montag, den 6. Dezember, zu datieren.

165 Vgl. Heinrich Lenz in seiner Rezension zu *Schelling's Erste Vorlesung in Berlin* in *Deutsche Jahrbücher für Wissenschaft und Kunst,* 20. Januar 1842, Nr. 16, S. 63.

bendigen Vortrag, oft gewürzt mit pointierenden Exkursen, fesseln konnte. Aus seiner Nachlaßübersicht, die Schelling selbst 1853 diktiert hat, wissen wir, daß er das Manuskript zu den Vorlesungen über die ‚Philosophie der Offenbarung' (1841/42) aufbewahrt hat.[166] Dieses Manuskript ist jedoch während des Zweiten Weltkrieges verlorengegangen.[167] Als Schellings Sohn, Karl Friedrich August Schelling, wenige Jahre nach dem Tode des Vaters die zweite Abteilung der *Sämmtlichen Werke* herausgab, war ihm dieses Material natürlich zugänglich.[168] Die zweite Abteilung besteht aus zwei Bänden ‚Philosophie der Mythologie' gefolgt von zwei Bänden ‚Philosophie der Offenbarung', wovon nur der dritte Band in unserem Zusammenhang von Interesse ist. Der dritte Band besteht – außer dem Vorwort des Herausgebers und einem ausführlichen Inhaltsverzeichnis – aus zwei Büchern. Das erste trägt den Titel: „Einleitung in die Philosophie der Offenbarung oder Begründung der positiven Philosophie (1.-8. Vorlesung, S. 1-174); dann folgt: „Der Philosophie der Offenbarung erster Theil" (9.-20. Vorlesung, S. 175-530). Karl Schelling schreibt in seinem Vorwort, daß Schelling sowohl 1841/42 als auch 1844/45 die ‚Einleitung in die Philosophie der Offenbarung' vorgetragen hat, und er fügt hinzu: „Die davon herrührenden Manuscripte wurden hier noch unter Beiziehung eines dritten, Begründung der positiven Philosophie betitelten, angewendet."[169] Der Herausgeber scheint hier also von allen drei Manuskripten Gebrauch gemacht zu haben, doch wieweit oder in welchem Ausmaß der Text in *Sämmtliche Werke* das zum Ausdruck bringt, was 1841/42 vorgetragen wurde, ist eine Frage, die nur durch einen Vergleich der Zuhörermitschriften mit dem durch Kierkegaard Überlieferten beantwortet werden kann.

Die ausführlichste und bekannteste Vorlesungsmitschrift stammt vermutlich von Alexis Schmidt;[170] sie wurde 1843 von H. E. G. Paulus publiziert in einem Werk mit dem umfänglichen Titel *Die endlich offenbar gewordene positive Philosophie der Offenbarung oder Entstehungsgeschichte, wörtlicher Text, Beurtheilung und Berichtigung der v. Schellingischen Entdeckungen über Philosophie überhaupt, Mytholo-*

---

[166] Schellings „Übersicht meines künftigen handschriftlichen Nachlasses" wurde vorgelegt und kommentiert in Horst Fuhrmans' „Dokumente zur Schellingforschung IV" in *Kant-Studien* 51,1 (1959/60), S. 14-26.

[167] Ebd., S. 20.

[168] *Schellings sämmtliche Werke* (s. Anm. 16), Bd. 1, 1856, Bd. 2, 1857, Bd. 3-4, 1858.

[169] Ebd., 2. Abt., Bd. 3, S. VIII.

[170] Vgl. Walter E. Ehrhardt „Zum Stand der Schelling-Forschung" in *F. W. J. Schelling*, hg. v. Hans Jörg Sandkühler, Stuttgart und Weimar 1998, S. 48.

*gie und Offenbarung des dogmatischen Christenthums im Berliner Wintercursus von 1841/42. Der allgemeinen Prüfung vorgelegt von Dr. H. E. G. Paulus.* Die Schelling-Mitschrift selbst ist in dieser Ausgabe auf verschiedene Kapitel verteilt, eingerahmt von Paulus' wortreicher Darstellung und Kritik der Schellingschen Philosophie, ebenso wie er zum Text der Mitschrift in eckigen Klammern und in unzähligen Fußnoten seine kritischen Bemerkungen hinzufügt. Entfernt man jedoch – wie Manfred Frank es getan hat[171] – die Textumgebung von Paulus, so erhält man eine Mitschrift, die in sich weder speziell polemisch noch philosophisch-theologisch gefärbt erscheint.[172] Daß Schelling diese Ausgabe zu verhindern versuchte, kann wohl kaum überraschen;[173] wir wissen jedoch auch, daß Schelling der Paulus-Mitschrift eine gewisse, wenn auch negative, Funktion zuerkannt hat.[174] Schon im Jahr zuvor, das heißt 1842, hatte Julius Frauenstädt ein Werk publiziert, das „eine stark paraphrastische Transskription" der Vorlesungen Schellings enthielt.[175] Aufgrund dieser Mitschrift können große Teile der Paulus-Mitschrift berichtigt wie auch wichtige Details justiert werden. Darüber hinaus gibt es an gedruckten Materialien eine Reihe von kleineren Mitschriften einzelner Vorlesungen, denen eben-

---

171 Bei Manfred Frank wird nur die Mitschrift nachgedruckt in Schelling *Philosophie der Offenbarung 1841/42* (s. Anm. 15), S. 87-325.

172 Dies muß entgegen der gängigen Auffassung gesagt werden, wonach die Mitschrift selbst sowohl Spuren von Polemik als auch von theistischen Zügen enthalten soll; vgl. zum Beispiel Ehrhardt „Zum Stand der Schelling-Forschung" (s. Anm. 170), S. 48.

173 Schelling klagte gegen Paulus, verlor aber den Rechtsstreit. Die Akten wurden herausgegeben von Julius Eduard Hitzig in *Vollständige Acten in der wider mich auf Denuntiation des Criminalgerichts zu Berlin eingeleiteten fiscalischen Untersuchung wegen angeblicher Beleidigung dieses Gerichts durch öffentliche Kritik einer von ihm in der Schelling-Paulus'schen Angelegenheit erlassenen Verfügung,* Leipzig: Weber, 1844-1845.

174 Schelling bemerkt selbst zu seinem Manuskript von 1841/42: „Sonst versteht sich, daß dieses Manuscript durchaus verglichen, und nun bei der Haupthandschrift benützt werden müßte. Ob Zeit dazu gefunden wäre, den Paulus'schen Abdruck damit zu vergleichen und dessen Fälschungen oder Anpassungen bemerklich zu machen, steht dahin" (Schelling in „Übersicht meines künftigen handschriftlichen Nachlasses" [s. Anm. 166], S. 17).

175 Julius Frauenstädt *Schelling's Vorlesungen in Berlin, Darstellung und Kritik der Hauptpunkte derselben, mit besonderer Beziehung auf das Verhältniß zwischen Christenthum und Philosophie,* Berlin 1842. Die Mitschrift findet sich S. 68-92 und S. 130-141, nachgedruckt in Schelling *Philosophie der Offenbarung 1841/42* (s. Anm. 15), S. 353-390. Die angeführte Charakterisierung der Mitschrift Frauenstädts stammt von Manfred Frank (ebd., S. 46).

falls große Bedeutung für die Bestimmung der 1841/42 faktisch gehaltenen Vorlesungen Schellings zukommt.[176] Horst Fuhrmans hat ferner darauf hingewiesen, daß sich in der Preußischen Staatsbibliothek Berlin eine 216 Seiten lange Mitschrift befindet, die in Zukunft herauszugeben und in die Forschung einzubeziehen ist; ebenso soll sich in der Universitätsbibliothek Erlangen eine Mitschrift zu einem Teil der Vorlesungen befinden, die nach den Weihnachtsferien gehalten wurden.[177] Beim Vergleichen der gedruckten Zuhörermitschriften muß man feststellen, daß die Mitschriften von Paulus wie von Kierkegaard eine gewisse Verläßlichkeit ausdrücken, jedoch in der Weise, daß sich in jeder der Mitschriften stets einzelne Mißverständnisse und größere Auslassungen finden, was jedoch für Nachschriften nicht ungewöhnlich ist. Die ersten 21 der 35 thematischen Abschnitte, in die die Paulus-Mitschrift eingeteilt ist, entsprechen den 40 Aufzeichnungen bei Kierkegaard[178], und obwohl die Paulus-Mitschrift fast doppelt so wortreich ausfällt wie die Kierkegaards[179], deutet nichts darauf hin,

---

[176] Sie sind gedruckt im „Anhang I: Auszüge aus anderen Vorlesungsnachschriften und Streitschriften" in Schelling *Philosophie der Offenbarung 1841/42* (s. Anm. 15), S. 327-467.

[177] In der groß angelegten Einleitung zu Schelling *Grundlegung* (s. Anm. 22) beschreibt Horst Fuhrmans die beiden handgeschriebenen Mitschriften wie folgt: „Eine andere Nachschrift des Kollegs ist im Besitz der ehemaligen preußischen Staatsbibliothek Berlin. (Ms. Germ. Ort. 712), 216 Seiten. Nennt sich: ‚Die Philosophie der Offenbarung von Schelling. Vorgetragen zu Berlin im Winterhalbjahr 1841/42 Abschrift eines von Joh. Heinr. Koosen ausgearbeiteten Heftes. Adolf Peters'. Die Nachschrift gibt Schellings Vorlesung nur in großen Zügen wieder." – „Den zweiten Teil dieser Vorlesung gibt uns eine recht genaue Nachschrift von Fr. L. Steinmeyer wieder, die im Besitz der Universitätsbibliothek Erlangen ist (Titel: ‚Schelling, über die Offenbarungsphilosophie'); die Nachschrift ist ohne Jahresangabe, Vergleiche aber zeigen, daß es sich um den 2. Teil der 1. Berliner Vorlesung handelt, d. h. um alles, was Schelling nach den Weihnachtsferien im Januar 1842 vorgetragen hat" (S. 41).

[178] Obwohl zwischen der Paulus-Mitschrift und der Kierkegaards große Abweichungen auftreten können, war es dennoch möglich, eine brauchbare Konkordanz herzustellen. Eine solche findet sich bei Koktanek *Schellings Seinslehre* (s. Anm. 145), S. 82, und ausführlicher in *SKS* K19, 435f. An beiden Stellen wird die Paulus-Ausgabe von 1843 benutzt, doch die spätere Ausgabe kann dazu mit Hilfe der Konkordanz in Schelling *Philosophie der Offenbarung 1841/42* (s. Anm. 15), S. 582-584, verglichen werden.

[179] In der Paulus-Mitschrift beginnt die Zählung mit der zweiten Vorlesung, während Schellings eigene Antrittsvorlesung als eine Einleitung abgedruckt wird. In Schelling *Philosophie der Offenbarung 1841/42* (s. Anm. 15) umfaßt Kierkegaards Mitschrift 77 Seiten, die entsprechenden Abschnitte in der Paulus-Mitschrift dagegen 137 Seiten.

daß er eine Vorlesung übersprungen haben könnte. Mit diesen zwei Zuhörermitschriften, die sich im großen und ganzen nicht widersprechen, können wir Karl Schelling nur darin Recht geben, daß der Text in *Sämmtliche Werke* nicht mit dem Manuskript von 1841/42 identisch ist;[180] wir können sogar noch weiter gehen, denn es ist mit einiger Sicherheit möglich, die Stellen in diesem Text ausfindig zu machen, die vermutlich Schellings faktischen Vorlesungen als Grundlage dienten. Wenn sich auch in Kierkegaards Aufzeichnungen Nr. 3-5 gewisse Übereinstimmungen mit Schellings 4. Vorlesung finden, so sind doch die Unterschiede so groß, daß man hier nicht annehmen kann, der Schelling-Text gebe das in unserem Zusammenhang authentische Manuskript wieder. Es scheint im Gegenteil naheliegend anzunehmen, daß Schellings 6.-8. Vorlesung, die die Einleitung abschließen, das Vorlesungsmanuskript ist, das Kierkegaard in den Aufzeichnungen Nr. 15-22 referiert. Ferner scheint Schellings Text von der Mitte der 17. Vorlesung an bis einschließlich der 19. Vorlesung mit Kierkegaards Aufzeichnungen Nr. 35-39 übereinzustimmen.[181] Wer von der Bonität der Zuhörermitschriften einen Eindruck bekommen möchte, kann also eine Kollationierung mit den genannten Vorlesungen in *Sämmtliche Werke* durchführen. Auf diese Zuordnungen soll hier nicht näher eingegangen, sondern nur festgestellt werden, daß Schelling gemäß seiner eigenen Disposition rein faktisch mit der Einleitung vor Weihnachten nicht fertig wurde und deshalb die 22. Vorlesung vom 3. Januar zu Hilfe nehmen mußte!

Will man eine nähere Bestimmung des Inhaltes der Schelling-Vorlesungen von 1841/42 geben, so sind die Resultate der Schellingforschung aus den letzten Generationen über den Zusammenhang und die Entwicklung des späten philosophischen Systems Schellings nicht zu übergehen.[182] Schelling hatte in München sein System in einer

---

180 Vgl. auch H. Fuhrmans in Schelling *Grundlegung* (s. Anm. 22), S. 41f.

181 Da die Übereinstimmungen sowohl sprachlich wie auch inhaltlich so groß sind, sind die angeführten Stellen nach *Schellings sämmtliche Werke* (s. Anm. 16), 2. Abt., Bd. 3, in die Konkordanz von *SKS* K19, 435f., eingefügt worden. Es wäre schön, die zukünftige Schellingforschung würde dieses Resultat bestätigen.

182 Siehe die oben (Anm. 22) angeführte Einleitung von Horst Fuhrmans; Xavier Tilliette *Schelling. Une philosophie en devenir,* Bd. 2: *La dernière philosophie: 1821-1854,* Paris 1970 [2. Ausg. Paris 1992], und Ralf Borlinghaus' oben (s. Anm. 22) angeführte *Neue Wissenschaft.* Dazu muß jedoch gesagt werden, daß die Rekonstruktion der philosophischen Entwicklung Schellings in hohem Maße auf den Hörermitschriften beruht und solche immer wieder entdeckt und herausgegeben werden, so daß Neuentdeckungen ständig in der philosophischen Landkarte verzeichnet werden müssen.

Reihe von Vorlesungszyklen vorgetragen und entwickelt, bestehend aus vier Teilen: der erste als philosophiehistorische Einleitung, worin durch eine Kritik der rationalistischen und empirischen Tradition Platz geschaffen wird für eine neue positive Philosophie. In einer zweiten Vorlesungsreihe folgt dann das, was man traditionell als ‚Gottes- und Schöpfungslehre' bezeichnet. Der dritte Teil war die ‚Philosophie der Mythologie', worauf der Zyklus mit der ‚Philosophie der Offenbarung' seinen Abschluß fand. Was Schelling in Berlin 1841/42 vorgetragen hat, war also eine komprimierte Ausgabe des gesamten Systems, das heißt in vier sukzessiven Bestandteilen.[183] Überträgt man diese Hauptteile auf Kierkegaards Mitschrift, so kommt man zu einer übergeordneten Dreiteilung[184], da die Mitschrift mitten in der ‚Philosophie der Mythologie' abbricht; Kierkegaard hat demnach die ‚Philosophie der Offenbarung' nicht gehört.[185] Die erste Schwierigkeit, die auftaucht, besteht darin, die Übergänge präzise zu bestimmen, teils weil Schelling, Kierkegaard und die Paulus-Mitschrift jeweils mit unterschiedlichen Einteilungsprinzipien operieren, teils weil die Übergänge nicht scharf markiert sind, sondern im Gegenteil von systematischer Kontinuität zeugen. Auf den ersten Blick wäre es verlockend, Schellings philosophiehistorische Einleitung sich bis einschließlich Aufzeichnung Nr. 21 bei Kierkegaard erstrecken zu lassen; aber da – wie oben gezeigt – Schellings eigene systematische Einteilung das Einbeziehen der Aufzeichnung Nr. 22 erfordert, was vom Inhalt her auch nicht unangemessen ist, bleibt diese Grenzziehung auf Vermutungen angewiesen. Im folgenden wird die erste Möglichkeit gewählt, und das allein unter dem pragmatischen Gesichtspunkt, daß sich diese Grenze auch in der

---

183 Vgl. Horst Fuhrmans in Schelling *Grundlegung* (s. Anm. 22), S. 40-42, wo zu der sogenannten ‚Berliner Einleitung' erklärt wird, Schelling habe sie im Hinblick auf das Hegelsche Publikum so gegliedert.

184 Um der guten Ordnung willen ist hinzuzufügen, daß Kierkegaards Mitschrift auch in anderer Weise eingeteilt werden kann. Die Einteilung, wie sie bei Koktanek *Schellings Seinslehre* (s. Anm. 145), S. 82, vorliegt, wird mit einzelnen Variationen wiederholt bei Niels Thulstrup in „Kierkegaard and Schelling's Philosophy of Revelation" (s. Anm. 59), S. 145. Zum Vergleich dazu sind die Einteilungen von Steen Brock und Anders Moe Rasmussen, die der Paulus-Mitschrift folgen, heranzuziehen, vgl. *SKS* K19, 423.

185 Es ist unklar, wann Schelling mit der ‚Philosophie der Offenbarung' begonnen hat; da Kierkegaard aber am 4. März abgereist war, konnte er diesen Teil vermutlich nicht mehr mitbekommen.

Paulus-Mitschrift findet.[186] Kierkegaards Mitschrift kann demnach in folgende Teile gegliedert werden: I. Schellings Einleitung, einschließlich der Antrittsvorlesung (Aufzeichnung Nr. 1-21); II. ‚Gottes- und Schöpfungslehre' (Aufzeichnung Nr. 22-35); III. ‚Philosophie der Mythologie' (Aufzeichnung Nr. 35-39).[187]

Benutzt man nun die thematischen Kapitelüberschriften aus der Paulus-Mitschrift[188], dann hat Kierkegaard während der langen philosophiehistorischen Einleitung (die Antrittsvorlesung ausgenommen) bis Weihnachten folgende Vorlesungen gehört:

I. Allgemeine Einleitung
II. Die Prinzipien der Vernunftwissenschaft
II. Betrachtung über die allgemeine Natur und den Schlusspunkt der reinen Vernunftwissenschaft
IV. Schellings Rückblick auf die Identitätsphilosophie
V. Schelling über Hegel und die Identitätsphilosophie
VI. Negative und positive Philosophie schon in der Geschichte der Philosophie
VII. Über die verschiedene Stellung der rationalen und der positiven Philosophie zum Empirismus
VIII. Kant's Antithetik der reinen Vernunft; nach v. Schelling
IX. Über das bestimmte Verhältnis der beiden Philosophien
X. Übergang zur positiven Philosophie

Unter diesen Überschriften verbirgt sich unter anderem eine Darstellung der klassischen philosophischen Distinktion zwischen dem, *was* etwas ist, und dem, *daß* es ist. Schelling zeigt, auf welche Weise die ‚Was'-Philosophie eigentlich negativ ist, wie sie sich in den traditionellen rationalistischen Systemen artikuliert, darunter auch in der von Schelling selbst begründeten Identitätsphilosophie, und wie Hegel diese eine Seite der Philosophie entwickelt hatte, bis er zuletzt glaubte, dies sei die ganze Philosophie. Andererseits wird eine Kritik des traditionellen Empirismus geliefert, dessen unvermittelte ‚Daß-

[186] Am Schluß des 10. Kapitels wird in der Paulus-Mitschrift von 1843, S. 440, folgendes notiert: „Dies war der Schluss der v. Schellingischen Vorlesungen *vor* Weihnachten 1841. Die Hälfte des mit hochgespannten Erwartungen eröffneten Wintercursus war vorbei; und was hatten bis dahin die aus allen gebildeten Classen wissbegierig Herzugekommenen erhalten?" Diese Erläuterung wird bei Manfred Frank nicht mit übernommen.

[187] Kierkegaard schreibt am Ende der Aufzeichnung Nr. 35: „Hier ist die Stelle, an der der Übergang zur Philosophie der Mythologie gebildet werden muß." Dies entspricht Abschnitt XIX in der Paulus-Mitschrift: „Skizze der Philosophie der Mythologie".

[188] Im folgenden werden die Kapitelüberschriften in der leichter zugänglichen Version von Manfred Frank (Schelling *Philosophie der Offenbarung 1841/42* [s. Anm. 15]) benutzt, auch die Kapitelzählung geht auf diese Ausgabe zurück; in der Paulus-Mitschrift von 1843 erscheint Kapitel 8 zweimal, was bei Frank bereits korrigiert ist.

heit‘ nicht als wahre Positivität gelten kann. In seiner Konfrontation mit den metaphysischen Positionen der Tradition erreicht Schelling auf diese Weise durch negative Bestimmung Raum für seine positive Philosophie, während sie positiv zuallererst durch eine knappe Skizze seiner Potenzenlehre zum Ausdruck kommt. Wie wir von den Zuhörern wissen, war es gerade die ziemlich umfängliche Kritik an Hegel, die unmittelbar die Teilnahme des Auditoriums weckte; doch diese Hegel-Kritik war erst dann richtig fundiert, wenn Schelling selbst den Inhalt seiner positiven Philosophie offenbarte. So hatten diejenigen Zuhörer, die die Vorlesung noch nicht aufgegeben hatten, große Erwartungen an Schellings neuen Beginn nach den Weihnachtsferien.

In den 14 Vorlesungen des zweiten Teils, die zwischen dem 3. und 29. Januar 1842 gehalten wurden, hörte Kierkegaard demnach ‚Gottes- und Schöpfungslehre‘, die nach der Paulus-Mitschrift aus folgenden Kapiteln bestand:

XI. Schellings Fortsetzung seiner positiven Philosophie[189]
XII. Das ‚unvordenkliche Sein‘ und die Möglichkeit, von ihm aus weiter zu schreiten
XIII. Wie Gott durch den Prozeß ein von ihm verschiedenes Sein in Wirklichkeit setzte[190]
XIV. Das Endziel der Schöpfung
XV. Über den Begriff des Monotheismus
XVI. Die Dreieinigkeit, auf weitere Entwicklung des theogonischen Prozesses hinweisend
XVII. Die Potenzen werden Persönlichkeiten. Der theogonische Prozeß
XVIII. Die Entstehung der außergöttlichen Welt. Veränderungen im theogonischen Prozeß[191]

Im Zusammenhang seiner Potenzenlehre hat Schelling hier ‚das unvordenkliche Seyn‘[192] introduziert und die Grundzüge seines Gottesbegriffs

---

[189] Dieses bei Paulus ganz kurze Kapitel schließt mit den Worten: „Nunmehr beginnt uns der *allgemeine Teil der positiven Philosophie*“, wodurch der erste Teil damit verbunden erscheint. Doch dieser Schnitt ergibt sich, wie oben (Anm. 186) in der Datierung der Paulus-Mitschrift angeführt, daraus, daß nach dem 10. Kapitel die Weihnachtsferien folgten.

[190] Dieses Kapitel entspricht dem dritten Abschnitt in der 26. Aufzeichnung bei Kierkegaard, wo es heißt: „Wir kommen nun zu etwas Neuem.“

[191] Siehe Aufzeichnung Nr. 35 (s. Anm. 187). Dies entspricht eigentlich erst dem Beginn des Abschnittes b in Kapitel XIX der Paulus-Mitschrift, wo es heißt: „Hier ist nun der Übergang zur Philosophie der Mythologie“.

[192] In einem Brief vom 16. Januar 1842 an seinen 15jährigen Neffen Michael Lund findet man folgenden dunklen Scherz: „Deinen Brief habe ich richtig erhalten, und ich beginne mit meiner Antwort auf der Seite, auf der ein Künstler ‚das unvordenkliche Seyn, das allem Denken zuvorkommt‘ [im Original deutsch], hat vorausgehen lassen. Du verstehst vermutl. nicht, was ich meine, willst Du aber vielleicht die Güte

entfaltet. Hier werden unter anderem die Eigenschaften Gottes bestimmt, besonders Gott als Schöpfer, hier werden die verschiedenen Formen und Ausschläge des Monotheismus (Pantheismus, Theismus, Atheismus) vorgestellt, und hier wird auf der Grundlage der Potenzenlehre eine spekulative Entwicklung des christlichen Dogmas der Dreieinigkeit vorgelegt. Wenn auch Kierkegaard den letzten Teil, Schellings ‚Philosophie der Offenbarung', nicht mehr gehört hat, so hat er hier doch einen ausgezeichneten Einblick in Schellings Theologie gewonnen.

In den letzten fünf Vorlesungen, die Kierkegaard mitgeschrieben hat, hörte er folgende Kapitel zur ‚Philosophie der Mythologie':

XIX. Skizze der Philosophie der Mythologie
XX. Die Epochen des mythologischen Prozesses
XXI. Über die griechischen Mysterien

In seiner Mitschrift gelingt es Kierkegaard, die Grundprinzipien der ‚Philosophie der Mythologie' und die Grundzüge der Epochen im mythologischen Prozeß zu skizzieren. In der Aufzeichnung Nr. 41 endet die Mitschrift mitten in der Darstellung der griechischen Mysterien oder präziser gesagt – verglichen mit der Paulus-Mitschrift – mitten in der Entwicklung der Bedeutung des Orpheus. Aufgrund der Kürze dieser Aufzeichnung könnte man wohl vermuten, daß Kierkegaard seine Mitschrift mitten in der Vorlesung abgebrochen hat.

## *3. Kierkegaard nach Schelling*

> „Weiter darauf einzugehen ist jedoch nicht tunlich, weil ich außer meiner eigenen Auffassung nichts habe, woran ich mich halten kann."[193]

Von Berlin zurückgekehrt, konzentrierte sich Kierkegaard zuerst auf die Fertigstellung des großen Werkes *Entweder-Oder,* das am 20. Februar 1843 erschien. Zur selben Zeit hatte er mit der philosophischen Satire „Johannes Climacus oder De omnibus dubitandum est" begon-

---

haben, diese Stelle Onkel Peter [das heißt Kierkegaards älterem Bruder] zu zeigen, und ihm sagen, daß dies der Lieblingsausdruck des Geheimrats Schelling ist und daß ich hoffe, daß er sich daraus eine Vorstellung über den Fortschritt über die Identitätsphilosophie hinaus machen kann, den S. meint getan zu haben" (*B&A,* Nr. 63, Bd. 1, S. 98f.).

193 *BA, SKS* 4, 328. Die Passage wird im folgenden noch vollständig zitiert (vgl. die deutsche Ausgabe *Der Begriff Angst [BA],* übersetzt von G. Perlet, Stuttgart 1992; hier: *BA*, 26).

nen, worin Schelling jedoch durch Abwesenheit glänzt. Dieses Projekt scheiterte, doch die Reflexionen über die Kategorie der Wiederholung, die darin vorlagen, konnte er mitnehmen, als er im Mai 1843 wieder für einen Monat nach Berlin fuhr.[194] Von seiner zweiten Berlinreise brachte er den ersten Entwurf zu *Die Wiederholung* sowie Teile von *Furcht und Zittern* mit nach Hause – die beiden Werke erschienen am 16. Oktober 1843. Danach begann Kierkegaard mit der Ausarbeitung seiner am meisten von Schelling beeinflußten Schrift *Der Begriff Angst;* doch noch bevor er das letzte Kapitel dieses Werkes fertigstellte, schrieb er im Frühjahr 1844 die *Philosophischen Brocken* – die beiden Werke erschienen mitten im Sommer desselben Jahres.[195] In der kleinen polemischen Schrift *Vorworte,* die am gleichen Tag wie *Der Begriff Angst* erschienen ist, und in dem groß angelegten Werk *Stadien auf des Lebens Weg,* das am 30. April im Jahr darauf erschien, scheint Schelling keine Rolle mehr gespielt zu haben, jedenfalls nicht explizit.[196] Mit der *Abschließenden unwissenschaftlichen Nachschrift,* die am 28. Februar 1846 erschien, löste Kierkegaard nicht nur das ein, was er bereits in seinem ursprünglichen Entwurf zu den *Philosophischen Brocken* disponiert hatte, sondern er faßte damit auch seine bisherige Arbeit als Schriftsteller zusammen, die mit der *Nachschrift* ihren Abschluß gefunden hatte.

In dieser Periode von knapp vier Jahren konnte Kierkegaard demnach insgesamt acht Werke veröffentlichen. Hinzu kommen sieben Werke, die insgesamt 21 Reden enthalten, von denen wir jedoch im

---

194 In Henrik Blichers Texterläuterung zu *Die Wiederholung* in *SKS* K4, 14, wird gesagt, Kierkegaard hätte seine Reise für eineinhalb Jahre geplant, was vermutlich auf einer Verwechslung mit der ersten Berlinreise beruht. Kierkegaard hat zwei weitere Reisen nach Berlin unternommen: Nach dem Erscheinen der *Stadien auf des Lebens Weg* ging er auf seine dritte Berlinreise in der Zeit vom 13.-24. Mai 1845, und ein Jahr später, vom 2. oder 3. Mai bis zum 16. Mai 1846, war er ein letztes Mal in Berlin. Obwohl er im August 1847 an „eine ordentliche Auslandsreise für längere Zeit" (*Pap.* VIII A 219) gedacht hatte, wurde nichts weiter daraus. Obwohl Schelling immer noch las, scheint Kierkegaard auf seinen späteren Berlinreisen keine Zeit und kein Interesse mehr an Universitätsvorlesungen gehabt zu haben.

195 *Philosophische Brocken* und *Der Begriff Angst* sind am 13. bzw. 17. Juni 1844 erschienen. Über die Entstehungsgeschichte der Werke siehe die Texterläuterungen von Jette Knudsen und Johnny Kondrup bzw. Søren Bruun in *SKS* K4, 181-194, 317-332.

196 Man kann natürlich immer fragen, inwieweit Kierkegaard mit dem Ausdruck „Kants ehrlicher Weg" in *Stadien auf des Lebens Weg* (*SKS* 6, 142,25) auf Schellings „den ehrlichen Weg Kants" in der Freiheitsschrift anspielt (vgl. Schelling *Philosophische Schriften* [s. Anm. 200], S. 393), aber ein expliziter Hinweis auf Schelling findet sich nicht.

Blick auf den unmittelbaren Einfluß Schellings absehen können.[197] Neben diesen publizierten Werken schrieb Kierkegaard im selben Zeitraum eine Reihe von Journalen und Notizbüchern, die einzelne Hinweise auf Schelling enthalten. In den Werken nach 1846 finden sich keine expliziten Referenzen zu Schelling, doch inwieweit in der *Krankheit zum Tode* ein impliziter Einfluß feststellbar ist, kann natürlich immer diskutiert werden.[198]

Wieviel Einfluß Schelling auf Kierkegaards Denken hatte, ist schwer auszumachen. Im folgenden wollen wir versuchen, uns einer Teilantwort zu nähern, indem wir zunächst einen Blick auf die zeitgenössische Rezeption der Berliner Vorlesungen Schellings werfen und auf Kierkegaards eventuelles Verhältnis zu ihr. Das Interesse gilt zuerst dem, was wir im engeren Sinne als Kierkegaards Studien im Verhältnis zu Schelling bezeichnen könnten. Danach sollen die faktischen oder expliziten Hinweise auf Schelling, die sich bei Kierkegaard finden, verfolgt werden. Das heißt: Es wird eine Übersicht über die Stellen in Kierkegaards Werken, Heften, Journalen und Notizbüchern vorgelegt, in denen Schelling direkt genannt wird.

## *Kierkegaards Schelling-Rezeption*

Beginnen wir damit, einen Blick auf Kierkegaards Büchersammlung zu werfen, so können wir feststellen, daß Kierkegaard eine Reihe von Schellings Schriften besaß. Wann er sie gekauft hat, läßt sich nur vermuten; da sich aber, wie früher schon erwähnt, eigentlich keine Spuren eines tieferen Interesses an Schelling vor dem ersten Berlinaufenthalt finden lassen, könnte man vorsichtig annehmen, daß Kierkegaard diese Werke in Berlin oder in der Zeit danach erworben haben könnte.

[197] Die 18 erbaulichen Reden sind in drei Heften im Jahre 1843 bzw. 1844 erschienen, die *Drei Reden bei gedachten Gelegenheiten* am 29. April 1845.

[198] Vgl. Michael Theunissen *Der Begriff Verzweiflung. Korrekturen an Kierkegaard,* Frankfurt am Main 1993, wo es, ausgehend von der Unterscheidung einer ersten und einer zweiten Ethik, in der Einleitung zum *Begriff Angst* heißt: „In der geheimen Systematik der Schriften Kierkegaards nimmt *Die Krankheit zum Tode* die Stelle einer zweiten Ethik ein, deren Einordnung ins Ganze dem Vorbild der zweiten, der positiven Philosophie Schellings folgt" (S. 19). Siehe auch Uwe Möller „Von der Demut der Freiheit zur Freiheit der Demut. Zum Standpunkt des religiösen Schriftstellers bei Sören Kierkegaard (*Die Krankheit zum Tode*)" in P. Heßelmann, M. Huesmann und Hans-Joachim Jakob (Hg.) *„Das Schöne soll sein". Aisthesis in der deutschen Literatur. Festschrift für Wolfgang F. Bender,* Bielefeld: Aisthesis Verlag, 2001, S. 307-351.

Das trifft jedenfalls zu auf Beckers Übersetzung von Cousin aus dem Jahr 1834[199], die Schellings nahezu epochemachendes Vorwort enthält, die im übrigen aber bei Kierkegaard nirgends erwähnt wird. Ferner besaß Kierkegaard Schellings *Philosophische Schriften* von 1809, die unter anderem die einzige Ausgabe zu Kierkegaards Zeit war, die Schellings Freiheitsschrift enthielt;[200] wie sich später zeigen wird, ist gerade die Freiheitsschrift der traditionelle Angelpunkt in der späteren Kierkegaard-Schelling-Forschung. In der Büchersammlung finden sich auch die *Vorlesungen über die Methode des academischen Studiums*[201], ein Buch, das Kierkegaard möglicherweise in Verbindung mit den Vorlesungen von Marheineke, in denen diese Schrift an mehreren Stellen erwähnt wird, gekauft haben könnte; und hinzu kommt eine 2. Ausgabe des Dialogs *Bruno* von 1842[202], ein Werk, das Schelling selbst in seine 12. Vorlesung mit einbezieht. Daß sich Kierkegaard auch Schellings erste Vorlesung in Berlin[203] gekauft hat sowie später direkt nach der Veröffentlichung 1846 Steffens' *Nachgelassene Schriften* mit Schellings Vorwort[204], ist eigentlich keine Überraschung.

Dagegen könnte es verwundern, daß Kierkegaard sich das Hauptwerk *System des transcendentalen Idealismus* (1800), das Schelling unter anderem in seine 7. Vorlesung einarbeitet, nicht angeschafft hat, oder die wichtige Abhandlung *Darstellung meines Systems der Philosophie* von 1801, auf die in der 10. Vorlesung hingewiesen wird,

---

199 Ktl. 471.

200 *F. W. J. Schelling's Philosophische Schriften,* Bd. 1 [mehr nicht erschienen], Landshut 1809 [abgekürzt: Schelling *Philosophische Schriften*], Ktl. 763. Dieser Band enthält folgendes: 1. „Vom Ich als Princip der Philosophie, oder über das Unbedingte im menschlichen Wissen" [1795]; 2. „Philosophische Briefe über Dogmatismus und Kriticismus" [1795]; 3. „Abhandlungen zur Erläuterung des Idealismus der Wissenschaftslehre" [1796]; 4. „Ueber das Verhältnis der bildenden Künste zu der Natur. Eine akademische Rede" [1807]; 5. „Philosophische Untersuchungen über das Wesen der menschlichen Freyheit und die damit zusammenhängenden Gegenstände" [1809]. In seinen Berliner Vorlesungen weist Schelling nur ein einziges Mal auf die zweite dieser Abhandlungen hin, nämlich in der 14. Vorlesung.

201 F. W. J. Schelling *Vorlesungen über die Methode des academischen Studiums,* 3. Ausg. Stuttgart und Tübingen 1830, Ktl. 764. Kierkegaard bezieht sich jedoch nie auf dieses Werk.

202 F. W. J. Schelling *Bruno oder: Über das göttliche und natürliche Princip der Dinge,* 2. Ausg. Berlin 1842 [1802], Ktl. 765. Auch hierauf bezieht Kierkegaard sich nie.

203 F. W. J. Schelling *Schelling's erste Vorlesung in Berlin, 15. November 1841,* Stuttgart 1841, Ktl. 767. Auch auf diesen Text nimmt Kierkegaard nirgends Bezug.

204 H. Steffens *Nachgelassene Schriften mit einem Vorworte von Schelling,* Berlin 1846, Ktl. 799.

die aber möglicherweise nicht unmittelbar zugänglich war.[205] Man hätte wohl auch erwarten können, *Philosophie und Religion* (1804) vorzufinden, einen Titel, der in der 12. Vorlesung auftritt und eine wichtige Rolle in der frühen dänischen Schelling-Rezeption spielte, ebenso wie man erstaunt ist über das Fehlen der Abhandlung *Denkmal der Schrift von den göttlichen Dingen etc. des Herrn Friedrich Heinrich Jacobi und der ihm in derselben gemachten Beschuldigung eines absichtlich täuschenden, Lüge redenden Atheismus* (1812), die vermutlich in der 14. Vorlesung besprochen worden war und einen Autor und eine Schrift behandelt, von denen Kierkegaard eingehende Kenntnis hatte. Daß Kierkegaard sich auch nicht zu den mythologischen und religionsphilosophischen Entwicklungen in *Ueber die Gottheiten von Samothrake* (1815) hingezogen fühlte, können wir nur ad notam nehmen.

Kierkegaard hat vermutlich während seines ersten Berlinaufenthaltes ziemlich viele Bücher gekauft und gelesen, aber mit einiger Sicherheit wissen wir nur, daß er *Kritische Erläuterungen des Hegelschen Systems* von Karl Rosenkranz[206] gekauft hat, worin, wie schon früher erwähnt, Artikel über den Neuschellingianismus um 1830 zu finden sind, und daß er mit Adolf Helfferichs *Die christliche Mystik in ihrer Entwickelung und in ihren Denkmalen*[207] offensichtlich die christliche Mystik studierte; ein Interesse, das Schelling ja nicht fernliegt und auch in *Entweder – Oder* zum Ausdruck kommt. Es scheint aber ebenso passend, daß Kierkegaard sich Band 2 von Hegels *Encyclopädie der philosophischen Wissenschaften,* der im Dezember 1841 erschienen war, sofort angeschafft hat. Hierin findet sich nämlich die Einleitung von Michelet, die eine Reihe von polemischen Ausfällen gegen Schelling enthält, aufgrund derer Kierkegaard und viele andere

---

205 Sie wurde gedruckt in der von F. W. J. Schelling herausgegebenen *Zeitschrift für spekulative Physik,* Bd. 1-2, Jena und Leipzig 1800-01; Bd. 2, Heft 2, S. III-XIV und 1-127.

206 Rosenkranz *Kritische Erläuterungen* (s. Anm. 95), Ktl. 745. Auf der Innenseite des Buchumschlages in Kierkegaards eigenem Exemplar steht geschrieben: „S. Kierkegaard. Berlin Novb. 41.“ Kierkegaard benutzte dieses Werk sofort bei der Ausarbeitung von *Entweder – Oder,* was aus einem Entwurf hervorgeht (vgl. *Pap.* III B 41,9 mit dem Hinweis auf Rosenkranz' Werk: S. 308f.); dieselbe Stelle wird auch in einem späteren Entwurf zu den *Philosophischen Brocken* angeführt (vgl. *Pap.* V B 14, S. 71).

207 A. Helfferich *Die christliche Mystik in ihrer Entwickelung und in ihren Denkmalen,* Bd. 1-2, Gotha 1842, Ktl. 571-572. Auf der Innenseite des Buchumschlages des ersten Bandes steht in Kierkegaards eigenem Exemplar: „S. Kierkegaard. Berlin 1842.“

Zeitgenossen erwarteten, daß Schelling in seinem Auditorium entsprechend erwidern würde.[208]

Im Zeitraum zwischen 1842 und 1846 wurden Schellings Berliner Vorlesungen eifrig diskutiert, teils in Zeitungen und Zeitschriften[209], teils in ganz unterschiedlichen Werken, dem Typ nach aber Streitschriften. Es ist nicht sicher, wieviel Kierkegaard von dieser Literatur gekannt hat, aber einzelne Werke waren für ihn sicher von Bedeutung. Im Jahre 1842 erschien eine Reihe kritischer Schriften, die gerne auch Mitschriften aus Schellings Vorlesungen publizierten, so in einigen anonymen Schriften zum Beispiel von J. K. Glaser und F. Engels.[210] Kierkegaard hat diese vermutlich nicht gelesen, aber ei-

---

[208] G. W. F. Hegel *Encyclopädie der philosophischen Wissenschaften,* Bd. 1-3, Berlin 1840-1845, Ktl. 561-563. In einem Brief an Spang vom 8. Januar 1842 schreibt Kierkegaard: „Der 2te Band von Hegels Encyclopädie ist erschienen, und Michelet hat sich erlaubt, ohne es dem Verein zu zeigen, ein Vorwort zu schreiben, in dem er Schelling ziemlich hart angreift. Dies war kurz vor Weihnachten. Ich hatte erwartet, daß Schelling, der in seinen Vorlesungen sehr polemisch ist, ein paar Worte über ihn verloren hätte; das ist indessen nicht geschehen. Das Signal scheint damit doch gegeben [zum Streit?]" (*B&A,* Nr. 61, Bd. 1, S. 92 [vgl. auch dt. in *B, GW1* 25, 86]).

[209] Einige einzelne Artikel können doch genannt werden: Aus I. H. Fichtes *Zeitschrift für Philosophie und speculative Theologie,* Ktl. 877-911, wären zu nennen C. H. Weiße „Die philosophische Literatur der Gegenwart" (III,2 [1841], S. 254-304), I. H. Fichtes Artikelreihe „Die philosophische Literatur der Gegenwart", worin der fünfte Artikel (V,1 [1842], S. 93-149) *Schellings erste Vorlesung in Berlin* bespricht und der siebente Artikel unter anderem Alexis Schmidts unten (s. Anm. 214) genanntes Werk über Schelling (XI,1 [1843], S. 43-128). Schließlich könnte man aus dieser Zeitschrift J. U. Wirth nennen „Ueber den Begriff Gottes, als Princip der Philosophie, mit Rücksicht auf das Hegel'sche und Neu-Schelling'sche System" (XI,2 [1843], S. 234-292). Aus *Deutsche Jahrbücher für Wissenschaft und Kunst* könnte man Arnold Ruges ausführliche Rezension von Engels' anonymen Schriften hervorheben, *Schelling und die Offenbarung* (1842, Nr. 126 [29. Mai] bis Nr. 128 [31. Mai]) und *Schelling, der Philosoph in Christo* (1842, begonnen in Nr. 129 [1. Juni], abgeschlossen in Nr. 150 [25. Juni]), sowie Jules Elysard „Die Reaction in Deutschland" (1842, begonnen in Nr. 247 [17. Oktober], abgeschlossen in Nr. 251 [21. Oktober]). Siehe im übrigen das Artikelverzeichnis von Alfred Estermann *Inhaltsanalytische Bibliographien deutscher Kulturzeitschriften des 19. Jahrhunderts,* München 1995/96.

[210] Vgl. die anonyme Schrift von Karl Glaser *Differenz der Schelling'schen und Hegel'schen Philosophie,* Erster Band, 1. Abteilung, Leipzig 1842, die mit den Worten schließt: „Als Resultat dieser Untersuchung ergiebt sich: Schelling hat kein neues Blatt in der Geschichte der Philosophie aufgeschlagen" [!] (S. 209); in der anonymen Piece von Friedrich Engels *Schelling, der Philosoph in Christo oder die Verklärung der Weltweisheit zur Gottesweisheit. Für gläubige Christen denen der philosophische Sprachgebrauch unbekannt ist,* Berlin 1842, wird Schellings Bibelexegese ei-

nige davon hat er indirekt trotzdem gekannt, da sie in einer Schrift von Marheineke auftreten, auf die wir gleich zurückkommen werden. Eine freundlichere Darstellung von Schellings erster Vorlesungsreihe gab im selben Jahr Gotthilf Heine im *Jahrbuch der deutschen Universitäten*[211], jedoch auch hier, ohne bei Kierkegaard Spuren zu hinterlassen. Daß Kierkegaard – zumindest in seinen letzten Jahren und vermutlich im Zusammenhang mit dem aufflammenden Interesse an Schopenhauer – sich mit Julius Frauenstädt beschäftigt hat, beweist seine Büchersammlung[212], aber nichts deutet darauf hin, daß er dessen Buch über *Schellings Vorlesungen in Berlin*[213] gelesen hat; wie bereits erwähnt, enthält es eine Mitschrift von Schellings Vorlesungen. Auch das umfangreiche Werk von H. E. G. Paulus von 1843 mit der früher schon erwähnten Mitschrift findet bei Kierkegaard nirgends Erwähnung; das gilt auch für das zeitgenössische und nicht uninteressante Werk des vermutlichen Urhebers jener Mitschrift, Alexis Schmidt.[214]

Kierkegaard hatte hingegen direkt nach dem Erscheinen der Ausgabe 1843 das Buch *Zur Kritik der Schellingschen Offenbarungsphilosophie* von Philipp Marheineke erworben und gleich danach im *Be-*

---

ner polemischen Behandlung unterzogen; und die anonyme Schrift vom selben Autor *Schelling und die Offenbarung. Kritik des neuesten Reaktionsversuchs gegen die freie Philosophie,* Leipzig 1842, enthält eine kritische Darstellung von Schellings Philosophie, dazu auch eine Mitschrift der Berliner Vorlesungen. Man könnte noch hinzufügen: Karl Alexander von Reichlin-Meldegg *Bedenken eines Süddeutschen Krebsfeindes über Schellings erste Vorlesung in Berlin (15. November 1841) Stuttgart, Cottaische Buchhandlung 1841, in Form eins offenen Sendschreibens an Herrn Geheimrath von Schelling in Berlin,* Stuttgart 1842.

211 Gotthilf Heine „Schelling in Berlin“ in Heinrich Wuttke *Jahrbuch der deutschen Universitäten,* Bd. 2: Winterhalbjahr 1842/43, Leipzig 1842, S. 1-24.

212 Julius Frauenstädt *Die Menschwerdung Gottes nach ihrer Möglichkeit und Nothwendigkeit,* Berlin 1839, Ktl. 514; *Briefe über die Schopenhauer'sche Philosophie,* Leipzig 1854, Ktl. 515; *Die Naturwissenschaft in ihrem Einfluß auf Poesie, Religion, Moral und Philosophie,* Leipzig 1855, Ktl. 516.

213 Julius Frauenstädt *Schellings Vorlesungen in Berlin: Darstellung und Kritik der Hauptpunkte derselben mit besonderer Beziehung auf das Verhältniß zwischen Christenthum und Philosophie,* Berlin 1842.

214 Das Werk von Alexis Schmidt *Beleuchtung der neuen Schellingschen Lehre von Seiten der Philosophie und Theologie: Nebst Darstellung und Kritik der früheren Schellingschen Philosophie, und seiner Apologie der Metaphysik, insbesondere der Hegelschen gegen Schelling und Trendelenburg,* Berlin 1843, ist eine kompakt geschriebene Abhandlung von 342 Seiten, auf denen eine sympathisierende oder ‚unparteiische‘ Darstellung zur Beleuchtung von Schellings positiver Philosophie geboten wird.

*griff Angst* benutzt.[215] Diese Schrift enthält eine kritische Beurteilung von Schellings neuester Philosophie: Zunächst wird Schellings philosophischer Standpunkt eingekreist, danach werden die von Schelling benutzten Kategorien diskutiert, und im letzten Abschnitt wird eine Art Bilanz gezogen. Ein anderer Autor, den Kierkegaard im Blick hatte, war der Hegelianer C. L. Michelet;[216] doch obwohl Kierkegaard, wie oben schon erwähnt, gleich Interesse an dessen Schelling-Polemik fand, so scheint er doch merkwürdigerweise Michelets ausführlicher Schelling-Kritik von 1843 keine Aufmerksamkeit geschenkt zu haben.[217] Im Jahr 1843 wurde die zeitgenössische Schelling-Rezeption darüber hinaus um eine Handvoll Schriften bereichert[218], wie auch in den folgenden Jahren immer mehr hinzuka-

---

[215] Marheineke *Zur Kritik der Schellingschen Offenbarungsphilosophie. Schluß der öffentlichen Vorlesungen über die Bedeutung der Hegelschen Philosophie in der christlichen Theologie,* Berlin 1843, Ktl. 647. Siehe Kierkegaards Hinweis im *Begriff Angst,* in *SKS* 4, 364. Schelling ist ebenfalls konstant anwesend in Marheinekes *Einleitung in die öffentlichen Vorlesungen über die Bedeutung der Hegelschen Philosophie in der christlichen Theologie,* Berlin 1842, tritt jedoch bei Kierkegaard nicht auf. Marheineke veröffentlichte nur den Anfang und das Ende seiner Vorlesungsreihe, die über zwei Semester hin stattfand.

[216] Kierkegaard besaß unter anderem von C. L. Michelet *Vorlesungen über die Persönlichkeit Gottes und Unsterblichkeit der Seele,* Berlin 1841, Ktl. 680.

[217] In Michelets *Entwickelungsgeschichte der neuesten Deutschen Philosophie mit besonderer Rücksicht auf den gegenwärtigen Kampf Schellings mit der Hegelschen Schule. Dargestellt, in Vorlesungen an der Friedrich-Wilhelms-Universität zu Berlin im Sommerhalbjahre 1842,* Berlin 1843, wird eine Hegelsche Kritik gegen Schelling gerichtet; besonders die 7. und 8. Vorlesung liefern eine eingehende Kritik von Schellings Spätphilosophie mit besonderer Berücksichtigung der Berliner Vorlesungen.

[218] Vgl. Emil Ferdinand Vogel *Schelling oder Hegel oder keiner von Beyden? Ein Separat-Votum über die Eigenthümlichkeiten der neueren deutschen Philosophie mit besonderer Beziehung auf die, vom Herrn GH. Prof. D. Friedrich Jacob Fries zu Jena in seiner ‚Geschichte der Philosophie' neuerlich hierüber ausgesprochenen Ansichten,* Leipzig 1843, der jedoch nicht speziell den späten Schelling behandelt; die anonyme Piece *Schellings Offenbarungsphilosophie und die von ihm bekämpfte Religionsphilosophie Hegels und der Junghegelianer: drei Briefe,* Berlin 1843, vergleicht die Religionsphilosophie des späten Schelling mit der Hegels; Christian Kapp *Friedrich Wilhelm Joseph von Schelling. Ein Beitrag zur Geschichte des Tages von einem vieljährigen Beobachter,* Leipzig: Verlag von Otto Wigand, 1843; und nicht zuletzt Conrad von Orelli *Spinozas Leben und Lehre. Nebst einem Abrisse der Schellingschen und Hegelschen Philosophie,* Aarau 1843, dessen Darstellung von Schellings Spätphilosophie nach 1841 auf Frauenstädt beruht und unter anderem folgende Kapitel enthält: „Schelling's und Hegel's Verfahren gegen Spinoza" (S. 165-194), „Schellings Philosophie (Anhang: über den Neu-Schellingianismus)" (S. 262-292) und „Schluß-Vergleichungen (Schelling – Hegel – Spinoza)" (S. 357-384).

men;[219] da aber nichts unmittelbar darauf hindeutet, daß Kierkegaard diese Schriften näher gekannt hat, werden sie hier stillschweigend übergangen, so daß wir zu dem Werk vorstoßen können, das allem Anschein nach für Kierkegaards allgemeine Aneignung von Schellings Schriften von größter Bedeutung war.

Wir haben schon erwähnt, wie Kierkegaard in Berlin den vielseitigen Autor Karl Rosenkranz gelesen hat. Er veröffentlichte 1843 zwei Schriften über Schelling, die eine *Über Schelling und Hegel: Ein Sendschreiben an Pierre Leroux,* die Kierkegaard nirgends erwähnt, die andere seine klassische Monographie *Schelling*[220], die Kierkegaard sofort gekauft und danach intensiv gelesen hat. Rosenkranz' Schelling-Monographie gibt eine Darstellung von Schellings philosophischer Entwicklung, wie sie vor allem in den publizierten Werken zum Vorschein kommt – er nimmt sich Schrift für Schrift vor; dem späten Schelling wird weniger Platz eingeräumt, da dieser ja, wie es heißt, nichts veröffentlicht hat. An einigen Stellen, wo Kierkegaard sich später auf Schellings Werke bezieht, besonders im *Begriff Angst,* aber auch in einer Reihe von Journalaufzeichnungen, wird explizit Rosenkranz als Quelle angegeben. Es steht also außer Zweifel, daß Kierkegaard über Rosenkranz Kenntnis von Schellings Werken, darunter der Freiheitsschrift, hatte. Die große Frage bleibt folglich, ob es überhaupt nachgewiesen werden kann, daß Kierkegaard Schelling selbst gelesen hat. Dies ist natürlich eine beunruhigende Frage, da große Teile der Kierkegaard-Schelling-Forschung gerade auf dieser unmittelbar selbstverständlichen Annahme beruhen, daß Kierkegaard eingehende Kenntnis aus erster Hand hatte – zumindest der Freiheitsschrift.

## *Der explizite Schelling*

Ziehen wir in Betracht, daß Kierkegaard in Berlin an *Entweder – Oder* gearbeitet und sich gleichzeitig eingehend mit Schellings Vorle-

---

[219] Vgl. besonders Marechal Marquis de Saldanha *Extrait d'un ouvrage du Marechal Marquis de Saldanha sur la philosophie de Schelling,* Wien 1845, und das anonyme Werk *Die Grundlehren der Neu-Schelling'schen und der Hegel'schen Philosophie in ihrer gegenseitigen Beziehung. Ein Beitrag zur objektiven Würdigung beider Philosophien,* Reutlingen 1847, worin ausgehend von der Paulus-Mitschrift ein Vergleich zwischen Schellings und Hegels Begriffen von Gott und Schöpfung vorgenommen wird.

[220] Rosenkranz *Schelling. Vorlesungen, gehalten im Sommer 1842 an der Universität zu Königsberg,* Danzig 1843 (abgekürzt: Rosenkranz *Schelling*), Ktl. 766. Aus einer Buchhändlerrechnung geht hervor, daß Kierkegaard das Werk am 30. April 1843 gekauft hat.

sungen beschäftigt hat, so ist erstaunlich wenig Schelling in Kierkegaards erstem großem pseudonymem Werk zu finden. Faktisch gibt es nur einen expliziten Bezug auf Schelling, nämlich in der „ästhetischen Gültigkeit der Ehe", wo von der ästhetisch-schönen dialektischen und historischen Entwicklung als einer Bewegung von Bestimmungen des Raumes zu denen der Zeit gesprochen wird: „Hierin liegt der Übergang und die Bedeutung des Übergangs von der Skulptur zur Malerei, so wie Schelling früh darauf hingewiesen hat" (*SKS* 3, 135). Mit der Auskunft der Kommentatoren, daß sich dies auf Schellings Vortrag „Ueber das Verhältniss der bildenden Künste zu der Natur"[221] beziehe, können wir annehmen, daß Kierkegaard diese Schrift wirklich gelesen hatte, die er ja auch besaß und auch während der Ausarbeitung anderer Teile aus *Entweder – Oder* ohne weiteres in mente gehabt haben könnte; aber man könnte auch ebenso gut behaupten, Kierkegaard habe die Information zu diesem vagen Hinweis von woher auch immer aufgeschnappt. Außer dieser Bezugnahme haben die Kommentatoren – bis auf weiteres – nur zwei mehr oder weniger wahrscheinliche Anspielungen gefunden.[222] Als ein Kuriosum kann erwähnt werden, daß Kierkegaard später – wir wissen nicht wann – zur Überschrift „actiones in distans" im „Tagebuch des Verführers" in sein eigenes Exemplar von *Entweder – Oder* notiert hat: „cfr. die Vorrede zu der von Rosenkranz 1843 herausgegebenen Schrift über Schelling p. VIII" (*Pap.* IV A 232). Bei Rosenkranz findet sich hier eine Verknüpfung der Spätphilosophie Schellings mit Schopenhauers Verwendung des Ausdrucks „eine ideelle *actio in distans*".

Bevor Kierkegaard zum ersten Mal nach Berlin reiste, hatte er im Zusammenhang mit der Magisterabhandlung viele von Platons Dialogen eingehend studiert, vor allem natürlich die, in denen sich am ehesten der historische Sokrates widerspiegelt. Nach seinem Aufenthalt

---

221 Vgl. *SKS* K2-3, 295, wo auf Schelling *Philosophische Schriften* (s. Anm. 200), S. 364f., hingewiesen wird.

222 Die eine gilt einem der berühmten Diapsalmata: „Was die Philosophen über die Wirklichkeit sagen, ist oft so enttäuschend, wie wenn man bei einem Marchandiser auf einem Schild liest: hier wird gerollt" (*SKS* 2, 41), was die Kommentatoren natürlich veranlaßt hat, an Kierkegaards schon früher angeführte Aufzeichnung in „Notesbog 8" über Schellings zweite Vorlesung zu denken, worin über das Verhältnis der Philosophie zur ‚Wirklichkeit' gesprochen wurde (Not8:33; *Pap.* III A 179). Die zweite Anspielung erscheint eher weitläufig, sie bezieht sich auf eine Passage in „Die ästhetische Gültigkeit der Ehe", wo von „dem Schauspiel, das die Gottheit dichtet" (*SKS* 3, 136), die Rede ist, was einen Kommentator dazu veranlaßt hat, an eine Stelle in Schellings *System des transcendentalen Idealismus* (Tübingen 1800, S. 436f.) zu denken.

in Berlin beginnt Kierkegaard damit, sich die Philosophiegeschichte systematisch anzueignen. Er liest nicht nur einige der Spätdialoge Platons; sondern mit der damals schon klassischen *Geschichte der Philosophie* (1798-1819) von Tennemann arbeitet er sich durch Aristoteles, den Stoizismus und den Skeptizismus. Er scheint jedoch kein weitergehendes Interesse an der scholastischen Metaphysik zu haben, und das muß im Hinblick auf Schelling festgehalten werden. Dafür setzt er seine Studien unter anderem mit Descartes, Spinoza und Leibniz fort, indem er zu den Primärquellen greift. In einem Exzerpt um 1842-43 aus dem Aristoteles-Abschnitt bei Tennemann, das sich in „Notesbog 13" befindet, erwähnt Kierkegaard die sogenannte πρώτη φιλοσοφία, worin, wie Kierkegaard meint, nicht nur Aristoteles, sondern auch die neuere Philosophie Ontologie und Theologie vermischen. Dazu heißt es in marginem: „Schelling in Berlin wollte, daß die Logik πρώτη φιλοσοφία sein soll. Cfr. mein Manuskript" (Not13:27a). Die aristotelische Distinktion zwischen einer ersten und einer zweiten Philosophie spielt in Schellings Vorlesungen wahrhaft eine wesentliche Rolle, aber das Interessante ist hier vielleicht, daß Kierkegaard bei seinem neu erwachten Interesse an den philosophischen Klassikern Schelling in mente hatte. Ob vielleicht Schellings philosophiegeschichtliche Einleitung Kierkegaard davon überzeugt hat, daß er selbst sich hierin auskennen müßte?

Ein zentrales Thema in Kierkegaards philosophischen Studien ist die Frage nach der ‚Bewegung' und deren Verhältnis zum Denken, was auch bedeutet: zur Logik, dem immanenten System. Diese Thematik wird in mehreren pseudonymen Werken Kierkegaards durchgespielt, zum ersten Mal und ernsthaft in *Die Wiederholung*. In dieser kleinen Schrift gibt es keine direkten Hinweise auf Schelling, selbst die Kommentatoren haben nur eine einzige mögliche Anspielung gefunden. In seiner Abhandlung „Das astronomische Jahr", die 1844 in *Urania* erschien, hatte J. L. Heiberg eine längere Besprechung über *Die Wiederholung* geschrieben, worin er deren Autor vorwirft, den Begriff ‚Bewegung' in der ‚Sphäre des Geistes' benutzen zu wollen, während es sich doch – so Heiberg – um einen naturphilosophischen Begriff handle.[223] Heibergs Belehrung hatte zur Folge, daß Kierkegaard sofort mit der Ausarbeitung einer satirischen Gegenschrift begann; aber obwohl er mehrere Seiten geschrieben hatte, wurde sie doch niemals gedruckt. Das Interessante in unserem Zusammenhang

---

[223] Die Abhandlung ist gedruckt in *Heibergs prosaiske Skrifter* [s. Anm. 65], Bd. 8, S. 51-130; S. 70f.

besteht darin, daß Schelling für Kierkegaard in diesem unveröffentlichten Entwurf tatsächlich eine Rolle zu spielen scheint.

So heißt es an einer Stelle, daß die Bewegung von der Möglichkeit zur Wirklichkeit auf dem Gebiet der Logik nicht verstanden werden kann, sondern nur in der ‚Sphäre der Freiheit', worüber sich schon Aristoteles im klaren war: „In der ganzen Schellingschen Philosophie spielt die Bewegung ebenfalls eine große Rolle, nicht nur in der Natur-Philosophie (stricte sic dicta), sondern auch in der Philosophie des Geistes, in seiner ganzen Auffassung von Freiheit. Was ihm hier die größten Scherereien macht, ist gerade, die Bewegung mit hineinzunehmen. Aber gerade darin, daß er sie mit hineinnehmen will, liegt auch sein Verdienst, nicht in dem geistreichen Sinn, in dem letztere in der Hegelschen Philosophie in die Logik mit hineingenommen wurde und von der Logik aus wieder für Verwirrung sorgte, indem sie in der Logik zu viel bedeutete und außerhalb von ihr zu wenig. Jedoch gestehe ich gern, daß hier noch sehr viele Schwierigkeiten bleiben" (*Pap.* IV B 117, S. 290). In einem anderen Entwurf zum gleichen Abschnitt heißt es etwas modifizierter: „So spielt die Bewegung in der ganzen Schellingschen Philosophie eine große Rolle, nicht nur in seiner Natur-Philosophie (im engeren Sinn), sondern auch in der Philosophie des Geistes. So auch in seiner Abhandlung über die Freiheit, wo er, sich teils in Jacob Böhmes Ausdrücken bewegend, teils in selbstgebildeten Umschreibungen, beständig darum kämpft, die Bewegung mit hineinzunehmen" (*Pap.* IV B 118,7). Man kann aus diesen Textstellen wohl schließen, daß Schelling in Kierkegaards philosophischen ‚Bemühungen' gegenwärtig war; aber inwiefern hier Kierkegaards Darstellung auf einem direkten Studium von Schellings Freiheitsschrift beruht oder ob er sich auf die Darstellung von Rosenkranz verläßt, muß eine offene Frage bleiben.[224]

Obwohl es so scheint, als wäre Schelling in *Furcht und Zittern* nicht gegenwärtig, gab diese Schrift trotzdem Anlaß, Schelling in Erinnerung zu rufen. Der früher schon erwähnte Kofoed-Hansen hatte nämlich in seiner Rezension von *Entweder – Oder* zwischen „dem veralteten Christentum", der „Schuhflicker-Moral" der kirchlichen Predigt, und einem ajourierten Christentum unterschieden, das die Reflexion der Gegenwart zähmen, das heißt sich den zeitgenössischen Gebilde-

---

[224] Im Zusammenhang mit der zweiten Textstelle verweist der Kommentar von *Søren Kierkegaards Papirer* auf Schelling *Philosophische Schriften* (s. Anm. 200), S. 397ff., doch die Erklärungen bei Rosenkranz *Schelling* (s. Anm. 220), S. 307f., wären wohl als Quellenangabe ausreichend.

ten zuwenden könnte.[225] Diese Unterscheidung hat Mynster geärgert. Er schrieb 1844 in Heibergs *Intelligensblade* einen Artikel mit dem Titel „Kirchliche Polemik“[226], worin er sich auf *Furcht und Zittern,* das Kofoed-Hansen ebenfalls rezensiert hatte[227], bezog, um zu demonstrieren, daß Kierkegaard diese Distinktion nicht gutgeheißen hat. Mynster schreibt: „So hat dieser Kampf unter Furcht und Zittern nicht das Geringste gemeinsam mit der selbstgefälligen Kriecherei, mit der die moralischen Genies bestrebt sind, in solche Verhältnisse zu kommen, wo sie zeigen können, daß sie nicht vergebens *Schelling* gelesen haben, sondern daß sie auch im Stande sind ‚einzig, göttlich zu handeln‘. Ja, ‚einzig‘ wohl, kein anständiger Mensch wird ihnen das nachmachen, und vielleicht wird die Menge, die vor allen Dingen keine gemeinsame Moral mit dem einfachen Bürgervolk haben will, ihnen ein ‚Göttlich!‘ zurufen, doch um so weiter werden sie davon entfernt sein, ‚göttlich‘ gehandelt zu haben.“[228]

Wir wissen mit Sicherheit, daß Kierkegaard Mynsters Artikel gelesen hat, unter anderem weist er seither auf ein Jacobi-Zitat hin, das Mynster vor der oben genannten Textpassage bringt. Interessant ist vor allem, daß das von Mynster in seinem Artikel angeschlagene Thema bei Kierkegaard plötzlich an mehreren Stellen auftaucht. In seinem Exemplar von Jacobis *Werken* hat Kierkegaard zum Beispiel folgenden Satz unterstrichen und ein Fragezeichen an den Rand gesetzt: „Der Glaube ist nicht, wie die Wissenschaft, Jedermanns Ding, das heißt, nicht Jedwedem, der sich nur gehörig anstrengen will, mittheilbar.“[229] Am Fuß der selben Seite hat er ferner notiert: „So bleibt der Glaube wiederum nur eine Genialität, die Einzelnen vorbehalten ist, ebenso wie Schellings Genialität beim Handeln. So geschieht es so oft, man ist im Begriff, eine Total-Anschauung zu bilden, und dann läßt man eine solche Äußerung einfließen“ (*Pap.* V C 13,4). Diese ‚Genialität beim Handeln‘ taucht ebenfalls im *Begriff Angst* auf (*SKS* 4, 416), worauf wir zurückkommen werden.

---

225 Vgl. *For Literatur og Kritik: et fjerdingaarskrift* (Odense) 1 (1843), S. 377-405; S. 384f.

226 Der Artikel ist veröffentlicht in Mynster *Blandede Skrivter* (s. Anm. 62), Bd. 1, S. 461-473.

227 Vgl. *For Literatur og Kritik: et fjerdingaarskrift* (Odense) 2 (1844), S. 373-391.

228 Mynster *Blandede Skrivter* (s. Anm. 62), Bd. 1, S. 467.

229 F. H. Jacobi *Werke,* Bd. 1-6, Leipzig 1812-25, Ktl. 1722-1728; Bd. 4,1, S. XLIV. Es handelt sich um Jacobis Vorwort zu dem ganzen Band, dessen Inhalt ist vor allem *Ueber die Lehre des Spinoza in Briefen an Herrn Moses Mendelssohn.*

Bevor wir *Der Begriff Angst* näher betrachten, halten wir fest, daß es aus den Jahren 1843-44 zwei explizite Hinweise auf Schelling im „Journal JJ" gibt. In dem einen wird der aristotelische Ausdruck erwähnt, daß Gott alles bewegt, selbst aber unbewegt ist, und hinzugefügt: „Soweit ich mich erinnere, hat Schelling darauf in Berlin aufmerksam gemacht"[230] – das tat er wirklich, und zwar in der 13. Vorlesung in Berlin. In der zweiten Aufzeichnung heißt es: „Das System ist in der Hegelschen Schule eine ähnliche Fiktion wie die, die Schelling mit ‚dem unendlichen Epos' zur Welt brachte und die in ihrer Zeit genug Beifall gefunden hat"[231] – der Ausdruck ‚das unendliche Epos' stammt nicht von Schelling selbst, aber Kierkegaard könnte bei Rosenkranz Schelling als „die Odyssee des Geistes" zitiert gefunden haben.[232]

Wie bereits erwähnt, finden sich in keinem von Kierkegaards Werken so viele Hinweise auf Schelling wie im *Begriff Angst;* doch wie schon angedeutet, bleibt es eine offene Frage, inwieweit man dies auf die Beschäftigung Kierkegaards insbesondere mit der Freiheitsschrift Schellings zurückführen kann oder, wie Emanuel Hirsch schon vor langer Zeit vorgeschlagen hat, ob Kierkegaards Kenntnis dieser Schrift Schellings durch das bereits genannte Werk von Rosenkranz vermittelt ist.[233] Eines ist jedoch ganz sicher, daß nämlich die Idee zum *Begriff Angst* als solche nicht von Schelling stammt. Schon 1837 findet sich eine Aufzeichnung im „Journal BB", die das frühe Aufkommen dieser Thematik bei Kierkegaard bezeugt, und im „Journal JJ" kann man in einer Aufzeichnung von 1842 lesen, wie sich die Thematik jetzt gestaltet hat;[234] darüber hinaus wird der aufmerksame Leser von *Entweder – Oder* sicher bemerkt haben, wie die ‚Angst' überall in diesem Werk auftaucht. Schellings Freiheitsschrift dagegen erwähnt die Angst nur an einer einzigen Stelle[235], und wenn sich Kierkegaard tatsächlich an Rosenkranz gehalten hat, dann war ihm diese

[230] Vgl. die Aufzeichnung JJ:160, *SKS* 18, 192 (*Pap.* IV A 157).

[231] Vgl. die Aufzeichnung JJ:187, *SKS* 18, 200 (*Pap.* IV A 185).

[232] Rosenkranz *Schelling* (s. Anm. 220), S. 133; vgl. S. 187.

[233] Vgl. E. Hirschs Kommentar zu seiner Übersetzung von *Der Begriff Angst* in Kierkegaards *Gesammelte Werke,* 11. und 12. Abteilung, Düsseldorf 1965, S. 250. Hirsch nennt ebenfalls die früher schon angeführte Schrift von Marheineke (s. Anm. 215) als Quelle.

[234] Siehe die Texterläuterungen von Søren Bruun zu *Der Begriff Angst* in *SKS* K4, 317-332.

[235] Schelling spricht von der „Angst des Lebens", woraus „die allgemeine Nothwendigkeit der Sünde und des Todes" wird (Schelling *Philosophische Schriften* [s. Anm. 200], S. 426f.). Könnte das nicht an Kierkegaard erinnern?

Erwähnung vermutlich unbekannt. Aber ob Kierkegaard die Freiheitsschrift gelesen hat oder nicht, sie enthält dennoch genügend thematische Verwandtschaft mit dem *Begriff Angst,* um für aufklärende komparative Studien von großem Interesse zu sein.

Schon in der Einleitung zum *Begriff Angst* stößt man auf explizite Hinweise, woraus ersichtlich ist, daß Kierkegaard die Vorlesungen Schellings in Berlin nicht vergessen hat. Wir haben gesehen, wie der aristotelische Ausdruck πρώτη φιλοσοφία in Kierkegaards Exzerpt aus Tennemann ihn dazu gebracht hat, sich an die Vorlesungen Schellings zu erinnern, und wenn der Ausdruck in der Einleitung zum *Begriff Angst* wieder auftaucht und das in einer Gegenüberstellung zur *secunda philosophia,* wie es auch bei Schelling[236] geschieht, dann ist es vielleicht nicht überraschend, dazu folgende Anmerkung zu lesen: „Schelling hat an diesen aristotelischen Namen erinnert, um zwischen negativer und positiver Philosophie zu unterscheiden. Unter negativer Philosophie verstand er die Logik, was wohl klar war; dagegen war es mir weniger klar, was er eigentlich unter positiv verstand, außer daß positive Philosophie zweifellos diejenige war, die er selbst liefern wollte. Weiter darauf einzugehen ist jedoch nicht tunlich, weil ich außer meiner eigenen Auffassung nichts habe, woran ich mich halten kann" (*SKS* 4, 328; vgl. *BA,* 26). Ebenso wie Kierkegaard, oder hier das Pseudonym Vigilius Haufniensis, nur seine ‚eigene Auffassung' hat, an die er sich halten kann, wenn es um den Inhalt von Schellings positiver Philosophie geht, so können wir diese Verhältnisbestimmung wohl zu Recht so anwenden, daß sie auch für unsere Bezugnahme auf Kierkegaards generelle Schelling-Rezeption gelten kann. Denn selbst wenn wir im folgenden weiterhin den bei Kierkegaard explizit genannten Schelling untersuchen wollen, so bleibt doch die in vieler Hinsicht entscheidende Frage nach Kierkegaards Rezeption der – in Schellings Verständnis – ‚negativen Philosophie'. Wenn Kierkegaard die negative Philosophie ganz selbstverständlich mit der ‚Logik' identifiziert, dann meint er ja nicht bloß die klassische Logik, sondern die ganze Metaphysik, die als Denkakt immanente Erinnerung ist. Es ist zweifellos so, daß es auffallende Ähnlichkeiten zwischen Kierkegaards allgegenwärtiger Satire auf die Hegelsche Spekulation samt Spekulanten und Schellings beharrlicher Kritik an Hegels chimärischer Wesensmetaphysik gibt; aber den direkten Einfluß aufzuweisen, das kann nur auf einer komparativen Interpretation beruhen; das heißt, im folgenden werden sich keine weiteren expliziten Nachweise finden.

---

236 Siehe die 3. und 6. Vorlesung in Kierkegaards Mitschrift.

Schelling wird in der Einleitung auch ganz allgemein erwähnt, wo es nämlich darum geht, daß Hegel die Skepsis Kants gegenüber der Realität des Denkens hätte durchdenken sollen, und es wird hinzugefügt: „dies dürfte indessen äußerst fraglich bleiben, trotz allem, was Hegel samt Schule mit Hilfe des Stichworts: Methode und Manifestation getan haben, um zu verschleiern, was Schelling mit dem Stichwort: Intellektuelle Anschauung und Konstruktion offener bekannte: daß dies ein neuer Ausgangspunkt war" (*SKS* 4, 319; vgl. *BA,* 15). Das Thema, das hier angeschlagen wird, und die Berufung auf Schelling, um Hegel zu umgehen, werden von Kierkegaard auch weiterhin eingesetzt. Sollte ein Kommentator nach einer möglichen Quelle für diesen Umgang Kierkegaards mit Schelling fragen wollen, so genügt es, auf die 10. Vorlesung in Kierkegaards Mitschrift zu verweisen, wo Schelling selbst diesen Weg einschlägt; aber Kierkegaard könnte auch seine Erinnerung bei Rosenkranz aufgefrischt haben.[237] So weit zu den direkten Hinweisen auf Schelling in der Einleitung.[238]

Das nächste Mal taucht Schelling im *Begriff Angst* in caput I § 2 auf, unter dem Thema ‚Bewegung' in der Logik oder der Frage, inwieweit das Quantitative in das Qualitative umschlagen kann. In einer Anmerkung heißt es dazu: „In der neueren Philosophie hat als erster Schelling versucht, mit Hilfe eines nur quantitativen Bestimmens zu einer Erklärung aller Verschiedenheit zu gelangen; später hat er dasselbe bei Eschenmayer (im Zusammenhang mit dessen Disputation) getadelt. Hegel statuierte den Sprung, er statuierte ihn jedoch in der Logik. Deswegen wird er von Rosenkranz (in seiner Psychologie) bewundert. Rosenkranz tadelt in seiner zuletzt erschienenen Schrift (über Schelling) diesen und preist Hegel" (*SKS* 4, 337; vgl. *BA,* 37). Wie die Kommentatoren zur Stelle bereits erklärt haben, findet sich alles, was hier über Schelling gesagt wird, bei Rosenkranz.[239]

Die Textpassage, die am meisten von Schelling enthält, findet sich indessen in caput II § 1: „Objektive Angst". Hier heißt es zuerst im Haupttext: „Einzelne Männer der Schellingschen Schule haben insbesondere jener Alteration Beachtung geschenkt, die durch die Sünde mit der Schöpfung vorgegangen ist" (*SKS* 4, 363f.; vgl. *BA,* 70f.). Daß

---

237 Rosenkranz *Schelling* (s. Anm. 220), S. 367.

238 Es findet sich ein weiterer expliziter, jedoch indirekter Hinweis in der Zitierung von ‚Madame Staël-Holstein', die gesagt haben soll, daß die Schellingsche Philosophie einen Menschen für sein ganzes Leben geistreich mache (*SKS* 4, 321). Wo Kierkegaard diese Sentenz aufgestöbert hat, bleibt unsicher.

239 Siehe den Kommentar in *SKS* K4, 395-397, und Rosenkranz *Schelling* (s. Anm. 220), S. 58, 155 und 179-182 (auch XXIII-XXX).

Kierkegaard sich hier nicht speziell auf Schelling bezieht, geht aus dem Entwurf hervor, in dem die Stelle wie folgt formuliert ist: „Einzelne Männer besonders aus der Schellingschen Schule wie Schubert, Eschenmayer, Görres, Steffens" (*Pap.* V B 53,18). Mit diesem Textentwurf werden wir daran erinnert, daß die von Schelling beeinflußte Naturphilosophie viele originelle Fürsprecher hatte, von deren Werken Kierkegaard oftmals eingehende Kenntnis besaß; man könnte auch Solger nennen und bestimmte Werke von Baader und Daub.

In welcher Beziehung Schelling selbst zu dieser Schellingschen Schule stand, geht schließlich aus einer langen Anmerkung hervor, die Kierkegaard hier anfügt und die in sich selbst betrachtet vielleicht die wichtigste Textstelle ist, die explizit Kierkegaard und Schelling miteinander verbindet. Die ganze Passage lautet wie folgt:

> Bei Schelling selbst ist oft genug die Rede von Angst, Zorn, Qual, Leiden usw. Doch sollte man sich gegen dergleichen stets ein wenig mißtrauisch verhalten, um nicht die Konsequenz der Sünde in der Schöpfung mit dem zu verwechseln, was es bei Schelling auch bezeichnet: Zustände und Stimmungen in Gott. Mit diesen Ausdrücken bezeichnet er nämlich, wenn ich so sagen darf, die Schöpfer-Wehen der Gottheit. Er bezeichnet mit Ausdrücken der Vorstellung, was er auch selbst zum Teil das Negative nannte und was bei Hegel in dem Wort: das Negative näher bestimmt wurde als das Dialektische (τὸ ἕτερον). Die Zweideutigkeit zeigt sich auch bei Schelling, denn er spricht von einer Melancholie, die über die ganze Natur ausgebreitet ist, und zugleich von einer Schwermut in der Gottheit. Doch der Hauptgedanke bei Schelling ist vornehmlich der, daß Angst usw. vor allem die Leiden der Gottheit bei der Schöpfung bezeichnet. In Berlin sprach er dies noch entschiedener aus, indem er Gott mit Goethe und Joh. v. Müller verglich, die sich nur wohl befanden, wenn sie produzierten, und indem er gleichzeitig daran erinnerte, daß eine solche Seligkeit, die sich nicht mitteilen kann, Unseligkeit ist. Ich erwähne das hier, weil diese Äußerung von ihm bereits in einer kleinen Piece von Marheineke gedruckt ist. Marheineke will es ironisieren. Das sollte man nicht tun; denn ein kräftiger und vollblütiger Anthropomorphismus ist einiges wert. Indessen ist der Fehler ein anderer, und man kann hier ein Beispiel dafür sehen, wie sonderbar alles wird, wenn Metaphysik und Dogmatik dadurch verdreht werden, daß man die Dogmatik metaphysisch und die Metaphysik dogmatisch behandelt (*SKS* 4, 363f.; vgl. *BA*, 70).

Daß sich Kierkegaard in den vielen Aussagen über Schelling, die diese Anmerkung enthält, auf Rosenkranz verläßt, ist im Kommentar zur Stelle ausgezeichnet nachgewiesen, deshalb gibt es keinen Grund, hier Einzelheiten zu wiederholen.[240] Doch es gibt Grund genug für die Hervorhebung eines reizvollen Details, nämlich dieses, daß Kierkegaard auf die Erwähnung von Müller und Goethe in den Berliner Vorlesungen durch Marheineke hinweist, der wiederum nach Frauenstädt zitiert. In der 26. Vorlesung nach Kierkegaards eigener Mit-

---

[240] Siehe *SKS* K4, 423-428.

schrift wird Goethe nämlich nicht erwähnt, woraus wir also schließen können, daß Kierkegaard hier nicht sein eigenes Schelling-Manuskript benutzt hat.

Eine weitere Stelle, wo von Schelling die Rede ist, findet sich in caput IV § 1: „Angst vor dem Bösen". Wörtlich heißt es hier: „Indessen werde ich mich sowohl um meiner selbst wie auch um des Denkens und um des Nächsten willen davor hüten, es auf die gleiche Art auszudrücken, wie es Schelling vermutlich ausgedrückt hätte, der an einer Stelle vom Genie zur Handlung im selben Sinne wie zur Musik usw. spricht. So kann man manchmal, ohne sich dessen bewußt zu sein, mit einem erklärenden Wort alles vernichten" (*SKS* 4, 416; vgl. *BA,* 134). Dieses ‚Genie zur Handlung' ist bereits erwähnt worden im Zusammenhang mit Kierkegaards Notiz zu Jacobis *Werken.* Im Entwurf zu dieser Textstelle (*Pap.* V B 56,6) hat Kierkegaard notiert: „System des transcendentalen Idealismus", was unmittelbar indizieren könnte, daß Kierkegaard das Werk gelesen hätte. So muß auch der Seitenzahlbeleg aus diesem Werk, den die Kommentatoren geben, verstanden werden; übrigens die einzige Stelle bei Schelling, wo sich der relevante Ausdruck „Genie zu Handlungen" findet.[241] Kierkegaard selbst gibt keine Seitenzahl an; ist das nicht Grund genug anzunehmen, daß er sich auch hier auf Rosenkranz verläßt, der nämlich in seinem Durchgang durch das *System des transcendentalen Idealismus* tatsächlich das gesuchte Zitat bringt?[242]

Die letzte Stelle im *Begriff Angst,* an der Schelling erwähnt wird, ist in caput IV § 2, wo es heißt:

> Es ist hier nicht meine Absicht, eine hochtrabende philosophische Überlegung darüber vorzulegen, in welchem Verhältnis Seele und Körper zueinander stehen, in welcher Bedeutung die Seele selbst ihren Körper hervorbringt (dies auf griechisch oder deutsch verstanden), in welcher Bedeutung die Freiheit durch einen Akt der Korporisation, um an einen Ausdruck von Schelling zu erinnern, selbst ihren Körper setzt. Nichts dergleichen wird hier gebraucht, für meinen Bedarf kann ich es entsprechend meinen bescheidenen Mitteln so ausdrücken: Der Körper ist das Organ der Seele und solcherart wiederum Organ des Geistes (*SKS* 4, 437; vgl. *BA,* 159f.).

Schelling benutzt niemals den Ausdruck ‚Korporisationsakt', doch wie die Kommentatoren zur Stelle richtig erklären, wird hier vermutlich auf die Erwähnung von Korporisation in der Freiheitsschrift[243]

---

241 Siehe *SKS* K4, 486.

242 Siehe Rosenkranz *Schelling* (s. Anm. 220), S. 114.

243 Vgl. Schelling *Philosophische Schriften* (s. Anm. 200), S. 470; *SKS* K4, 503.

angespielt. Doch auch dies könnte Kierkegaard wiederum bei Rosenkranz gelesen haben.[244]

In den *Philosophischen Brocken* wird Schellings Name nicht erwähnt, dennoch finden sich einige indirekte Hinweise und mögliche Anspielungen. Wenn zum Beispiel von „einer Theorie der Manifestation anstelle der Konstruktion" gesprochen wird (*SKS* 4, 279; vgl. *PB, GW1* 6, 76), so ist dies wahrscheinlich ein Hinweis auf die bereits angeführte Gegenüberstellung von Hegel und Schelling. Und wenn es an anderer Stelle in einer Fußnote heißt „die ältere und die moderne Spekulation" (*SKS* 4, 219; vgl. *PB, GW1* 6, 8), so bezieht sich der letztere Ausdruck ebenfalls auf Schelling, wie schon Thulstrup gezeigt hat.[245] Ferner könnte man die Rede vom aristotelischen Gottesbegriff (selbst unbewegt, bewegt er alles, *SKS* 4, 232; vgl. *PB, GW1* 6, 22) – wie schon früher angeführt – auf die 13. Berliner Vorlesung in Kierkegaards Mitschrift beziehen; ebenso könnte die Hervorhebung des Gedankens, daß die Philosophie mit dem Staunen beginne (*SKS* 4, 280; vgl. *PB, GW1* 6, 77), von Schellings Darstellung in der 22. Vorlesung beeinflußt sein.

In der Einleitung zum *Begriff Angst* war bereits zu sehen, in welcher Weise Schellings ‚intellektuelle Anschauung' Hegels ‚Methode' gegenübergestellt wird. In der *Abschließenden unwissenschaftlichen Nachschrift* finden sich drei explizite Hinweise auf Schelling, die alle dieselbe Gegenüberstellung zum Ausdruck bringen, an deren Begründung, wie schon erwähnt, Schelling selbst, besonders in seiner 10. Vorlesung, beteiligt war. Das erste Mal wird Schelling an einer interessanten Stelle erwähnt, deren Thematik sich auf *Furcht und Zittern* bezieht. In dieser Schrift, sagt Johannes Climacus, sei er auf den ‚Sprung' und die ‚Entscheidung' aufmerksam geworden, die das Ausschlaggebende seien „für das Christliche und für jede dogmatische Bestimmung [...], was sich weder durch die Schellingsche intellektuelle Anschauung noch durch das gewinnen läßt, was Hegel, das Schellingsche geringschätzig behandelnd, an deren Stelle setzen will: die Methode, weil der Sprung gerade der entschiedenste Protest gegen den inversen Gang der Methode ist. Alles Christentum liegt infolge von Furcht und Zittern, ja, es liegt in Furcht und Zittern (welches gerade die verzweifelten Kategorien des Christentums und des Sprungs

---

244 Siehe Rosenkranz *Schelling* (s. Anm. 220), S. 312.

245 Vgl. Niels Thulstrup „Die historische Methode in der Kierkegaard-Forschung durch ein Beispiel beleuchtet", in *Symposium Kierkegaardianum* (*Orbis litterarum*, Bd. 10,1-2), Kopenhagen 1955, S. 281-318. Thulstrup wählt als Beispiel genau die oben genannte Textstelle.

sind) im Paradox, man nehme dies nun an (das heißt, sei ein Gläubiger), oder man verwerfe es (gerade weil es das Paradox ist)" (*SKS* 7, 102f.; vgl. *AUN* I, *GW1,* 97f.). Diese Passage ist eine klare Fortführung der früher schon im *Begriff Angst* genannten Stelle (caput I § 2), doch dadurch, daß Kierkegaard sich hier explizit auf die Thematik in *Furcht und Zittern* bezieht, eröffnen sich unabweisbar Möglichkeiten für Schelling-Studien im Bezug auf diese Schrift.

In seiner Hegel-Kritik der Berliner Vorlesungen hob Schelling insbesondere das Problem des Anfangs in Hegels negativer Philosophie hervor, was sich in vielen Textstellen der *Nachschrift* widerspiegelt, zum Beispiel wenn es im Hinblick auf Hegel heißt: „Er hat Schellings intellektuelle Anschauung (S.'s Ausdruck für den Anfang) geringschätzig abgewiesen, das ist wahr; er hat selbst gesagt, und es ist dann oft genug gesagt worden, daß sein Verdienst die Methode sei; aber er hat nie gesagt, wie sich die Methode zur intellektuellen Anschauung verhält, ob hier nicht wiederum ein Sprung nötig sei" (*SKS* 7, 139; *AUN* I, *GW1,* 139). Später heißt es:

> Schelling brachte die Selbst-Reflexion zum Stehen, er verstand die intellektuelle Anschauung nicht als eine Entdeckung innerhalb der Selbst-Reflexion, die man erreiche, indem man immer fortfahre, sondern als einen neuen Ausgangspunkt. Hegel sieht dies als einen Fehler an und redet recht ‚absprechend' [im Original deutsch] von der intellektuellen Anschauung – und so kam denn die Methode. Die Selbst-Reflexion fährt so lange fort, bis sie sich selbst aufhebt, das Denken dringt siegreich hindurch und bekommt wieder Realität, die Identität des Denkens und des Seins ist im reinen Denken errungen (*SKS* 7, 306; *AUN* II, *GW1,* 38).

Mit diesen drei Textstellen, die von keiner erneuten Beschäftigung mit Schelling zeugen, hat Kierkegaard zum letzten Mal in seinen Werken explizit auf Schelling hingewiesen, und somit ist die *Nachschrift* auch diesbezüglich eine ‚abschließende'. Jedoch, bereits im Frühjahr 1846 hatte Kierkegaard sich in die Fehde mit dem *Corsaren* begeben, was vermutlich mit dazu beigetragen hat, sein Interesse von der philosophisch-experimentellen Dialektik, die wir aus den pseudonymen Werken kennen, in eine direktere Gesellschaftskritik umzuleiten, wie sie in der schon am 30. März desselben Jahres publizierten *Literarischen Anzeige* zur Entfaltung kommt. Im Fahrwasser dieser ganzen Diskussion reiste Kierkegaard im Mai zum letzten Mal nach Berlin und kaufte sich dort vermutlich die gerade erschienene Ausgabe von Steffens' *Nachgelassenen Schriften*[246], die, wie schon erwähnt, ein Vorwort von Schelling enthalten.

---

[246] Vgl. Peter Tudvads Kommentar in *SKS* K18, 460f.

Aus diesem Vorwort stammt das einzige Schelling-Zitat aus Kierkegaards Hand. Im „Journal JJ" findet sich nämlich in einer Aufzeichnung von 1846 Folgendes: „Schelling sagt richtig im Vorwort zu Steffens nachgelassenen Schriften: ‚wenn es erst dahin gekommen, daß die Menge richtet über das, was Wahrheit ist, dann dauert es nicht mehr lange, bis man anfängt, es mit den Fäusten zu entscheiden'" (JJ: 471; *SKS* 18, 297; vgl. *T* 2, 37). Dieses Zitat hat Kierkegaard so treffend gefunden, daß er beabsichtigte, es als Motto für die satirische Schrift „Skrift-Prøver" (vgl. *Pap*. VII 2 B 274,24) zu benutzen, an der er zur selben Zeit arbeitete, die jedoch leider nie fertiggestellt wurde.

Ebenso wie Schellings Spätphilosophie sich auf Hegel bezog, gibt es keinen Zweifel darüber, daß Kierkegaards Beschäftigung mit Schelling in hohem Maße von dessen Verhältnis zu Hegel bestimmt war. In einer Aufzeichnung von 1847 im „Journal NB1" findet sich eine Art Rechenschaft über Kierkegaards Auffassung von Schelling und Hegel in bezug auf die philosophische Thematik, die Kierkegaard mehrere Male in seinen früheren Werken angeführt hatte. Daraus ist ersichtlich, daß die Thematisierung der ‚Bewegung' in Schellings Philosophie, die Kierkegaard in Verbindung mit der *Wiederholung* darstellt, nun scheinbar eine neue Wendung bekommt. Kierkegaard kommt nämlich zu folgender Konklusion:

Das Verhältnis zwischen Schelling und Hegel ist eigentlich dieses. Schelling hat das Ding an sich mit Hilfe des Absoluten abgeschafft, in dem jenes Schattenspiel auf jener Seite abgeschafft wurde, und alles dazu gelangte, sich auf dieser Seite zu zeigen. Aber Schelling *machte* bei dem Absoluten *halt,* bei der Indifferenz, bei dem Nullpunkt, von dem er eigentlich nicht ausging, sondern der bloß anzeigte, daß hinter dem Absoluten nichts war. Hegel glaubte indessen, auf jener Seite so weit hinter das Absolute zu gelangen, daß er in *Fahrt* kam. Schellings Philosophie ist *in Ruhe;* die Hegelsche Philosophie ist vermeintlich *in Fahrt,* in der Fahrt der Methode (*Pap.* VIII 1 A 14; vgl. *T* 2, 80f.).

Nach dieser Bestandsaufnahme kommt Schelling bei Kierkegaard in keiner philosophisch prägnanten Bedeutung mehr vor. Im Jahre 1849, also im selben Jahr, in dem *Die Krankheit zum Tode* erscheint, wird Schelling in drei Aufzeichnungen erwähnt, die jede auf ihre Weise den endgültigen Abschied Kierkegaards von Schelling anzeigen.

Der erste Abschied findet sich im „Journal NB9", wo Kierkegaard über sein Gespräch mit dem dänischen König Christian VIII. berichtet, der sich ja bestens mit den politischen Gegebenheiten rund um Schellings Berufung nach Berlin auskannte. Kierkegaard berichtet:

Dann fragte er mich nach Schelling. Ich machte nun einige Versuche, um ihm in aller Eile einen Eindruck zu geben. Dann fragte er nach Schellings persönlicher Stellung zum Hofe, was für ein Ansehen er an der Universität genieße. Ich sagte, es ginge Schelling wohl wie dem Fluß Rhein an seiner Mündung, er wird zum stehenden Gewässer – in dieser Weise verblutet er in der Eigenschaft einer königlich preußischen Excellenz. Dann sprach ich noch ein wenig darüber, wie die Hegelsche Philosophie zuerst eine Regierungsphilosophie gewesen war, und nun sollte wohl Schelling dies sein (*Pap.* X 1 A 42, S. 34; vgl. *T* 3, 166f.).

Die letzte Äußerung, „und nun sollte wohl Schelling dies sein", erscheint fast anachronistisch, da mit Schellings Wirken in Berlin zu diesem Zeitpunkt in der öffentlichen Debatte schon längst abgerechnet worden war; sein Auftreten in Berlin brachte nicht die erwartete Wirkung, er konnte sein System immer noch nicht veröffentlichen, und bereits 1846 hatte er seine Vorlesungsaktivität an der Universität eingestellt. Auch wenn Kierkegaard es vor dem König gewagt hatte, philosophisches Wirken und Politik gegeneinanderzustellen, so erscheint Schelling hier doch eher als ein pikantes Konversationsthema denn als der Durchbruch eines neuen Philosophen.

Der zweite Abschied von Schelling findet sich im „Journal NB11", wo es in einer Aufzeichnung heißt: „Dagegen ist dies ein eigener Sprachgebrauch von Luther: der Glaube ist nicht jedermanns Sache, welches seine Übersetzung von 2. Thess. 3,2 ist. Damit wird leicht der Glaube als eine Art Genialität bestimmt. In dieser Weise erinnere ich mich auch, daß Schelling in seinen Vorlesungen dies in der Bedeutung sagte, daß Glaube eine Genialität sei, und Luther zitierte" (*Pap.* X 1 A 420). Aus dieser Aufzeichnung dürfen wir vielleicht schließen, daß Kierkegaards Erinnerung an den Inhalt von Schellings faktischen Vorlesungen nicht mehr sehr zuverlässig war. Denn es ist wohl richtig, daß Schelling an einer Stelle in seiner postum herausgegebenen *Philosophie der Offenbarung* diese Bibelstelle diskutiert[247], doch diese Diskussion war nicht Bestandteil der Berliner Vorlesungen, die Kierkegaard gehört hat, und sie wird deswegen auch in keiner der erhaltenen Mitschriften angeführt, auch nicht in Kierkegaards eigener.[248] Dagegen wissen wir bereits, daß es Jacobi ist, der sich auf Luthers Übersetzung bezieht, und daß Kierkegaard in seinem Exemplar dieses Werkes auf die entsprechende Aussage Schellings hingewiesen hat.

Als Martensen 1849 sein lang erwartetes Hauptwerk *Den christelige Dogmatik*[249] publizierte, mußte Kierkegaard natürlich Stellung dazu

---

247 Vgl. *Schellings sämmtliche Werke* (s. Anm. 16), 2. Abt., Bd. 4, S. 16-24.

248 Der Beleghinweis, den der Kommentar in *Søren Kierkegaards Papirer* (vgl. in *Pap.* X 1 A 420) bezüglich der 18. Vorlesung in der Mitschrift Kierkegaards gibt, ist nicht korrekt.

249 Vgl. Martensen *Den christelige Dogmatik,* Kopenhagen 1849, Ktl. 654 (dt. Ausg.: *Die christliche Dogmatik,* Kiel 1850).

nehmen. In diesem Zusammenhang fällt bei Kierkegaard zum letzten Mal der Name Schellings, nämlich im „Journal NB12“, wo es sarkastisch heißt: „Das Bestechende bei Martensen ist dieses fortwährende Reden von Kant, Hegel, Schelling usw. Das wirkt als Garantie dafür, daß an dem, was er sagt, etwas daran sein muß. Das ist genau so, wie wenn die Zeitungen im Namen des Publikums schreiben“ (*Pap.* X 1 A 576). Wir wollen dies als Kierkegaards letzten und endgültigen Abschied von Schelling bezeichnen.

## *Eine kurze Konklusion*

Vielleicht könnte man diese Übersicht der expliziten Nennungen Schellings in Kierkegaards Schriften dahingehend zusammenfassen, daß nach dem ‚Bestechenden‘ gefragt wird, das heißt nach dem Überzeugenden in Kierkegaards Umgang mit Schelling. Wie bereits deutlich geworden sein sollte, findet sich in allem, was Kierkegaard geschrieben hat, nur ein einziges Zitat von Schelling, während man im übrigen keine sicheren äußeren Spuren findet, die darauf hindeuten, daß Kierkegaard Schellings Werke gelesen hat, auch nicht im Falle der Freiheitsschrift. Daß er Schelling in Berlin gehört hat, ist natürlich unbestritten, aber was sich in den Werken als explizite Hinweise auf diese Vorlesungen findet, ist – wie gezeigt – recht überschaubar.

Dies einmal vorausgesetzt, muß jedoch auch hinzugefügt werden, daß es natürlich niemals möglich ist, auch nicht aus dem angeführten Material, mit absoluter Gewißheit auf eine historische Tatsache zu schließen, da der Schluß auf das Historische ja bekanntlich in der ‚Approximation‘ ruht. Es kann nur konstatiert werden, daß man aus Schellings explizitem Auftreten bei Kierkegaard nicht auf eine Beschäftigung mit Schelling selbst schließen kann, sondern eher, das heißt mit größerer Wahrscheinlichkeit, den gegenteiligen Schluß ziehen muß.

Wenden wir uns indessen der impliziten Themengemeinsamkeit zwischen Kierkegaard und Schelling zu, so scheint doch vieles darauf hinzudeuten, daß nicht zuletzt die Berliner Vorlesungen viele von Kierkegaards philosophischen Themen geprägt haben. Das gilt nicht zuletzt für seine konstante Kritik und Satire von Hegels ‚negativer‘ Philosophie, wie sie zum Beispiel in einer ironischen Bemerkung wie dieser zum Ausdruck kommt: „Hegels Philosophie ist ja positiv“ (*SV3* 10, 16; vgl. *AUN* II, *GW1,* 11). Da Schellings Hegel-Kritik in der Forschungsliteratur schon ausführlich behandelt wurde[250], so erscheint es in Verbindung mit Kierkegaards Hegel-Kritik fast unumgänglich, diese Literatur in die Kierkegaardforschung mit einzubeziehen. Dies wiederum vorausgesetzt, muß man sich genau überlegen, ob Kierkegaards nahezu emblematische Satire über ‚das System', ‚die Spekulation', ‚den Spekulanten', ‚das Positive', ‚Versprechen zu geben', ‚weiter zu gehen' usw. nur gegen die Hegelianer gerichtet ist oder ob auch hier ein Stachel gegen Schelling liegt. Zu diesen satirischen Motto-Formulierungen gehört auch: ‚über Hegel hinauszukommen', was wohl im Grunde ein präzises Prädikat ist, wenn von Schellings Bestreben in seiner Spätphilosophie im ganzen die Rede ist. Doch dies alles liegt außerhalb dieser einführenden Untersuchung, die zur näheren Information nur auf die umfassende Forschung in der Relation Kierkegaard-Schelling hinweisen will.

## *4. Streifzug durch die Kierkegaard-Schelling-Rezeption*

> „Er sollte sich um Deutlichkeit und Einfachheit bemühen; andere dürften sich daran freuen, das Einfache schwer zu machen" (Schelling).[251]
> „aus wahrem Interesse für die, die alles leicht machen, verstand ich es da als meine Aufgabe: überall Schwierigkeiten zu machen" (Kierkegaard).[252]

In der dänischen Forschungstradition des 20. Jahrhunderts hat Schelling keine herausragende Rolle gespielt, und die Spätphilosophie Schellings schon gar nicht. Die philosophiegeschichtlichen Dar-

---

250 Aus der Vielzahl der Untersuchungen zu Schellings Hegel-Kritik kann Erhard Oeser erwähnt werden mit der Abhandlung *Die antike Dialektik in der Spätphilosophie Schellings. Ein Beitrag zur Kritik des Hegelschen Systems,* Wien & München 1965; hier finden sich auch einige Verbindungslinien zu Kierkegaard, vgl. S. 107, 116f., 136. Siehe ferner Friedrich W. Schmidt *Zum Begriff der Negativität bei Schelling und Hegel,* Stuttgart 1971; Manfred Frank *Der unendliche Mangel an Sein. Schellings Hegelkritik und die Anfänge der Marxschen Dialektik,* Frankfurt am Main 1975, 2. Aufl. München 1992; Klaus Brinkmanns Artikel „Schellings Hegel-Kritik" in *Die ontologische Option. Studien zu Hegels Propädeutik, Schellings Hegel-Kritik und Hegels Phänomenologie des Geistes,* hg. v. Klaus Hartmann, Berlin / New York 1976, S. 117-210; A. White *Absolute Knowledge: Hegel and the Problem of Metaphysics,* Athens, Ohio 1983; B. M. G. Reardons Artikel „Schelling's critique of Hegel" in *Religious Studies* 20 (1984), S. 543-557, sowie Peter Wild *Die Selbstkritik der Philosophie in der Epoche von Hegel zu Nietzsche,* Frankfurt am Main 1994, worin auch Kierkegaard genannt wird, vgl. S. 230.

251 Schelling in Kierkegaards Mitschrift der 2. Vorlesung, vgl. Not11:2 in *SKS* 19, 305.

252 Johannes Climacus in *Abschließende unwissenschaftliche Nachschrift, SV3* 9, 165; vgl. *AUN* I, *GW1,* 177.

stellungen von Schellings Denken, die Harald Høffding und Hans Brøchner in den 70er Jahren des 19. Jahrhunderts vorlegten, sind immer noch die besten Einführungen dänischer Sprache.[253] F. L. Mynsters Übersetzung (1882) von Schellings postum veröffentlichtem Dialog *Clara oder Ueber den Zusammenhang der Natur mit der Geisterwelt* (um 1810)[254], die vermutlich ein gewisses zeitgenössisches Interesse ausdrückte, scheint schnell in Vergessenheit geraten zu sein. Erst 1995 wurde Schelling wieder ins Dänische übersetzt, und zwar durch Henning Vangsgaard.[255] Wenn Adam Diderichsen in der Einleitung zu dieser Übersetzung das Projekt Schellings eng mit dem Kierkegaards verknüpft, so kann man ruhig sagen, daß diese Idee nicht aus der dänischen Kierkegaardforschung stammt, wo eine solche Relation – mit einigen Ausnahmen – so gut wie unerwähnt geblieben ist. Diderichsens These von einer Übereinstimmung zwischen den beiden Denkern scheint hingegen von der deutschen Philosophie geprägt zu sein, die ein halbes Jahrhundert zuvor ein gewisses theologisch-philosophisches Interesse an der Verbindung Kierkegaard – Schelling begründete.

Mitte der 50er Jahre des 20. Jahrhunderts befand sich die Schelling- ebenso wie die Kierkegaardforschung in kräftiger Entwicklung, nicht zuletzt im Blick auf die Grundlagenarbeit einer verläßlichen

---

253 Harald Høffding *Philosophien i Tydskland efter Hegel,* Kopenhagen 1872, behandelt in Kap. 4, S. 117-219, den „spekulativen Theismus", was bedeutet: den späten Schelling, den jüngeren Fichte und Weiße. Hans Brøchner gibt eine Übersicht über Schellings philosophische Entwicklung in *Den nyere Philosophies Historie i Grundrids* (= *Philosophiens Historie i Grundrids,* 2. Teil), Kopenhagen 1874, S. 224-241. Diese beiden Philosophiegeschichten könnten angeregt worden sein durch Johann Eduard Erdmann *Grundriss der Geschichte der Philosophie,* Bd. 2, Berlin 1866, und Eduard von Hartmann *Schellings positive Philosophie als Einheit von Hegel und Schopenhauer,* Berlin 1869; Brøchner könnte sich darüber hinaus auf den Klassiker von Kuno Fischer gestützt haben: *Geschichte der neuern Philosophie,* Bd. 6,1: *Schellings Leben und Schriften,* Heidelberg 1872. Justus Hartnack hat in *Fra Kant til Hegel. En nytolkning,* Kopenhagen 1979, die Identitätsphilosophie von Schelling als ein Durchgangsmoment zu Hegel dargestellt; hier findet sich auch eine Seite zu Schellings Hegel-Kritik (S. 197f.); in desselben Autors *Filosofiens historie,* Kopenhagen 1969, S. 207-209, wird des späten Schelling Distinktion zwischen negativer und positiver Philosophie besprochen.

254 *Clara. En Dialog om Naturens Sammenhæng med Aandeverdenen,* übersetzt von F. L. Mynster, Kopenhagen 1882.

255 F. W. J. Schelling *Om den menneskelige friheds væsen,* übersetzt von H. Vangsgaard mit einer Einleitung von A. Diderichsen, Kopenhagen 1995.

Werk-Edition der beiden Denker.[256] Die Resultate dieser textkritischen Pionierarbeit kann man in vielerlei Weise als ein Fundament betrachten, auf dem die jetzigen, groß angelegten Editionsprojekte ihren Anfang nahmen.[257] Als sich 1954 der Todestag Schellings zum hundertsten Mal jährte, setzte man auch in der historischen Entwicklung der Schellingforschung eine natürliche Zäsur.[258] Zwar gab es auch vor dieser Zeit große Werke zum Beispiel über Schellings Spätphilosophie[259], aber die neuere Rezeptionsgeschichte scheint zu jener Zeit erst in den Anfängen gewesen zu sein. Entsprechend feierte man 1955 den 100. Todestag Kierkegaards mit zahlreichen Konferenzen auf der ganzen Welt und mit dem Start des aus der jungen, unternehmungslustigen Søren-Kierkegaard-Gesellschaft hervorgegangenen Periodikums *Kierkegaardiana;*[260] zu diesem Zeitpunkt hatte man gerade in zwei Monographien über die bisherige Kierkegaard-

---

[256] Manfred Schröters Arbeit mit der Ausgabe von *Schellings Werken,* die 1927 begonnen wurde, führte um 1940 zu einem beginnenden wissenschaftlichen Interesse an dem Schellingschen Manuskriptmaterial, wobei Horst Fuhrmans eine bedeutende Rolle spielte; vgl. Manfred Schröter „Bericht über den Münchner Schelling-Nachlaß" in *Zeitschrift für philosophische Forschung* 8 (1954), S. 437-445. In der Kierkegaardforschung konzentrierte man sich auf die vielen Aufgaben, die die Arbeit an der 1. und 2. Ausgabe von Kierkegaards *Samlede Værker* (1901-1906; 1920-1936) mit sich führten, und auf die gerade fertiggestellte Ausgabe von *Søren Kierkegaards Papirer* (1909-1948); vgl. Tonny Aagaard Olesen „Et halvt århundrede med tryk på. Søren Kierkegaard Selskabets publikationer" in *Studier i Stadier. Søren Kierkegaard Selskabets 50-års jubilæum,* hg. v. J. Garff, T. Aa. Olesen und P. Søltoft, Kopenhagen 1998, S. 256-299.

[257] Ebenso wie die Schelling-Kommission in München seit 1976 an der Historisch-kritischen Ausgabe von Schellings Schriften arbeitet, die auf 60 Bände geplant ist, so hat das Søren-Kierkegaard-Forschungszentrum in Kopenhagen seit 1997 damit begonnen, *SKS* herauszugeben, die in 28 Bänden alles enthalten werden, was von Kierkegaards Hand stammt; hinzu kommen 27 Bände mit textkritischen Erläuterungen und eingehender Kommentierung.

[258] Siehe zum Beispiel Hermann Zeltner *Schelling-Forschung seit 1954,* Darmstadt 1975. Im Vorwort zu Koktanek *Schellings Seinslehre* (s. Anm. 145) bemerkt Alois Dempf, wie sehr das Interesse an Schellings Spätphilosophie nach dem 100. Todesjahr 1954 angewachsen ist.

[259] Zu erwähnen wären hier Konstantin Frantz *Schellings positive Philosophie,* Bd. 1-3, Cöthen 1879-80; Paul Tillich *Die religionsgeschichtliche Konstruktion in Schellings positiver Philosophie, ihre Voraussetzungen und Prinzipien,* Breslau 1910; Hinrich Knittermeyer *Schelling und die romantische Schule,* München 1929; Horst Fuhrmans *Schellings letzte Philosophie. Die negative und positive Philosophie im Einsatz des Spätidealismus,* Berlin: Triltsch, 1940.

[260] Vgl. Olesen „Et halvt århundrede med tryk på" (s. Anm. 256), S. 281-283.

forschung Bilanz gezogen.[261] Für die Perspektive dieses Artikels sind die Jahre 1954/55 von spezieller Bedeutung, weil sich von diesem Zeitpunkt an Kierkegaard und Schelling in der Forschungsliteratur ernsthaft begegnen.

In Guido Schneebergers Schelling-Bibliographie von 1954[262] finden sich nur zwei Werke, die sich auf Kierkegaard beziehen: Das eine sind Kierkegaards eigene Journal-Aufzeichnungen, in denen Schelling besprochen wird[263], das andere ist Walter Ruttenbecks Buch *Sören Kierkegaard. Der christliche Denker und sein Werk* von 1929.[264] In Ruttenbecks immer noch lesenswerter Monographie findet sich eine Darstellung des geistesgeschichtlichen Kontextes, in dem Kierkegaard gedacht hat; dazu gehört nach Ruttenbeck nicht nur die Hegelsche Philosophie, sondern auch die Schellingsche Gegenreaktion. Der zwanzig Seiten lange Abschnitt über Schellings Philosophie, worin in einer Reihe von Fußnoten auch ein Vergleich mit Kierkegaard hergestellt wird, ist verbunden mit einer rezeptionsgeschichtlichen Anmerkung, die lautet: „Die Bedeutung des älteren Schelling für K. wird neuerdings immer mehr erkannt", und zur Bestätigung werden einige Werke aufgezählt.[265] Eines davon ist Siegfried Marcks damals aktuelle Darstellung von Kierkegaards ‚dialektischem Dualismus' als Vorläufer der dialektischen Theologie (Karl Barth, Friedrich Gogarten und Emil Brunner), worin es unter anderem heißt: „Für Kierkegaard bleibt – Einflüsse des letzten Schelling haben dabei mitgewirkt – das Denken an die Daseinsqualität gebunden."[266] Ruttenbeck führt hierzu einen Aufsatz „aus älterer

---

261 Vgl. Aage Kabell *Kierkegaardstudiet i Norden,* Kopenhagen 1948, und Aage Henriksen *Methods and Results of Kierkegaard Studies in Scandinavia. A Historical and Critical Survey,* Kopenhagen 1951.

262 Vgl. G. Schneeberger *F. W. J. Schelling. Eine Bibliographie,* Bern 1954.

263 Gemeint ist Theodor Haeckers Übersetzung einer Auswahl von Kierkegaards Journal-Aufzeichnungen in *Die Tagebücher,* Bd. 1-2, Innsbruck 1923; Bd 1, S. 169f. („Ich bin so froh, Schellings zweite Vorlesung gehört zu haben", vgl. *Pap.* III A 179; *SKS* 19, 235; *T* 1, 273), 173-176 (Auszug aus einem Brief an Spang, *B&A,* Nr. 61, Bd. 1, S. 92f., und aus einem Brief an P. C. Kierkegaard, *B&A,* Nr. 70, Bd. 1, S. 109f.).

264 Das Werk wurde in Berlin und Frankfurt an der Oder 1929 herausgegeben (Nachdruck Aalen 1979).

265 Vgl. ebd., S. 57-76; die bibliographische Anmerkung steht auf S. 373f. und enthält zugleich Literatur über das erneute Interesse am Spätidealismus, darunter Schelling, zum Beispiel die oben (Anm. 259) angeführten Werke von Knittermeyer und Tillich.

266 Siegfried Marck *Die Dialektik in der Philosophie der Gegenwart. Erster Halbband,* Tübingen 1929, S. 92.

Zeit" an, nämlich „Sören Aabye Kierkegaard. Skizze seines Lebens und Wirkens" von dem Hildesheimer Pastor Pape aus dem Jahr 1878.[267]

Zu diesen frühen Berührungen zwischen Kierkegaard und Schelling könnte noch Harald Høffding *Søren Kierkegaard som Filosof* von 1892 hinzugefügt werden, der Schellings Berlin-Vorlesungen zum Ausgangspunkt von Kierkegaards späterem geistigem Leben macht;[268] auch Anathon Aall war 1918 dem Schelling-Einfluß bei Kierkegaard auf der Spur[269], und Torsten Bohlin verknüpfte 1925 *Der Begriff Angst* mit Schellings Freiheitsschrift.[270] Aber im großen und ganzen waren es erst die Jahre 1954-55, in denen das eigentlich produktive Interesse aufkam.[271]

Im ersten Satz von Wolfgang Struves Artikel „Kierkegaard und Schelling", der anläßlich des Jubiläumsjahres von Kierkegaard 1955 publiziert wurde[272], ist zu lesen, daß Kierkegaards Name oft erwähnt wurde, als man im Jahr zuvor am 20. August in Bad Ragaz Schelling

---

[267] Dieser Aufsatz erschien in *Der Beweis des Glaubens. Monatsschrift zur Begründung und Vertheidigung der christlichen Wahrheit für Gebildete. Unter leitender Mitwirkung von O. Zöckler und R. Grau, hg. V. O. Andreä und C. Brachmann,* Bd. XIV, Gütersloh 1878, S. 169-189, und die relevante Stelle auf S. 173.

[268] Harald Høffding *Søren Kierkegaard som Filosof,* Kopenhagen 1989 [1892] [dt. Ausg. *Sören Kierkegaard als Philosoph,* 3. Ausg. Stuttgart 1922 (1896)], S. 61-63. Dort heißt es unter anderem: „Schelling betonte nämlich sehr stark, daß die spekulative Philosophie nicht hinauskommen könnte über das Mögliche und das Abstrakte, Allgemeine, und daß das Verhältnis zur absoluten Wirklichkeit, besonders so, wie der religiöse Glaube diese auffaßt, nur durch einen Willensakt gesetzt werden kann, der durch Sehnsucht und praktisches, persönliches Verlangen motiviert wird, also so, wie Kierkegaard es später ausdrückte: durch einen Sprung" (S. 62). Høffding notiert ferner, man könne in Kierkegaards philosophischen Schriften, besonders im *Begriff Angst,* den Einfluß Schellings „deutlich" bemerken, „zum Teil auch seine Terminologie" (S. 63).

[269] A. Aall „Filosofien i Norden. Til Oplysning om den nyere Tænknings og Videnskaps Historie i Sverige og Finland, Danmark og Norge" in *Skrifter udgit av Videnskapsselskabet I Kristiania 1918,* Bd. 2, Kristiania [Oslo] 1918, S. 132.

[270] Siehe T. Bohlin *Kierkegaards dogmatiska Åskådning,* Stockholm 1925 [dt. Gütersloh 1927], S. 121f., 153f.

[271] Heinrich Getzeny weist in seinem Übersichtsartikel „Kierkegaards Eindeutschung. Ein Beitrag zur deutschen Geistesgeschichte der letzten hundert Jahre" in *Historisches Jahrbuch der Görres-Gesellschaft* 76 (1957), S. 181-192, Kierkegaards Verhältnis zu Schelling betreffend, nur auf Brechts Kapitel „Kierkegaards philosophiegeschichtliche Stellung" hin; vgl. F. J. Brecht *Vom lebendigen Geist des Abendlandes. Aufsätze und Vorträge,* Wuppertal 1949, S. 249-261.

[272] W. Struve „Kierkegaard und Schelling" in *Symposium Kierkegaardianum* (*Orbis litterarum,* Bd. 10,1-2), Kopenhagen 1955, S. 252-258.

feierte.[273] Struve hatte bereits einige Jahre zuvor dringlich dazu aufgefordert, mit der Untersuchung von Schellings Einfluß auf Kierkegaard zu beginnen, und im Zusammenhang damit einen großen Wunsch zum Ausdruck gebracht, nämlich so bald wie möglich Kierkegaards Schelling-Mitschrift zu veröffentlichen.[274] In seinem Artikel „Kierkegaard und Schelling" hat er selbst mit einer Untersuchung den Anfang gemacht, zuerst auf der Grundlage der Paulus-Mitschrift die zweite Vorlesung Schellings zu rekonstruieren, auf die Kierkegaard in seiner Journal-Aufzeichnung so begeistert hinweist, um danach eine Reihe von Unterschieden und Ähnlichkeiten zwischen *Der Begriff Angst* und Schellings Freiheitsschrift aufzudecken. Ohne Schellings Abhandlung ist die Schrift *Der Begriff Angst* „in ihrem ganzen philosophischen Gehalt" nicht verständlich, heißt es bei Struve; aber andererseits hebt er präzise hervor, daß Kierkegaard in der Einleitung zum *Begriff Angst* nachdrücklich erklärt hat, daß die ‚Sünde' niemals wissenschaftlich behandelt werden kann, was Schelling allerdings beanspruche. Diesen Gegensatz vereint Struve, indem er *Der Begriff Angst* „als eine Gegenschrift zu Schellings Freiheitsabhandlung" versteht.

Einer der Teilnehmer an der Konferenz in Bad Ragaz, der Kierkegaard zur Sprache brachte, war Karl Jaspers. Er hatte bereits 1931 den berühmten Satz gesprochen, daß sich Schellings Philosophie erst dann offenbare, wenn man sich ihr von Kierkegaard her nähere.[275] In seinem Konferenzvortrag „Schellings Größe und Verhängnis"[276] zeichnet er ein großartiges Bild des Menschen und Philosophen Schelling und benutzt zu diesem Zweck einige Male Kierkegaard. Mit seinem Vortrag kündigte Jaspers sein klassisches Werk an: *Schelling. Größe und Verhängnis,* das 1955 erschien.[277] In diesem Werk findet sich jedoch keine eigentliche Untersuchung über Kierkegaards

---

[273] Die Beiträge zur Konferenz sind im übrigen gedruckt worden in *Verhandlungen der Schelling-Tagung in Bad Ragaz (Schweiz) vom 22. bis 25. September 1954 veranstaltet von der Schweizerischen Philosophischen Gesellschaft und dem Archiv für genetische Philosophie* (*Studia philosophica,* Bd. 14), Basel 1954 (abgekürzt: *Verhandlungen der Schelling-Tagung*).

[274] Vgl. W. Struve „Das deutsche Kierkegaard-Studium" in *Meddelelser fra Søren Kierkegaard Selskabet* 3-4 (1951), S. 79-84. Er hat unter anderem dazu aufgefordert, die Mitschrift Kierkegaards mit denen von Paulus und Frauenstädt zu vergleichen.

[275] Vgl. K. Jaspers *Die geistige Situation der Zeit,* Berlin 1931, S. 145.

[276] Gedruckt in *Verhandlungen der Schelling-Tagung* (s. Anm. 273), S. 12-38.

[277] K. Jaspers *Schelling. Größe und Verhängnis,* München 1955 [neu aufgelegt: München 1986].

Verhältnis zu Schelling; aber der Existenzphilosoph Kierkegaard taucht hier und da – oft begleitet von Nietzsche – als eine Art Kontraposition zu Schellings ‚Existentialphilosophie' auf.[278] Ein weiterer Teilnehmer der Konferenz war Walter Schulz, der ein Jahr später – ebenso wie Jaspers – eines der großen Standardwerke der Schellingforschung herausbrachte, nämlich *Die Vollendung des deutschen Idealismus in der Spätphilosophie Schellings.*[279] Hatte Jaspers in seiner Darstellung großes Gewicht auf Schellings Spätphilosophie gelegt, wie er sie aus der Perspektive von Schellings gesamter philosophischer Produktion sah, so ging Schulz einen Schritt weiter, indem er schon mit dem zum Nachdenken anregenden Motto des Titelblattes die zähe, traditionelle philosophiegeschichtliche Stufenfolge des deutschen Idealismus umstürzte: von Kant zu Hegel. Und eben in dieser Perspektive, in der Schelling seine Parenthese um Hegel schließt, öffnet sich in erstaunlichem Maße die Tür für einen Denker wie Kierkegaard. In dem Abschnitt „Kierkegaards Selbstvermittlung als Transzendenzbewegung" zeigt Schulz auf diese Weise eine thematische Gemeinsamkeit in Schellings und Kierkegaards Auseinandersetzung mit dem deutschen Idealismus, unter anderem was die Auffassung von ‚Subjektivität' und ‚Transzendenz' betrifft.[280] Weniger im Zentrum steht das Verhältnis zwischen Kierkegaard und dem späten Schelling in der immer noch lesenswerten Studie von Wilhelm Anz *Kierkegaard und der deutsche Idealismus,* die ein Jahr später erschien.[281]

Mit dem nahezu zeittypischen Artikel „Schelling und die Anfänge des existentialistischen Protestes" hat auch Paul Tillich zur Feier des

---

[278] Siehe ebd., S. 268, 272, 327 und besonders 343, wo der entscheidende Unterschied der beiden Denker betont wird.

[279] W. Schulz *Die Vollendung des deutschen Idealismus in der Spätphilosophie Schellings,* 2. Aufl., Pfullingen 1975 [Stuttgart 1955]. Eine Art Vorläufer dieses Buches ist „Die Vollendung des deutschen Idealismus in der Spätphilosophie Schellings" in *Verhandlungen der Schelling-Tagung* (s. Anm. 273), S. 239-255; hier wird Kierkegaard jedoch nicht erwähnt.

[280] Ebd., S. 274-279. Auf S. 271f. werden die ironischen Bemerkungen Kierkegaards über Schellings Vorlesungen in Berlin angeführt, die, wie schon erwähnt (s. Anm. 263), bereits in einer Übersetzung von Th. Haecker *Kierkegaard. Die Tagebücher,* vorlagen. In der kürzeren Abhandlung von Schulz „Existenz und System bei Sören Kierkegaard", die zuerst in *Wesen und Wirklichkeit des Menschen. Festschrift für Helmuth Plessner,* Göttingen 1957, S. 107-128, gedruckt wurde, danach als selbständige Schrift erschien unter dem Titel *Sören Kierkegaard. Existenz und System,* Pfullingen 1967, wird Schelling – seltsamerweise – gar nicht erwähnt.

[281] Wilhelm Anz *Kierkegaard und der deutsche Idealismus,* Tübingen 1956.

100. Todestages von Schelling beigetragen.[282] Der rebellische, leidenschaftliche Existentialismus des 19. Jahrhunderts, insbesondere Kierkegaard, aber auch der junge Marx, Burckhardt und Nietzsche haben in dem philosophischen und literarischen Klima des 20. Jahrhunderts eine neue Tagesordnung geschaffen, die eine Neubewertung der Spätphilosophie Schellings eröffnete. Diese neue Szene betritt Tillich mit seinem Artikel.[283] Einen direkten Verknüpfungspunkt zwischen Schelling und Kierkegaard findet er in den Berliner Vorlesungen 1841/42: „In den Vorlesungen über die Philosophie der Offenbarung, im 2. Band der 2. Abteilung seiner Gesammelten Werke, und zwar in den Abschnitten über den Unterschied der negativen und positiven Philosophie, sind die Formulierungen erreicht, die seine existentiale Haltung am klarsten machen. Es sind diese Formulierungen, die Kierkegaard, dessen Nachschrift von Schellings Vorlesungen in der Kopenhagener Bibliothek vorhanden ist, für seinen eigenen Angriff gegen Hegel benutzte, und die insofern als ein Urdokument existentialer Philosophie betrachtet werden müssen."[284]

Obwohl die Untersuchung des Verhältnisses von Kierkegaard zu Schelling in hohem Maße eine deutschsprachige Angelegenheit ist, hat man sich in der englischsprachigen Welt nicht zurückgehalten. Maximilian Beck hatte schon 1946 in einem Artikel die enge Verbindung zwischen den beiden Denkern erstmals vorgestellt, ja, als These begründet. In seiner Pionierstudie fand er heraus, daß Schelling einen ‚tiefen' Einfluß auf Kierkegaard ausgeübt hat.[285] Dieser Gesichtspunkt wurde 1953 ohne erneute Untersuchungen bei James Collins in *The Mind of Kierkegaard*[286] weitergegeben; auch bei Edgar Leonard Allen, der schon 1953 als erster eine Darstellung des ganzen Kierkegaard in englischer Sprache geliefert hatte, findet man in seinem Werk *Existentialism from Within*, unter anderem, wenn

---

282 P. Tillich „Schelling und die Anfänge des existentialistischen Protestes" in *Zeitschrift für philosophische Forschung* 9 (1955), S. 197-208 (wiederabgedruckt in *Gesammelte Werke*, Bd. IV: *Philosophie und Schicksal*, Stuttgart 1961, S. 133-144). Man kann diesen Artikel mit einem entsprechenden von Hermann Krings „Ursprung und Ziel der Philosophie der Existenz" in *Philosophisches Jahrbuch* 61,4 (1951), S. 433-445, vergleichen, worin ebenfalls Schellings ‚Existenzphilosophie' als ein Präludium zu Kierkegaard dargestellt wird.

283 Ebd., S. 199.

284 Ebd., S. 200.

285 M. Beck „Existentialism, Rationalism, and Christian Faith" in *Journal of Religion* 26 (1946), S. 283-295.

286 J. Collins *The Mind of Kierkegaard*, London 1954 [Chicago 1953; Princeton 1983]; siehe zum Beispiel S. 107f.

von der existentiellen ‚Wahl' die Rede ist, eine hohe Bewertung des Einflusses von Schelling auf Kierkegaard.[287] Auch John Heywood Thomas hebt in *Subjectivity and Paradox* von 1957 Schellings „important influence" auf Kierkegaard hervor, den er nach einer drei Seiten langen Demonstration in der Formulierung zusammenfaßt: „The marked similarity between Schelling's positive philosophy and Kierkegaard's anti-Hegelian position when taken together with the historical details we have mentioned is evidence enough of the direct influence Schelling had on Kierkegaard."[288] Es gibt keinen Grund, hier weiter auf das von Thomas und seinen Vorgängern gelieferte Material einzugehen; man muß jedoch auch festhalten, daß aus Anlaß der Neuauflage von Thomas' Werk 1994[289] wohl niemand ein Schmunzeln über jenen selbstsicheren Ausdruck „evidence enough" vermeiden kann.

Hätte Thomas seinen Blick auf die italienische Forschungsliteratur gerichtet, dann hätte er weitere Belege für seine Auffassung in der gründlichen Untersuchung von Bruno Majoli von 1954 „La critica ad Hegel in Schelling e Kierkegaard" gefunden, die nicht nur die Übereinstimmung in Schellings und Kierkegaards Hegel-Kritik belegt, sondern auch mehr Material als je zuvor vorlegt.[290] Dennoch stand noch eine Menge Arbeit bevor. Wie schon erwähnt, hatte Alois Dempf in dem Artikel „Kierkegaard hört Schelling" von 1954 – in der Fortsetzung von Struve – deutlich dazu aufgefordert, Kierkegaards Mitschrift der Schelling-Vorlesungen zu veröffentlichen[291], die die Forschung bis dahin nicht hatte berücksichtigen können. Trotzdem gelingt es Dempf, mit den Nachschriften von Paulus und Frauenstädt eine gemeinsame Thematik für Kierkegaard und den späten Schelling anzureißen; jedoch betont er auch, daß der Metaphysiker und Ontologe Schelling sich in einem entscheidenden Punkt von Kierkegaard unterscheidet. Das bringt er in markanten Sätzen wie diesem zum Ausdruck: „Existenzmoralist war Schelling noch nicht."[292]

---

287 E. L. Allen *Existentialism From Within,* London 1953, S. 5f.; wieder aufgelegt Westport, Connecticut 1973. Seine frühere Darstellung von Kierkegaard erschien unter dem Titel *Kierkegaard: His Life and Thought,* London [1935].

288 J. H. Thomas *Subjectivity and Paradox,* Oxford 1957, S. 51-54.

289 Erschienen als *Philosophy of Religion in Kierkegaard's Writings,* Lewiston, New York 1994.

290 B. Majoli „La critica ad Hegel in Schelling e Kierkegaard" in *Rivista di Filosofia Neo-Scolastica* 46 (1954), S. 232-263.

291 Dempf „Kierkegaard hört Schelling" (s. Anm. 144).

292 Ebd., S. 160.

Im Jahr 1962 erscheint dann endlich das Buch von A. M. Koktanek *Schellings Seinslehre und Kierkegaard.*[293] Hier findet sich, wie schon erwähnt, die deutsche Übersetzung der Mitschrift Kierkegaards von Eva Schlechta-Nordentoft, die damit erstmalig veröffentlicht wird. In einem knappen Vorwort berichtet Dempf, wie mit dem 100. Todestag von Schelling großes Interesse an seiner Spätphilosophie aufkam, weil diese den Übergang von der Wesensphilosophie des deutschen Idealismus zur nachfolgenden Existenzphilosophie bezeichne, deren großer Repräsentant ja Kierkegaard sei. Dieses Thema wird nun in einer umfangreichen Einleitung ausführlich beleuchtet, in der Koktanek Parallelen zieht und besonders auch Unterschiede zwischen den beiden Denkern herausstellt. Nach einer Darstellung der Schellingschen Distinktion zwischen der *Was*-Philosophie und der *Daß*-Philosophie und nach der Feststellung, daß Kierkegaard bei Schelling keine brauchbare Positivität habe finden können, kann Koktanek zusammenfassend fragen: „Was hat Kierkegaard aus diesem großen Entwurf der Ordnungen von Sein und Zeit herausgelesen? Vielleicht nur die Resignation der negativen Philosophie. Wenn alle Wesenswissenschaft doch nur zu einem neutralen Endbegriff führt, wenn der Ontologie letzter Schluß ist, zu wissen, was Gott sei, nie erweisen zu können, daß er sei; wozu ist sie nütze?“[294]

Während Koktanek mit der Veröffentlichung der Kierkegaard-Mitschrift ein neues Dokument in die Forschung einbrachte, lieferte Michael Theunissen mit seiner Abhandlung „Die Dialektik der Offenbarung. Zur Auseinandersetzung Schellings und Kierkegaards mit der Religionsphilosophie Hegels“ von 1964 einen neuen Standard für substantielle Komparation.[295] Sorgfältig argumentierend und mit größter Selbstverständlichkeit entwirft er eine ansonsten etwas überraschende Frontlinie „zwischen der Hegelschen und der Schelling-Kierkegaardschen Religionsphilosophie“. Obwohl Theunissen die entscheidenden Unterschiede zwischen Kierkegaard und Schelling nicht fremd sind und er durchaus auch Kierkegaards Affinität zu Hegel beachtet, so bleibt seine Darstellung der Schelling-Kierkegaardschen

---

[293] Koktanek *Schellings Seinslehre* (s. Anm. 145). Siehe auch Helmut Fahrenbach „Die gegenwärtige Kierkegaard-Auslegung in der deutschsprachigen Literatur von 1948 bis 1962“ in *Philosophische Rundschau,* Beiheft 3, Tübingen 1962, S. 63-68.

[294] Koktanek *Schellings Seinslehre* (s. Anm. 145), S. 75.

[295] M. Theunissen „Die Dialektik der Offenbarung. Zur Auseinandersetzung Schellings und Kierkegaards mit der Religionsphilosophie Hegels“ in *Philosophisches Jahrbuch* 72 (1964/65), S. 134-160.

Allianz dennoch ein zum Nachdenken anregendes Resultat, das die Forschungsliteratur gewiß noch nicht verarbeitet hat.

In dem Artikel von Wolfdietrich Schmied-Kowarzik „Marx – Kierkegaard – Schelling. Zum Problem von Theorie und Praxis" von 1965[296] wird die Abkehr vom deutschen Idealismus, das heißt vor allem die Auseinandersetzung mit Hegel, als ein Übergang von der Theorie zur Praxis bezeichnet. Diese neue Praxis-Forderung sieht Schmied-Kowarzik in dreifacher Gestalt: bei Marx („Die revolutionäre Praxis der Massen"), bei Kierkegaard („Die glaubende Praxis des Individuums") und beim späten Schelling („Menschliches Handeln in Wirklichkeit und Geschichte"). Die Darstellung dieser geistesgeschichtlichen Konstruktion wird in drei parallelen Abschnitten so vollzogen, daß von einer direkten Konfrontation zwischen den sonst so verschiedenartigen Praxen nicht die Rede sein kann.

Das aufblühende Interesse des 20. Jahrhunderts an Schellings Spätphilosophie scheint oft von unterschiedlichen Fragestellungen getragen zu sein. In seiner Auseinandersetzung mit Hegel weist Schelling nicht nur nach rückwärts; sondern wie ein Sokrates – ohne im übrigen mit diesem verglichen zu werden – wird er beinahe zum mäeutischen Urheber für so verschiedene philosophische Richtungen wie die Existenzphilosophie mit Kierkegaard auf der einen Seite und dem vom Junghegelianismus entwickelten politischen Protest bei Marx und Engels auf der anderen Seite. Aber obwohl sich zum Beispiel Walter Kasper in seiner Monographie über Schellings Spätphilosophie *Das Absolute in der Geschichte* von 1965 mit der historischen Konstruktion auseinandersetzt und Schelling eher, Hegel umgehend, zu Kant und Fichte gelangen sieht, so bedeutet dies doch keine Verminderung des Interesses an Kierkegaard – ganz im Gegenteil, Kierkegaard spielt weiterhin eine wichtige Rolle in Kaspers geistesgeschichtlicher Einordnung der Spätphilosophie Schellings.[297]

Kierkegaard war demnach in der Schellingforschung ebenso vertreten, wie Schelling weiterhin in der Kierkegaardforschung auftauchte.

---

[296] W. Schmied-Kowarzik „Marx – Kierkegaard – Schelling. Zum Problem von Theorie und Praxis" in *Schelling-Studien. Festgabe für Manfred Schröter zum 85. Geburtstag,* hg. v. A. M. Koktanek, München & Wien 1965, S. 193-218. Der Artikel wurde wieder gedruckt in Schmied-Kowarzik *Bruchstücke zur Dialektik der Philosophie. Studien zur Hegel-Kritik und zum Problem von Theorie und Praxis,* Ratingen / Kastelaun / Düsseldorf 1974, S. 15-36.

[297] Siehe insbesondere das Kapitel „Geistesgeschichtliche Einordnung der Spätphilosophie Schellings" in W. Kasper *Das Absolute in der Geschichte. Philosophie und Theologie der Geschichte in der Spätphilosophie Schellings,* Mainz 1965, S. 23-39.

Wenn beispielsweise George Price in *The Narrow Pass* von 1963[298] und Annemarie Pieper in *Geschichte und Ewigkeit bei Sören Kierkegaard* von 1968[299] *Der Begriff Angst* erwähnen, so geschieht dies mit einem Hinweis auf Schellings Freiheitsschrift, obwohl sie beide nichts wirklich Neues in die Debatte einzubringen haben. In den sechziger Jahren wurde dann auch die Hegel-Kritik mit einbezogen, teils in italienischer Sprache durch Francesco Rinaldi mit einem Supplement zu Majolis früher genannter Abhandlung[300], teils in dänischer Sprache durch Niels Thulstrups unermüdliche Arbeit.

An dieser Stelle ist es angemessen, kurz bei N. Thulstrup zu verweilen; denn er ist es, der in seinem Leben vielleicht am längsten von der Relation Kierkegaard-Schelling bestimmt war. Es war Thulstrup, der 1951 Struves Artikel über die deutsche Kierkegaardforschung redigiert und selbst 1955 für die historische Methode in der Kierkegaardforschung plädiert hat, unter anderem, indem er einen Hinweis auf Schelling in den *Philosophischen Brocken* nachweisen konnte. In seiner Doktorarbeit *Kierkegaards Forhold til Hegel* von 1967[301] werden chronologisch alle faktischen und möglichen Berührungspunkte mit Hegel durchgespielt, was auch ein Kapitel über Kierkegaards Verhältnis zu Schellings Vorlesungen in Berlin erzwingt. Aber Thulstrup weiß offensichtlich nicht recht, wie Schelling einzuordnen ist, und überraschenderweise kann er ihn für sein Kierkegaard-Hegel-Projekt nicht auswerten. So besteht das Kapitel nur aus einem Resümee von Schellings Hegel-Kritik, einer Fußnote über die Kierkegaard-Schelling-Forschung, die enthüllt, daß Thulstrup mit der relevanten Literatur im Umfeld vermutlich nicht vertraut war (von der oben genannten Literatur erwähnt er nur Jaspers und Schulz), sowie schließlich aus Thulstrups vermeintlicher Legimitation für diese Unvollständigkeit. Als Kierkegaard nach Berlin kam, hatte er nämlich bereits, so Thulstrup, eine kritische Haltung Hegel gegenüber, was er durch Schelling „allerdings“ bestätigen konnte; doch andererseits war er gerade damit beschäftigt, eine Stadientheorie und eine selbständige Auffassung des Verhältnisses zwischen Vernunft und Offenbarung auszuarbeiten, was im direkten Widerspruch zu Schellings Philosophie stand. Oder wie

---

298 G. Price *The Narrow Pass,* London [auch New York] 1963, zum Beispiel S. 30, 45, 75 und 77, geschrieben in der Nachfolge von Beck, Allen und Thomas.

299 A. Pieper *Geschichte und Ewigkeit bei Sören Kierkegaard. Das Leitproblem der pseudonymen Schriften,* Meisenheim 1968, S. 147.

300 F. Rinaldi „Della presenza schellinghiana nella critica di Kierkegaard a Hegel“ in *Studi Urbinati di Storia, Filosofia e Letteratura* 43 (1969), S. 243-262.

301 N. Thulstrup *Kierkegaards Forhold til Hegel,* Kopenhagen 1967, S. 230-236.

Thulstrup zusammenfaßt: „Bei Schelling hatte Kierkegaard Hilfe zur Lösung seiner Probleme gesucht; aber er fand nur einen neuen Versuch zum Systembau, für den er keine vernünftige Anwendung finden konnte."

Obwohl Thulstrup, wie schon erwähnt, 1970 Kierkegaards Schelling-Mitschrift und im Jahr zuvor das nützliche Werk *Kierkegaards Verhältnis zu Hegel* herausgegeben hatte, worin sich seine Kenntnis von Bruno Majolis oben angeführter Abhandlung niederschlägt[302], so erscheint doch die Doktorarbeit 1972 auf Deutsch ohne jede Form von Korrekturen oder Ergänzungen.[303] In Thulstrups letzter Darstellung über das Verhältnis von Kierkegaard zu Schelling im Lexikonartikel „Kierkegaard and Schelling's Philosophy of Revelation" von 1979[304] ist die Disposition geringfügig verändert, der Inhalt aber bleibt im wesentlichen derselbe: zunächst ein Resümee der Schelling-Mitschrift, danach ein abschließender Abschnitt über „SK's psychological reaction to Schelling" (gemeint sind die Aussagen über Schelling in Kierkegaards Briefen). Daß Schelling auf andere Weise Kierkegaard beeinflußt haben könnte, darüber ist nichts zu hören. Und wirft man zum Schluß einen Blick in die Literaturangaben, die Thulstrups Artikel begleiten, ist man sehr enttäuscht zu entdecken, daß sie nur den Abdruck aus den Anmerkungen der Doktorarbeit von 1967 bieten, wenn auch mit der Ergänzung von Struves Artikel (1955).

In den 70er Jahren war auch neue Literatur hinzugekommen. 1976 erschien eine englische Übersetzung des russischen Kierkegaard-Buches von Bernard Bykhovskii von 1972, in dem Schellings Spätphilosophie als Einleitung und Start für Kierkegaards Denken dargestellt wird.[305] Auch Victor Guarda erwähnt Schelling in seiner Darstellung von Kierkegaards Hegel-Kritik in den *Kierkegaardstudien* von 1975.[306] Mit der sehr viel umfangreicheren Untersuchung durch die Doktorarbeit von Richard Lester Oliver *Schelling and Kierkegaard.*

---

302 N. Thulstrup *Kierkegaards Verhältnis zu Hegel. Forschungsgeschichte,* 2. Aufl., Stuttgart / Berlin / Köln / Mainz 1971 [1969], S. 199.

303 N. Thulstrup *Kierkegaards Verhältnis zu Hegel und zum spekulativen Idealismus 1835-1846. Historisch-analytische Untersuchung,* Stuttgart / Berlin / Köln / Mainz 1972, S. 222-228. Hier ist in einer Anmerkung zu lesen, daß Kierkegaards Mitschrift bislang nur bei Koktanek veröffentlicht wurde!

304 N. Thulstrup „Kierkegaard and Schelling's Philosophy of Revelation" (s. Anm. 59).

305 B. Emmanuilovich Bykhovskii *Kierkegaard,* übers. von Henry F. Mins, Amsterdam 1976, S. 1-15.

306 V. Guarda *Kierkegaardstudien. Mit besonderer Berücksichtigung des Verhältnisses Kierkegaards zu Hegel,* Meisenheim am Glan 1975, zum Beispiel S. 8f.

*Experimentations in Moral Autonomy* von 1977 gewinnt die Forschung die erste Monographie über das Verhältnis der beiden Denker.[307] Liest man hier über Kierkegaards Verhältnis zu Schelling: „the relationship between Schelling and Kierkegaard has never been completely explored"[308], so kann man wohl im Rückblick auf die Geschichte nicht widersprechen. Beunruhigender ist vielleicht die spätere Vertiefung der These: „The only discussions of Schelling's possible philosophical influence upon Kierkegaard are to be found in Collins and Price"[309]. Abgesehen von diesem etwas lockeren Umgang mit der Forschungsliteratur enthält Olivers Untersuchung eine interessante Überlegung hinsichtlich einer originellen Thematik: Schellings und Kierkegaards komplementäre Entwicklung von Kants Theorie der moralischen Autonomie des Menschen.

Ein Jahr vor der Einreichung von R. L. Olivers Abhandlung hatte Salvatore Spera den italienischen Artikel „L'influsso di Schelling nella formazione del giovane Kierkegaard" publiziert, worin, ausgehend von einer großen Menge zeitgenössischen Materials, die faktische und mögliche Einwirkung Schellings auf Kierkegaard beleuchtet wird;[310] und im September 1978 trug er dasselbe Material während des dänischen Kierkegaard-Symposiums in Aarhus vor.[311] Als 1979 in Kopenhagen ebenfalls ein Kolloquium über Kierkegaard und die deutsche Philosophie seiner Zeit stattfand, wurde die Forschungsliteratur um zwei bedeutende Beiträge reicher.[312] Der eine wurde zu einem gut geschriebenen und argumentierenden Artikel von Günter Figal „Schellings und Kierkegaards Freiheitsbegriff", der ausgehend von Schellings Freiheitsschrift und Kierkegaards *Nachschrift, Der Begriff Angst* und *Die Krankheit zum Tode* den Freiheitsbegriff beider Autoren in der Spannung zwischen System und Existenz erarbeitet.

---

307 R. L. Oliver *Schelling and Kierkegaard. Experimentations in Moral Autonomy,* PhD., University of Oklahoma, 1977.

308 Ebd., S. 84.

309 Ebd., S. 86.

310 S. Spera „L'influsso di Schelling nella formazione del giovane Kierkegaard" in *Archivio di Filosofia* 44,1 (1976), S. 73-108.

311 S. Spera „La philosophie de la religion de Schelling dans son développement et son rejet par Kierkegaard" in *Kierkegaard and Dialectics. Aarhus-Symposium 13.-16. September 1978,* hg. v. J. K. Bukdahl, Aarhus 1979, S. 147-192.

312 Heinrich Anz, Peter Kemp und Friedrich Schmöe (Red.) *Kierkegaard und die deutsche Philosophie seiner Zeit* (*Text & Kontext,* Sonderreihe, Bd. 7), Kopenhagen und München 1980. Hier finden sich die Artikel von G. Figal „Schellings und Kierkegaards Freiheitsbegriff" (S. 112-127) und A. Grøn „Das Transzendenzproblem bei Kierkegaard und beim späten Schelling" (S. 128-148).

Der zweite Beitrag von Arne Grøn, eine substantielle Untersuchung über „Das Transzendenzproblem bei Kierkegaard und beim späten Schelling", greift zurück auf die Thematik der transzendenten Existenzbewegung bei Walter Schulz, und auch Grøn sieht hier den zentralen Punkt im Verhältnis Schelling – Kierkegaard. Bei einer sorgfältigen Bestimmung des Transzendenzbegriffs und dessen dialektischer Funktion in der Kritik der logischen Immanenz bietet Grøn einen souveränen Überblick, indem er eine weitaus breitere Textauswahl samt Belegen aus den Werken beider Philosophen einbezieht.

Ein gutes Beispiel dafür, daß es möglich ist, einer beachtlichen Forschungsliteratur zum Trotz stets neue und fruchtbare Einfallswinkel zur Beleuchtung des Verhältnisses zwischen Kierkegaard und Schelling zu finden, lieferte 1985 Hartmut Rosenau. In dem Artikel „Die Erzählung von Abrahams Opfer (Gen 22) und ihre Deutung bei Kant, Kierkegaard und Schelling" entfaltet er eine Neubewertung der spekulativen Genesis-Exegese des späten Schelling, die zwischen Kants Ablehnung und Kierkegaards Lobpreis von Gen 22 angesiedelt ist.[313] Rosenau knüpft hier an die Interpretation in der 29. Vorlesung der *Philosophie der Offenbarung* aus Schellings *Sämmtlichen Werke* an und ist davon überzeugt (was inkorrekt ist), daß diese Vorlesung vom Wintersemester 1841/42 stamme. Kierkegaard hat wohl kaum diese Auslegung gehört – oder eine der anderen, die Schelling zur Abraham-Geschichte vorgetragen hat. Rosenaus Beitrag zur Klärung des Verhältnisses zwischen dem späten Schelling und einem in diesem Zusammenhang sonst unbeachteten Werk, nämlich *Furcht und Zittern,* wird dadurch aber keineswegs beeinträchtigt.

In den 80er Jahren war das Verhältnis zwischen Schellings Freiheitsschrift und *Der Begriff Angst* bereits ein klassisches Thema in der Forschungsliteratur und wird deshalb auch bei Hermann Deuser in *Kierkegaard. Die Philosophie des religiösen Schriftstellers* von 1985 behandelt;[314] ausführlicher ist die spätere Untersuchung von Jochem Hennigfeld „Die Wesensbestimmung des Menschen in Kierkegaards ‚Der Begriff Angst'" von 1987.[315] In der verdienstvollen Reihe *International Kierkegaard Commentary* von Robert L. Perkins erschien

---

313 H. Rosenau „Die Erzählung von Abrahams Opfer (Gen 22) und ihre Deutung bei Kant, Kierkegaard und Schelling" in *Neue Zeitschrift für systematische Theologie und Religionsphilosophie* 27 (1985), S. 251-261.

314 H. Deuser *Kierkegaard. Die Philosophie des religiösen Schriftstellers,* Darmstadt 1985, S. 138f.

315 J. Hennigfeld „Die Wesensbestimmung des Menschen in Kierkegaards ‚Der Begriff Angst'" in *Philosophisches Jahrbuch* 94 (1987), S. 269-284; S. 275ff.

1985 auch ein Band zum *Begriff Angst,* worin sich Vincent A. McCarthys Artikel „Schelling and Kierkegaard on Freedom and Fall“[316] dem Verhältnis von Schelling und Kierkegaard widmet. Über sein Interesse an dieser Untersuchung sagt er: „However, the full story of Kierkegaard's encounters with Schelling's philosophy has not been told. Indeed, it has hardly begun to be told, and in great part because of a preoccupation with Hegel in Kierkegaard studies. Nor can this essay pretend to remedy the neglect. At best, it will be a modest beginning“[317]. Durch die Fokussierung der Thematik auf die Begriffe ‚Freiheit‘ und ‚Sündenfall‘ kommt es zum Aufweis von Parallelen und Kontrasten zwischen den beiden Philosophen im Überschneidungsbereich der inzwischen kanonischen Vergleichswerke: den Vorlesungen 1841/42 und der Freiheitsschrift einerseits – und *Der Begriff Angst* andererseits. Auch der Artikel von Louis Duprés „Of Time and Eternity“, in derselben Forschungsanthologie erschienen, bezieht Schelling in die Diskussion mit ein.[318]

Mit der englischen Übersetzung von Kierkegaards Schelling-Mitschrift durch Howard V. Hong und Edna H. Hong (1989) gelangte dieses entscheidende Textmaterial in die internationale Forschung und gewann vermutlich so viele Leser wie nie zuvor. Es wurde schon erwähnt, daß diese Ausgabe zum ersten Mal einen Kommentar zum Text vorlegte, und darüber hinaus wären auch die erhellenden Zeitdokumente zu nennen, die in der historischen Einleitung des Bandes angeführt werden.[319] Natürlich liefert diese Übersetzung keine neuen Forschungsergebnisse; aber sie beweist doch, wie viel in der Kierkegaardforschung seit 1950 geschehen ist, als man noch sehnsüchtig auf die im Kierkegaard-Archiv in Kopenhagen verwahrten Notizbücher blickte.

In den 90er Jahren scheint das Verhältnis zwischen Kierkegaard und Schelling der Gegenstand eines immer größer werdenden Interesses zu sein. Es werden eine Menge Bücher und Abhandlungen geschrieben, die vielleicht Kapitel oder auch nur eine Reihe von Anmerkungen enthalten, die für Kierkegaard-Schelling-Studien interes-

---

316 V. A. McCarthy „Schelling and Kierkegaard on Freedom and Fall“ in *International Kierkegaard Commentary,* Bd. 9: *Concept of Anxiety,* hg. v. R. L. Perkins, Macon, Georgia 1985, S. 89-109.

317 Ebd., S. 92.

318 Ebd., S. 111-131.

319 H. V. Hong „Historical Introduction“ in *Søren Kierkegaard, The Concept of Irony, together with Notes of Schelling's Berlin Lectures* (*Kierkegaard's Writings,* Bd. 2), Princeton, New Jersey 1989, S. VII-XXV.

sant sein könnten. Hinzu kommen die zahlreichen Artikel, die überall in kleineren oder größeren Zeitschriften, Festschriften, Forschungsanthologien usw. publiziert werden. Und wie bereits gezeigt, wird in vielen Sprachen gearbeitet: dänisch, deutsch, englisch, französisch, italienisch, russisch, und seit 1990 könnten auch andere Sprachen hinzugezählt werden, zum Beispiel japanisch.[320] Es versteht sich fast von selbst, daß auch ein nur annähernder Überblick schon ein schwieriges Unternehmen sein wird; das zumindest muß im Blick auf das Folgende gesagt werden.

Man könnte damit beginnen, vier Artikel hervorzuheben, die zusammengenommen zeigen, welch eine thematische Spannweite das Verhältnis Kierkegaard-Schelling beschreibt. Von den beiden französischen Studien ist die von Jad Hatem „Angoisse et péché: Schelling et Kierkegaard" von 1990 die am ehesten klassische, die an einer wohlbekannten Thematik weiterarbeitet[321], während Jacques Colette in „Kierkegaard et Schelling" von 1997 in einer breiter fundierten Zusammenstellung und durch das Herausarbeiten charakteristischer Grundzüge aus dem je spezifischen Philosophieren der beiden Posthegelianer neue Perspektiven eröffnet.[322] Diese Gesichtspunkte werden durch die originelle Themenstellung von Radosveta Theoharovas „Stadien auf des Lebens Weg und Weltalter: Mensch- und Kulturkonzepte bei Schelling und Kierkegaard" von 1992 ausgezeichnet ergänzt.[323] Hartmut Rosenau konfrontiert 1993 in „Wie kommt ein Ästhet zur Verzweiflung? Die Bedeutung der Kunst bei Kierkegaard und

---

320 Vgl. zum Beispiel Masakatsu Fujita „Schelling und Kierkegaard" in *Kierkegaard-Studiet* (Kierkegaard Study: Søren Kierkegaard Society in Japan, Osaka) 24 (1994), und Hiroko Otoshi „Sheringu to Kyerukegoru ni okeru Kami no Sonzai-shoumei Hihan" in *Sheringu Nenpo* (Schelling-Gesellschaft Japan) 7 (1999), S. 82-89 [Criticism of the Proof of God's Existence in Schelling and Kierkegaard].

321 J. Hatem „Angoisse et péché: Schelling et Kierkegaard" in *Annales de Philosophie* (Beyrouth) 11 (1990), S. 77-90.

322 J. Colette „Kierkegaard et Schelling" in *Kairos*, Nr. 10: „Kierkegaard", Toulouse 1997 (Actes du Colloque franco-danois, ‚Retour de Kierkegaard / Retour à Kierkegaard', Université de Toulouse-Le Mirail, les 15 et 16 novembre 1995), S. 19-31. Colette verweist hier auch auf vereinzelte Erwähnungen Schellings bei Henri-Bernard Vergote in *Sens et répétition. Essai sur l'ironie Kierkegaardienne,* Bd. 1-2, Paris 1982, und *Lectures philosophiques de Søren Kierkegaard. Kierkegaard chez ses contemporains danois,* Paris 1993.

323 R. Theoharova „Stadien auf des Lebens Weg und Weltalter: Mensch- und Kulturkonzepte bei Schelling und Kierkegaard" in *Søren Kierkegaard. Philosoph, Schriftsteller, Theologe (Bulgarian-Danish Kierkegaard Seminar March-April 1992, Sofia),* Sofia: Internationale Kyrill und Method-Stiftung, 1992, S. 28-36.

Schelling" die existentielle Verzweiflung des Ästhetikers bei Kierkegaard mit der spekulativen Versöhnung des Genies bei Schelling.[324]

Gleichzeitig mit der Einführung der neuen Themenstellungen erscheinen auch Werke, die das Verhältnis zwischen *Der Begriff Angst* und Schellings Freiheitsschrift erneut aufgreifen. Das können kürzere Bearbeitungen sein, zum Beispiel bei Walter Dietz *Sören Kierkegaard. Existenz und Freiheit* von 1993[325] und Anton Bösl *Unfreiheit und Selbstverfehlung. Søren Kierkegaards existenzdialektische Bestimmung von Schuld und Sünde* von 1997[326], oder eher selbständige Untersuchungen wie die von Michael Bösch *Søren Kierkegaard: Schicksal – Angst – Freiheit* von 1994 zum Einfluß der Freiheitsschrift auf *Der Begriff Angst.*[327]

Man kann wohl von einem wirklichen Ereignis in der Kierkegaard-Schelling-Forschung sprechen, als im April 1997 in Budapest eine Schelling-Konferenz stattfand, die zwei Jahre später die Forschung mit fünf neuen Studien bereichern konnte.[328] Der erste Beitrag kam von István Fehér mit seinem Artikel „Schelling, Kierkegaard, Heidegger hinsichtlich System, Freiheit und Denken. Gemeinsame Motive und Philosopheme der nachhegelschen Philosophie", der eine Reihe neuer Berührungspunkte zwischen der Spätphilosophie Schellings und Kierkegaard in einer in mehrfacher Hinsicht aktuellen philosophischen Perspektive herausarbeitet.[329] Enger an den Texten und damit auch spezieller ist die Untersuchung von Jochem Hennigfeld „Die Freiheit der Existenz. Schelling und Kierkegaard"[330]. Er zeigt Übereinstimmungen zwischen der Anthropologie Schellings und Kierkegaards, die in der Auffassung der menschlichen Freiheit grün-

---

324 H. Rosenau „Wie kommt ein Ästhet zur Verzweiflung? Die Bedeutung der Kunst bei Kierkegaard und Schelling" in *Kierkegaardiana* 16 (1993), S. 94-106.

325 W. Dietz *Sören Kierkegaard. Existenz und Freiheit,* Frankfurt am Main 1993, zum Beispiel S. 353f.

326 A. Bösl *Unfreiheit und Selbstverfehlung. Søren Kierkegaards existenzdialektische Bestimmung von Schuld und Sünde,* Freiburg 1997, S. 116f.

327 M. Bösch *Søren Kierkegaard. Schicksal – Angst – Freiheit,* Paderborn / München / Wien / Zürich 1994, S. 85-94.

328 István M. Fehér und Wilhelm G. Jacobs (Hg.) *Zeit und Freiheit. Schelling – Schopenhauer – Kierkegaard –Heidegger. Akten der Fachtagung der Internationalen Schelling-Gesellschaft Budapest, 24. bis 27. April 1997,* Budapest 1999 (abgekürzt: *Zeit und Freiheit*).

329 Ebd., S. 17-36.

330 Ebd., S. 83-93. Vgl. J. Hennigfeld *Friedrich Wilhelm Joseph Schellings ‚Philosophische Untersuchungen über das Wesen der menschlichen Freiheit und die damit zusammenhängenden Gegenstände',* Darmstadt 2001.

den, und belegt dies in mehreren Werken Kierkegaards, in der Freiheitsschrift und in der Spätphilosophie Schellings. Den wesentlichen Unterschied zwischen den beiden Denkern summiert Hennigfeld wie folgt: „Wir sollten nicht bedauern, daß Kierkegaard Schellings positive Philosophie nicht recht verstanden hat. Wir haben damit zwar einen Schellingianer verloren, aber einen leidenschaftlichen Denker der menschlichen Existenz gewonnen.“[331]

Was kaum möglich schien, gelang Romano Pocai mit seinem Artikel „Der Schwindel der Freiheit. Zum Verhältnis von Kierkegaards Angsttheorie zu Schellings Freiheitsschrift“: ein neuer Beitrag zur im Titel genannten Problematik, die in der Forschung durchaus schon gründlich behandelt worden war.[332] Der vierte Artikel „Über die Begriffe der Zeit und des Seins in der Philosophie Schellings und Kierkegaards“[333] wurde von Zoltán Gyenge geschrieben, der schon 1992 „Existenz und Ewigkeit: Über die Zeitauffassung von Schelling und Kierkegaard“[334] publiziert und 1996 eine Doktorarbeit über Schelling und Kierkegaard verteidigt hatte.[335] In dem ausgezeichneten Artikel in *Zeit und Freiheit* verfolgt er Schellings ‚Seinslehre‘ aus den Vorlesungen von 1841/42 in Kierkegaards *Abschließender unwissenschaftlicher Nachschrift;* auch der ‚Augenblick‘ wird zu einem interessanten Berührungspunkt. Schließlich liefert Ömer N. Soykan einen fünften Artikel „Über die Lesbarkeit der Welt hinsichtlich der teleologischen Betrachtung bei Schelling und Kierkegaard“, dessen originelle Thematik vielleicht in einem Zitat zusammengefaßt werden kann: „Bei Kierkegaard ist die Dialektik von Zweifel und Glaube kontinuierlich. Im Gegensatz zu Schelling, für den der Mensch in Gott und in Zuversicht ist [...].“[336]

Aus jüngster Zeit stammen einige interessante Studien, die auch Kierkegaards Doktorarbeit *Über den Begriff der Ironie* im Verhältnis zu Schelling sehen. Im Zusammenhang der Schelling-Konferenz, die die Dänische Gesellschaft für Romantikstudien in Kopenhagen im Ja-

---

331 In *Zeit und Freiheit* (s. Anm. 328), S. 93.

332 Ebd., S. 95-106.

333 Ebd., S. 107-116.

334 Z. Gyenge „Existenz und Ewigkeit: Über die Zeitauffassung von Schelling und Kierkegaard“ in *Existentia. Studia Philosophorum* 2 (1992), S. 395-416.

335 Z. Gyenge's Doktorarbeit „A schellingi léttan és Kierkegaard egzisztencia-fogalma“ („Schellings Seinstheorie und Kierkegaards Existenzbegriff“) wurde an der Akademie für Wissenschaften in Ungarn 1996 eingereicht. Vgl. auch Z. Gyenge *Kierkegaard és a német idealizmus,* Budapest 1996.

336 In *Zeit und Freiheit* (s. Anm. 328), S. 117-124.

nuar 1998 veranstaltet hat, sprach der norwegische Kierkegaardforscher Eivind Tjønneland über „Kierkegaards Darstellung von Solger und Schubert in ‚Über den Begriff Ironie' mit ständiger Rücksicht auf Schelling"[337]. Es ist Tjønnelands Anliegen, die von Schelling inspirierte naturphilosophische Topik, wie sie sich in Kierkegaards Darstellung des Ironiebegriffs findet, zu untersuchen. Die Quelle für Kierkegaards Thematisierung der ‚Ironie der Natur' stammt nach Tjønnelands detaillierter Studie aus der hegelianischen Abhandlung von Heinrich Theodor Rötscher *Aristophanes und sein Zeitalter* von 1827, in der sich ein zentraler Hinweis auf Schelling findet, sowie aus dem Schellingianismus bei Karl Wilhelm Ferdinand Solger und Gotthilf Heinrich von Schubert – Autoren, die Kierkegaard eingehend gelesen hat, was nicht zuletzt *Über den Begriff der Ironie* bezeugt.

Schließlich wählt Peter Fenves in dem gerade erschienenen Artikel „The Irony of Revelation: The Young Kierkegaard Listens to the Old Schelling"[338] Kierkegaards *Über den Begriff der Ironie* zum Ausgangspunkt, um zu zeigen, wie Kierkegaard hier zuerst Hegels Philosophie als eine ‚positive' Philosophie auffaßt, während er nach Schellings Vorlesungen in Berlin Hegel plötzlich für einen ‚negativen' Philosophen hält. Auch wenn man nicht in allen Punkten, die Fenves in seiner Untersuchung darlegt, zustimmen kann, so muß man doch zugeben, daß es sein Verdienst ist, diese an und für sich klare Thematik auf den Weg gebracht zu haben. Es ist nicht nur ein interessantes Detail, sondern in gewisser Weise entscheidend, ob Kierkegaards Hegel-Kritik im Verhältnis zur Begegnung mit Schelling in Berlin ein ‚Vorher' und ein ‚Nachher' hat – das hätte wohl schon Struve aufgrund der Paulus-Mitschrift 50 Jahre früher untersuchen müssen.

Es wurde schon gesagt, daß Kierkegaards Schelling-Mitschrift gerade wieder neu in einer textkritischen, kommentierten Ausgabe unter der Leitung des Søren-Kierkegaard-Forschungszentrums in Kopenhagen veröffentlicht worden ist. Dieser Text, der künftig in *Søren Kierkegaards Skrifter* als „Notesbog 11" bezeichnet wird, ist zugleich mit einer Einleitung von Steen Brock und Anders Moe Rasmussen versehen; sie gibt der dänischen Leserschaft zum ersten Mal ein kurze

---

337 Der Vortrag, der nur als Fotokopie erhältlich ist, gründet auf der Dissertation *Ironie som Symptom. En kritisk studie av Søren Kierkegaards ‚Om Begrebet Ironi'*. Abhandlung zur Erreichung des Dr. phil. in Nordischer Literaturwissenschaft, Universität Bergen 1999.

338 P. Fenves „The Irony of Revelation: The Young Kierkegaard Listens to the Old Schelling" in *International Kierkegaard Commentary,* Bd. 2: *The Concept of Irony,* hg. v. Robert L. Perkins, Macon, Georgia 2001, S. 391-416.

Einführung in den Inhalt der Mitschrift. Ein weiteres Schelling-Ereignis unter der Regie des Søren-Kierkegaard-Forschungszentrums war natürlich das Augustseminar 2000, das eine Sondersektion mit Vorträgen zum Thema Kierkegaard und Schelling ausweisen konnte. Die Beiträge dieses Seminars erscheinen jetzt zusammen mit der hier vorliegenden historischen Einleitung – ein guter Grund, an der Stelle abzubrechen, wo die Forschungsgeschichte weitergeht.

# Angst – Freiheit – System

## Schellings Freiheitsschrift und Kierkegaards *Der Begriff Angst*

Von Jochem Hennigfeld

*Abstract*

The indicated three concepts help to demonstrate the main similarities and differences between Schelling and Kierkegaard. 1. For both anxiety is the basic mark of the ambivalent innocence. But unlike Kierkegaard, Schelling accentuates not only the anxiety of human existence, but a common anxiety of life in general. 2. Schelling and Kierkegaard try to solve the same problem: The first act of human freedom cannot be demonstrated in one's consciousness. Nevertheless everybody is responsible for this decision to evil (for the original sin). 3. For Schelling freedom is to be described in the context of the absolute system. However, in the development of reasoning it becomes obvious that this program fails. Here is the starting point for Kierkegaard's rehabilitation of individual.

In seinem umfangreichen Forschungsbericht hat Hermann Deuser darauf hingewiesen, daß Kierkegaard auf Fichte und Schelling „meist direkten Bezug nehme"[1]. Das gilt auch für den *Begriff Angst*. Hier finden sich sieben direkte Hinweise, und zwar in folgenden Zusammenhängen:

- In der Einleitung wird Schelling an drei Stellen erwähnt. Zum einen weist Kierkegaard auf die intellektuelle Anschauung als neuen Ausgangspunkt des nachkantischen Idealismus hin.[2] Dazu gibt es Parallelstellen in der *Unwissenschaftlichen Nachschrift.*[3] Zum ande-

---

[1] H. Deuser *Kierkegaard. Die Philosophie des religiösen Schriftstellers,* Darmstadt 1985, S. 138.

[2] *BA, GW2* 9, 8.

[3] Hegel „hat Schellings intellektuelle Anschauung […] geringschätzig abgewiesen […]; er hat selbst gesagt […], daß sein Verdienst die Methode sei; aber er hat nie gesagt, wie sich die Methode zur intellektuellen Anschauung verhält, ob hier nicht wiederum ein *Sprung* vonnöten sei" (*AUN, GW2* 13, 139 Anm.); ähnlich: S. 97f.

ren wird, Mme de Staël aufgreifend, das „Geistreiche" der Philosophie Schellings und Hegels ironisiert.[4] Schließlich merkt Kierkegaard an, daß er nicht recht verstanden habe, was Schelling unter „positiver Philosophie" verstehe.[5]

- Im ersten Kapitel (§ 2) tadelt Kierkegaard die unklare Unterscheidung zwischen Quantität und Qualität bei Schelling, Hegel und Rosenkranz.[6]
- Der wohl wichtigste Hinweis findet sich im zweiten Kapitel (§ 1): Bei Schelling sei oft die Rede von Angst (Zorn, Qual, Leiden etc.), allerdings kaum im Blick auf den Menschen, sondern meist im Blick auf das Schaffen der Gottheit.[7] Weiterhin verteidigt Kierkegaard Schellings Anthropomorphismus gegen die ironisierende Darstellung bei Marheineke: „denn ein kräftiger und blutvoller Anthropomorphismus ist allerhand wert"[8].
- Auch im vierten Kapitel geht Kierkegaard zweimal auf Schelling ein. In § 1 greift er eine Wendung aus dem *System des transzendentalen Idealismus* auf.[9] In § 2 bezeichnet Kierkegaard die These der Freiheitsschrift, wonach durch die Urtat des Bewußtseins die „Beschaffenheit seiner Corporisation bestimmt ist" (*Schellings sämmtliche Werke,* Bd. 7, S. 387), als „hochtrabende philosophische Erwägung"[10].

Diese Hinweise sind sicherlich aufschlußreich. Vor allem die letzte Stelle und die ausführliche Passage im zweiten Kapitel belegen, daß Kierkegaard die Problemstellung der Schellingschen Freiheitsschrift

---

[4] *BA, GW2* 9, 10.

[5] „Schelling erinnerte an diesen aristotelischen Namen [erste Philosophie] zugunsten seiner Unterscheidung von negativer und positiver Philosophie. Unter negativer Philosophie verstand er die Logik, das war klar genug, dahingegen war es mir weniger klar, was er eigentlich unter positiver verstand, außer insofern, als es unzweifelhaft wurde, daß positive Philosophie die sei, welche er selbst liefern wollte" (*BA, GW2* 9, 18 Anm.).

[6] „In der neueren Philosophie hat Schelling sich anfänglich mit einem rein quantitativen Bestimmen behelfen wollen, um alle Verschiedenheit zu erklären; seitdem hat er das Gleiche bei Eschenmayer […] getadelt" (*BA, GW2* 9, 27f. Anm.).

[7] *BA, GW2* 9, 58f. Anm.

[8] *BA, GW2* 9, 59 Anm.

[9] BA, GW2 9, 118. Kierkegaard kritisiert Schellings Rede vom „Genie zu Handlungen" (*Friedrich Wilhelm Joseph von Schellings sämmtliche Werke,* hg. v. K. F. A. Schelling, Bd. 1-14, Stuttgart / Augsburg 1856-1861 [abgekürzt: Schellings sämmtliche Werke]; Bd. 3, S. 549).

[10] *BA, GW2* 9, 141.

durchaus vertraut ist.[11] Um jedoch die ursprüngliche Nähe dieser beiden Denker zu sehen, darf man dabei nicht stehenbleiben, sondern muß sich auf den Argumentationszusammenhang einlassen. Das werde ich im folgenden anhand der Stichworte „Angst“, „Freiheit“, „System“ versuchen. Dabei konzentriere ich mich auf den *Begriff Angst* und die *Philosophischen Untersuchungen über das Wesen der menschlichen Freiheit und die damit zusammenhängenden Gegenstände.*[12]

## *1. Angst*

Der auffälligste Unterschied der beiden anstehenden Schriften sei sogleich angeführt: Kierkegaards gesamte Schrift ist der Angst gewidmet, die „psychologisch“ durchdrungen werden soll. In Schellings Freiheitsschrift hingegen wird die Angst an einer einzigen Stelle erwähnt[13] – wofür sich noch Jakob Böhme bzw. Friedrich Christoph Oetinger als Quelle angeben ließe.[14] Von einer Angstanalyse kann bei Schelling nicht die Rede sein; er gibt nicht einmal eine Begriffsbestimmung. Schließlich: Während Kierkegaard beansprucht, die Angst als entscheidende „Zwischenbestimmung“ und „Angelpunkt“ entdeckt zu haben, dreht sich bei Schelling alles um die Differenz von Grund und Existenz.[15]

---

[11] Das würde auch gelten, wenn – wie Hirsch anmerkt – Kierkegaard die Freiheitsschrift nur durch die Darstellung von Rosenkranz gekannt hätte (vgl. *BA, GW2* 9, 250 Anm. 91). Wolfgang Struve weist darauf hin, daß Kierkegaard den ersten Band der Philosophischen Schriften Schellings (Landshut 1809), der mit der Freiheitsschrift abschließt, besessen hat („Kierkegaard und Schelling“ in *Symposium Kierkegaardianum* [*Orbis litterarum,* Bd. 10,1-2], Kopenhagen 1955, S. 252-258). Diese Tatsache und die genauen Bezugnahmen auf Schelling sprechen durchaus dafür, daß Kierkegaard sich mit dem Primärtext auseinandergesetzt hat.

[12] Dabei greife ich auch Gedanken auf, die bereits in folgenden Aufsätzen angesprochen werden: Jochem Hennigfeld „Die Wesensbestimmung des Menschen in Kierkegaards *Der Begriff Angst*“ in *Philosophisches Jahrbuch* 94 (1987), S. 269-284; ders. „Die Freiheit der Existenz. Schelling und Kierkegaard“ in *Zeit und Freiheit. Schelling – Schopenhauer – Kierkegaard – Heidegger,* hg. v. I. M. Fehér und W. G. Jacobs, Budapest 1999, S. 83-93.

[13] *Schellings sämmtliche Werke* (s. Anm. 9), Bd. 7, S. 381.

[14] Th. Buchheim gibt entsprechende Textstellen an: F. W. J. Schelling *Über das Wesen der menschlichen Freiheit,* hg. v. Th. Buchheim, Hamburg 1997, S. 145.

[15] Häufiger wird im *Weltalter*-Entwurf von 1813 auf die Angst (und Verzweiflung) hingewiesen; man vgl. *Schellings sämmtliche Werke* (s. Anm. 9), Bd. 8, S. 246, 265, 274, 322f., 336.

Blickt man jedoch auf den Argumentationszusammenhang, dann wird deutlich, daß bei beiden die Zweideutigkeit der Angst betont wird und ihr die gleiche methodische Funktion zukommt. Kierkegaard wird nicht müde, die *Ambivalenz* der Angst – ihre „dialektische Zweideutigkeit"[16] – zu betonen und einzuschärfen. Die Angst ist – so die bekannte Bestimmung – „der Schwindel der Freiheit, der aufsteigt, wenn der Geist die Synthesis setzen will, und die Freiheit nun niederschaut in ihre eigne Möglichkeit, und sodann die Endlichkeit packt sich daran zu halten"[17]. Ganz entsprechend beschreibt Schelling die Zweideutigkeit der Unschuld als Zustand der Unentschiedenheit, der zur Entscheidung drängt. Auch Schelling vergleicht an dieser Stelle den Zustand der Krisis mit dem Schwindel. Wörtlich heißt es bei Schelling: „Darum reagirt er [der Eigenwille des Grundes] nothwendig gegen die Freiheit als das Übercreatürliche und erweckt in ihr die Lust zum Creatürlichen, wie den, welchen auf einem hohen und jähen Gipfel Schwindel [!] erfaßt, gleichsam eine geheime Stimme zu rufen scheint [...]"[18]. Und einige Zeilen später folgt der Satz: „Die Angst des Lebens selbst treibt den Menschen aus dem Centrum, in das er erschaffen worden [...]" (ebd.).

Es scheint so, als habe Kierkegaard diese Nähe geahnt oder sogar um sie gewußt. So wäre nämlich die Anmerkung zu § 1 des zweiten Kapitels zu erklären. Hier warnt Kierkegaard davor, aufgrund der wörtlichen Anklänge seine eigenen Überlegungen mit denen Schellings zu verwechseln. „Die Zweideutigkeit zeigt sich auch [neben Hegel] bei Schelling; denn er spricht von einer Melancholie, die über die Natur gebreitet ist, und zugleich von einer Schwermut in der Gottheit. Vornehmlich jedoch ist es bei Schelling der Hauptgedanke, daß Angst usw. vornehmlich bezeichnen, was die Gottheit leidet, um ans Schaffen zu kommen"[19]. An dieser Einschätzung ist zweifellos richtig, daß Schelling von der „Angst des Lebens" (so auch bei Melancholie und Schwermut)

---

[16] *BA, GW2* 9, 40.

[17] *BA, GW2* 9, 60f. Auf die untrennbare Einheit von Angst und Freiheit verweist zu Recht W. Dietz: „Entscheidend für das rechte Verständnis Kierkegaards ist dabei, daß die Angst kein sekundäres Begleitmoment autonomer Selbstverwirklichung, sondern die Wirklichkeit der Freiheit selber darstellt, und zwar auch schon dort, wo sie noch kein konkretes Konzept vom eigenen Selbst hat (d.h. noch ‚unschuldig träumt')" („Servum arbitrium. Zur Konzeption der Willensfreiheit bei Luther, Schopenhauer und Kierkegaard" in *Neue Zeitschrift für Systematische Theologie und Religionsphilosophie* 42 [2000], S. 190).

[18] *Schellings sämmtliche Werke* (s. Anm. 9), Bd. 7, S. 381.

[19] *BA, GW2* 9, 59.

spricht[20] und Leben im höchsten Sinne das Leben Gottes meint. Die Freiheitsschrift ist eben ein ontologischer und kein anthropologischer Entwurf. Dennoch ist Schelling so weit nicht von Kierkegaard entfernt. Denn: Der Schleier der Schwermut und der Schwindel der Angst gründen nicht im Selbst Gottes, sondern in dem, was *Grund* seiner Existenz ist. Dieser Grund wird – das sieht Kierkegaard richtig – in der Schöpfung der *Natur* bereits entfaltet. Aber das, was im Grund beschlossen ist, kommt erst im Menschen zu Bewußtsein, das heißt zu sich selbst. Das gilt auch für die Angst, die Melancholie und die Schwermut. Im übrigen ist zu beachten: Schelling argumentiert – was Kierkegaard lobend hervorhebt – an vielen Stellen „anthropomorph". Das bedeutet: Die metaphysischen Erörterungen werden an markanten Stellen erläutert und belegt durch Hinweise auf menschliche Erfahrungsmöglichkeiten. So vergleicht Schelling die Sehnsucht des göttlichen Grundes mit dem sehnsüchtigen Schaffensdrang des Menschen[21]; er erläutert die Verkehrung der göttlichen Einheit im Bösen am „absonderlichen" Leben der Krankheit[22]; er beruft sich darauf, daß unser Gefühl die unvordenkliche Entscheidung zum eigenen Wesen bewahrt hat.[23]

Schellings Argumentationsweise wird an einem Passus aus der dritten *Weltalter*-Fassung ganz besonders deutlich:

> Sind nicht die meisten Produkte der unorganischen Natur offenbar Kinder der Angst, des Schreckens, ja der Verzweiflung? Und so sehen wir auch in dem einzigen Falle, der uns gewissermaßen verstattet ist, Zeugen einer ursprünglichen Erschaffung zu seyn, daß die erste Grundlage des künftigen Menschen nur in tödtlichem Streit, schrecklichem Unmuth und oft bis zur Verzweiflung gehender Angst ausgebildet wird.[24]

Auch diese Stelle zeigt erneut die Nähe und den Unterschied zwischen Schelling und Kierkegaard an. Im Unterschied zu Kierkegaard argumentiert Schelling universalontologisch; ihm ist an einem umfassenden System des Lebens gelegen. Anders formuliert: Schelling geht es in erster Linie nicht um „Existenzialien", sondern um ontologische Kategorien. Aber – und hier ist die Nähe zu Kierkegaard nicht bestreitbar: In der Erzählung über Ursprung und Entwicklung des Lebens erscheint der Mensch als Wesen der Angst und der Verzweif-

[20] Kierkegaard bezieht sich wohl auf folgende Stelle der Freiheitsschrift: „Daher der Schleier der Schwermuth, der über die ganze Natur ausgebreitet ist, die tiefe unzerstörliche Melancholie alles Lebens" (*Schellings sämmtliche Werke* [s. Anm. 9], Bd. 7, S. 399). Schelling spricht allerdings nie von Angst oder Schwermut „in der Gottheit".

[21] Ebd., S. 361.

[22] Ebd., S. 366.

[23] Ebd., S. 386.

[24] Ebd., Bd. 8, S. 322f.

lung.[25] Die existenzphilosophische These von der Angst als Grundbefindlichkeit menschlichen Daseins hat ihren Ursprung in der Metaphysik Schellings.

Auch Schellings Lehre vom ängstigenden Charakter der *Natur* hat ihre Entsprechung bei Kierkegaard, nämlich in der Unterscheidung zwischen subjektiver und objektiver Angst.[26] „Indem also die Sünde in die Welt gekommen ist, wurde dies für die gesamte Schöpfung bedeutungsvoll. Diese Wirkung der Sünde im nicht-menschlichen Dasein habe ich als objektive Angst bezeichnet"[27]. Allerdings verläuft die Argumentation geradezu umgekehrt. Schelling argumentiert vom dunklen Grund der Kreatur aus auf den menschlichen Sündenfall hin. Kierkegaard geht vom Sündenfall aus und schließt daraus auf die objektive Angst in der Natur.

Es bleibt festzuhalten: Schelling entdeckt auf dem Weg der theologischen Ontologie die besondere Funktion der Angst. Kierkegaards Analyse der Angst, die von einem theologischen Problem provoziert wird, löst sich jedoch nicht von der Ontologie, sondern setzt an ihre Stelle eine Fundamentalontologie.[28] Beide Wege sind geleitet vom Interesse an der Freiheit. Welcher Begriff von Freiheit ist für Schelling und Kierkegaard leitend?

## 2. *Freiheit*

Freiheit kann nicht in einem unbestimmten Wahlvermögen gründen. Dieser negative Bescheid ist die gemeinsame Basis für Schellings und Kierkegaards Freiheitsbegriff. Die vulgäre Auffassung der Freiheit

---

[25] Der Vorrang der Ontologie wird auch in dem oft zitierten Satz aus der *Philosophie der Offenbarung* ausgesprochen: „Gerade Er, der Mensch, treibt mich zur letzten verzweiflungsvollen Frage: warum ist überhaupt etwas? warum ist nicht nichts" (ebd., Bd. 13, S. 7)?

[26] Diese Gemeinsamkeit wird von Jad Hatem mit zahlreichen Textstellen belegt: „Angoisse et péché: Schelling et Kierkegaard" in *Annales de Philosophie* (Beyrouth) 11 (1990), S. 77-90. Die gemeinsame theologische Basis für diese Unterscheidung ist der Römerbrief (Röm 8,19-22).

[27] *BA*, *GW2* 9, 57.

[28] Das gilt vor allem in folgendem Sinne: Kierkegaard legt immer wieder das für die menschliche Existenz „verwickelte" Verhältnis der Modalkategorien (Möglichkeit, Wirklichkeit, Notwendigkeit) dar – sei es bei der Analyse der Angst (*BA*), sei es bei der Phänomenologie der Verzweiflung (*KT*), sei es bei der Wesensbestimmung des Glaubens (*FZ*), sei es im Blick auf die Unterscheidung zwischen konkretem und abstraktem Denken (*AUN* II).

hat nach Schelling „zwar die ursprüngliche Unentschiedenheit des menschlichen Wesens in der Idee für sich, führt aber, angewendet auf die einzelne Handlung, zu den größten Ungereimtheiten“[29]. Auf diese Weise nämlich wird die Handlung dem bloßen Zufall preisgegeben und Freiheit mit Vernunftlosigkeit gleichgesetzt. Auch für Kierkegaard ist das *liberum arbitrium* ein Gedanken-Unding, das „es am Anfang ebenso wenig wie später in der Welt gegeben hat“[30]. Denn ein derartiger Entschluß könnte die Angst nicht erklären. Das ließe sich etwa so begründen: Die Möglichkeiten, zwischen denen man wählen kann, müßten als *bestimmte* Möglichkeiten bewußt sein. Dann aber kann man allenfalls Furcht empfinden.[31]

Der Aporie des Freiheitsbegriffs entgeht man, wenn Freiheit als Selbstbestimmung verstanden wird. „Das Selbst ist Freiheit“, heißt es kurz und bündig in der *Krankheit zum Tode*.[32] Im Schwindel der Freiheit ahnt die unschuldige Existenz ja nichts ganz und gar Fremdes, sondern ihre eigenen Möglichkeiten, die freie Verwirklichung ihres Wesens. Dieser Freiheitsbegriff muß die Dialektik von Freiheit und Notwendigkeit akzeptieren. Anzuerkennen ist nach Schelling „jene höhere Nothwendigkeit, die gleichweit entfernt ist von Zufall als Zwang oder äußerem Bestimmtwerden, die vielmehr eine innere, aus dem Wesen des Handelnden selbst quellende Nothwendigkeit ist“[33]. Kierkegaard bringt es so auf den Punkt: „Freiheit [...] ist das Dialektische in den Bestimmungen Möglichkeit und Notwendigkeit“[34].

Nun kommt aber mit diesem Freiheitsbegriff – Schelling nennt ihn „formell“ – das entscheidende Problem menschlicher „Praxis“ noch

---

[29] *Schellings sämmtliche Werke* (s. Anm. 9), Bd. 7, S. 382.

[30] *BA, GW2* 9, 48.

[31] Das „Gedanken-Unding“ des *liberum arbitrium* thematisiert auch (s. Anm. 17) Michael Bösch *Søren Kierkegaard: Schicksal – Angst – Freiheit,* Paderborn u. a. 1994. Im Anschluß an H. Deuser betont Bösch: „Die lutherische Leugnung einer Willensfreiheit gegenüber Gott ist bei Kierkegaard [...] zugleich existenz-dialektischer Ausdruck für die Notwendigkeit der Freiheit als der Identität des Selbstvollzugs“ (S. 82). Die engste Verwandtschaft zwischen Schelling und Kierkegaard zeige sich in der Einsicht, daß „der Mensch niemals in einer indifferenten Freiheit, sondern in einer irrationalen Selbstverstellung der Freiheit“ (S. 86) existiere. Nach Bösch liegt der Unterschied der beiden Ansätze vor allem darin, daß nach Schelling ein blinder Naturdrang den Menschen schuldig werden läßt (S. 93). Diese These ist fragwürdig. Denn nach Schelling besteht die Urschuld darin, daß sich der *bewußte* Eigenwille zum Prinzip – und damit gegen die natürliche, von Gott gesetzte Ordnung – erhebt.

[32] *KT, GW2* 21, 25.

[33] *Schellings sämmtliche Werke* (s. Anm. 9), Bd. 7, S. 383.

[34] *KT, GW2* 21, 25.

gar nicht in den Blick. Das geschieht erst, wenn man bedenkt, daß der Mensch als Wesen der Freiheit vor der Entscheidung zwischen Gut und Böse steht. Schellings bekannte Formel lautet: „Der Idealismus gibt […] einerseits nur den allgemeinsten, andrerseits den bloß formellen Begriff der Freiheit. Der reale und lebendige Begriff aber ist, daß sie ein Vermögen des Guten und des Bösen sey“[35]. Daß die Unterscheidung zwischen Gut und Böse an die Freiheit gebunden ist, wird auch von Kierkegaard betont: „Erst für die Freiheit oder in der Freiheit ist der Unterschied zwischen Gut und Böse […]“[36]. Freiheit aber – also auch der Unterschied zwischen Gut und Böse – ist immer nur wirklich im Handeln des Menschen. Folglich kann das Böse nicht anders als durch eine Tat des Menschen in die Welt kommen. Hierin sind Schelling und Kierkegaard ebenso einig wie in der Ablehnung der Bestimmung des Bösen als Mangel an Gutem (*privatio boni*).

Der Umschlag von Unschuld zu Schuld konstituiert das menschliche Dasein als Vollzug geistigen Lebens. Dieser Umschwung muß in einer freien Tat gründen; ansonsten wäre der Mensch für sie nicht verantwortlich. Eine freie Tat jedoch ist im empirischen Kausalnexus nicht nachzuweisen; folglich kann sie nur „intelligibel“ sein. Diese Problematik hatte bereits Kant im Ersten Stück seiner *Religion innerhalb der Grenzen der bloßen Vernunft* eindringlich dargelegt. In diesen geistesgeschichtlichen Zusammenhang einer Lehre von der intelligiblen Tat, in der für jeden Einzelnen die Entscheidung zum Bösen fällt, gehört auch die Freiheitsphilosophie Schellings und Kierkegaards.

Als intelligible Tat darf die Urentscheidung nicht in die Zeit fallen. Der Gegenbegriff zu „Zeit“ ist „Ewigkeit“. Also muß es sich um eine ewige Tat handeln – aber doch so, daß sie in das zeitliche Sein hineinwirkt. Schelling formuliert diesen Sachverhalt, der zugleich die Aporie der traditionellen Zeitauffassung offenlegt, so: „Die That, wodurch sein Leben in der Zeit bestimmt ist, gehört selbst nicht der Zeit, sondern der Ewigkeit an: sie geht dem Leben auch nicht der Zeit nach voran, sondern durch die Zeit […] hindurch als eine der Natur nach ewige That“[37]. Kierkegaard findet das für die Urtat notwendige Zusammentreffen von Zeit und Ewigkeit bekanntlich in der Ekstase des Augenblicks. Erst im Augenblick der freien Tat wird Zeitlichkeit im eigentlichen Sinne gesetzt; „denn sie kommt erst zum Vorschein ver-

---

[35] *Schellings sämmtliche Werke* (s. Anm. 9), Bd. 7, S. 352.

[36] *BA*, *GW2* 9, 114.

[37] *Schellings sämmtliche Werke* (s. Anm. 9), Bd. 7, S. 385f.

möge des Verhältnisses der Zeit zur Ewigkeit und vermöge des Widerscheins der Ewigkeit in ihr"[38].

Schelling entwickelt erst im *Weltalter*-Entwurf von 1811 eine eigene „organische" Zeittheorie.[39] Diese Zeittheorie weist deutliche Berührungspunkte mit Kierkegaard auf: Auch Schelling kritisiert die traditionelle Zeittheorie (unendliche Folge von Jetzt-Momenten); auch für Schelling läßt sich der eigentliche Sinn von Zeitlichkeit nur im Zusammenhang von Zeit und Ewigkeit entschlüsseln. Ebenso kann nach Schelling der Anfang der Zeit nur im Sprung gesetzt werden, so daß Zeit ohne Freiheit nicht denkbar ist. Das hat folgende Konsequenz: Die Zukunft ist das „organisierende Prinzip" der Zeitperioden. Allerdings besteht ein wichtiger Unterschied zu Kierkegaard darin, daß Schelling diese Überlegungen im Zusammenhang einer Trinitätsspekulation entfaltet.

Der freie Akt der Selbstkonstitution des menschlichen Geistes ist zugleich die Entscheidung zum Bösen – theologisch gesprochen: die Erbsünde. Das gilt für jeden Einzelnen und folglich für das ganze Geschlecht. Wenn aber der Mensch sich anfänglich zu seinem Selbst nicht anders entscheiden kann, ist er dann wirklich dafür verantwortlich, daß das Böse in die Welt kommt[40]? Wer so fragt, steht vor dem Problem der *Theodizee.*

Schelling versucht dieses Problem zu lösen, indem er das Böse (den Eigenwillen) letztlich auf das Wirken des Grundes zurückführt. Der Grund nämlich ist nicht Gott selbst, sondern nur die *Bedingung* des absoluten Lebens. Und: Ohne die Tat des Menschen wird das Böse

---

[38] *BA, GW2* 9, 86f.

[39] F. W. J. von Schelling *Die Weltalter. Fragmente,* in den Urfassungen von 1811 und 1813 hg. v. M. Schröter, München 1946.

[40] M. Bongardt bringt das entscheidende Problem auf den Punkt: „Soll von Sünde und damit von Zurechenbarkeit gesprochen werden können, darf die Geistsetzung nicht notwendig Sünde sein" (*Der Widerstand der Freiheit. Eine transzendentaldialogische Aneignung der Angstanalysen Kierkegaards,* Frankfurt am Main 1995, S. 163). Bongardt schlägt folgende Lösung vor: „Denkbar ist jedoch – und mehr verlangt die dogmatische Rede von der Erbsünde nicht –, daß sie sich, wenn nicht notwendig, so doch faktisch immer als Sünde vollzieht" (S. 163f.). Das ist zwar „logisch" einsichtig; aber es bleibt doch das Anstößige, daß realiter zwischen Notwendigkeit und Faktizität kein Unterschied mehr besteht. – Arne Grøn formuliert die Aporie so: „Daß die Sünde in Angst in die Welt kommt, soll ausdrücken, daß sie sich nicht einem freien, willkürlichen Beschluß verdankt und daß sie auch nicht als eine Notwendigkeit hineinkommt" (A. Grøn *Angst bei Søren Kierkegaard. Eine Einführung in sein Denken,* Stuttgart 1999, S. 34). Diese Zweideutigkeit der Angst läßt sich nach Kierkegaard rational nicht mehr auflösen.

nicht verwirklicht. Derartige Überlegungen weist Kierkegaard – Kant näherstehend als Schelling – strikt zurück. Keine Wissenschaft kann den Sprung erklären. „Logisch das Kommen der Sünde in die Welt erklären wollen, ist eine Torheit, auf die nur Leute verfallen können, welche lächerlich darauf versessen sind, eine Erklärung zu bekommen. […] In dem Augenblick, da die Wirklichkeit gesetzt ist, geht die Möglichkeit beiseite als ein Nichts, welches alle gedankenlosen Menschen anlockt“[41].

Sieht man von der Erörterung der Theodizee-Frage ab, dann zeigen sich im Blick auf den Freiheitsbegriff derart enge Berührungspunkte, daß man sogar eine Abhängigkeit Kierkegaards von Schelling behaupten könnte. Dann bliebe man jedoch auf halbem Wege stehen; denn Schellings und Kierkegaards Freiheitserörterungen haben ihre gemeinsame Wurzel in Kants Religionsphilosophie.[42] – Bleibt aber – trotz aller Nähe – nicht doch festzustellen, daß das Existenzdenken Kierkegaards mit dem Systemdenken Schellings inkompatibel ist?

## *3. System*

Die Frage nach der Bedeutung des Systems ist für beide Ansätze scheinbar leicht zu entscheiden. Schelling zeigt bereits im Titel seiner Schrift („… und die damit zusammenhängenden Gegenstände“) an, daß es ihm um einen Systementwurf geht; und seine Untersuchung setzt ein mit der Frage, ob Freiheit und System nicht einander ausschließen. Kierkegaard hingegen verweist immer wieder auf die Sinnlosigkeit des idealistischen Systemdenkens. Sein Hauptargument ist dies: Das System zielt auf ein vollendetes Ganzes; da das individuelle Dasein aber nicht derart abgeschlossen ist, kann es vom Denken im System nicht erfaßt werden. Kierkegaard bringt es in folgendes Bild: „Ein Denker führt ein ungeheures Bauwerk auf, ein System […] – und betrachtet man sein persönliches Leben, so entdeckt man zu seinem Erstaunen das Entsetzliche und Lächerliche, daß er diesen unge-

---

41 *BA, GW2* 9, 48.

42 Das ist von Friedrich Hauschildt treffend hervorgehoben worden: „Kierkegaards Vorstellung von der Unableitbarkeit des qualitativen Sprunges der Freiheit entspricht dem Gedanken der intelligiblen Freiheit bei Kant. Für beide Größen ist es charakteristisch, daß sie auf der Ebene der Phänomenalität nicht bewiesen werden können, sondern sich nur einer Reflexion auf die Bedingungen, unter denen jede konkrete menschliche Handlung immer schon steht, erschließen“ (F. Hauschildt *Die Ethik Søren Kierkegaards,* Gütersloh 1982, S. 72).

heuren, hoch sich wölbenden Palast nicht persönlich bewohnt, sondern einen Schuppen daneben, oder eine Hundehütte, oder zuhöchst das Pförtnerstübchen“[43].

Dennoch – so die Auskunft Kierkegaards – gibt es ein System des Daseins. „Das Dasein selbst ist ein System – für Gott; aber es kann es nicht sein für irgendeinen existierenden Geist“[44]. Dazu gibt es eine Parallelstelle in der einleitenden Problemexposition der Schellingschen Freiheitsschrift: Werde die Unvereinbarkeit von Freiheit und System behauptet, „so ist sonderbar, daß, da die individuelle Freiheit doch auf irgend eine Weise mit dem Weltganzen [...] zusammenhängt, irgend ein System, wenigstens im göttlichen Verstande, vorhanden seyn muß, mit dem die Freiheit zusammenbesteht“[45].

Diese beiden Zitate hat Günter Figal zum Ausgangspunkt seines Vergleichs zwischen Schelling und Kierkegaard gemacht.[46] Figal vertritt die These, daß Kierkegaards Denken nicht nur ein System des Daseins impliziere, sondern sogar ein solches System konzipiere[47], nämlich in folgendem Sinne: Seine Philosophie „ist das geordnete Ganze von Bestimmungen vielfältiger Weisen des Scheiterns der Synthese von Endlichkeit und Unendlichkeit, das von der gelungenen Synthese [in Christus] aus gedacht ist“[48]. Der Unterschied zwischen beiden Denkern besteht nach Figal darin, daß Kierkegaard Schellings Freiheitsbegriff radikalisiere und dessen Pantheismus durch eine Christologie ersetze.

So aufschlußreich und in vielem zutreffend diese Analyse Figals auch ist, im Blick auf den Systembegriff ist differenzierter zu urteilen. Maßgebend für die Philosophie des Deutschen Idealismus ist der Systembegriff Kants. „Ich verstehe [...] unter einem Systeme die Einheit der mannigfaltigen Erkenntnisse unter einer Idee“[49]. Die Idee des Systems, das heißt das Prinzip, das die Ordnung und den Umfang der Erkenntnisse bestimmt, ist für Schelling seit 1801 das Göttlich-Absolute. Von ihm hat das Denken auszugehen, und zu ihm hat es zurückzukehren. Mit diesem Systemverständnis setzt auch die Freiheits-

---

43 *KT, GW2* 21, 41.

44 *AUN, GW2* 13, 111.

45 *Schellings sämmtliche Werke* (s. Anm. 9), Bd. 7, S. 337.

46 G. Figal „Schellings und Kierkegaards Freiheitsbegriff“ in *Kierkegaard und die deutsche Philosophie seiner Zeit,* hg. v. H. Anz u. a., München 1980, S. 112-127.

47 Ebd., S. 114, 126.

48 Ebd., S. 122.

49 I. Kant *Kritik der reinen Vernunft,* nach der ersten und zweiten Originalausgabe neu hg. v. R. Schmidt, Leipzig 1930 (Nachdruck Hamburg 1956), A 832 / B 860.

schrift ein. Es sollte unstrittig sein, daß bei Kierkegaard in diesem Sinne von System keine Rede sein kann. Das ist nämlich genau der Systembegriff, gegen den Kierkegaard ständig polemisiert.[50]

Dieser Unterschied zwischen Schelling und Kierkegaard liegt offen zutage. Nicht so offensichtlich ist folgendes: Im Verlauf der Entfaltung des Freiheitssystems bei Schelling stößt das Wissen auf eine unüberwindbare Schranke. Schelling stellt nämlich fest: „In dem göttlichen Verstande ist ein System, aber Gott selbst ist kein System, sondern ein Leben [...]“[51]. Dieser Satz, der nach Heidegger das Scheitern des Schellingschen Systems dokumentiert, ist gerade in jüngster Zeit von der Schelling-Forschung intensiv analysiert worden. Ohne auf diese Diskussion hier im einzelnen eingehen zu können, so scheint mir doch aus dieser Feststellung Schellings klar hervorzugehen, daß sich das Sein im höchsten Sinne („Leben“) dem vollständigen Zugriff des Wissens entzieht. Dann aber ist zu fragen: Welche Konsequenz zieht Schelling daraus? Nun, in der Freiheitsschrift selbst ist keine Konsequenz zu erkennen. (Der vieldiskutierte „Ungrund“ läßt sich noch in das System integrieren.) Aber der weitere Denkweg Schellings wird von dieser Einsicht in das unvordenkliche Daß-Sein bestimmt. Deshalb muß sich auch das Denken wandeln – für Schelling jedoch nicht, indem es sich vom System verabschiedet. Vielmehr wandelt sich die Philosophie zum geschichtlich-offenen System der positiven Philosophie (mit den zentralen Themen Mythologie und Offenbarung).

Indem Kierkegaard den Einzelnen in das Blickfeld der Philosophie zurückholt, markiert er eine deutliche[52] Grenze zur Philosophie des Deutschen Idealismus. Das schließt eine ursprüngliche Nähe zu

---

[50] „Weniger geht es ihm [Kierkegaard] um eine Klärung des Begriffes der Freiheit oder um eine Einordnung dieses Begriffes in das Ganze einer wissenschaftlichen Weltanschauung. Sein Augenmerk ist darauf gerichtet, wie der Mensch in seinem Unvermögen, die Freiheit zu erfassen, diese dennoch für sich wirklich werden lassen kann“ (D. Glöckner *Kierkegaards Begriff der Wiederholung. Eine Studie zu seinem Freiheitsverständnis. Kierkegaard Studies. Monograph Series,* Bd. 3, Berlin / New York 1998, S. 3).

[51] *Schellings sämmtliche Werke* (s. Anm. 9), Bd. 7, S. 399.

[52] Deutlich belegt wird dies etwa in der überschwenglichen Berliner Tagebucheintragung vom 22. November 1841 (*T* 1, 273f.): Schelling habe das Wort „Wirklichkeit“ genannt und ihn an alle seine „philosophischen Leiden und Qualen erinnert“. Aus dieser Notiz schließt H. Schmidinger sogar, „daß es Schelling war, der ihm [Kierkegaard] diese entscheidende Trennung von Sein und Denken klar gemacht hat“ (H. Schmidinger *Das Problem des Interesses und die Philosophie Sören Kierkegaards,* Freiburg / München 1983, S. 375). Schmidinger betont zu Recht die Nähe der Problemstellungen bei Kierkegaard und beim späten Schelling. Er sieht den zentralen

Schelling nicht aus. Kierkegaard verdankt Schelling mehr, als er zugeben will; und Schelling ist Kierkegaards Existenzdenken näher, als es das Programm eines absoluten Systems zuläßt. Diese Problemstellung – die Kluft zwischen Denken und Sein – ist auch der Ausgangspunkt Kierkegaards. Aber Kierkegaard geht einen anderen Weg. Er stellt die Kategorie des Einzelnen, das heißt die unvollendete endliche Existenz des Individuums, an den Anfang seiner Philosophie. Sicherlich ist es auch richtig zu sagen (worauf Figal abzielt), daß Kierkegaard eine *systematische* Analyse der Gefährdungen menschlicher Existenz vorlegt, vornehmlich unter den Gesichtspunkten „Angst" und „Verzweiflung". (In diesem Sinne kann man zum Beispiel auch von einer systematischen Daseinsanalytik in *Sein und Zeit* sprechen.) Das jedoch hat mit dem neuzeitlichen Systemprogramm nicht mehr viel zu tun. Im übrigen: Für Kierkegaard kann die neuzeitliche Systemidee schon deshalb nicht der höchste Maßstab sein, weil der Mensch nicht durch die Vermittlung des Wissens, sondern allein durch den Sprung in den Glauben sein Selbst verwirklichen kann.

---

Unterschied in der Interesse-Problematik, nämlich in folgendem Sinne: „Die ‚Vorfindlichkeit' Kierkegaards ist [...] nicht bloß die des Denkens, das in seinem Selbstkonstituierungsprozeß sein Daß entdeckt und bei Gelegenheit aufhebt, sondern die der existierenden Subjektivität, die sich von vornherein im ‚inter-esse' des Menschen vorgängig zu dessen Selbstkonstituierung eröffnet" (S. 379).

# Das Unvordenkliche der menschlichen Freiheit

## Zur Deutung der Angst bei Schelling und Kierkegaard

Von Axel Hutter

*Abstract*

By introducing the concept of an Unprethinkable, the later Schelling puts the old question of human freedom into a new philosophical context. One of the new perspectives opened by Schelling's approach is the systematic link between human freedom and anxiety, which becomes visible in the reflection on the unprethinkable "foundation" of human existence. Kierkegaard adopts this approach in *The Concept of Anxiety*. The close relationship to Schelling's philosophy of freedom manifests itself not least in the metaphor of dizziness for freedom and anxiety that is used by both, Schelling and Kierkegaard.

Der spätere Schelling behandelt die alte Frage nach dem Wesen der menschlichen Freiheit in einem neuen begrifflichen Zusammenhang, der sich nicht zuletzt dadurch kennzeichnen läßt, daß er eine systematische Beziehung zwischen der menschlichen Freiheit und der *Angst* deutlich zu machen vermag. Daran knüpft dann Kierkegaard in einer eigenen Abhandlung über den „Begriff Angst" an, die in vielfältiger Weise auf Schellings Konzeption bezogen ist. Die folgende Darstellung will zeigen, daß die systematische Beziehung zwischen Freiheit und Angst sowie die Anknüpfung Kierkegaards an Schelling nur angemessen zu verstehen ist, wenn man sich an Schellings grundlegendem Begriff des *Unvordenklichen* orientiert, der den neuen begrifflichen Zusammenhang überhaupt erst eröffnet, in dem sich der wechselseitige Bezug von Freiheit und Angst zu erkennen gibt.

Der Gedankengang gliedert sich dementsprechend in drei Teile. In einem ersten Teil wird Schellings Begriff des „Unvordenklichen" exponiert und die philosophische Neuorientierung skizziert, die Schelling mit dem Begriff zu begründen versucht. Dieser sehr allgemeine systematische Horizont soll dann im zweiten und dritten Teil an einem sehr konkreten Gedanken näher expliziert werden, und zwar an dem Gedanken einer als *Schwindel* über dem Abgrund begriffenen Angst, wie er sich sowohl bei Schelling wie bei Kierkegaard im Rahmen ihrer jeweiligen Philosophie der menschlichen Freiheit findet.

## *1. Schellings Neuorientierung der Philosophie am Begriff des Unvordenklichen*

Im Deutschen bedeutet das in der Alltagssprache kaum gebräuchliche Adjektiv „unvordenklich", das an die Stelle des älteren „unverdenklich" getreten ist, so viel wie „nicht zu erdenken", und zwar vornehmlich in bezug auf Vergangenes im Sinne des lateinischen *immemorialis;* „unvordenklich" wird genannt, was so lange her ist, „daß man sich der Zeit nicht mehr erinnern kann". Man spricht aber auch von der „Unvordenklichkeit" eines Zustands, „dessen Anfang über Menschengedenken hinausgeht": hier entzieht sich dem Denken nicht der Umstand als solcher, sondern seine Genese. Auf diese Doppelsinnigkeit wird noch zurückzukommen sein.[1]

Zum philosophischen Terminus wird das „Unvordenkliche" beim späteren Schelling, für den die Philosophie von dem „an sich Unvordenklichen u. Ersten" ausgeht, d.h. von dem, „was wirklich Anfang ist".[2] Der Terminus bezieht sich zurück auf den Begriff des ἀνυπόθετον bei Platon[3] und Aristoteles[4]: das Unvordenkliche ist das Voraussetzungslose.[5] Freilich beruht für Schelling das „völlige Mißlingen" der bisherigen Metaphysik auf der zusätzlichen Annahme, „das allem Vorauszusetzende müsse auch das Vortrefflichste" sein.[6] Diese systematische „Verwechslung von Priorität und Superiorität" soll mittels einer Neubestimmung des ἀνυπόθετον durch den Begriff des Unvordenklichen korrigiert werden: das Unvordenkliche ist zwar „vor", doch nicht „über", sondern „unter" dem Nachfolgenden.[7] Hierfür be-

---

[1] Dieser Abschnitt stützt sich auf einen Lexikon-Artikel des Verfassers: das „Unvordenkliche" in *Historisches Wörterbuch der Philosophie,* Bd. 11, Basel 2001, Sp. 339ff.

[2] F. W. J. Schelling *Die Weltalter. Fragmente,* hg. v. M. Schröter, München 1979 (abgekürzt: Schelling *Weltalter*), S. 211.

[3] Vgl. Platon *Politeia* 511b 6.

[4] Vgl. Aristoteles *Metaphysik* 1005b 14.

[5] Schelling *Weltalter* (s. Anm. 2), S. 215.

[6] Ebd., S. 212.

[7] *Friedrich Wilhelm Joseph von Schellings sämmtliche Werke,* hg. v. K. F. A. Schelling, Bd. 1-14, Stuttgart / Augsburg 1856-61 (abgekürzt: *Schellings sämmtliche Werke*); Bd. 8, S. 61; vgl. Bd. 12, S. 616 und Bd. 14, S. 301.

ruft sich Schelling auch auf Platons Begriff der χώρα im *Timaios,* indem er auf die „Praeexistenz eines regellosen der Ordnung widerstrebenden Wesens" verweist, die von Platon noch berücksichtigt, von der auf ihn folgenden Entwicklung der Philosophie aber nicht mehr verstanden wurde.[8]

Wenn die Priorität „im umgekehrten Verhältnis mit der Superiorität"[9] steht, dann gehört es zu den vordringlichen Aufgaben der Philosophie, die „Inferiorität", den Mangel des Unvordenklichen auf den Begriff zu bringen. Bei diesem zentralen Lehrstück seiner späteren Philosophie orientiert sich Schelling vor allem an Kants kritischer Auseinandersetzung mit dem Begriff des „Unbedingten", der für Kant „der wahre Abgrund für die menschliche Vernunft" ist.[10] Denn das Denken sieht sich zwar genötigt, jedem Bedingten eine Bedingung voraus zu denken, um das Bedingte begreiflich zu machen, doch wird gerade dadurch das Unbedingte zum absolut Unbegreiflichen, weil es selbst keine Bedingung mehr hat, von der her es begriffen werden könnte.[11] So erweist sich das unbedingt Erste und Voraussetzungslose am Ende als leerer Abgrund, weil es dem Denken den begrifflichen Halt nicht bieten kann, den es sich im Rückgang auf das Unvordenkliche versprochen hatte.

Für eine Denkrichtung, die etwas nur begreift, indem sie es „a priori", d.h. von seinen Voraussetzungen her denkt, ist das Unbedingte im Sinne des Unvordenklichen ein zugleich notwendiger und unausdenkbarer Gedanke. Es leuchtet daher ein, daß Schelling das Unvordenkliche für einen „vortrefflichen"[12] Ausdruck hält, da sich die systematische Pointe seiner Philosophie in der eingangs angeführten Doppelsinnigkeit sehr gut wiederfinden läßt: das „Un*vor*denkliche" ist zugleich das „Undenkliche". Diese „apriorische" Unbegreiflichkeit darf aber nicht zur Verwerfung des Unvordenklichen, sondern muß zu einer Veränderung der Denkrichtung führen, für die das Unvordenkliche unbegreiflich bleibt. Dem „negativen" Denken, das sich „mit dem a priori Begreiflichen" beschäftigt, stellt Schelling deshalb ein „positives" Denken zur Seite, das sich mit dem Unvordenklichen, d. h. mit dem „a priori Unbegreiflichen" beschäftigt, freilich

---

8 Schelling *Weltalter* (s. Anm. 2), S. 259.

9 *Schellings sämmtliche Werke* (s. Anm. 7), Bd. 8, S. 311.

10 Kant *Kritik der reinen Vernunft,* nach der ersten und zweiten Originalausgabe neu hg. v. R. Schmidt, Leipzig 1930, Nachdruck Hamburg 1956 (abgekürzt: Kant *KrV*), B 641; vgl. *Schellings sämmtliche Werke* (s. Anm. 7), Bd. 13, S. 163ff.

11 Vgl. Kant *KrV,* B 620f.

12 *Schellings sämmtliche Werke* (s. Anm. 7), Bd. 13, S. 211.

nur, um das „a priori Unbegreifliche a posteriori in ein Begreifliches zu verwandeln“.[13]

Den konkreten Gehalt seines Leitgedankens expliziert Schelling häufig am Leitfaden der Selbsterfahrung menschlicher Freiheit. So fordert er vom Menschen „allerdings auch, daß er seinen Charakter überwinde, nicht aber daß er ohne Charakter sey. Eben weil er überwunden, aufgeschlossen, gesteigert werden soll, muß er eher seyn als das Ueberwindende“[14]. Die „entschiedne Priorität“ des Charakters „in allem Handeln“[15] macht ihn zum Unvordenklichen menschlicher Freiheit, die sich gerade in dem aufschließenden und steigernden Vermögen zeigt, das anfänglich Gegebene zu überwinden. Genau entsprechend ist das Unvordenkliche für das Denken dasjenige, was „den Ort der Unbedingtheit eingenommen hat, so früh wir auch kommen mögen“[16]. Auch hier ist streng zwischen dem unvordenklichen „Ort“ der Unbedingtheit und dieser selbst zu unterscheiden. Denn das richtig verstandene Unbedingte liegt nicht *vor* aller Bedingung, sondern ist dasjenige, was sich *in der Folge* frei über seine unvordenklichen Anfangsbedingungen erhebt. Die Abhängigkeit von einem unvordenklichen Grund der Existenz hebt deshalb die Selbständigkeit und Freiheit des Existierenden nicht auf, sondern macht sie überhaupt erst möglich. Der Begriff einer „derivierten Absolutheit“ avanciert dergestalt bei Schelling zum „Mittelbegriff der Philosophie“.[17]

Dieser für Schellings Begriff der menschlichen Freiheit schlechthin zentrale Gedanke läßt sich auch so ausdrücken, daß für den menschlichen Willen ein absolut erstes Wollen nicht möglich ist: der bewußte Wille kommt hierfür immer zu spät, da er entdeckt, daß er immer schon unbewußt gewollt hat. Solch ein unbewußter oder „natürlicher“ Wille hebt die Freiheit des bewußten menschlichen Willens aber nicht auf, sondern bildet im Gegenteil den Grund, die Basis menschlicher Freiheit. Daher kann Schelling sagen: „Ohne einen vorangehenden natürlichen Willen gäbe es keine Freyheit. Die Zweyheit im Willen entsteht nur dadurch, daß ein Wille schon vorhanden ist und ein andrer Wille ihm angemuthet wird. Die Nothwendigkeit geht also stets und in jeder Handlung der Freiheit voran“[18]. Menschliche

---

13 Ebd., S. 165.

14 Schelling *Weltalter* (s. Anm. 2), S. 94.

15 Ebd.

16 Schelling *Weltalter* (s. Anm. 2), S. 214.

17 *Schellings sämmtliche Werke* (s. Anm. 7), Bd. 7, S. 346f.

18 Schelling *Weltalter* (s. Anm. 2), S. 101.

Freiheit ist somit wesentlich eine Überwindung des Unvordenklichen; eine Überwindung freilich, die das Überwundene festhält, da es zum Grund der konkreten Existenz von Freiheit wird.

Schellings Neuorientierung der Philosophie am Begriff des „Unvordenklichen" hat demnach – so läßt sich zusammenfassen – vor allem zwei methodische Konsequenzen. Zum einen wird ein metaphysischer „Positivismus", für den das Erste zugleich das Höchste, das Positive ist, von einem metaphysischen „Negativismus" abgelöst, für den das Erste nur das Niedrigste, das Negative, das in der Folge zu Überwindende ist.[19] Die Wirklichkeit als solche hat so eine *geschichtliche* Dimension, da das Unvordenkliche zur Vergangenheit wird, die als Grund die Gegenwart trägt, freilich auch gefährden kann. In dieser Hinsicht ist für Schelling in „der Welt, wie wir sie jetzt erblicken, alles Regel, Ordnung und Form; aber immer liegt noch im Grunde das Regellose, als könnte es einmal wieder durchbrechen, und nirgends scheint es, als wären Ordnung und Form das Ursprüngliche, sondern als wäre ein anfänglich Regelloses zur Ordnung gebracht worden. [...] Aus diesem Verstandlosen ist im eigentlichen Sinne der Verstand geboren".[20]

Zum anderen kann sich ein Denken, welches das „a priori Unbegreifliche a posteriori in ein Begreifliches" verwandeln will, nicht ausschließlich auf eine *direkte* begriffliche Analyse des Unvordenklichen beschränken. Denn wenn – wie Schelling es ausdrückt – „die unergreifliche Basis der Realität" tatsächlich das ist, „was sich mit der größten Anstrengung nicht in Verstand auflösen läßt, sondern ewig im Grunde bleibt"[21], dann werden für die Philosophie zusätzlich *indirekte* Darstellungsformen wichtig, in denen das, was sich unmittelbar nicht begrifflich fassen läßt, über eine Analogie oder vermittels einer Metapher dem Denken zugänglich wird.[22]

Was mit dem letzteren gemeint ist, soll in den nächsten beiden Teilen am Leitfaden einer konkreten Analogie, und zwar der Analogie der schwindelnden Angst, näher ausgeführt werden. Dabei wird das

---

[19] Der Begriff eines „methodischen Negativismus" ist von M. Theunissen im Hinblick auf Kierkegaard geprägt worden (vgl. Michael Theunissen „Kierkegaard's Negativistic Method" in *Kierkegaard's Truth: The Disclosure of the Self* (*Psychiatry und the Humanities,* Bd. 5), hg. v. J. H. Smith, New Haven und London 1981, S. 381-423; deutsch: *Das Selbst auf dem Grund der Verzweiflung. Kierkegaards negativistische Methode,* Frankfurt am Main 1991).

[20] *Schellings sämmtliche Werke* (s. Anm. 7), Bd. 7, S. 359f.

[21] Ebd., S. 360.

[22] Vgl. Hans Blumenberg *Paradigmen zu einer Metaphorologie,* Frankfurt am Main 1998.

Ziel der Überlegungen darin bestehen, die Logik des Unvordenklichen, wie sie hier im ersten Teil exponiert wurde, in der immanenten Logik der ausgewählten Analogie wiederzufinden und zugleich weiterzuentwickeln.

## 2. *„Angst" und „Schwindel" bei Schelling*

Für Schelling ist „Angst die Grundempfindung jedes lebenden Geschöpfs"[23]. Dabei meint „Grundempfindung" nicht nur, daß Angst die primäre und grundlegende Empfindung ist, sondern auch, daß sie Empfindung des Grundes ist, der unvordenklichen Basis, auf der sich das Leben erhebt. Schelling deutet also die Angst als eine vorbegriffliche Erfahrung dessen, was a priori unbegreiflich ist und was nur a posteriori, im Anschluß an Erfahrung, begreiflich gemacht werden kann. Der Hinweis auf die Empfindung der Angst ersetzt also keineswegs die Arbeit des Begriffs, sondern markiert gerade einen ausgezeichneten Erfahrungsgehalt, an dem die Arbeit des „Begreiflichmachens" anzusetzen hat.

In diesem Zusammenhang ist für Schelling der Mensch in einem sehr genauen Sinne als „Gipfel"[24] des Lebens zu begreifen, weil in ihm die selbständige Abhängigkeit der lebendigen Existenz von ihrem Grund zur völligen Freiheit entfaltet ist. Dadurch gewinnt aber die Angst des Lebens eine neue Qualität, da der Mensch den Grund seiner Existenz nicht nur empfinden, sondern sich auch zu dem Empfundenen frei verhalten kann. Zwar bekommt der Mensch den Grund seiner Existenz „nie in seine Gewalt", doch gehört es für Schelling gerade deshalb wesentlich zum Begriff menschlicher Freiheit, daß er „im Bösen darnach strebt".[25] Die Angst als Grundempfindung des Lebens führt also in der menschlichen Freiheit zur Möglichkeit des Bösen. Der „reale und lebendige Begriff" der menschlichen Freiheit lautet deshalb bei Schelling, „daß sie ein Vermögen des Guten und des Bösen" ist.[26]

Die komplexe Beziehung zwischen Angst, menschlicher Freiheit und der Möglichkeit des Bösen versucht Schelling nun an einer zentralen Stelle seiner Freiheitsschrift durch eine Analogie zu jener ei-

---

[23] *Schellings sämmtliche Werke* (s. Anm. 7), Bd. 8, S. 322.

[24] Ebd., Bd. 7, S. 374.

[25] Ebd., S. 399.

[26] Ebd., S. 352.

gentümlich zweideutigen Angst zu verdeutlichen, die dem Schwindel eigen ist. Denn wie den „auf einem hohen und jähen Gipfel“ Schwindelnden „gleichsam eine geheime Stimme zu rufen scheint, daß er herabstürze“, so bildet die Unvordenklichkeit seiner Basis für den Menschen die ständige Versuchung, sich der von ihm unabhängigen Wurzel der Existenz im Bösen zu bemächtigen.[27] Mit anderen Worten: Für den auf dem „Gipfel“ des Lebens stehenden Menschen übt der Grund seiner Existenz einen „Sog“ aus (die „geheime Stimme“ der Tiefe), dem sich die menschliche Freiheit im Bösen überlassen kann, aber nicht muß – so wie der Schwindelnde fallen kann, aber nicht muß. Diese Analogie hat sicherlich etwas ungemein Suggestives und vielleicht auch unmittelbar Einleuchtendes, wobei freilich auf den ersten Blick noch verborgen bleibt, worauf die Wirkung der Evidenz sich am Ende stützt.

Die überaus präzise Logik, die in dem Bild des über einem Abgrund Schwindelnden und ihm womöglich Verfallenden verborgen liegt, kann man sich in einem ersten Schritt klarmachen, wenn man noch einmal von Schelling auf Kant zurückgeht. In der „Transzendentalen Dialektik“ der *Kritik der reinen Vernunft* beschreibt Kant den „natürlichen Gang“, den „jede menschliche Vernunft, selbst die gemeineste, nimmt, obgleich nicht eine jede in demselben aushält“. Dieser „Gang“ wird von dem „dringenden Bedürfnis der Vernunft“ initiiert, „irgendwo ihren Ruhestand, in dem Regressus vom Bedingten, das gegeben ist, zum Unbedingten, zu suchen“. Und Kant fährt fort: „Dieser Boden aber sinkt, wenn er nicht auf dem unbeweglichen Felsen des Absolutnotwendigen ruhet. Dieser selber aber schwebt ohne Stütze, wenn noch außer und unter ihm leerer Raum ist, und er nicht selbst alles erfüllet und dadurch keinen Platz zum *Warum* mehr übrig läßt, d. i. der Realität nach unendlich ist“.[28]

Ein Absolut-Erstes, das der Realität nach unendlich und damit zugleich das Höchste wäre, läßt sich aber Kant zufolge nicht denken. Und der entscheidende Moment, in dem diese Einsicht dem menschlichen Denken aufgeht, wird von Kant in eindringlichen Worten als *Schwindel über dem Abgrund* beschrieben:

Die unbedingte Notwendigkeit, die wir, als den letzten Träger aller Dinge, so unentbehrlich bedürfen, ist der wahre Abgrund für die menschliche Vernunft. Selbst die Ewigkeit, so schauderhaft erhaben sie *Haller* schildern mag, macht lange den schwindelichten Eindruck nicht auf das Gemüt; denn sie *mißt* nur die Dauer der Dinge, aber sie

[27] Ebd., S. 381 und 399.
[28] Kant *KrV* (s. Anm. 10), B 611f.

> *trägt* sie nicht. Man kann sich des Gedankens nicht erwehren, man kann ihn aber auch nicht ertragen: daß ein Wesen, welches wir uns auch als das höchste unter allen möglichen vorstellen, gleichsam zu sich selbst sage: Ich bin von Ewigkeit zu Ewigkeit, außer mir ist nichts, ohne das, was bloß durch meinen Willen etwas ist; *aber woher bin ich denn*? Hier sinkt alles unter uns, und die größte Vollkommenheit, wie die kleinste, schwebt ohne Haltung bloß vor der spekulativen Vernunft.[29]

Im Schwindel des dialektischen Scheins wird also auch bei Kant aufs neue und besonders nachdrücklich deutlich, daß das Unbedingte im Sinne des Unvordenklichen ein für den Menschen zugleich notwendiger und unausdenkbarer Gedanke ist. Schelling spricht mit leicht erkennbarem Bezug auf Kant ebenfalls von dem „am Abgrund der Unendlichkeit" schwindelnden Verstand des Menschen.[30] Er geht aber einen entscheidenden Schritt über Kant hinaus, indem er dessen bahnbrechende Analyse der natürlichen „Dialektik" menschlicher Vernunft über das engere Gebiet der reinen theoretischen Vernunft hinaus zum systematischen Ansatzpunkt einer allgemeinen Theorie menschlicher Freiheit in theoretischer wie praktischer Hinsicht, d.h. im Denken wie im Handeln macht.

Durch die permanente Schwerkraft des unvordenklichen Grundes bekommt die menschliche Existenz dergestalt bei Schelling *insgesamt* eine grundsätzliche Struktur und Orientierung, welche die menschliche Freiheit nicht einschränkt, sondern überhaupt erst möglich macht. Denn der Sog des Grundes *scheint* den Menschen zwar ständig mit geheimer Stimme aufzufordern, sich dem unendlichen Regreß in die Tiefe anheimzugeben, doch hebt dieser Schein keineswegs – wie die Analogie des Schwindelns zeigt – die Gegenmöglichkeit auf, dem Sog zu widerstehen, also im wahrsten Sinne des Wortes „Stand" zu halten.[31] Das „Böse, als solches, kann" daher, wie Schelling festhält, „der Grund nicht machen, und jede Creatur fällt durch ihre eigne Schuld".[32]

So deutet Schelling die Erfahrung des Schwindels sehr konkret als Verlust der Bewegungsfreiheit des Menschen:

> Freiwillige Bewegung ist nur mit dem Eintritt der höhern Potenz, die über die beiden Principe, das nach außen und das nach innen wirkende, frei verfügt, und nach seinem Gefallen Bewegungen hervorbringt. Zur Freiheit der Bewegung gehört auch die Freiheit in Beziehung auf die Richtungen derselben, welche z.B. im Schwindel, den man sich zuzieht durch anhaltende Bewegung um seine Axe in Einer Richtung, verloren geht.[33]

---

[29] Ebd., B 641.

[30] *Schellings sämmtliche Werke* (s. Anm. 7), Bd. 7, S. 174; vgl. Bd. 6, S. 155.

[31] Vgl. ebd., Bd. 7, S. 390.

[32] Ebd., S. 382.

[33] Ebd., Bd. 11, S. 445.

Die Freiheit der Bewegung entsteht also mit der „höheren“ und deshalb *späteren* Potenz, die über die anfänglich gegebenen Bewegungsrichtungen frei verfügen kann, weil ihr das Anfängliche zum latenten Grund ihrer Möglichkeit wird. Der im Schwindel erfahrene Freiheitsverlust resultiert daher für Schelling aus einem *Rückfall* in die frühere Fixierung an eine einzige Bewegungsrichtung.

Am Ende gelingt es Schelling sogar, die konkrete *Gegenmöglichkeit* zur Regression des Fallens, wie sie der Struktur menschlicher Freiheit einbeschrieben ist, ebenfalls sehr genau durch eine Analogie, sozusagen durch eine Gegen-Analogie zum Schwindel der Angst, zu verdeutlichen. In diesem Sinne heißt es bei Schelling: „Die Kraft des Adlers im Flug bewährt sich nicht dadurch, daß er *keinen* Zug nach der Tiefe empfindet, sondern dadurch, daß er ihn überwindet, ja ihn selbst zum *Mittel* seiner Erhebung macht“[34]. Das Gute läßt sich für Schelling deshalb nur im Hinblick auf die negative Möglichkeit des Bösen verstehen, nämlich als gelungener Widerstand, der den Sog in die Tiefe überwindet, indem er ihm stets von neuem die Kraft zum Gegenteil abgewinnt.

## 3. *„Angst“ und „Schwindel“ bei Kierkegaard*

Kierkegaard knüpft in seiner Abhandlung *Der Begriff Angst* sowohl inhaltlich wie methodisch direkt an Schelling an. Deshalb ist es kein Zufall, daß die Angst an einer systematisch zentralen Stelle der Abhandlung ebenfalls mit dem Schwindligsein verglichen wird. So heißt es bei Kierkegaard: „Angst kann man vergleichen mit Schwindligsein. Derjenige, dessen Auge plötzlich in eine gähnende Tiefe hinunterschaut, der wird schwindlig. Aber was ist der Grund dafür? Es ist ebensosehr sein Auge wie der Abgrund; denn was, wenn er nicht hinabgestarrt hätte! So ist Angst der Schwindel der Freiheit, der entsteht, indem […] die Freiheit […] hinabschaut in ihre eigene Möglichkeit“[35]. Auch hier behält das Gleichnis, das Angst, Schwindel, Abgrund und menschliche Freiheit miteinander in Beziehung setzt, zweifellos seine suggestive Kraft. Die Überlegungen des dritten Teils wollen versuchen, das begriffliche Recht dieser Suggestion weiter aufzuklären, wobei das bislang Entwickelte als Leitfaden dienen wird.

---

[34] Ebd., Bd. 10, S. 177; vgl. Schelling *Weltalter* (s. Anm. 2), S. 196.

[35] Kierkegaard *Der Begriff Angst,* übers. von L. Richter, Frankfurt am Main 1984, S. 57; vgl. S. 144. (Die im Text angeführten Seitenzahlen beziehen sich auf diese Ausgabe.)

In der Angst „meldet sich“ Kierkegaard zufolge „die Möglichkeit der Freiheit“ an (S. 69). Angst und Freiheit sind also keineswegs miteinander zu identifizieren, sondern es ist nur die *Möglichkeit* der Freiheit, die sich in der Angst „anmeldet“. Mit anderen Worten: In der Angstempfindung wird dem Menschen der unvordenkliche Grund seiner Existenz als Ermöglichungsgrund der Freiheit spürbar.[36] Die Möglichkeit der Freiheit kündigt sich des näheren in der eigentümlichen „Zweideutigkeit“ (S. 41) der Angst an, wie sie bereits anhand der Ambivalenz des Schwindels erläutert wurde, daß er zum Sturz führen kann, aber nicht führen muß. In diesem Sinne führt Kierkegaard weitere Ambivalenzen an, um die Zweideutigkeit als Möglichkeit menschlicher Freiheit zu erläutern. Eine „Warnung“ kann „das Individuum in der Angst umsinken lassen“, „obwohl die Warnung natürlich gerade zum Gegenteil führen sollte“. Ebenso kann der „Anblick des Sündigen [...] ein Individuum retten und ein anderes zu Fall bringen. Ein Scherz kann dasselbe bewirken wie Ernst und umgekehrt“ (S. 69). Die in sich selbst zweideutige Angst *bestimmt* so bei Kierkegaard die menschliche Existenz zwar von Grund auf, sie *determiniert* sie jedoch nicht.

Die Angst eröffnet dem Menschen die Möglichkeit der Freiheit, weil sie selbst in ihrer Zweideutigkeit Möglichkeiten eröffnet. „Wer durch die Angst gebildet wurde“, heißt es bei Kierkegaard, „der wurde durch die Möglichkeit gebildet, und erst der, der durch die Möglichkeit gebildet wurde, wurde gebildet nach seiner Unendlichkeit“ (S. 141). Die zweideutige Angst ist mithin „unendlich“ genug, um das Individuum von der Macht jedes äußeren und endlichen Einflusses zu distanzieren; sie ist als innere Macht jedoch zugleich ambivalent genug, um das, was das Individuum im Schwindel der Angst am Ende tun wird, offenzulassen. Die Angst ist so bei Kierkegaard zugleich Ausdruck, Bedrohung und Geburtshelferin der menschlichen Freiheit.[37]

Damit macht Kierkegaard auf seine Weise deutlich, daß in der menschlichen Freiheit eine „Anziehungskraft“ des Grundes wirksam ist, die dem Menschen zugleich stets die Möglichkeit des Gegenteils

---

[36] So heißt es bei Kierkegaard: „wie verhält der Geist sich zu sich selbst und zu seiner Bedingung? Er verhält sich als Angst“ (S. 42).

[37] Vgl. zur Bedeutung der Angst für Kierkegaards Denken: A. Grøn *Begrebet angst hos Søren Kierkegaard,* Kopenhagen 1994; deutsch: *Angst bei Sören Kierkegaard,* Stuttgart 1999.

offenläßt bzw. überhaupt erst eröffnet. Anders ausgedrückt: Die „Schwerkraft" ist die Möglichkeit, keineswegs jedoch die Notwendigkeit des Fallens, da sie zugleich auch die Ermöglichung des menschlichen Gangs ist, der ja genaugenommen die immer neue, mit jedem Schritt geleistete Vermeidung des Fallens ist. Wer die Versuchung des Grundes menschlicher Freiheit wegen der Drohung des Fallens abschaffen wollte, würde auch die positive Gegenmöglichkeit, den menschlichen Gang, unmöglich machen.

Aufgrund seiner Orientierung an der Schellingschen Analogie des Schwindelns über dem Abgrund kann Kierkegaard dergestalt von seiner Angstabhandlung behaupten, sie habe sich „nirgendwo der Torheit schuldig gemacht, die meint, daß der Mensch sündigen *müsse*". Vielmehr versucht Kierkegaard in immer neuen Wendungen deutlich zu machen, „daß die Sünde sich selbst voraussetzt wie die Freiheit und sich ebensowenig durch etwas Vorausgehendes erklären läßt wie diese" (S. 102f.). Hierbei kommt freilich alles auf den richtig gesetzten Akzent an. Die menschliche Freiheit ist durch etwas Vorausgehendes nicht zu *erklären* im Sinne einer begrifflichen Ableitung aus einem höheren Prinzip. Dies darf aber nicht zu dem irrigen Umkehrschluß verführen, daß ihr deshalb überhaupt nichts *vorauszusetzen* ist, denn ohne eine ihr vorausgehende Bedingung wäre die menschliche Freiheit keine lebendige Freiheit mehr, die sich über ihre Anfangsbedingungen erhebt. Schellings zentraler Gedanke einer „derivierten Absolutheit" kehrt deshalb bei Kierkegaard in dem Begriff einer „erworbenen Ursprünglichkeit" wieder (S. 135).

Für ein genaueres Verständnis der eigentümlichen „Tiefendimension" menschlicher Freiheit ist es daher wichtig, den systematischen Sinn einer „Voraussetzung" der Freiheit noch weiter zu klären. Hierfür gibt Kierkegaard einen bemerkenswerten Hinweis auf dem Wege einer weiteren Analogie, nämlich vermittels der Analogie des *Träumens*. „Die Angst ist" nämlich für Kierkegaard „eine Bestimmung des träumenden Geistes", und er fährt fort: „Im Wachen ist der Unterschied zwischen mir selbst und meinem Anderen gesetzt, schlafend ist er suspendiert, träumend ist er ein angedeutetes Nichts. Die Wirklichkeit des Geistes erweist sich beständig als eine Gestalt, durch die seine Möglichkeit verlockt wird, die aber fort ist, sobald er nach ihr greift, und die ein Nichts ist, das nur ängstigen kann" (S. 40). Diese unmittelbar nicht einfach zu verstehende Analogie wird sich nur verdeutlichen lassen, wenn die systematische Bedeutung des „Nichts" geklärt werden kann, welches die Angst hervorbringt.

Zunächst ist festzuhalten, daß das „Nichts" der Angst ebenso ambivalent ist wie der Schwindel. Kierkegaard verweist auf den „prägnanten" Sprachgebrauch, der die Wendung „sich ängstigen vor nichts" kennt, um anzuzeigen, daß das Verhältnis der Angst zu ihrem Gegenstand „ganz und gar zweideutig" ist, da es ein Verhältnis ist „zu etwas, was nichts ist" (S. 41). Es liegt daher nahe, das „Nichts" der Angst mit der „gähnenden Leere" in Verbindung zu bringen, in die der Mensch wie in einen Abgrund hinabblicken und so dem Schwindel der Angst verfallen kann. Allerdings verbirgt sich in der ängstigenden „Leere" des Abgrunds die geheime Stimme des unvordenklichen Grundes, dessen Anziehungskraft der Mensch in der schwindelnden Angst zu spüren bekommt. Deshalb ist die eigentümliche Zweideutigkeit der Angst nur angemessen zu verstehen, wenn das zweideutige „Nichts" der Angst nicht nur als ein „etwas" begriffen wird, „was nichts ist", sondern auch und vor allem als nichts, was etwas ist.

Das „Nichts", das nicht einfach nichts, sondern etwas ist, muß Kierkegaard zufolge des näheren als *Nichtseiendes* (μὴ ὄν) begriffen werden. „Das Nichtseiende ist", so Kierkegaard, „überall da als das Nichts, woraus geschaffen wurde, als Schein und Eitelkeit, als Sünde, als Sinnlichkeit fern vom Geiste [...], deshalb geht alles darum, es wegzuschaffen, um das Seiende herauszubringen" (S. 76 Anm.). Das Nichtseiende als das Nichts, das etwas ist, wird hier von Kierkegaard also zunächst einmal als der unvordenkliche Grund im Sinne eines metaphysischen Negativismus bestimmt, der das Erste als das Negative begreift, das in der Folge zu überwinden oder „wegzuschaffen" ist, um das positiv Seiende „herauszubringen". Lautete Schellings oben zitierte Wendung, daß aus dem Verstandlosen des Grundes „der Verstand geboren" ist, so heißt es nun bei Kierkegaard ganz entsprechend von dem Nichtseienden, daß aus ihm geschaffen das Seiende herausgebracht wird.

Kierkegaard knüpft aber mit seiner Bestimmung des Nichtseienden nicht nur mittelbar, sondern auch ganz unmittelbar an Schelling an. Denn bei Schelling heißt es: „Eben das Wesen des Nichtseyenden zu erforschen, darin liegt eigentlich das Schwere, das Kreuz aller Philosophie. Wir greifen ewig darnach und vermögen nicht es fest zu halten. [...] Alle endlichen Wesen sind aus dem Nichtseyenden geschaffen, aber nicht aus dem *Nichts*". Und Schelling verschärft die Negativität des Nichtseienden wie Kierkegaard, indem er erläuternd fortfährt: „Was ist z.B. die Krankheit? Ein Zustand *wider die Natur*; insofern also ein Zustand, der nicht *seyn* könnte und doch ist [...]. Das Böse ist in der moralischen Welt, was die Krankheit in der körperlichen ist; es ist das entschiedenste Nichtwesen von Einer Seite betrachtet, und hat doch eine schreckliche Realität".[38]

Allerdings verwischt Schelling hier – wie auch Kierkegaard an der zuvor zitierten Stelle – die entscheidende *Differenz* zwischen dem *Nichtseienden* als dem negativen Grund der Existenz und dem *Nichtseinsollenden* der Krankheit, des Bösen oder der Sünde. Denn weder wird Schelling im Ernst behaupten wollen, daß alle endlichen Wesen aus dem Bösen, noch Kierkegaard, daß sie aus der Sünde „geschaffen" sind. Mit solch einer Behauptung wäre nämlich die Hauptintention der Freiheitsphilosophie Schellings wie Kierkegaards unmittelbar durchkreuzt, in der Reflexion auf einen unvordenklichen Grund der menschlichen Freiheit die Möglichkeit, keineswegs aber die Notwendigkeit des Bösen zu begreifen.[39] Deshalb ist es für den hier verfolgten Gedankengang von ausschlaggebender Bedeutung, am Ende die Differenz zwischen Nichtseiendem und Nichtseinsollendem mit Hilfe der bereits erarbeiteten Ergebnisse ganz deutlich auf den Begriff zu bringen, um der Gefahr eines Verwischens der Differenz möglichst nachdrücklich zu begegnen.[40]

Die systematische Klärung der entscheidenden Differenz zwischen Nichtseiendem und Nichtseinsollendem hat von der bereits erörterten *geschichtlichen* Perspektive auszugehen, in der sich das Unvor-

---

[38] *Schellings sämmtliche Werke* (s. Anm. 7), Bd. 7, S. 436f. – Schelling bezieht sich bei der Bestimmung des „Nichtseienden" vor allem auf Platon, der insgesamt den – neben Kant – wichtigsten Orientierungspunkt für Schellings Analyse des „Unvordenklichen" darstellt. Kierkegaard bezieht sich ebenfalls auf Platon, allerdings vorrangig auf den *Sophistes* (Kierkegaard *Der Begriff Angst* [s. Anm. 35], S. 76 Anm.), während Schelling neben dem *Sophistes* (vgl. Bd. 10, S. 236) auch den *Timaios* (vgl. Bd. 7, S. 390f.) berücksichtigt.

[39] In diesem Sinne hält Kierkegaard auch gleich an mehreren Stellen der Angstabhandlung fest: „Sinnlichkeit ist nicht Sündhaftigkeit" (S. 74, vgl. S. 46), eine Feststellung, die sich vorteilhaft von der zitierten Stelle abhebt, in der „Sünde" und „Sinnlichkeit" in einem Atemzug als nähere Bestimmungen des Nichtseienden genannt werden.

[40] Die Gefahr, das Nichtseinsollende zu einem Notwendigen zu machen, läßt sich bei Kierkegaard auch in der Fortsetzung der bereits zitierten Stelle über Angst und Schwindligsein beobachten. Dort heißt es: „In diesem Schwindel sinkt die Freiheit ohnmächtig um. [...] Im selben Augenblick ist alles verändert, und indem die Freiheit sich wieder aufrichtet, sieht sie, daß sie schuldig ist" (S. 57). Diese Stelle klingt, isoliert genommen, so, als ob es *unvermeidlich* sei, daß die Freiheit im Schwindel der Angst tatsächlich fällt und schuldig wird. Angesichts solcher Stellen läßt sich mit M. Theunissen sagen, daß hier Kierkegaard „entgegen seiner Intention [...] Freiheit zur Notendigkeit" werden läßt (Theunissen *Der Begriff Verzweiflung*, Frankfurt am Main 1993, S. 53).

denkliche der menschlichen Existenz als ihre *Vergangenheit* begreifen läßt, die als *latenter* – und in diesem präzisen Sinne „nichtseiender" – Grund die aktuelle (seiende) Gegenwart trägt. Das dergestalt geschichtlich verstandene Nichtseiende ist nun in der Tat notwendig, da es zu den zentralen Einsichten Schellings gehört, „daß keine Gegenwart möglich ist, als die auf einer entschiedenen Vergangenheit ruht, und keine Vergangenheit, als die einer Gegenwart als Ueberwundenes zu Grunde liegt"[41]. Das Nichtseiende des unvordenklichen Grundes ist demnach *als* Vergangenheit notwendig, aber *als* Vergangenheit auch kein Nichtseinsollendes, sondern ganz im Gegenteil ein unverzichtbares Moment des Seinsollenden.

Die eigentliche Bedeutung des Nichtseinsollenden ergibt sich in der geschichtlichen Perspektive erst durch den ebenfalls bereits angedeuteten Gedanken, daß der latente Grund, der die Gegenwart tragen *muß*, sie deshalb auch gefährden *kann*. So hieß es an der berühmten Stelle aus Schellings Freiheitsabhandlung, das ursprünglich „Regellose" liege noch immer im Grunde, „als könnte es einmal wieder durchbrechen". Das Nichtseiende ist also nur in einer ganz bestimmten Hinsicht das Nichtseinsollende, nämlich dann, wenn es aus dem Grund wieder hervorbricht, d. h. wenn sich das, was latent bleiben soll, wieder aktuelle Gegenwart verschafft. Exakt in diesem präzisen Sinne versteht deshalb Schelling auch das Nichtseinsollende der Krankheit, die ihm als Analogie für das Böse dient. Krankheit entsteht für Schelling nämlich „nie, ohne daß die verborgenen Kräfte des Grundes sich aufthun: sie entsteht, wenn das irritable Princip, das in der Stille der Tiefe als das innerste Band der Kräfte walten sollte, sich selbst aktuirt"[42]. Daher läßt sich die Einheit und zugleich die entscheidende Differenz von Nichtseiendem und Nichtseinsollendem dahingehend zusammenfassen, daß das Nichtseinsollende die „aktuierte" Form des Nichtseienden ist, das in der Latenz des Grundes verbleiben soll.

Diese *geschichtliche* Tiefendimension des unvordenklichen Grundes ist im Denken Schellings und Kierkegaards auch dort noch prägend wirksam, wo nicht direkt von geschichtlichen Verhältnissen, sondern von der Natur (oder der Sinnlichkeit) gesprochen wird. Denn die Natur ist für Schelling nichts anderes als „das *Älteste* von allem Wirklichen"[43]. Entsprechend ist Kierkegaards nähere Bestimmung

---

[41] *Schellings sämmtliche Werke* (s. Anm. 7), Bd. 8, S. 259.

[42] Ebd., Bd. 7, S. 366.

[43] Ebd., Bd. 14, S. 18 (Hervorhebung: A. H.).

der Angst im Spannungsfeld von natürlicher Sinnlichkeit und Geist nur wirklich zu verstehen, wenn auch hier die geschichtlichen Dimensionen von Vergangenheit, Gegenwart und Zukunft zum systematischen Leitfaden des Verständnisses gemacht wird.

So heißt es bei Kierkegaard, man werde „deshalb beim Tier keine Angst finden, gerade weil dies in seiner Natürlichkeit nicht bestimmt ist als Geist“ (S. 40). Noch deutlicher heißt es an einer anderen Stelle: „Wäre der Mensch ein Tier oder ein Engel, würde er sich nicht ängstigen können“ (S. 141). Hier wird das Wesen der spezifisch menschlichen Freiheit besonders klar erkennbar. Denn das Tier kann sich auf den Grund seiner Existenz überhaupt nicht bewußt beziehen. Der „Engel“ hingegen kann sich zwar auf den Grund seiner Existenz beziehen – aber nicht in *zweideutiger* Weise. Das Wesen der menschlichen Freiheit liegt also in der eigentümlichen Ambivalenz, welche die Stellung des Menschen zu seinem unvordenklichen Naturgrund kennzeichnet. Diese Zweideutigkeit ist das Nichts, vor dem sich die Angst ängstigt und die nicht einfach „nichts“ ist, weil sie zugleich die Ermöglichung und die Gefährdung der menschlichen Freiheit ist.

Der Umstand, daß der Mensch als Geist „bestimmt“ ist, bedeutet deshalb in der geschichtlichen Perspektive vor allem, daß die tierische Natürlichkeit für ihn zur Vergangenheit werden soll, die der menschlichen Gegenwart als latente Basis dient. Das meint jedoch nicht, daß Kierkegaard die Gegenwart schlicht mit dem Geist identifiziert. Vielmehr ist für ihn der Geist zwar „gegenwärtig, aber als unmittelbarer, als träumender“. Aus dieser nur erst unmittelbaren, „träumenden“ Gegenwart des Geistes ergibt sich überhaupt erst der eigentliche Ausgangspunkt von Kierkegaards Angstabhandlung: „wie verhält der Geist sich zu sich selbst und zu seiner Bedingung? Er verhält sich als Angst“ (S. 42). Mit anderen Worten: Die Gegenwart des Geistes ist so lange zweideutig als „träumend“ zu bestimmen, solange er sich zu seiner Bedingung, dem unvordenklichen Naturgrund, nur im zweideutigen Modus der Angst verhält.

Wie der Traum bei Kierkegaard zwischen Schlaf und Wachen steht, so steht die Angst geschichtlich zwischen der Vergangenheit des Naturgrundes und der Zukunft des „erwachten“ Geistes, der sich ohne Angst zu seiner unvordenklichen Bedingung verhalten kann, weil er die Differenz zwischen sich selbst und seinem Anderen eindeutig und bleibend gefaßt hat. Es ist deshalb nur konsequent, wenn Kierkegaard das Überwinden der Angst, das „Erwachen“ des Geistes mit einem genuin geschichtlichen Begriff faßt, nämlich mit dem Begriff einer *Erinnerung*, die das Erinnerte nicht aktualisiert, sondern im Gegenteil *als* Vergangenheit setzt, d.h. eindeutig in die Latenz versetzt. Kierkegaard drückt dies paradox und zugleich sehr präzise so aus, daß die natürliche Sinnlichkeit im erwachten Geist „vergessen ist und nur als vergessen erinnert wird. Wenn dies geschehen ist, dann ist die Sinnlichkeit verklärt in Geist und die Angst verjagt" (S. 74). Weil die Angst dergestalt auf die Zukunft verweist, kann Kierkegaard sagen, die Angst sei keine „Unvollkommenheit", „da ihre Größe im Gegenteil eine Prophetie der Vollkommenheit ist" (S. 60).

Das Seinsollende läßt sich am Ende bei Kierkegaard wie bei Schelling nur als Negation, als erfolgreicher Widerstand gegen die Möglichkeit des Nichtseinsollenden fassen, der diese Möglichkeit zugleich erinnernd festhält, indem er sie *als* Vergangenheit setzt. So kehrt Schellings Gegen-Analogie des fliegenden Adlers, der seine Kraft beständig am Sog der Tiefe erneuert, auch verborgen in Kierkegaards Gegenbestimmung zur Angst wieder, nämlich als „der Mut, auf die Angst ohne Angst zu verzichten, was nur der Glaube vermag, ohne daß er doch darum die Angst vernichtet, sondern, selbst ewig jung, entfaltet er sich beständig an dem Todesaugenblick der Angst" (S. 107).

# Sprung im Übergang

## Kierkegaards Kritik an Hegel im Ausgang von der Spätphilosophie Schellings

Von Lore Hühn

*Abstract*

Hegel's *Science of Logic* claims to operate within the realm of pure thought, in the sphere of essence. Lacking the concreteness of actuality, this sphere is indifferent to dimensions of time and space in existence. Kierkegaard takes over the main perspective of Schelling's critique of Hegel and this by making the distinction explicit, which plays the dominant role in the late philosophy of Schelling. He reproaches Hegel for confusing the sphere of essence and the sphere of existence. This confusion is articulated by an internal contradiction of the *Science of Logic*. The Dane complains that Hegel attempts to operate "abstract without any relation to existence," although this relation is essential for the dynamic view, which constitutes the way from one category to another. Kierkegaard argues that Hegel himself misunderstood the full implications of the presupposed vocabulary, which he borrowed from the practical and existential dimension of our life.

### *Einleitung*

Es war nicht einmal drei Jahre her, daß Kierkegaard die Antrittsvorlesung Schellings in Berlin „Die Philosophie der Offenbarung" gehört hatte, als seine Abhandlung *Der Begriff Angst* am 17. Juni 1844 in Kopenhagen erschien. Man tut gut daran, sich dieser Nähe zu versichern, schließlich ist Schellings Antrittsvorlesung Kierkegaard wichtig genug, um sie in Mit- und Nachschriften ebenso wie in Tagebuchaufzeichnungen eindringlich zu dokumentieren.[1] Weit über das rein Philosophiege-

[1] Vgl. Michael Theunissen „Die Dialektik der Offenbarung. Zur Auseinandersetzung Schellings und Kierkegaards mit der Religionsphilosophie Hegels" in *Philosophisches Jahrbuch* 72 (1964/65), S. 134-160.

schichtliche hinaus verdienen jene Schriften jedes nur erdenkliche Interesse, hebt der Däne in ihnen doch ganz bewußt auf jenen idealismuskritischen Grundzug ab, welcher Schellings späterer Fundamentaldifferenz von möglichem und wirklichem Seiendem im ganzen zugrunde liegt: der Affront gegen Hegels Vermittlungsdialektik, die auf Kosten der jeweiligen Existenzwirklichkeit des Menschen vollzogen gedacht werden soll, indem sie eben diese Differenz einzieht und übergeht.

Nichts jedenfalls wird in Schellings Spätphilosophie durch die schroffe Antithetik von möglichem und wirklichem Seienden – auf die Kierkegaard während seines ersten Berliner Aufenthaltes bereits in der Mitschrift der zweiten Vorlesungsstunde[2] ausführlich eingeht und die er darüber hinaus in der Tagebuchaufzeichnung vom 22. November 1841 geradezu enthusiastisch kommentiert[3] – so sehr in Frage gestellt wie das, was Hegel aus der Warte seines Kritikers über den gleichen Leisten jener sich verabsolutierenden Begriffsdialektik geschlagen haben soll. Nichts wird zugleich aber auch durch die von Schelling (re-)etablierte Fundamentaldifferenz von möglichem und wirklichem Sein wirkungsgeschichtlich so folgenreich angestoßen und herausgefordert wie das geradezu archäologische Abtragen und Ergründen der Schichten, welche von dem *einen* Vermittlungsgeschehen jener Dialektik abgedrängt und verdeckt oder durch jene verstellt und gar verfremdet worden sein sollen: die Positivität der Erfahrung, die Existenzwirklichkeit des jeweils Einzelnen oder aber auch die Kategorie des Sprungs – eine Kategorie, die sich nach Kierkegaard als der „entscheidendste Protest gegen den inversen Gang der [Hegelschen] Methode“[4] einer Auflösung in die Schritte einer bloß begrifflichen Folge per definitionem widersetzt.[5]

Die Kritik, die der späte Schelling an Hegel übt, hat philosophiegeschichtlich Kreise gezogen und Folgen gezeitigt.[6] Was die Folgen an-

---

[2] Vgl. A. M. Koktanek *Schellings Seinslehre und Kierkegaard. Mit Erstausgabe der Nachschriften zweier Schellingvorlesungen von G. M. Mittermair und Sören Kierkegaard,* München 1962, S. 98ff.

[3] Sören Kierkegaard *Berliner Tagebücher,* übers. und hg. v. Tim Hagemann, Berlin und Wien 2000, S. 30f.

[4] *AUN, GW1* 10, 98; *SV1* VII, 85.

[5] Die gar nicht hoch genug zu veranschlagende Bedeutung, die Kierkegaard Schellings Hegel-Kritik beimißt, bestätigt auch Niels Thulstrup in seiner philosophiehistorischen Bestandsaufnahme jener Konstellation: *Kierkegaards Verhältnis zu Hegel und zum spekulativen Idealismus, 1835-1846,* Stuttgart, Berlin u. a. 1972, S. 222-227.

[6] Vgl. Manfred Frank „Einleitung“ in *Schelling. Philosophie der Offenbarung. 1841/42* (Paulus-Nachschrift), hg. und eingeleitet von M. Frank, Frankfurt am Main 1977 (abgekürzt: Schelling *Philosophie der Offenbarung 1841/42*), S. 9-84.

geht, so dürfte deren auffallendste sein, daß in der jüngeren Generation um und nach Schelling sich wohl kaum jemand mehr für eine derartige Wirklichkeitserfahrung erwärmen konnte, die von dem Prozeß begrifflichen Anverwandelns buchstäblich alles zu erwarten habe und welche, was ihre Unmittelbarkeit angeht, regelrecht als Wiederherstellung des Ganzen aus der Vermittlung heraus gestiftet sein solle. Man darf jedenfalls sagen, die Vorstellung einer solchen Unmittelbarkeit, die allein als eine absolut vermittelte überhaupt Unmittelbarkeit ist, hat Hegel in der eigenen Generation keine großen philosophischen Sympathien eingetragen und in der nachfolgenden sogar eine breite Allianz der Ablehnung von Trendelenburg, Feuerbach, Schopenhauer und Kierkegaard hervorgerufen. Daß „es Nichts *gibt*, nichts im Himmel oder in der Natur oder im Geiste oder wo es sei, was nicht ebenso die Unmittelbarkeit enthält als die Vermittlung, so daß sich diese beiden Bestimmungen als *ungetrennt* und *untrennbar* und jener Gegensatz sich als ein Nichtiges zeigt“[7], – dies ist die wohl grundlegendste und ursprünglichste Einsicht Hegels. Sie ist in der Folge bewußt gegen ihn gewendet und zu Ende gedacht worden.[8]

Wie sich mit Blick auf die geschlossen wirkende Phalanx seiner zahlreichen Kritiker getrost zusammenfassen läßt: Im Ausgang von der Spätphilosophie des Berliner Schelling mehren sich auf der ganzen Front die Stimmen, die bezeugen und die Hegel auf die eine oder andere Weise bescheinigen, niemand anders als er selber sei es gewesen, der am meisten gegen seine programmatische Intention der inneren Abgeschlossenheit eines rein begrifflich vermittelten Systemganzen gewirkt habe.[9]

Schelling und Kierkegaard treffen sich freilich nicht nur in dem, woran sie Anstoß nehmen und was sie als Mangel der Begriffsdialektik Hegelscher Provenienz ankreiden.[10] Vielmehr organisieren sie

---

[7] G. W. F. Hegel *Werke. In 20 Bänden*. Auf der Grundlage der Werke von 1832-1845 neu hg. v. E. Moldenhauer und K. H. Michel, Frankfurt am Main 1969-71 (abgekürzt: Hegel *Theorie Werkausgabe*); Bd. 5, S. 66.

[8] Vgl. Andreas Arndt „Unmittelbarkeit. Zur Karriere eines Begriffs in Feuerbachs und Marx' Bruch mit der Spekulation“ in *Ludwig Feuerbach und die Philosophie der Zukunft*, hg. v. H.-J. Braun u. a. Berlin o. J. (1990), S. 503-524.

[9] Vgl. Bernd Burkhardt *Hegels „Wissenschaft der Logik“ im Spannungsfeld der Kritik*, Hildesheim, Zürich u. a. 1993 (abgekürzt Burkhardt *Hegels „Wissenschaft der Logik“*).

[10] Eine verläßliche Bestandsaufnahme der aktuellen Forschungssituation und ihrer möglichen Perspektive in dem Verhältnis Schellings und Kierkegaards gibt Jochem Hennigfeld in „Die Freiheit der Existenz“ in *Zeit und Freiheit. Schelling, Schopenhauer, Kierkegaard und Heidegger*, hg. v. István M. Feher und Wilhelm G. Jacobs, Budapest 1999, S. 83ff.

ihre Reserve und den auf je eigene Weise vollzogenen Ausstieg aus jener mit spekulativen Fundierungsoptionen überzogenen Dialektik von einer methodischen Grundüberzeugung her, welche eine gemeinsame ist und die man üblicherweise als immanent verfahrende Kritik zu charakterisieren pflegt. Nach der bekannten Maxime, die Kraft des Gegners gegen diesen selbst zu kehren[11], geht vor, wer wie Schelling und Kierkegaard Hegel beständig im Spiegel seines eigenen Selbstanspruches mit dem konfrontiert, womit er dahinter zurückgeblieben ist, worauf er sich selber nun einmal verpflichtet hat. Es ist jedenfalls mehr als nur eine gelungene Pointe, wenn beide ausgerechnet Hegel, den wohl wortgewaltigsten Verfechter einer immanent verfahrenden Kritik, über die verdrängten Potentiale seiner eigenen Dialektik belehren und ihm dabei die systemsprengenden Konsequenzen dieser Verdrängung immer aufs neue vor Augen zu führen suchen.

## *I.*

Die hermeneutisch weit verbreitete Annahme, daß vieles, was von Autoren des Spät- und Nachidealismus über die Verdrängungsleistung Hegels gesagt wird, zunächst zwar der Aufdeckung impliziter Voraussetzungen und uneingestandener Inanspruchnahme von Prämissen gilt, im Grunde aber schon stets auf dasjenige gemünzt ist, was man fortan selbst zum eigenen philosophischen Hauptthema erklärt sehen möchte, findet hier einmal mehr eine Bestätigung. Kierkegaard macht die Probe aufs Exempel, wenn er auf die Umschlagskategorie des Plötzlichen just so zu sprechen kommt, daß er seinem Vorgänger die Vernachlässigung dessen vorrechnet, was ihm selber am Herzen liegt, und er das Plötzliche als Desiderat einfordert, behauptet, daß das unter dieser Kategorie zur Sprache gebrachte Phänomen bei Hegel in einer beispiellosen spekulativen Selbstüberforderung des Logischen untergeht und all seine spezifischen, zumal philosophiegeschichtlichen Konturen verliert.

Das Thema des Augenblicks, das der Däne in der ganzen Weite – vom platonischen ἐξαίφνης als jenem in der Zeit sich ereignenden Zeitlosen bis hin zum ausgezeichneten Augenblick des Kairos, zumal

---

[11] „Die wahrhafte Widerlegung muß in die Kraft des Gegners eingehen und sich in den Umkreis seiner Stärke stellen; ihn außerhalb seiner selbst angreifen und da Recht zu behalten, wo er nicht ist, fördert die Sache nicht" (Hegel *Theorie Werkausgabe* [s. Anm. 7], Bd. 6, S. 250).

in seiner christlichen Gestalt – zu durchmessen beansprucht[12], ist schließlich so sehr mit seinem Eigensten verbunden, daß man Grund genug hat zu vermuten, Hegel sei hier die Vorlage, von welcher er sich zwar negativ absetzt, dies aber nur, um das *proprium* des eigenen philosophischen Ansatzes desto klarer in den Blick bringen zu können. „Die Übergangs-Kategorie hat Hegel niemals gerechtfertigt“[13], schreibt der Däne, sich nicht scheuend, Hegel daran zu erinnern, daß es nichts Geringes ist, dessen Rechtfertigung er schuldig geblieben sei. Nicht von ungefähr betont Kierkegaard, mit Hegels Vermittlungsdialektik stehe zugleich die Umschlagskategorie des Plötzlichen zur Verhandlung an, alldieweil sich gerade erst über die „Zeitlichkeit des Übergangs“[14] ein Weg zur inneren Dynamik des logischen Geschehens und so zum Gesetz des immanenten Fortschreitens der Kategorien finden lasse.

Die Negation, der Übergang, die Vermittlung sind drei vermummte verdächtige Geheimagenten (*agentia*), von denen alle Bewegungen verübt werden. Unruhige Köpfe würde Hegel sie allerdings nie nennen, da sie ihr Spiel gerade mit seiner allerhöchsten Genehmigung treiben und zwar so ungeniert, daß man sogar in der Logik Ausdrücke und Wendungen gebraucht, die der Zeitlichkeit des Übergangs entnommen sind. [...] Doch sei denn nun, wie es wolle; und mag die Logik sehen, wie sie sich selbst helfe. Das Wort Übergang ist und bleibt in der Logik ein bloßer geistreicher Einfall. Es ist im Bereich der historischen Freiheit zu Hause: denn der Übergang ist ein *Zustand,* und ist wirklich. Die Schwierigkeit, den Übergang dem rein Metaphysischen zuzuteilen, hat Platon sehr gut verstanden; und deshalb hat diese Kategorie: der *Augenblick* ihn soviel Anstrengung gekostet.[15]

Der von Kierkegaard in notorischer Regelmäßigkeit gegen Hegel vorgebrachte Einwand, im Grunde gar nicht zu wissen, was Übergang seiner praktischen Wortbedeutung nach heißt, wo dieser Begriff doch auf abgründige Weise ein plötzliches, unvermitteltes, jedenfalls offenes Geschehen in sich berge und darum nur im „Bereich der historischen Freiheit zu Hause“ (s.o.) sein könne, nicht aber dem Logischen zugeschlagen werden dürfe, spricht im Grunde Bände über sein eigenes Interesse an einem Phänomen, von dem der Kopenhagener glaubt

---

[12] Vgl. Michael Theunissen „Augenblick“ in *Historisches Wörterbuch der Philosophie,* Bd. 1-13, hg. v. Joachim Ritter, Basel u. a. 1971ff.; Bd. 1, Sp. 649f.

[13] Kierkegaard *Pap.* IV C 808. Vgl. zu dieser und der Auflistung weiterer Fundstellen: Christa Kühnhold *Der Begriff des Sprunges und der Weg des Sprachdenkens,* Berlin / New York 1975, S. 34ff.

[14] *BA, GW1* 7, 83; *SV1* IV, 351.

[15] Ebd.

zeigen zu können, es habe nur verkürzt und verfremdet Aufnahme in die idealistische Systemphilosophie Hegels gefunden.

Um einem Mißverständnis gleich vorzubeugen: Das (positive) Paradox des christologischen Augenblicks als Einbruch des Ewigen in die Zeit ist nach wie vor der Fluchtpunkt, auf den hin und von dem her der Däne Platons ἐξαίφνης[16] in den Blick genommen sehen will und es auch in eigener Sache fortbestimmt hat.[17] Schließlich ist es ihm um eine Vermittlung, zumal um eine ausgezeichnete Vermittlung zwischen einem – christlich verstandenen – Ewigen und Zeitlichen, nicht aber darum zu tun, einen Chorismos von Idee und Gegenstand zu überbrücken. „Der Begriff, um den alles im Christentum sich dreht, der alles neu gemacht hat, ist die Fülle der Zeit, aber die Fülle der Zeit ist der Augenblick als das Ewige und doch ist dies Ewige zugleich das Zukünftige und das Vergangene."[18]

Seinem vorrangigen Interesse, den neutestamentlichen Erfahrungsgehalt des Augenblicks – sowohl in seiner eschatologisch-paulinischen Gestalt[19] (1 Kor 15,52), aber auch und vor allem in der an Gal 4,4 und Mk 1,15 orientierten Rede von der „Fülle der Zeit" – vor dem antikheidnischen Hintergrund um so klarer auszuzeichnen, dürfte es geschuldet sein, daß er die Platonische Vorlage eigentümlich unterbestimmt läßt. Dieses Interesse schlägt auf seine Interpretation der drit-

---

16 Der *locus classicus* der von Hans Günter Zekl besorgten Übersetzung lautet: „Aber umschlagen ohne einen Umschlag wird es doch auch nicht. – Schwerlich. – Wann also schlägt es um? Denn weder solange es stillsteht noch solange es sich bewegt, schlägt es um, noch auch ist es dabei in der Zeit. – Wirklich nicht. – Gibt es denn nun dieses unbegreifliche Etwas, in dem es dann wäre, wenn es umschlägt? – Nun was ist das denn? – Das ‚Plötzlich'. Denn das Plötzlich scheint so etwas zu bezeichnen, daß es aus ihm heraus in beides umschlägt; denn solange es noch stillsteht, schlägt es aus dem Stillstand nicht um, und auch aus der Bewegung schlägt es nicht um, solange es sich noch bewegt. Vielmehr hat das Plötzlich, dies einigermaßen unbegreifliche Ding, mitten zwischen der Bewegung und dem Stillstand seinen Sitz, ist dabei selbst in keiner Zeit, und in es hinein und aus ihm heraus schlägt das Bewegte auf den Stillstand und das Stillstehende auf die Bewegung hin um" (Platon *Parmenides,* 156c5-e5).

17 Vgl. Annemarie Pieper *Geschichte und Ewigkeit bei S. Kierkegaard. Das Zeitproblem der pseudonymen Schriften,* Meisenheim 1968; ferner: Joachim Ringleben „Kierkegaards Begriff der Wiederholung" in *Kierkegaard Studies. Yearbook 1998,* ed. by Niels Jørgen Cappelørn and Hermann Deuser, Berlin / New York 1998, S. 318-344.

18 *BA, GW1* 7, 92; *SV1* IV, 360.

19 „Im Neuen Testament findet sich eine poetische Umschreibung des Augenblicks. Paulus sagt, die Welt werde vergehen [...] im unteilbar Kurzen und im Augenwurf. Damit drückt er auch aus, daß der Augenblick empfänglich (kommensurabel) ist für die Ewigkeit, sofern nämlich der Augenblick des Untergangs im gleichen Augenblick die Ewigkeit ausdrückt" (*BA, GW1* 7, 89; *SV1* IV, 358).

ten Hypothese des platonischen *Parmenides* (155e4-157b5) dergestalt durch, daß das ἐξαίφνης mit dem Jetzt der zweiten Hypothese auf eine Stufe gestellt und zu „eine[r] lautlose[n] atomistische[n] Abstraktion“[20] sodann herabgestuft wird. Und dies mit der fatalen, weil in die schlechte Dualität einer Weltbetrachtung *sub specie aeternitatis* und *sub specie temporis* ausschlagenden Konsequenz, vermittlungslos auf eine absolut getrennte und zeitlose Ewigkeit als sein Anderes verwiesen zu sein. Daß Kierkegaard dem platonischen ἐξαίφνης als einem in der Zeit sich ereignenden Zeitlosen all das abspricht, was es seinem ganzen transzendierenden Charakter nach zu einem *in der Zeit zugleich über die Zeit hinausgehenden Zeitlosen* macht, scheint so gesehen strategisch motiviert.[21] Und dies um so mehr, als er ihm bezeichnenderweise das streitig macht, was er als das Eigenste und Einzigartigste nur dem christlichen Augenblick glaubt vorbehalten zu dürfen, nämlich das Paradox einer Vermittlung von Ewigkeit und Zeit.

„Erst mit dem Christentum werden Sinnlichkeit, Zeitlichkeit, der Augenblick verständlich, eben weil erst mit dem Christentum die Ewigkeit wesentlich wird.“[22]

## *II.*

Nicht viel anders verfährt Kierkegaard mit Hegel, den er nicht umsonst auf den späten Platon verweist. Schließlich lobt der Däne den Griechen für das, woran es Hegel in seinen Augen am meisten fehlt: das Gespür dafür, „den Widerspruch in den Begriffen selbst“[23] auszumachen und Begründungsdefizite an ihnen freizulegen, statt sie durch vorgängige und wohl auch voreilige Synthesebildungen bloß rheto-

---

[20] „Der Augenblick wird daher zur Übergangskategorie schlechthin [...]. Mit dem allen hat Platon das Verdienst, sich die Schwierigkeit deutlich zu machen; aber der Augenblick wird doch eine lautlose atomistische Abstraktion, die man auch damit nicht erklärt, daß man sie ignoriert. [...] Diese Kategorie ist von großer Wichtigkeit, um einen Schlußstrich zu ziehen wider alle heidnische Philosophie und eine nicht minder heidnische Spekulation im Christentum. Im Dialog Parmenides zeigt sich an einer andern Stelle die Folge davon, daß der Augenblick eine derartige Abstraktion ist“ (*BA, GW1* 7, 84f.; *SV1* IV, 353).

[21] „Sollte das griechische Leben überhaupt irgend eine Zeitbestimmung bezeichnen, so ist es das Vergangene; doch dies nicht bestimmt in Beziehung auf das Gegenwärtige und Zukünftige, sondern bestimmt, so wie es die Bestimmung der Zeit überhaupt ist, als ein Vorübergehen“ (*BA, GW1* 7, 91; *SV1* IV, 359).

[22] *BA, GW1* 7, 85; *SV1* IV, 354.

[23] *BA, GW1* 7, 84; *SV1* IV, 352f.

risch zu überspielen. Die Begriffsbestimmungen des Denkens, wie sie die Logik hierarchisiert, bringen nach Kierkegaard ihre Überzeugungskraft nämlich nicht von sich her auf, wie es Hegel gern hätte; es handelt sich bei ihnen, so klagt er ein, vielmehr um einen unthematisch ständig bloß mitlaufenden Kontext, der für ihre Plausibilität und ihre interne Selbstentfaltung aufkommt. Daß eine Explikation dieses Kontextes bei Hegel unterbleibt und es dieser schlicht dahingestellt sein läßt, in welche Tiefendimension die Problemstellungen hineinreichen – Problemstellungen, welche über die Konstellation, die Kierkegaard mit der Trias von Negation, Übergang und Vermittlung (s.o.) anspricht, geradezu stets aufs neue dazu herausfordern, ausgetragen und bewältigt zu werden –, dies macht natürlich selbst etwas von der grundlegenden Ambivalenz dieser Konstellation sichtbar. Die Präsenz jenes Kontextes wird nämlich durch nichts tiefgreifender bezeugt als durch die Unmerklichkeit, mit welcher jener im Innersten des logischen Geschehens wirksam ist und dort einspringt, wo es nach Meinung des Dänen zuhauf eklatante Begründungslücken zu kompensieren und Widersprüche zu überkleben gibt. Die philosophisch interessanteste und herausforderndste Seite von Kierkegaards Einwand, Hegel bleibe hinter dem zurück, wofür dieser die Metaphysik des späten Platon rühmt, liegt darin zutage, daß er die *Wissenschaft der Logik* an ihrer empfindlichsten Stelle, nämlich ihrem Selbstanspruch, angreift.

Kierkegaard war es schließlich die folgende Anmerkung wert: „Im *Parmenides* stellt Platon den Augenblick dar. Dieser Dialog beschäftigt sich damit, den Widerspruch in den Begriffen selbst nachzuweisen“[24]. Hegelkritisch gewendet wird dieser Hinweis zu einer Provokation, die philosophiegeschichtlich ihresgleichen suchen dürfte, lastet Kierkegaard dem Deutschen doch an, hinter dem zurückgeblieben zu sein, was er schon an jenem Spätdialog Platons hätte studieren können, nämlich nicht von außen, vielmehr aus dem Innersten der Begriffe und ihrer immanenten Widersprüche heraus eine kritische Darstellung ihres Zusammenhangs zu leisten.

Kierkegaards Einwand, Hegel beherzige nicht, jedenfalls nicht genug, worauf die gemeinsame Hochschätzung der Metaphysik des späten Platon zurückgehe, entbehrt schließlich noch in anderer Hinsicht nicht einer gewissen Schärfe. Schließlich weiß er nur allzu gut, wie sehr Hegel selbst von dem platonischen *Parmenides* beeindruckt war, und zwar aus keinem anderen Grund als eben dem, in ihm mustergültig eine philosophische Selbstkritik praktiziert zu sehen, welche sich

---

[24] Ebd.

mitten in den Diskurs der überlieferten Begriffe hineinbegibt, dort die eigenen dialektischen Gehalte mobilisiert und gegen deren positive Verhärtungen zum Austrag zu bringen versucht.[25] Was die Lektüre des Platonischen Dialogs so lohnend und diesen Text der Selbsteinschätzung Hegels nach sogar zum antiken Vorläufer seiner eigenen Dialektik macht[26], ist gerade, daß man von ihm eines am meisten lernen könne, nämlich durch Aufdeckung der inneren Widersprüche den Problemzusammenhang eines Denkens freizulegen und dadurch den Maßstab der eigenen Kritik aus dem Kritisierten derart zu gewinnen, daß man daraus ganz wesentlich den Grundimpuls für die Exposition des Eigenen bezieht.[27] Letztlich weiß Hegel in eigener Sache so gut wie der Grieche in der seinen, wie dicht beide, Kritik und Kritisiertes, beieinander liegen, ja, daß sie nicht äußerlich und unvermittelt als Antithesen gegeneinander stehen, sondern in einer freilich bisweilen Rätsel aufgebenden Weise eng miteinander verbunden sind.[28]

---

[25] Vgl. Hegel *Theorie Werkausgabe* (s. Anm. 7), Bd. 8, S. 174.

[26] Vgl. Emil Angehrn *Der Weg zur Metaphysik,* Weilerswist 2000, S. 303-329.

[27] Nach Christian Iber ist dies „Platons eigentliche philosophische Leistung im Dialog ‚Parmenides'" in *Dialektischer Negativismus. Michael Theunissen zum 60. Geburtstag,* hg. v. E. Angehrn u. a., Frankfurt am Main 1992, S. 185-212.

[28] Michael Theunissen hat in der anhaltenden Diskussion um die wohl unauflöslichen Ambivalenzen, die diese Darstellungsperspektive nach sich zieht, am entschiedensten auf das Problem aufmerksam gemacht, welches Hegel sich dadurch eingehandelt habe, daß er die Metaphysikkritik, welche die Wissenschaft der Logik leistet, zugleich als Metaphysik auftreten lasse. Er habe damit das Seine dazu beigetragen, daß die Wissenschaft der Logik eine Quelle unaufhebbarer Zweideutigkeiten geblieben sei und bis heute Anlaß zu Mißverständnissen gegeben habe. Am unverzeihlichsten dürfte sein, Anlaß gegeben zu haben, daß man ihn auf die metaphysische Begrifflichkeit verpflichtet, die er gerade in ihrer Hypostasierung radikal unterläuft und in ihrer verhärteten Positivität verflüssigt. Erschwerend kommt hinzu, daß Hegel bisweilen unter nominell beibehaltenem Titel einen epistemischen Bruch *in* den Begriffen vollzieht, – einen Bruch, der sich erst aus rückläufiger Sicht und mit dem Blick auf das Ganze erkennen und entfalten läßt. Und gravierender noch: Der metaphysik*kritische* Grundimpuls droht unter der Maxime, Kritik und Darstellung in Einheit zu exponieren, marginalisiert und – verharmlosend genug – überformt zu werden, was – so die These von Theunissen – auf die Logik im ganzen zurückfällt, und zwar dergestalt, daß sie gerade in ihrer Gegenstellung zur überlieferten Metaphysik deren Geschichte fortschreibt und diese – freilich im großen Stil – restauriert. Nur so erklärt sich auch, daß der Streit darum, was Restaurierung und was Kritik sei, eine so lange Tradition hat und bis in die anhaltenden Kontroversen hinein die Diskussion beherrscht (Michael Theunissen *Sein und Schein. Die kritische Funktion der Hegelschen Logik,* Frankfurt am Main 1978 [abgekürzt: Theunissen *Sein und Schein*], S. 64-68, 139ff.).

Wie ernst es Hegel mit eben einem solchen methodischen Selbstverständnis war, bezeugt die *Wissenschaft der Logik* auf sehr eindrückliche Weise. Spricht doch vieles dafür, sie als einen groß angelegten Versuch zu lesen, welcher die Aporien der überlieferten Metaphysik und ihrer Denkbestimmungen dergestalt aufhebt, daß schließlich die Widersprüche zu konstitutiven Etappen und Schritten einer Begriffsbewegung verwandelt werden, bei der Hegel zusieht und auf eins vor allem abstellt: die *Kritik* der metaphysischen Denkbestimmungen soll einzig und allein *in* der *Darstellung* ihres systematischen Beziehungszusammenhangs entfaltet und beides – Kritik und Darstellung – unter dem Dach eines Kategoriensystems untergebracht werden.

Doch zunächst: Nicht außerhalb und jenseits, vielmehr *im* Streit der Auffassungen ist die Wahrheitsfrage zu stellen, und jedes externe Herangehen ist nicht nur verfehlt, vielmehr die schlimmste Gefährdung des Wahrheitsanspruches selbst, – dies dürfte – plakativ zugespitzt – die Losung sein, auf die sich Hegel und Kierkegaard in Hochschätzung der platonischen Metaphysik, ihres gemeinsamen Fundamentes, verständigt haben.

Nicht von außen ist heranzugehen: eine solche *Kritik* wird sich in der Auseinandersetzung selbst zum Problem, gerade weil sie nicht von der festen Burg einer Beobachterperspektive ausgeht und nicht so erfolgt, daß am Ende Behauptung gegen Behauptung stehen bleibt. Und eine *Darstellung*, die sich nicht außerhalb der Sache, um die sich die Kritik dreht, positioniert[29], hingegen allein im konsequent immanenten Beurteilen die Wahrheitsfähigkeit des Kritisierten prüft, fordert nach Kierkegaard der Selbsttätigkeit des Lesers außerdem noch das Äußerste ab, nämlich nicht nur gewissermaßen von einem dritten Ort aus der Sache zuzusehen und sie ein für allemal zu beurteilen, vielmehr sich als Person in die Lektüre immer erneut mit einzubringen, gerade weil das einmal Erworbene wieder zu zerfallen droht, wenn es nicht in einer jeweils neu zu aktualisierenden Aneignung übersetzt und in der Besonderung praktisch umgesetzt wird; „denn der indirekte Ausdruck verlangt beständige Erneuerung und Verjüngung in der Form“, wo doch der „Gegenstand der Mitteilung nicht ein Wissen, sondern seine Realisation“ ist.[30]

---

[29] Vgl. Jürgen Werner *Darstellung als Kritik. Hegels Frage nach dem Anfang der Wissenschaft,* Bonn 1986.

[30] *Sören Kierkegaard. Die Dialektik der ethischen und der ethisch-religiösen Mitteilung,* hg. v. Tim Hagemann, Frankfurt am Main 1997, S. 25.

Der Kopenhagener macht einmal mehr die Probe auf die der indirekten Mitteilung einzig angemessene Form der „beständige[n] Erneuerung“, wenn er den platonischen *Parmenides* in den allerhöchsten Tönen lobt, um auf dieser Grundlage gegen Hegel den Vorwurf erheben zu können, die logische Begriffsentwicklung um ihre eigenen Antriebskräfte gebracht zu haben – Antriebskräfte, die einem Subtext zugehörten, den Hegel zwar für den inneren Fortgang der Kategorien rücksichtsloser habe gar nicht einsetzen und ausbeuten können, indem er ihn aufs nachdrücklichste voraussetzt, ihn aber noch im selben Atemzug qua Gebietsabtrennung aus dem Reiche des rein Logischen verbannt.

## *III.*

Kierkegaard will an Hegels verharmlosendem, bloß operationalem Umgang mit der Kategorie des Augenblicks erfahren haben, wie ausgerechnet dieser, der sich zugute halte, mehr denn jeder andere Idealist sich auf die produktiven Potentiale des Widerspruchs als „die Wurzel aller Bewegung und Lebendigkeit“[31] zu verstehen, die Widersprüche seiner Denkpraxis ignoriert und großzügigst übergangen hat. Hatte Hegel bereits in der Differenzschrift sich des „Gesetz[es] der Selbstzerstörung“[32] als *des* Prinzips bedient, das in allen signifikanten Verstandesbestimmungen wirksam, ja dort für deren Selbstaufhebung verantwortlich ist, so hat er den operationalen Gebrauch dieses Prinzips im Laufe seiner weiteren philosophischen Biographie nicht eingeschränkt, vielmehr verstärkt. Nicht nur anfangs in der Selbstaufhebung des Verstandes zur Vernunft, sondern wie späterhin in allen Kategorien der *Wissenschaft der Logik*, bei denen es sich in erster Linie um reflektierte Formbestimmungen handelt, ist die Widerspruchskategorie als organisierendes Prinzip des logischen Geschehens wirksam. Hier wird der Widerspruch, welcher als Motor die ganze kategoriale Entwicklung vorerst antreibt, zunehmend selber das Thema, und zwar dergestalt, daß Hegel die von ihm ausgezeichnete Kategorie noch einmal dem eigenen Paradigma unterwirft, was zur Folge hat, daß sie an sich selber das „Zugrundegehen“ ihrer Selbstdefinition erfährt. Der in der äußersten Spitze eines Selbstwiderspruchs vermutete Umschlag, an dem sich jene Dynamik entlädt, welche aus dem Eska-

---

31 Hegel *Theorie Werkausgabe* (s. Anm. 7), Bd. 6, S. 75.
32 Ebd., Bd. 2, S. 28.

lieren des jeweiligen Zusammenbruchs heraus noch einmal die produktiven Funken eines Neuanfangs zu schlagen vorgibt, hat Hegel ja nun in einer schon ihresgleichen suchenden, nach Kierkegaard „bestechenden“[33] Hartnäckigkeit ausbuchstabiert, ja, letztlich sogar bis zur „Methode“ fortbestimmt:

> Die Selbstreflexion fährt so lange fort, bis sie sich selbst aufhebt; das Denken dringt siegreich durch und bekommt wieder Realität; die Identität von Denken und Sein ist im reinen Denken errungen. [...] Was heißt das, daß die Selbstreflexion so lange fortfährt, bis sie sich selbst aufhebt? [...] Das ist nicht anderes als eine bestechende Redeweise, die die Vorstellung des Lesers durch Quantitieren bestechen will, als ob es besser zu verstehen wäre, daß die Selbstreflexion sich selbst aufhebt, wenn es lange dauert, bis es geschieht. [...] Die Erzählung, daß die Selbstreflexion „so lange fortfährt bis“, lenkt die Aufmerksamkeit von dem ab, was dialektisch die Hauptsache ist: wie die Selbstreflexion aufgehoben wird.[34]

Wer also annehmen wollte, nur weil Hegel jenes So-lange-fortfahren-bis mit einer geradezu unbeirrbaren Ausdauer über alle Grenzen hinaus verlängert und in seiner Stetigkeit sogar bis zur Selbstaufhebung perpetuiert, sei er konsequent genug, den diese ins Endlose verlaufende Schrittfolge vertikal unterbrechenden Umschlag zu etwas Neuem zu thematisieren, sieht sich aus der Perspektive Kierkegaards arg enttäuscht. Man kann jedenfalls nur schwerlich an den eingespielten klassischen Ordnungsmetaphern des Vertikalen und des Horizontalen mitsamt der von ihrer Semantik beherrschten Begrifflichkeit vorbei[35], will man den Vorbehalt wirklich einmal pointieren. Wenn man Zuspitzungen nicht scheut, so besagt er: Hegel lasse unter dem Zugzwang eines auf logische Stringenz aus seienden und zur geschlossenen Formation eines Systems hin tendierenden Prinzips, welches einen kohärenten und lückenlosen Zusammenhang aller in ihm angelegten begrifflichen Ausdifferenzierungen aus sich hervortreibt, ge-

---

[33] Offensichtlich nicht ganz unbeeindruckt von der Hartnäckigkeit, mit der Hegel auf die interne Dynamik jenes sich durch den Widerspruch hindurch einstellenden Neuanfangs baut, ringt Kierkegaard sich in einer schon fast verschämt wirkenden Ironie das Zugeständnis ab: „Das abstrakte ‚so lange – bis‘ hat etwas sonderbar Bestechendes an sich. Würde einer sagen: die Selbstreflexion hebt sich selbst auf, und alsdann zu zeigen versuchen, wie, so würde das kaum jemand verstehen. Aber wenn man sagt: die Selbstreflexion fährt so lange fort, bis sie sich selbst aufhebt, so denkt man vielleicht: ja, das ist etwas anderes, da ist etwas dran. Es wird einem angst und bange vor dieser Länge [...]. Jedesmal, wenn ein Übergang gemacht werden soll, setzt sich das Gegenteil so lange fort, bis es in seinen Gegensatz umschlägt – und dann geht's weiter“ (*AUN, GW1* 11, 40f.; *SV1* VII, 292).

[34] *AUN, GW1* 11, 38f.; *SV1* VII, 290f.

[35] Vgl. Bernhard Waldenfels *Ordnung im Zwielicht,* Frankfurt am Main 1987.

wissermaßen mit Hinsicht auf die vertikale Dimension des Abbruchs und Neuanfangs gerade die Konsequenz vermissen, die auf der horizontalen Ebene eines unaufhörlich fortschreitenden Immer-so-Weiter grundsätzlich erst einmal besticht. Daß jene in dichtester Folge einander ablösenden Formbestimmungen überhaupt nur in dem Maße den Anschein wechselseitig vermittelter und hervortreibender Begriffskonstellationen erzeugen können, wie dieser Prozeß geradewegs die Antriebspotentiale verleugnet, denen er seinen Zusammenhalt verdankt, das ist der Kern eines variantenreich ausbuchstabierten Einwandes, den es im Auge zu behalten gilt und der im folgenden entfaltet werden soll.

Es ist nicht etwa nur die peinliche Attitüde des philosophischen Praktikers, die man Hegel ankreidet und die Argwohn erregt. Glaubt man einem allenthalben kolportierten Urteil, dann hat Hegel sich nicht lange mit skrupulösen Selbstrechtfertigungen und einem kontrollierten Umgang in und mit den eigenen Operationen aufgehalten, alleine schon darum, um in aller Entschlossenheit sich um so zielbewußter gewissermaßen *in medias res* stürzen und sich dem „eigentlichen" Tun zuwenden zu können. Kierkegaard zeigt sich jedenfalls – trotz all der zugegebenermaßen von ihm als „bestechend" empfundenen Hartnäckigkeit, mit der die Reflexion zu Werke gehe und „so lange bis"[36] zur eigenen Selbstaufhebung fortfahre – nicht unbeeindruckt von dem geäußerten Verdacht, der da lautet: die Reflexion sei mit Blindheit geschlagen hinsichtlich ihrer selbst. Diese Naivität gegenüber dem eigenen Tun nimmt der Däne von vornherein als eine systematische Schwachstelle, ja, als Symptom einer selektiven Wahrnehmung Hegels ins Visier, der partout nicht die Basis wahrhaben wolle, auf welcher die Reflexion steht und welcher sie die Dynamik ihres ganzen Prozedere wesentlich verdankt. Darüber hinaus wertet Kierkegaard diese Bewußtlosigkeit sich selbst gegenüber zugleich aber auch als untrügliches Indiz einer Selbsttäuschung, welche angesichts der sich ständig auftuenden Diskrepanz zwischen dem, was auf der verbalisierten Oberfläche behauptet, und dem, was dann praktisch umgesetzt wird, allergrößte Vorsicht und auch tiefstes Mißtrauen angeraten sein lasse.

Man muß nur einmal die Rede von einer durchgängig zusammenhängenden, obendrein auch noch eindimensional verlaufenden Abfolge aneinandergereihter Begriffe sich vor Augen führen, ja, diese nach den Bedingungen der Genese ihrer Möglichkeit hin befragen,

---

36 *AUN, GW1* 11, 39; *SV1* VII, 290.

dann fällt als erstes auf, daß sie durch Umklammerungen gehalten und hauptsächlich über kontextuelle Einbindungen stabilisiert wird. Sich selbst gewissermaßen Lügen strafend, fordert die ganze Vorstellung von einer logischen Abfolge qualitativ gleicher, nur durch ihre jeweilige Stellung im Gang des Ganzen unterschiedener Begriffe selbst dazu heraus, das, was dieses Ganze – es im Innersten organisierend – zusammenhält und ihm das Gesetz für die innere Kohärenz im Gang des Fortschreitens diktiert, herauszuarbeiten. Weit gefehlt, aus sich selbst heraus verständlich und durchsichtig zu sein, hinge diese Abfolge nämlich buchstäblich in der Luft, hätte sie nicht ihrerseits über die prozessuale Erstreckung hinweg Richtung, Anfang und Ende ihres Verlaufs schon längst antizipiert. Mithin soll das Denken nicht bloß in und durch sich hindurch nur ein Fortschreiten irgendwie und irgendwohin durchlaufen, denn schließlich dürfte die Geschlossenheit seines inneren Zusammenhangs und die Eindeutigkeit der Folge alles andere als rein zufällig und beliebig sein. Und mehr noch: Es ließe sich überhaupt nicht absehen, wie das lineare Nacheinander einer zudem eindimensional verlaufenden Folge aneinandergereihter Bestimmungen vor dem indefiniten Regreß eines anfangs- und endlosen Immer-Weiter überhaupt noch bewahrt werden könnte, wäre diese Sukzession nicht außerhalb ihrer selbst längst durch eine sie ermöglichende und fundierende Tiefenschicht abgefedert und somit vor der Gefahr bodenlosen Selbstverfalls flankiert.

Kierkegaard jedenfalls scheut sich nicht, an die Rationalitätsstandards zu erinnern, denen zum mindesten Genüge getan sein muß, soll zum ersten eine wissenschaftlich haltbare Begründung der All-Zeitlichkeit der endlosen Fortdauer nur irgend statthaben und zum zweiten einer solchen Begründung mit Hinsicht auf die Hegelsche These von der immanenten Notwendigkeit einer rein begrifflichen Selbstentfaltung des Logischen sich ein nachvollziehbarer Sinn abgewinnen lassen, der sich zudem phänomenal abdecken und ausweisen läßt. Die geheime Präsenz jenes in aller Regel nur mitlaufenden allbegleitenden Ermöglichungskontextes, wie er sich seiner Wirksamkeit nach inmitten des Kontinuums einer solchen Selbstentfaltung breitmacht und sie – im buchstäblichen Sinne des Wortes – unumkehrbar in die eine Richtung lenkt, verleiht diesem Kontinuum – so der Kern des Einwands – zuallererst den Anschein, das zu sein, was es zu sein beansprucht, ja, verwandelt den linearen, eindimensionalen Verweisungszusammenhang der Kategorien in eine sehr komplexe und mehrdimensionale Konstellation von einzelnen Formbestimmungen.

Hätte sich aus der Warte des Dänen nicht längst herausgestellt, daß die Garantien, die eben dieses Kontinuum zu dem machen, was es in den Augen Hegels sein soll, zu Unrecht beansprucht werden, wer könnte es einem verdenken, in diesem die irreduzible Pluralität zusammengewürfelter und sodann äußerlich arrangierter, aneinandergereihter distinkter Kategorien zu erblicken, die sich mit und in ihrem faktischen Auftreten sogleich wieder erschöpfen und dieses desavouieren? Weit gefehlt, ein wohlbestimmtes, methodisch klar geregeltes Ordnungsgefüge einander hervortreibender Formbestimmungen auszubilden, sind es – so gesehen – nur die Paradoxien der endlosen Fortdauer, unter deren Vorbehalt dieses auf die Länge völlig unhaltbare, in sich kollabierende Gefüge von Anfang an steht und deren aporetische Zuspitzung eines ganz gewiß zeigt: daß ein solches Gefüge stabile Verhältnisse gar nicht ausbilden und Selbständigkeit gar nicht erlangen kann.

Vor dem Hintergrund des bislang Gesagten überrascht es kaum, daß Kierkegaard anderes und mehr im Sinn hat, als Hegel im Zerrspiegel dessen, was ihm als begriffskonstellatives Ganzes vorgeschwebt haben dürfte, vorzuführen und darüber hinaus die besagten Paradoxien des infiniten Regresses – übertragen auf die Verhältnisse linearer Diskursivität – einmal mehr durchzudeklinieren. Derart konterkariert durch seine ernüchternde Umsetzung fordert das von Hegel stark gemachte Ideal eines logisch kontrollierten Rückgangs in den Grund logischen Geschehens vielmehr ganz entscheidend dazu heraus, die Motive jener trügerischen Überhöhung freizulegen, welche gerade diesen geforderten Rückgang in den eigenen Grund unter selbst nicht bewußt gemachten, ja entstellenden Bedingungen auftreten lassen.

Dies jedenfalls hat die Hegelsche Philosophie bewirkt: die Freilegung einer problematischen Konstellation in Hegels Denken mit der Folge, daß man diesem Denken nachsagt, es habe sich ein beträchtliches Stück weit von der Suggestion jenes Zugzwangs führen, vor allem aber auch verführen lassen, die von einer letztlich auf der Stelle tretenden und darin sich ständig überschlagenden Eigendynamik einander generierender Formbestimmungen auszugehen scheint.[37] Dieser Vorbehalt entbehrt nicht der Schärfe. Seine provokative Spitze liegt in folgendem zutage: Hegel vertraut zwar auf eine logische Stringenz verbürgende und reibungslos funktionierende Selbstentfaltung eines dem äußeren Anschein nach kohärent und in sich durchorganisiert wirkenden Diskurses, wobei er dieses Vertrauen selber aber mit keiner Zeile kommentiert und kritisch hinterfragt. Prekär an diesem Urvertrauen

[37] Vgl. Burkhardt *Hegels „Wissenschaft der Logik“* (s. Anm. 9).

ist freilich nicht nur die Blauäugigkeit sich selbst gegenüber. Bedenklich stimmt vielmehr, daß Hegel die Antriebskraft im Getriebe eben einer solchen Selbstentfaltung, den blinden Fleck im Gang der Sache nicht einmal als Signum für eine ausgesparte Argumentationslücke einfach offenhält, sondern sie sogleich durch eine kausalmechanische Vermittlung überzeichnet und im Binnenraum dieser Vermittlung auf vielfache Weise Symbiosen eingehen läßt.[38] Dergestalt mit dieser vorgängig zusammengeschlossen, ist die Leerstelle jenes „Flecks" nicht nur der analytische Ausdruck für die Forderung nach Schließung und Überbrückung, vielmehr – ungleich mehr – in eins deren prompte synthetische Erfüllung. Und wie dubios diese scheinhafte Erfüllung jener ohnedies nur fingierten Vermittlung konstruiert ist, dies verrät der allenthalben verzeichnete Eindruck, den ihr gebetsmühlenartiger Klapperatismus augenscheinlich hinterläßt, auf seine Weise; nämlich der Eindruck stets gleicher Monotonie, welcher von der zwingenden Evidenz jener als bestechend empfundenen kausalgesetzlichen Folgerichtigkeit ausgeht, die aufgrund ihres durch nichts zu erschütternden Schlüssigkeitspostulats sich anheischig macht, eine kohärente Struktur von Begriffen zu stiften. Hält doch jener Eindruck nur die an der Oberfläche sichtbar und auffällig gewordene Gestalt einer tendenziell (absurd) reduktionistischen Argumentationsführung fest, die besagt, daß die logische Folge von etwas Notwendigem selbst auch notwendig sein müsse und außerdem die zwingende Evidenz der unverbrüchlichen Geltung des Logischen selbstredend bloß im Modus zwingender Evidenz zur Darstellung gebracht werden dürfe.

Der wirkungsgeschichtlich fortan einschlägig gewordene Kardinaleinwand blieb jedenfalls nicht aus; Hegel zog die Kritik förmlich auf sich: daß über den immanenten Gang des logischen Geschehens außerhalb dessen längst entschieden worden sei und diesem Prozeß innerhalb des Logischen, zumal mit den dort zur Verfügung stehenden operationalen Mitteln, überhaupt nicht beizukommen ist.[39] Verhängnisvoll wirkt sich dieser Einwand dadurch aus, daß er geradewegs die

---

[38] „Die schlechte Unendlichkeit ist der Erbfeind der Methode, sie ist der Kobold, der mitzieht, sooft ein Umzug (ein Übergang) stattfindet, und den Übergang verhindert. Die schlechte Unendlichkeit hat ein unendlich zähes Leben; soll sie überwunden werden, so gehört ein Bruch, ein qualitativer Sprung dazu; und dann ist es aus mit der Methode, mit der Kunst der Immanenz, und der Notwendigkeit des Übergangs" (*AUN, GW1* 10, 41f.; *SV1* VII, 289).

[39] Vgl. Rüdiger Bubner „Die ‚Sache selbst' in Hegels System" in *Dialektik in der Philosophie Hegels*, hg. v. Rolf-Peter Horstmann, Frankfurt am Main 1978 (abgekürzt: *Dialektik in der Philosophie Hegels*), S. 119f.

subtilste und auch die am schwersten auszumachende (Tiefen-)Schicht in einem äußerst verdichteten Argumentationsgefüge attackiert, auf welche Hegel offenbar seine ganze philosophische Hoffnung setzt, wenn er von der rastlosen Unruhe des Umschlags des Einen in sein gerades Gegenteil sowohl als dem Aus- und Eingangspunkt als auch in der Folge als dem vorwärtstreibenden Impuls innerhalb der Bewegung des Logischen ausgeht. Es handelt sich gewissermaßen um den Stachel im Prozeßcharakter einer Begriffs*entwicklung*, welche – einmal ausgelöst – in ihrem prinzipiierenden Charakter auch davor zu bewahren ist, zwischenzeitlich zu stocken und vor der Zeit einer spekulativ ausgereiften, das Ganze wie bei einem Kreis durchlaufen habenden Rückkehr in den eigenen Grund zu stagnieren.[40]

Kierkegaards Vorwurf, die *Wissenschaft der Logik* lasse bei der Darstellung der vertikalen Schicht des Umschlagens die Konsequenz vermissen, welche an der Darstellung der horizontalen Schicht des Kontinuitätsprinzips gerade ins Auge steche, erfährt eine zusätzliche Verschärfung dadurch, daß dieser Vorwurf auf den zweifelsohne geradezu grundlegendsten Geltungsanspruch eines philosophischen Schlüsseltextes zielt, welcher sich – wie folgt – durch eines ganz gewiß auszeichnet. Es wäre jedenfalls abwegig, wollte man der *Wissenschaft der Logik* ernsthaft dies eine absprechen: im ganz großen Stil vorexerziert zu haben, wie eine (reflexionslogische) Denkbestimmung nach der anderen durch die Zuspitzung der ihr zuvor eingezeichneten antinomischen Ausgangslage auf den Zusammenbruch ihrer ursprünglichen Selbstdefinition jeweils aufs neue zutreibt.[41]

Es versteht sich nun einmal – so der Kern des Einwands – nicht von selbst, daß dieser Zusammenbruch nicht in einem fundamental negativistischen Sinne endet, in dem er – das ganze Ausmaß seiner desaströsen erkenntnistheoretischen Folgen richtig ins Auge gefaßt – doch enden müßte, sondern daß er seiner Auflösung unweigerlich entgegentreibend zu einer Rückkehr in den Grund der eigenen Ermöglichung gerät.[42]

---

40 Schelling *Philosophie der Offenbarung 1841/42* (s. Anm. 6), S. 130f.

41 Vgl. Arend Kulenkampff *Antinomie und Dialektik,* Frankfurt am Main 1970; Alexander Schubert *Der Strukturgedanke in Hegels „Wissenschaft der Logik“,* Meisenheim 1985; Christian Iber *Metaphysik absoluter Relationalität,* Berlin / New York 1990.

42 „Die endlichen Dinge in ihrer gleichgültigen Mannigfaltigkeit sind daher überhaupt dies, widersprechend an sich selbst, *in sich gebrochen zu sein und in ihren Grund zurückzugehen*“ (Hegel *Theorie Werkausgabe* [s. Anm. 7], Bd. 6, S. 79).

Kierkegaard ist es nicht nur ein Dorn im Auge, daß Hegel im allzu großen Vertrauen auf woanders verbürgte metaphysische Abfederungen auf den Selbstlauf einer Dynamik setzt, nach deren Maßgabe aus der äußersten Zuspitzung einer antinomischen Grundkonstellation heraus sich mir nichts dir nichts ein Umschlag zu einem Neuanfang erzwingen lasse und dies obendrein auch noch theoretisch.[43] Negativ schlägt aus seiner Sicht vor allem noch zu Buche, daß Hegel dieses Umschlagen unter Auslassung eines jeden transzendierenden Einbruchs noch einmal ausdünnt und in seinen Augen auf ein allmähliches Fortgehen herabsetzt, wo das Alte irgendwann und irgendwie in sich zum eigenen Ende gelangt, was weiterhin bewirken soll, daß damit ohne weiteres ein anderer neuer Anfang – unbeschadet und übergangslos – gemacht wird.[44] Es ist der Anschein einer auf Dauer gestellten, auf sich selbst reduzierten Linearität, den Hegel aufrechterhalte und selbst da noch nach Kräften vermittele, wo es ihm darauf ankommt, die Durchschlagskraft zu einem qualitativ neuen Ausgangspunkt bei dem Kontinuitätsprinzip selber unterzubringen, so daß die Nullpunktsituation, die weder der einen noch der anderen Seite angehört, vielmehr ortlos „dazwischen" steht, unweigerlich ein Transzendieren freisetzt. Überzeugt davon, daß Hegel ein kontinuierliches Fortschreiten faktisch nur fingiert, ja, bloß den Anschein erweckt, ein qualitativer Sprung ließe sich – verharmlosend genug – durch ein übergangsloses Binnenverhältnis von Begriffen überzeichnen oder durch es womöglich sogar ersetzen, mahnt sein dänischer Kritiker vor allem dies an: „Ich kann nicht umhin, ich muß auf diesen Punkt zurückkommen, weil er so entscheidend ist; falls es so ist, daß der Zweifel sich selbst überwindet, daß man dadurch, daß man an allem zweifelt, in diesem Zweifeln gerade die Wahrheit gewinnt ohne einen Bruch und ohne einen absolut neuen Ausgangspunkt, so läßt sich keine einzige christliche Bestimmung halten, dann ist das Christentum abgeschafft."[45]

---

[43] „Die *denkende* Vernunft aber spitzt sozusagen den abgestumpften Unterscheid des Verschiedenen, die bloße Mannigfaltigkeit der Vorstellung, zum *wesentlichen* Unterschiede, zum *Gegensatze* zu. Die Mannigfaltigen werden erst auf die Spitze des Widerspruchs getrieben regsam und lebendig gegeneinander und erhalten in ihm die Negativität, welche die inwohnende Pulsation der Selbstbewegung und Lebendigkeit ist" (Hegel *Theorie Werkausgabe* [s. Anm. 7], Bd. 6, S. 78).

[44] Vgl. Damir Barbarić „Geschehen als Übergang" in *Hermeneutische Werke. Hans-Georg Gadamer zum Hundertsten*, hg. v. Günter Figal u. a., Tübingen 2000, S. 63-86.

[45] *AUN, GW1* 11, 39; *SV1* VII, 290.

## *IV.*

Ist bei der „Selbstaufhebung" schon schier unerfindlich, welche Antriebspotentiale für das Inzitament ihres Vollzuges aufkommen, so gibt die „Selbstüberwindung des Zweifels" einmal mehr Probleme auf.[46] Kierkegaards Vorwurf entbehrt nicht der Schärfe. Schließlich kreidet er Hegel an, gleichsam in einer kühnen Horizontverschmelzung eine typisch auf dem Boden des Christlichen ausgeprägte Form der „Überwindung" einer Figur der nachklassischen antiken Erkenntniskritik untergeschoben und beide Horizonte auf ungute und völlig verquere Weise zusammengezogen zu haben.[47] Erkenntniskritisch auf sich selbst angewendet, ist der Zweifel ein Paradebeispiel eines philosophischen Regresses, der in seiner ganzen zirkulären Verfaßtheit faktisch nichts erklärt, gerade weil er in der entscheidenden Hinsicht die gleichen Merkmale aufweist wie das, was er als *definiendum* erst erklären soll.[48] „Verzweiflung ist ein weit tieferer und vollständigerer Ausdruck, ihre Bewegung ist weit umfassender als die des Zweifels."[49]

Negativistisch verschärft und zudem daseinsanalytisch radikalisiert, wird der Zweifel sogar ein in potenzierter Weise zum Austrag kommender Selbstwiderspruch, der sich in seiner ganzen Härte nachgerade nicht wie in einem intellektuellen Exerzitium mediatisieren und ohne unwiderruflichen Abbruch seiner internen Logik schrittweise zu einer wie auch immer gearteten Vollendung hinführen läßt. Hiervon legt insbesondere die existentielle Version – die Verzweiflung der ganzen Bandbreite ihrer Bedeutungen nach – ein eindrucksvolles Zeugnis ab. Daß Hegel jenen Abbruch in eine grenzbegriffliche Selbstaufhe-

---

46 Vgl. Michael Theunissen *Der Begriff Verzweiflung. Korrekturen an Kierkegaard*, Frankfurt am Main 1993 (abgekürzt: Theunissen *Der Begriff Verzweiflung*), S. 97ff.

47 Vgl. Bernhard Lypp „Philosophie als ‚sich vollbringender Skeptizimus'" in *Evolution des Geistes. Jena um 1800,* hg. v. Friedrich Strack, Stuttgart 1994, S. 519-531.

48 Vgl. Wolfgang Janke „Verzweiflung. Kierkegaards Phänomenologie des subjektiven Geistes" in *Sein und Geschichtlichkeit. Karl-Heinz Volkmann-Schluck zum 60. Geburtstag,* hg. v. Ingeborg Schüßler, Frankfurt am Main 1974, S. 103-113; insbesondere Joachim Ringleben *Aneignung. Die spekulative Theologie Søren Kierkegaards,* Berlin / New York 1983 (abgekürt: Ringleben *Aneignung*), S. 210ff.; Walter R. Dietz *Sören Kierkegaard. Existenz und Freiheit,* Frankfurt am Main 1993 (abkürzt: Dietz *Kierkegaard*), S. 180ff.; Arne Grøn „Kierkegaards Phänomenologie?" in *Kierkegaard Studies. Yearbook 1996,* ed. by Niels Jørgen Cappelørn and Hermann Deuser, Berlin / New York 1996, S. 91-116; Jon Stewart „Kierkegaard's Phenomenology of Despair in *The Sickness unto Death*" in *Kierkegaard Studies. Yearbook 1997,* S. 117-143; S. 126ff.

49 *EO2, GW1* 2, 226; *SV1* II, 191.

bung des Zweifels verlegt und zu einem Innehalten in einem übergreifenden Prozeß entschärft, ist zunächst hauptsächlich darum prekär, weil er durch das planmäßige Einebnen von Grenzen dasjenige nicht in „verschiedenen Sphären“[50] zu Hause sein läßt, was aber nun ganz verschiedenen Domänen unserer Erfahrung angehört und sich darum auch nicht in einer einzigen, letzten Endes unter dem Primat der Formbestimmung des Widerspruchs stehenden Denkbewegung erschöpft. „Zweifel ist die innere Bewegung des Gedankens selber, und in meinem Zweifel verhalte ich mich so unpersönlich wie möglich.“[51]

Es ist längst bemerkt worden, daß mit der distinkten Abhebung des unter der Strukturformel des Zweifels angesprochenen “unpersönlich[en]“ Phänomens (s. o.) als einer „Bestimmung der Notwendigkeit“[52] von dem der Verzweiflung, die als „Ausdruck für die ganze Persönlichkeit“ steht, zum einen der Grundzug von Kierkegaards Denken insgesamt getroffen ist.[53] Zum anderen ist aber auch mit Händen zu greifen, daß diese Unterscheidung die ganze Spannung von Schellings späterer Fundamentaldifferenz spiegelt und in sich abermals austrägt, nämlich die Spannung, die zwischen einem im Möglichkeitsmodus reiner Vernunftnotwendigkeit angesiedelten und einem im Wirklichkeitsmodus praktischer Erfahrungserkenntnis operierenden Diskurs tatsächlich herrscht. Behält man diese kategoriale Differenzierung nicht im Auge, so scheint man augenscheinlich nur allzu leicht aus dem Blick zu verlieren, daß Kierkegaard offen vor Grenzüberschreitungen warnt. Nicht umsonst betont er, daß der Zweifel ein „bloßer Gedanke“ ist. In dieser Einschränkung liegt die antihegelsche Pointe einer philosophisch einschneidenden Kritik, die sich der Sache nach ausgerechnet dort am weitesten von Hegels Gebrauch der Operationsfigur des Zweifels entfernt, wo sie in ihren Formulierungen eine ganz besonders große Nähe zu dessen Gebrauch suggeriert. Die „Verzweiflung selber ist eine Wahl, zweifeln kann man nämlich, ohne es zu wählen, verzweifeln aber kann man nicht, ohne es zu wählen.“[54]

Bei aller semantischen Unschärfe, die Kierkegaard zugegebenermaßen bei terminologischen Binnendifferenzierungen walten läßt, ist es aber nicht so, wie eine völlig in die Irre geleitete Forschung bisweilen

---

[50] *EO2, GW1* 2, 225; *SV1* II, 190f.
[51] Ebd.
[52] Ebd.
[53] Vgl. Ringleben *Aneignung* (s. Anm. 48), S. 210-228.
[54] *EO2, GW1* 2, 224; *SV1* II, 189.

glauben machen will, daß der ausschließlich im Notwendigkeitsmodus des Denkbaren angesiedelte, auf einer nur hypothetischen Ebene operierende „Zweifel", der sich „so unpersönlich wie möglich" (s.o.) gibt, aus sich eine solche Dynamik entläßt, deren Logik Kierkegaard im blinden Gedankenflug auf die praktisch-existentielle Dimension menschlicher Selbstverhältnisse, zumal solcher, welche „die ganze Persönlichkeit"[55] angehen, überträgt und einfach auszieht, ja, sie grenzvergessen genug auf die Verhältnisse der unter den Bedingungen existentieller Betroffenheit sich konkretisierenden Verzweiflung mir nichts dir nichts abbildet. Zufall jedenfalls ist es nicht, daß der Däne, kritisch an die Adresse Hegels gerichtet, nicht nur auf einer graduellen Abstufung, vielmehr auf einer wesensmäßigen Differenz besteht, die jene beiden „Sphären"[56], die des Zweifels und die der Verzweiflung, voneinander trennt.[57] Anlaß für eine scharfe Trennlinie gibt es schließlich genug. Es spricht ja wohl für sich, daß Kierkegaard keine Gelegenheit ausläßt, um in aller Entschiedenheit einmal mehr zu betonen: Hegel habe den Zweifel strukturell mit der Gedankenbestimmung des Widerspruchs auf ein und dieselbe Ebene gestellt, wobei es den Widerspruch regelrecht definiert, daß dieser durch eine innere Radikalisierung eben jenes skeptische Zentralargument auf den Begriff bringt, welches den Zweifel in seiner Bestreitung der objektiven Gültigkeit allgemeiner Erkenntnisse seit jeher auszeichnet.[58] Hier wie dort mobilisiert Hegel ja nun in der Tat die Dialektik eines desaströsen Selbstausschlusses, indem er die Schlüsselfigur der skeptischen Argumentation, nämlich die eines universal auf sich selbst angewendeten und keine Dimension auslassenden Zweifels zur äußersten Konsequenz eines unmittelbar mit sich selbst in Widerspruch befindlichen Denkens verdichtet und steigert.[59]

Schließlich betreibt Hegel ganz bewußt keine Entschärfung, vielmehr eine Verschärfung des Widerspruchsgedankens, wobei sein berüchtigtes Ja zu eben diesem Gedanken von der nicht minder berüchtigten philosophischen Hoffnung lebt, aus der Verschärfung des Widerspruchs heraus und durch diese hindurch zu etwas zu gelangen, das nicht nur etwa die Einsicht ist, der zufolge die Wahrheit eines lo-

---

55 *EO2, GW1* 2, 225; *SV1* II, 190.

56 *EO2, GW1* 2, 226; *SV1* II, 190f.

57 Theunissen *Der Begriff Verzweiflung* (s. Anm. 46), S. 85-96.

58 *AUN, GW1* 11, 38-42; *SV1* VII, 290-294.

59 Vgl. dazu Kurt Rainer Meist „'Sich vollbringender Skeptizismus'. G. E. Schulzes Replik auf Hegel und Schelling" in *Transzendentalphilosophie und Spekulation. Der Streit um die Gestalt einer Ersten Philosophie (1799-1807)*, hg. v. Walter Jaeschke, Hamburg 1993, S. 192-230.

gischen Sachverhaltes dann widerrufen werden muß, wenn sich ausschließende Bestimmungen in eins gesetzt werden und hierbei keine übergreifenden Hinsichtsunterscheidungen zur Entschärfung eines solchen ruinösen (Selbst-)Ausschlusses zur Verfügung stehen.[60]

Weit darüber hinaus antizipiert die Reflexionsbestimmung des Widerspruchs – im Rang einer Statthalterin des Ganzen – schließlich sogar dasjenige, was an die Stelle jenes Widerrufs treten soll. Dieser Widerruf ist mitnichten ein Letztes. Er zeitigt nach Hegel ein Resultat, und zwar ein ausgezeichnetes, über das es sich aus der Perspektive seines dänischen Kritikers schon wegen des Verdachts seiner fundamentalontologischen Überdeterminierung zu verständigen lohnt, ein Resultat also, das zweifelsohne nicht zu jenen Gewißheiten gehört, von denen man, wie es Hegel nahelegt, getrost ausgehen kann.

Zum Stein des Anstoßes gerät vor allem die Hegelsche Annahme, die unter den elementaren Widerspruchsformen philosophiegeschichtlich durch die neuzeitliche Erkenntnisbegründung ausgezeichnete und in dieser Auszeichnung auffällig überstrapazierte Formbestimmung des Zweifels treibe unweigerlich über sich hinaus, und zwar derart weitgehend, daß ausgerechnet diese eine Formbestimmung dem Schicksal aller übrigen Formbestimmungen des Denkens entgehe, ja, deren Definitionsbedingung außer Kraft setze. Kein Wunder, daß diese exklusive Privilegierung einer logischen Begriffsgestalt für eine Kontroverse sorgte, in der die Wogen der Diskussion unter Hegels Nachfolgern sich förmlich überschlugen.[61] Schelling und nach ihm Kierkegaard jedenfalls ergreifen nicht zufällig ganz entschieden die Partei derer, die an diese Definitionsbedingung erinnern und ihre Unhintergehbarkeit für alle Formbestimmungen des Denkens ausnahmslos einklagen. Für Formbestimmungen ist es schließlich aussichtslos, aus ihrem eigenen und einzigen Medium, welches das Denken selber ist, auszuscheren und urplötzlich aus der Grundverfassung dieses ihres vernunftnotwendigen Zusammenhangs heraus eine Dynamik zu entlassen, wie sie gerade der Verzweiflung ihrer ganzen daseinsanalytisch gewendeten und verschärften Totalisierung nach eigen ist.

Weit gefehlt, geradlinig und mit innerer Folgerichtigkeit aus dem begrifflichen Gefüge eines kategorialen Formzusammenhangs heraus

---

60 Vgl. Michael Theunissen „Rekonstruktion der Realität. Hegels Beitrag zur Aufklärung von Reflexionsbestimmungen“ in *Philosophie in synthetischer Absicht* (FS Dieter Henrich), hg. v. Marcelo Stamm, Stuttgart 1998, S. 375-416.

61 Zur Diskussionslage unter den Linkshegelianern vgl. Emil Angehrn *Geschichtsphilosophie,* Stuttgart / Berlin / Köln 1991, S. 114-119.

verständlich zu sein, überrascht es kaum, daß der Däne im Gegenzug keine Chance ausläßt, um klarzustellen: daß eine solche Totalisierung einer praktischen Freiheitshandlung entspringt, – der Handlung einer „Wahl", die gerade aus der Sackgasse jenes konstruktivistisch sich ermächtigenden Begriffsapparates mitsamt der ihn charakterisierenden Hypostasen herausführen soll, in die Hegel – so der Kern der Kritik – in dem Maße gerate, wie er in notorischer Regelmäßigkeit die stets gleiche Argumentationsfigur strategisch ausspielt. Auf ihre kürzeste Formel läßt sie sich womöglich dergestalt bringen: Ein unmittelbar mit sich selbst in Widerspruch befindliches Denken ist in seinem auf komplexe Weise ineinandergeschachtelten Selbstbezug als Einheitsgarantin des Widerspruchsvollzuges immer schon über diesen Vollzug hinaus, und in der Fluchtlinie dergestalt gar nicht tangierter Einheitsgarantien hat Hegel dann ein leichtes Spiel, einmal mehr und diesmal sogar unter dem Vorbehalt des unüberbietbar fundamentalsten, die eigene Definitionsbedingung angreifenden Widerspruchs unter Beweis zu stellen, worin die Unhintergehbarkeit und sodann Absolutheit unseres Denkens liegt. Zudem ist die Auflösung jenes in signifikanter Weise wohl härtesten Widerspruchs kategorial durch die Antizipation des Grundes längst überformt. Aus diesem Blickwinkel bringt jene Auflösung nur in ausgezeichneter Weise an den Tag, daß in einem selbstexplikativen System des Logischen nichts anderes enthalten ist als dasjenige, was es selber in seiner Entfaltung begründet, ja, was diese Entfaltung selbst methodisch regelt und letztlich immer schon trägt.

„Das *spekulative Denken* besteht nur darin, daß das Denken den Widerspruch und in ihm *sich selbst* [Hervorhebung L.H.] festhält, nicht aber, daß es sich, wie es dem Vorstellen geht, von ihm beherrschen und durch ihn seine Bestimmungen nur in andere oder in nichts auflösen läßt."[62]

## *V.*

Der Kopenhagener weiß des weiteren nur allzu gut, daß Grenzverwischungen zwischen den Sphären keiner der beiden Seiten guttun: weder der einen, unter dem Primat bloßen Denkens stehenden (negativen) Betrachtung der „innere[n] Bewegung des Gedankens selber"[63], wofür die Strukturformel des Zweifels der ganzen Fülle seiner skepti-

---

[62] Hegel *Theorie Werkausgabe* (s. Anm. 7), Bd. 6, S. 76.
[63] *EO2, GW1* 2, 225.

schen und erkenntniskritischen Bedeutungen nach einsteht, noch der anderen Seite, der unter dem Primat genuin praktischer Erfahrungserkenntnis stehenden Betrachtung, welche – wie die Verzweiflung – „die ganze Persönlichkeit [...] mit in Bewegung“[64] nimmt und damit einer ganz eigenen, vielfach gebrochenen, an der Freilegung authentischer Erfahrungen ausgerichteten Logik untersteht. Die Auszeichnung dieses Erfahrungsprozesses als eines grundlegend umfassenden und gleichwohl offenen läuft in erster Linie der Erwartung zuwider, eine in theoretischer Absicht antizipierte Idee könne wie ein apriorisches Schema der Fülle praktisch-existentieller Daseinsvollzüge ihrer ganzen Eigenständigkeit und womöglich auch Einzigartigkeit nach von außen einfach übergestülpt werden; und dies, sofern man nur konsequent genug die Logik dieses Schemas aktualisiere und dabei einmal mehr unter Beweis stelle, was bereits entschieden und durch die vorgängige Weichenstellung einer konstituierten Internalität zum Nachvollzug eines virtuell längst Vollzogenen herabgesetzt ist.

Die Auszeichnung der Offenheit[65] bliebe unterbestimmt, wollte man sie derart als Signum eines Erfahrungsprozesses lesen, der aus der geschlossenen Logik dieses Nachvollzuges einfach nur ausschert, ohne zugleich zu betonen, daß er diese Logik ergreift, indem er sie hintergeht, und zwar auf eine Wirklichkeitsdimension hin, die sich eben nicht in der Selbstwiederholung stets gleicher Schemata gegenständlicher Wahrnehmungen und Erfahrungen erschöpft, insofern sie diese umgekehrt überhaupt erst ermöglicht.

Kierkegaard lastet Hegel an, jene Grenze auf ungute Weise verwischt und damit jene scharfe Trennungslinie unterlaufen zu haben, die zu ziehen sich Schelling herausgefordert sah, gerade um dem Denken ein für allemal den Weg zurück zu einer unangebracht sich aufspreizenden Vernunftkonzeption abzuschneiden – einer Vernunftkonzeption, die ihren ontologischen und erkenntnistheoretischen Vorrang vor jeder erdenklichen, keineswegs nur gegenständlichen, vielmehr sogar unter den Bedingungen existentieller Konkretion sich vollziehenden Erfahrung behauptet, insofern sie diese samt und sonders den universalen Gesetzen und Prinzipien des schier Vernunftnotwendigen unterwirft. Daß jene Grenzziehung zugleich die Wasserscheide bildet, an

---

[64] Ebd.

[65] Vgl. Arne Grøn „Das Transzendenzproblem bei Kierkegaard und dem späten Schelling“ in *Kierkegaard und die deutsche Philosophie seiner Zeit,* hg. v. Heinrich Anz u.a., Kopenhagen und München 1980, S. 135ff.

der nicht nur ein Idealist dem anderen die Gefolgschaft versagt[66], vielmehr auch der Däne einen unüberbrückbaren Abstand zu Hegels Denken gewinnt, dürfte sich leicht ersehen lassen.[67]

Sowenig nach Schelling eine Erfahrungserkenntnis philosophisch zu heißen verdient, welche als Subsumtion gegebener Daten unter einen Begriff, als Spezifikation des Universalen oder als Rubrizierung eines Schemas, bloß exemplifiziert und verifiziert, was an anderer Stelle für *jede* erdenkbare Form der Erfahrung vordefiniert ist[68], so wenig kommt dem achtunddreißig Jahre jüngeren Hörer seiner

---

[66] Einschlägig für diesen Kritikpunkt an Hegel sind in Schellings Berliner Antrittsvorlesung vor allem folgende Textpassagen: Schelling *Philosophie der Offenbarung 1841/42* (s. Anm. 6), S. 137f.

[67] Günter Figal „Das absolut Besondere. Individualität und Religion nach Kierkegaard“ in Ders. *Für eine Philosophie von Freiheit und Streit,* Stuttgart / Weimar 1994, S. 166-180.

[68] In der von Paulus übermittelten Nachschrift von Schellings Berliner Antrittsvorlesung findet sich die hierfür einschlägige Abgrenzung der negativen von der positiven Philosophie – eine Abgrenzung, die mit Nachdruck geltend macht, daß der „Begriff der ins reine Denken sich zurückziehenden Vernunft [...] ja die Bedingung der negativen Philosophie [war]. Die positive hat keine Bedingung als nur die, daß die Vernunft in ihr sich nicht zum Objekt mache. Sie ist hier *die gelassene Vernunft.* Insofern, weil der Vernunftbegriff der negativen Philosophie auf einer Bedingung beruht, ist das Notwendigexistierende der unbedingte Vernunftbegriff, in der [sic!] die Vernunft sich von sich selbst befreit zum freien Denken. Nur im freien Denken läßt sich vom Notwendigexistierenden hinwegkommen“ (Schelling *Philosophie der Offenbarung 1841/42* [s. Anm. 6], S. 157).

Das von Schelling in der Nachfolge Jacobis vorgetragene Plädoyer einer „gelassene[n] Vernunft“ bezieht seine antihegelsche Pointe aus der Abwehr einer vollständigen Mediatisierung, wonach jede Äußerlichkeit mit dem Allgemeinen des Begriffs reflexiv erst vermittelt werden müsse, um sodann in die Selbständigkeit einer „freigelassenen Äußerlichkeit“, wie sie Hegel am Ende der Logik als Übergang in die Naturphilosophie offenbar vorschwebte, entlassen zu werden. Daß diese „freigelassene Äußerlichkeit“ ihrerseits als Ort absoluter Vermitteltheit nur die Logik des Begriffs einmal mehr redupliziert, nicht aber in das offene Feld der geschichtlich-situativen Wirklichkeit zurückführt – dieser Vorbehalt dürfte Schelling in eigener Sache dazu herausgefordert haben, den Bruch mit der absoluten Vermitteltheit des „Notwendigexistierenden“ (s.o.) als einen solchen in aller Radikalität auch festzuschreiben. Es ist augenfällig, daß Schellings Rede einer ekstatischen Befreiung der Vernunft „von sich selbst“ diesen Bruch gleichermaßen festzuschreiben wie in der Folge einem „freien Denken“, das seinen Namen auch verdient, zum Durchbruch zu helfen versucht. Daß Schellings Idee einer „gelassene[n] Vernunft“ mehr als nur mißverstanden wäre, wollte man sie als eine bloße „Verdoppelung“ des in der negativen Vernunftwissenschaft ermittelten Wahrheitsgehaltes verstehen, hat im übrigen niemand anders als Kierkegaard in aller nur wünschenswerten Eindeutigkeit klargestellt und

Berliner Vorlesung ein Verzweiflungsbegriff in den Sinn, der sich bei näherem Zusehen in eine Dublette[69] verwandelt, die mittels „abstrakte[r] Reduplikation“[70] nachzeichnet, was woanders durch eine rein formale Denkoperation vorgezeichnet und dort wie von langer Hand geplant schließlich bis in die eingefahrenen Bahnen des infiniten Regresses gelenkt ist. Dergestalt in ein vorgängig strukturierendes, kategoriales Netz eingelassen, wäre der Zweifel im Blick auf die Gesamtheit der ihn daseinsanalytisch exemplifizierenden Konkretionen gewissermaßen die Fundamentalstruktur, die sich mittels lükkenloser Universalisierung verdoppelt und sich in der Wiederholung immer aufs neue als Ausdifferenzierung des stets Gleichen bewähren muß.

Man braucht sich nur naiv genug stellen, um zu fragen: Was ist der Zweifel von Hause aus anderes als die Chiffre einer Operationsfigur, die der nachklassisch antiken Erkenntniskritik in ihrer skeptischen Relativierung alles unreflektiert Hingenommenen entlehnt ist und durch die cartesianische Tradition unbedingter Selbsterkenntnis sagenhaft aufgewertet zum *punctum saliens* neuzeitlicher Evidenzsicherung gerät, wobei sich an ihr eines ganz besonders gut, weil exemplarisch demonstrieren läßt: Der Prozeß, der in und durch die skeptische Bestreitung der Möglichkeit objektiver Erkenntnis Evidenz stiften und sichern soll, gerät zunehmend mit sich selbst in einen eklatanten Widerspruch, ja er gerät seinerseits in das Fahrwasser jener Logik schlecht unendlicher Regressivität, welche alle Wahrheitsansprüche zu vernichten droht?[71]

Hegelkritisch gewendet entbehrt diese Frage nicht einer gewissen Provokation. Wenn man danach fragt, wie es Kierkegaard dem Ethiker Wilhelm in *Entweder-Oder* in den Mund legt, was der Zweifel von

---

für den eigenen Ansatz einer strikten Trennung des Weges von einer objektiven und einer subjektiven Reflexion gewissermaßen als Vorlage herangezogen: „Für die objektive Reflexion wird die Wahrheit ein Objektives, ein Gegenstand, und es geht darum, vom Subjekt abzusehen; für die subjektive Reflexion wird die Wahrheit die Aneignung, die Innerlichkeit, die Subjektivität, und hier geht es darum, sich gerade existierend in die Subjektivität zu vertiefen“ (*AUN, GW1* 11, 182; *SV1* VII, 160).

69 „Durch das Subjekt-Objekt der Mediation sind wir bloß zur Abstraktion zurück gekommen; denn die Bestimmung der Wahrheit als Subjekt-Objekt ist ganz dasselbe wie: die Wahrheit *ist*, oder die Wahrheit ist eine Verdoppelung“ (*AUN, GW1* 11, 183; *SV1* VII, 160).

70 *AUN, GW1* 11, 182; *SV1* VII, 159.

71 Vgl. hierzu Dietz *Kierkegaard* (s. Anm. 48), S. 180-187.

Hause aus und ganz auf sich selbst gestellt sei, dann kann man nicht umhin, gleichzeitig zu fragen, aus welchen Ressourcen sich Hegels wohlfeile Vorstellung des sich absolut vollbringenden Zweifels speist, welche geheimen Triebkräfte dieser Vorstellung implantiert sein müssen, damit sie den Anschein vermittelt, den sie zu vermitteln sucht: den einer Aporie, die über sich selbst hinausgehend ihrer Auflösung entgegentreibt und an sich selbst verzweifelnd die Rückkehr in den Grund ihrer eigenen Ermöglichung vollbringt. Denn wenn der Ethiker Wilhelm bekennt, es sei ihm zeitlebens („Losung" und „Nerv meiner Lebensanschauung"[72]) um die Klärung der Spannung von Zweifel und Verzweiflung zu tun gewesen, so spricht er keineswegs einfach die Wahrheit des durch Hegels berühmte Formel des sich „vollbringenden Skeptizimus"[73] vorgezeichneten Weges aus, den das erscheinende Wissen als „Weg des *Zweifels* [...] oder eigentlicher als [...] Weg der Verzweiflung"[74] in der *Phänomenologie des Geistes* durchläuft, sondern er betont zuerst die entscheidende Differenz.

Kierkegaard hat Vorstellungen dieser und strukturell ähnlich gelagerter Art, wie sie Hegel seit den Tagen seines Skeptizismus-Aufsatzes[75] und der dort geführten Auseinandersetzung mit G. E. Schulze (1802) in Umlauf brachte, nicht nur nichts abzugewinnen vermocht, vielmehr sie – so die hier vertretene These – als geradezu konstruktivistisch überhöhte Zerrbilder eines anderen, in Wahrheit gemeinten, kontextuell ständig mitlaufenden Paradigmas kritisiert. Um ein Mißverständnis jedoch gar nicht erst aufkommen zu lassen: Kierkegaard hat jenes Paradigma zwar unter existenzphilosophischen Auspizien nicht einfach wieder in seine angestammten Rechte eingesetzt, nichtsdestoweniger bricht er für es eine Lanze, und dies insofern, als er gerade auf jenen Grundzug abstellt, der die durch Hegel angestoßene Moderne am meisten verdrängt und pervertiert hat.[76]

Zufall ist es jedenfalls nicht, daß Schelling und in seiner Nachfolge auch Kierkegaard in auffälliger Opposition zu Hegels selbstläuferisch anmutender Logik einer zweifach sich verkehrenden und darin sich selber aufhebenden Negation das Paradigma jener doppelten Verkehrung aktualisieren und es in radikalisierter Weise zur Geltung bringen, welches in seiner lutherisch rehabilitierten Fassung ein Entwick-

---

72 *EO2, GW1* 2, 225; *SV1* II, 190.
73 Hegel *Theorie Werkausgabe* (s. Anm. 7), Bd. 3, S. 72.
74 Ebd.
75 Vgl. ebd., Bd. 2, S. 213ff.
76 Dietz *Kierkegaard* (s. Anm. 48), S. 23.

lungspotential in sich birgt, das sich auch und zumal unter den Bedingungen seiner Verwerfung in der Moderne richtungsweisend als Korrektiv bewährt. Meine andernorts ausgeführte These hierzu besagt: Orientiert an jenen wirkungsgeschichtlich folgenreichen theologischen Betrachtungen im Anschluß an Mt 12,25 ist es das Motiv des *peccatum contra peccatum*, wonach es Einer ist, nämlich der Mensch, der die als heillose Verkehrung in Gestalt der Sünde gedachte Negativität setzt, und ein Anderer, das ist eine andere Macht, nämlich Gott, der dem Menschen gewährt, daß diese Verkehrung ihrerseits verkehrt wird, indem er diesen die Negation der Negation vollziehen *läßt*.[77]

Dieses Motiv gewinnt, so läßt sich vorausschickend sagen, in dem Maße an Bedeutung, wie die spät- und nachidealistische Generation von Hegel-Kritikern sich dazu herausgefordert sieht, Enttäuschungen über die spekulativen Selbstüberforderungen und unkritischen Totalisierungen von dessen konstruktivistisch sich ermächtigender Dialektik zu verarbeiten.

Unterhalb dieses grundlegenden Vorbehalts richtet sich Kierkegaards Skepsis gegenüber der Figur einer grenzbegrifflichen Selbstaufhebung des Zweifels aber sodann auch dagegen, daß Hegel im Binnenhorizont dieser Figur mit unausgewiesenen metaphysischen Hypotheken arbeitet, die ihn über eine ganze Sequenz von Fragen hinweggehen lassen – Fragen, welche freilich genug über die Probleme der Konzeption verraten.

So bleibt dahingestellt zum einen, wie aus dem *letzten* einer Reihe von Schritten unweigerlich ein *erster*, zumal ein „absolut neue[r] Ausgangspunkt“[78] (s.o.) wird; zum zweiten, wie sich die agonale Dynamik jenes Umschlagens in die Stetigkeit eines linear verlaufenden Kontinuitätsprinzips einbauen läßt, wo jenem dann doch alles das abgesprochen wird, was es in seiner Plötzlichkeit und Sprunghaftigkeit definiert; zum dritten bleibt dahingestellt, wie der in einer grenzbegrifflichen Selbstaufhebung des Zweifels anvisierte Umschlag eine Umkehr der bisherigen Konstellation bewirkt – eine Umkehr, die in aller Regel ja den Blick auf das bisher Verfehlte freigeben soll und damit nicht auf eine eindimensional verlaufende Grund-Folge-Beziehung reduziert werden kann. Daß der Däne in eigener Sache bei einer solchen Umkehr nicht etwa an einen notwendigen und theoretisch zu erzwingenden, von außen zu dekretierenden Prozeß denkt, vielmehr an

---

[77] Lore Hühn „Die Wahrheit des Nihilismus“ in *Interpretationen der Wahrheit,* hg. v. Günter Figal, Tübingen 2002, S. 39-82.

[78] *AUN, GW1* 11, 39; *SV1* VII, 290.

eine praktisch-existentielle Entscheidung, welche einem niemand – gewissermaßen stellvertretend – abzunehmen vermag, die mithin nicht von einem Subjekt aufs andere übertragen und generalisiert werden kann, vielmehr ein jeder selbst treffen und umsetzen muß, versteht sich aus dieser Perspektive beinahe von selbst.[79]

## *VI.*

Es käme einer anachronistischen Überformung seiner eigentlichen Intentionen gleich, wollte man diese evidentermaßen in die Domäne des Praktischen gehörende Entscheidung ihrerseits einer im engeren Sinne nur an epistemischer Selbstbegründung ausgerichteten Vernunftkritik inkorporieren oder zuschlagen. Nach wohlvertrauter idealistischer Vorlage hätte sodann ein praktischer Selbstvollzug – als eine Art „Lückenbüßer"[80], so Jacobis polemische, aber überaus treffende Metapher – in die Hand zu nehmen, was in erster Linie ja die angestammte Sache theoretischen Philosophierens ist. Weit gefehlt, dergestalt unter dem vieldiskutierten Primat praktischen Vernunftgebrauchs firmierende Überlegungen einer dezidiert grenzbegrifflichen Vernunftkritik aktualisieren oder auch nur dem äußeren Anschein nach an sie anschließen zu wollen, geht es Kierkegaard von vornherein um die existentiellen Implikationen einer solchen Entscheidung, die im Wissen um die konstitutive Gefährdung menschlichen Daseins zwischen Extremen, wie sie sich schärfer gar nicht ausdenken lassen, statthat. Orientiert an der Tradition des an Gal 5,1 ausgerichteten Freiheitsverständnisses[81] handelt es sich im besonderen um eine solche Entscheidung, die in ihrem Vollzug zum Sprung über den eigenen Abgrund hinweg ansetzen muß, um sich auf diese Weise der in der Gottesbeziehung eröffneten Erfahrung des eigenen Gegründet- und Getragenseins, der Teilhabe, zu versichern.

Von vertrauten Versionen, diese Teilhabe nach Maßgabe der Tradition der Kinesis zu denken oder sie pantheistisch trivialisierend als

---

[79] Günter Figal „Die Freiheit der Verzweiflung und die Freiheit im Glauben: Zu Kierkegaards Konzeption des Selbstseins und Selbstwerdens in der ‚Krankheit zum Tode'" in *Kierkegaardiana* 13 (1984), S. 11-24.

[80] F. H. Jacobi *Werke,* Bd. 1-6, hg. v. F. Roth und F. Köppen, Leipzig 1812-25 (Nachdruck Darmstadt 1980); Bd. 3, S. 42.

[81] Vgl. Dorothea Glöckner *Kierkegaards Begriff der Wiederholung. Eine Studie zu seinem Freiheitsverständnis. Kierkegaard Studies. Monograph Series*, Bd. 3, Berlin / New York 1998 (abgekürzt: Glöckner *Begriff der Wiederholung*), S. 156ff.

Umgriffensein von einer allumfassenden Substanz zu begreifen[82], unterscheidet sich Kierkegaard bekanntlich dadurch, daß er sie zur Paradoxie verschärft und – der Methode der indirekten Mitteilung entsprechend – auf diskrete, eben maieutische Weise zu vermitteln sucht.[83] Es ist die unabgeschlossene Form einer inneren existentiellen Aneignung, zu der diese Methode den Leser herausfordert[84], indem sie im bewußten Verzicht auf jedes Ein-für-allemal-in-Besitz-Nehmen auf die Präsenz eines christlich qualifizierten Erfahrungsanspruchs verweist, und zwar dergestalt, daß sie die Selbstverfehlung dieses Anspruchs stets aufs neue, das ist unter den Auspizien des ästhetischen, aber auch ethischen Existenzvollzuges jeweils anders – gewissermaßen *sub contrario* – vor Augen führt. Daß bei Umsetzung einer solchen religiösen Mitteilungsabsicht sich weder begrifflich generalisieren noch sonst irgendwie von außen etwas als theoretische Konsequenz andemonstrieren und plausibel machen läßt, vielmehr die Umsetzung unter den Bedingungen einer offenen, weil sich stets anders darstellenden, verändernden Aneignungspraxis jeweils neu ansteht und jeder einzelne das Mitgeteilte für sich im Modus existentieller Besonderung zu übersetzen hat, ist aber nur die eine Seite, die in der Abwehr eines jeglichen objektivistischen Frageansatzes zutage liegt – der Abwehr eines Ansatzes, der anders als aus der performativen Einstellung des existentiell Betroffenen heraus zu erschließen sucht, was uns die Mitteilung als ihr Bedeutungsgehalt zu verstehen geben will. Vor dem Hintergrund des bislang Gesagten versteht sich die andere Seite beinahe von selbst: daß die Auszeichnung dieser Aneignungspraxis als eine grundlegend offene nicht mit dem Signum bestimmungs- und kriterienloser Beliebigkeit zu verwechseln ist. Sie folgt ganz im Gegenteil einer ganz eigenen, hochkomplexen Logik, die an der Freigabe des Anderen zu sich, daran, „existentiell das Erkannte zu reduplizieren“[85], orientiert ist. Diese Auszeichnung, so viel kann hier nur angedeutet sein, gehört ganz wesentlich zu den antihegelschen Pointen, durch die der Däne die indirekt-maieutische Form vor

---

[82] Zur Diskussion unter den idealistischen Vorgängern Kierkegaards, siehe vor allem Siegbert Peetz *Die Freiheit im Wissen. Eine Untersuchung zu Schellings Konzept der Rationalität,* Frankfurt am Main 1995, S. 86ff.

[83] Hermann Deuser *Dialektische Theologie. Studien zu Adornos Metaphysik und zum Spätwerk Kierkegaards,* München und Mainz 1990, S. 272ff.

[84] Wilfried Greve *Kierkegaards maieutische Ethik,* Frankfurt am Main 1990, S. 15-39.

[85] *Sören Kierkegaard. Die Dialektik der ethischen und der ethisch-religiösen Mitteilung,* hg. v. Tim Hagemann, Frankfurt am Main 1997, S. 50.

allen anderen Formen der Mitteilung, insbesondere derjenigen der idealistischen Dialektik, ausgezeichnet wissen will.[86]

## *VII.*

Kierkegaard trägt Hegels Konstruktion einer grenzbegrifflichen Selbstüberwindung des Zweifels aber noch aus einem ganz anderen, sehr viel schwerwiegenderen Grunde nicht mit. Er begegnet dieser Konstruktion mit äußerster Skepsis, gerade weil sie auf unkritische Weise die historische Differenz zwischen der Negativität der antiken Skepsis und der erst auf dem Boden des Christentums sich eröffnenden Überwindung eben dieser Negativität aufs grenzvergessenste verwischt und einzieht. Die ganze Zuversicht, der Zweifel treibe seine eigene Überwindung aus sich hervor, steht bekanntermaßen für einen zutiefst christlichen – der Auferstehungstheologie entwachsenen und obendrein auch noch theodizeebelasteten – Gedanken ein, dem Hegel insgeheim alles Christliche nimmt, indem er eben diese Hoffnung der Naturwüchsigkeit jenes über sich hinaustreibenden Widerspruchsgeschehens zuschlägt. Es ist diese schon unter 1 Kor 15,55 angesprochene Zuversicht, die Hegel offenkundig unter grandioser Selbstverleugnung des Christlichen trägt und die er in den dialektischen Umschlag als Innerstes, als sich entziehende (Tiefen-)Schicht gleichsam noch einmal einschleust.[87] Ohne in die bis heute anhaltende interpretatorische Debatte um die säkulare Umbesetzung[88] theologischer Erfahrungsgehalte in der Philosophie des deutschen Idealismus überhaupt näher eintreten zu wollen – es dürfte außer Zweifel stehen, daß niemand anders als Hegel die legitime Berufungsinstanz ist, welche die christliche Auferstehungstheologie vor al-

---

86 Vgl. Glöckner *Begriff der Wiederholung* (s. Anm. 81), S. 156ff.; ferner Tilo Wesche *Vernunft und Erfahrung. Zur Dialektik der negativen Anthropologie Kierkegaards*, Diss. Tübingen 2000, S. 159-192.

87 Vgl. Martin Puder *Kant – Stringenz und Ausdruck*, Freiburg 1974, S. 52ff.

88 Wenn hier und im folgenden von Säkularisierung die Rede ist, dann in dem spezifischen, von Hans Blumenberg vorgezeichneten Sinne, wonach unter Wahrung der Kontinuität von Problemstellungen die bisher gegebenen Antworten vakant geworden sind: „Was in dem als Säkularisierung gedeuteten Vorgang [...] geschehen ist, läßt sich nicht als Umsetzung authentischer theologischer Gehalte in ihre säkulare Selbstentfremdung, sondern als Umbesetzung vakant gewordener Positionen von Antworten beschreiben, deren zugehörige Fragen nicht eliminiert werden konnten" (Hans Blumenberg *Die Legitimität der Neuzeit*, Frankfurt am Main 1988, S. 75).

lem mit der Logifizierung der Dialektik von Entzweiung und Versöhnung wieder zu Ehren gebracht hat. Mit dieser ging er weit über den engeren Rahmen jener religionsphilosophischen Applikationen hinaus, wie sie etwa seine *Enzyklopädie der philosophischen Wissenschaft* in der Abhandlung der Gestalten vom absoluten Geist – hauptsächlich in den einschlägigen Paragraphen zur geoffenbarten Religion[89] – noch vorführt: eine ontologische Ordnung des göttlichen Offenbarungsgeschehens, welche geradezu der Schlüssel für die Hermeneutik ist, die hinter der *Logik des Schlusses* steht.[90]

Letzten Endes ruft Hegel selbst das Auferstehungsgeschehen als die älteste Schicht, den christologischen Kern[91] auf, aus dem sich überhaupt erst die dominierende Rolle der Figur der Selbstüberwindung des Zweifels für die Grundannahme seiner Dialektik herschreibt, für die Annahme nämlich, daß der Vollzug des Negativen und seine Aufhebung letztlich von ein und demselben Prozeß einbehalten sind. An jenem traditionsmächtigen Geschehen ist nämlich die elementare Grundstruktur des Prozesses der „göttlichen, entwickelten Objektivität" abgelesen, „in welchem das Göttliche ebensosehr zu seinem höchsten Außersichsein kommt, als es darin seinen Wendepunkt hat, und eben beides, die höchste Entfremdung, die Spitze der Entäußerung ist dies Moment der Rückkehr selbst"[92].

Es gibt genügend Anlaß zu vermuten, Hegel habe diese Grundstruktur zur operationalen Modellvorstellung eines Umschlags verallgemeinert, und zwar dergestalt, daß dieser unweigerlich eine Rückkehr auf ein ihm zugrunde liegendes, zeitlos längst vollendetes, intelligibles Prinzip zeitigt. Theologisch gesprochen zieht Hegel das Karfreitagsgeschehen mit dem der Auferstehung so übergangslos zusammen, daß es zuweilen schon schwerfällt zu sehen, wie er die Differenz beider in einer sie übergreifenden Einheit letztlich noch wahren und festhalten kann. Schließlich erklärt er nicht die Differenz, die Einheit ihres Unterschieds wird vielmehr unter der Dominanz eines ihrer Momente gebracht und dabei offenkundig mit bloßer Affirmation überdeckt.

Wie bedenklich Hegels auferstehungstheologische Überformung des Karfreitagsgeschehens in seiner ganzen Ungebrochenheit sich

---

[89] Hegel *Theorie Werkausgabe* (s. Anm. 7), Bd. 10, S. 372-378.

[90] Vgl. Michael Theunissen *Hegels Lehre vom absoluten Geist als theologisch-politischer Traktat,* Berlin / New York 1970 (abgekürzt: Theunissen *Hegels Lehre*), S. 252-290.

[91] Ebd., S. 282f.

[92] G. W. F. Hegel *Vorlesungen über die Philosophie der Religion,* hg. v. G. Lasson, Bd. 2, Hamburg 1966, S. 95; vgl. S. 105 und 124f.

auch ausnimmt und wie fragwürdig sich in der Folge erst deren säkulare Umbesetzung in die Theorie eines dialektischen Umschlags gestaltet, jene Theorie lebt – dies ist fürs erste und vor allem festzuhalten – aus der tragenden Wirksamkeit eines christlichen Erfahrungsraums, dessen Präsenz sich nirgendwo eindringlicher bezeugen dürfte als in der Arglosigkeit, mit der Hegel auf den Selbstlauf *in* einem Umschlagsgeschehen setzt, bei dem der Tiefpunkt einer „höchste[n] Entfremdung" zur „Spitze der Entäußerung" und darin zugleich als „Wendepunkt" unweigerlich zum „Moment der Rückkehr" (s.o.) gerät.

Wie weitgehend Hegels eigene Vorstellung eines dialektischen Umschlags auf theologisch besetzte Erfahrungsgehalte ausgreift und angewiesen ist, ohne deren geheime Präsenz sich der prinzipiierende Charakter einer sich als Umkehr ereignenden Rückkehr gar nicht vertreten und einsehen läßt, beweist Hegel schließlich an zahllosen Stellen mehr als zur Genüge.[93] Und wie gesagt, dies nicht etwa nur dort, wo er es nachweislich unternimmt, die Themen christlicher Theologie – wie Weltschöpfung, Sündenfall, Menschwerdung und Kreuzestod – als ständig mit präsenten Hintergrund seiner Logik des Begriffs, zumal dort in Gestalt des Schlusses zu explizieren.

## *VIII.*

Hegel war sich gleichwohl in den Augen seiner Kritiker der ganzen Tragweite seiner Anleihen nicht bewußt. Er war weit davon entfernt, deren kontextuelle Wirkmächtigkeit *inmitten* der eigenen Dialektik zu durchschauen und sich über deren Präsenz, wie sie in das eigene Werk eingeflossen und in ihm systematisch vermittelt ist, Klarheit verschafft zu haben. Es widerfahre ihm wohl eher, als daß er die Tiefenschicht im Umschlagsgeschehen gezielt zur Sprache brächte – eine Tiefenschicht, deren Bedeutung man evidentermaßen nicht mehr auf der Ebene von bloßen Anschauungsbeispielen abhandeln oder als Überbleibsel längst obsolet gewordener Theologumena herunterspielen könne. Letztlich steht mit diesen Anleihen die Beurteilung nicht nur eines womöglich von Hegel nicht durchschauten Subtextes im engeren Sinne zur Verhandlung an, vielmehr sein dialektisches Unternehmen als Ganzes. Für eine solche Beurteilung dürfte jedenfalls ausschlaggebend sein, worauf Kierkegaard auf einmal ganz bewußt ab-

[93] Vgl. hierzu die ausführliche Darstellung von M. Theunissen *Hegels Lehre* (s. Anm. 90), S. 257ff.

stellt, ja, was er ins Zentrum seiner Darstellung rückt: daß es nämlich, wie er meint, völlig ausgeschlossen ist, sich über ein Unternehmen wie das Hegelsche zu verständigen, bei dem die Bedingungen des eigenen Funktionierens außerhalb dessen liegen, was Hegel selber an- und ausführt, ohne daß dabei der von ihm vorgegebene Binnenhorizont eines begrifflichen Rahmens überschritten und auf das Erfahrungspotential hin befragt wird, welches er gleichermaßen voraussetzt, wie er sich zugleich in wachsende Distanz zu diesem begibt. Mit einer reinen Begriffsanalyse, die ausschließlich innerhalb der ausgezeichneten Domäne des philosophischen Diskurses operiert, ist gerade deshalb nicht viel auszurichten und zu gewinnen, weil das, was an Voraussetzungen mitsamt ihren Konsequenzen in eben diesen Diskurs eingegangen und dort wirksam ist, sich buchstäblich zwischen den Zeilen abspielt und sich der Thematisierung *in* diesem grundlegend widersetzt; und dies darum, weil dieser Diskurs – unter ihm selbst nicht bewußten Bedingungen operierend – planmäßig genau die Erfahrungsgehalte abzublenden vorgibt, denen er sein Funktionieren verdankt. Wie fatal sich die von Hegel scharf gezogene Scheidelinie auswirkt, zeigt sich daran, daß jener Diskurs mittels Abstraktion von dem, was in Gestalt jener kontextuellen Verankerung seine eigene Grundlage bildet, „in dem Abstrakten und in dem Fortgehen durch Begriffe ohne sinnliche Substrate einheimisch“[94] sein will, wenngleich er dies nur in dem Maße kann, wie er massiv gegen die so prätendierte Autonomie verstößt, ja verstoßen muß, um überhaupt nur einen einzigen Schritt machen zu können.[95]

Was die Hegelsche Dialektik in ihrem Inneren an- und umtreibt, ja, als eine interne Bedingung für das reibungslose Prozedere ihrer sich fortspinnenden Logik aufkommt, sorgt nämlich auch im gleichen Atemzug dafür, daß Hegel seinen emphatischen Selbstanspruch eines begrifflich autonom sich entfaltenden *principium compositionis* und zudem noch selber explizierenden *principium generationis* konsequenterweise gar nicht durchhalten kann[96], ja, er selbst es ist, der auf

---

[94] Hegel *Theorie Werkausgabe* (s. Anm. 7), Bd. 5, S. 55.

[95] Vgl. *AUN, GW1* 10, 101-111; *SV1* VII, 88-97.

[96] Mit ausdrücklicher Hinsicht auf Hegel schreibt Kierkegaard: Der „§ ist ‚Wirklichkeit‘ überschrieben; man hat die Wirklichkeit erklärt, aber vergessen, daß sich das Ganze innerhalb der Möglichkeit des reinen Denkens befindet. Wenn jemand eine Parenthese begönne, diese aber würde so lang, daß er es selbst vergäße, dann hilft das doch alles nichts: sobald man es vorliest, wird es sinnlos, den eingeschobenen Satz sich ohne weiteres in den Hauptsatz verwandeln zu lassen“ (*AUN, GW1* 11, 38; *SV1* VII, 289).

eklatante Weise den Anspruch einer begrifflichen Selbstexplikation von innen her radikal durchkreuzt und seiner ganzen notorischen Doppelbödigkeit nach konterkariert – eine Selbstexplikation mit dem Anspruch, die geeigneten Mittel des eigenen Begreifens zugleich unversehens mitzuliefern, gerade weil ihr die Kraft innewohne, sich selbst völlig durchsichtig zu werden, und dies womöglich auch noch an Ort und Stelle.

Außerdem sollen bei einem solchen Prinzip gerade die Antriebs- und Erfahrungspotentiale abgeblendet und weggedacht werden, welche ein Fortkommen von einer Bestimmung zur nächsten ermöglichen und dafür sorgen, daß die immanente Selbstentfaltung eben dieses Prinzips mehr ist als eine Aneinanderreihung begrifflicher Distinktionen, die zwischenzeitlich ins Stocken gerät und abbricht. Nicht zu übersehen ist ferner, daß ohne die untergründige Präsenz jener Potentiale im Binnenraum des begriffskonstellativen Gefüges der Dialektik diese in ihren weit ausgreifenden Selbstansprüchen gar nicht so massiv auftreten könnte – Ansprüche, die bekanntlich so weit gehen, daß nicht etwa nur gleichsam eine Perle auf der Schnur einer linearen Kategorienreihe die andere ablöst, vielmehr diese Reihe sich zu einem Geflecht aufeinander bezogener und einander auch hervorbringender Konstellationen fügt.

Dem schulbildend kolportierten, hier aber nicht weitläufig auszubreitenden Vorbehalt zufolge handelt es sich schlicht um spekulative Selbstüberforderungen, die Hegel bei Substitutionen haben Zuflucht nehmen lassen, welche – von außen beigebracht – einspringen und kompensieren sollen, was jene Begriffskonstellationen von sich an eigener Dynamik und Entwicklungsfähigkeit vermissen lassen. Sie seien es denn letzten Endes auch, welche die Suggestion erzeugten, ein bloßes Kategorienraster könne aus eigener begrifflicher Vollmacht und in eigener Regie eine solche Dynamik freisetzen und hinfort dann auch unterhalten, kraft welcher die in ihm enthaltenen Formbestimmungen eine Entwicklung durchlaufen, in der sie zudem einen Bestimmungszuwachs erfahren. Mit dem skeptischen Vorbehalt, lediglich eines „entliehenen Reichtums“[97] sich zu rühmen, ist freilich seit jeher sehr viel anderes und mehr als der wohl eher banale Umstand angesprochen, wonach von Anfang an in einer intern zusammenhängenden kategorialen Abfolge von Formbestimmungen stets mehr Voraussetzungen stecken als die, die sich unter dem Dach eines einzigen Begriffsgefüges *ausdrücklich* zur Sprache und damit ja

---

[97] Schelling *Philosophie der Offenbarung 1841/42* (s. Anm. 6), S. 137.

wohl auch zur Geltung bringen lassen. Mit der bloßen Feststellung von womöglich impliziten und selbst undurchschaut gebliebenen Voraussetzungen für sich allein genommen wäre jedenfalls nicht viel auszumachen. Der heikle Punkt, auf den es ankommt und der schließlich von Anfang an für Aufregung sorgte, ist indes auch ein ganz anderer. Wäre man aufgefordert, eine kürzeste Formel für ihn zu finden, dann dürfte man sich vielleicht auf das Folgende verständigen können: Die Aufeinanderfolge jener Formbestimmungen kann alleine in dem Maße den Anschein einer autonomen Selbstentfaltung eines Prinzips erzeugen, wie der begrifflich konstellative Gang der Sache unter der impliziten Abfederung eines Vokabulars operiert, das seiner erborgten Semantik nach von außen herangetragen werden muß, um ausgerechnet jenes Prinzip, das ohne ein solches „Außen" auszukommen beansprucht, zu dem zu machen, was es der emphatischen Auszeichnung rein begrifflicher Immanenz gemäß sein will.

## *IX.*

Es macht in der Sache keinen großen Unterschied, ob man dieses, den Begriffskonstellationen scheinbar schon zur zweiten Natur gewordene Vokabular der Domäne praktischer Philosophie zuschlägt und dort beheimatet glaubt – einer Domäne, auf die Schelling sich in seiner Lektüre unentwegt verwiesen sieht – oder ob man wie Kierkegaard die christologische Semantik einer Auferstehungstheologie als *den* Subtext namhaft macht, der den begriffskonstellativen Gang der Dinge – insgesamt organisierend – zusammenhält und trägt. Hier wie dort handelt es sich um ein und dasselbe Strukturmuster, das jeder auf seine und damit natürlich auch andere Weise als Argument bemüht, um Hegel im Spiegel seines eigenen Selbstverständnisses mit jenen konkurrierenden, ja sogar sich wechselseitig ausschließenden Systemansprüchen zu konfrontieren, zwischen denen er hin und her changierend sich selbst beständig in die Quere gekommen sei und sich um das gebracht habe, was er nachdrücklicher für sich – wie geschehen – gar nicht habe beanspruchen können. Seine Kritiker sprechen ja wohl mehr als eine nur deutliche Sprache, wenn sie in notorischer Regelmäßigkeit auf jene Anleihen und unabgegoltenen Hypotheken hinweisen, die – selber alles andere als rein begrifflicher Natur – für die logische Stringenz eines reibungslos funktionierenden, begrifflich organisierten Kategorienapparates herhalten und Sorge tragen sollen. Man nimmt Hegel nicht ab, daß die logische Kategorienentwicklung ihre

Evidenz von sich her aufbringt und aus eigener Kraft sich selbst fortbewegt, wo es doch mit den Händen zu greifen sei, daß die „unvergleichliche und so unvergleichlich bewunderte Erfindung Hegels, Bewegung in die Logik zu bringen“[98], ihre ganze Plausibilität aus erborgten Ressourcen speise und Anleihen bei einer Terminologie mache, die woanders abgelesen sei. Daß Hegel dies leugnet und er in dem Maße, wie er es leugnet, sich diesen Anleihen um so mehr ausliefert, ist aber nur die eine, gewissermaßen innere Seite des Widerspruchs, dessen andere, äußere Seite es ist, den logischen Prozeß über alle Gebühr hinaus totalisiert und bis in die letzten Filiationen unserer Erfahrungswirklichkeit hinein verlängert und ausgedehnt zu haben.

Dieser Vorwurf bildet den Hintergrund von Kierkegaards alles andere als rhetorisch gemeinter und sich fortwährend wiederholender Frage: Aber „warum verwechselte man Gedankenrealität mit Wirklichkeit? Gedankenrealität ist Möglichkeit und das Denken hat nur jede weitere Frage, ob das nun wirklich sei, abzuweisen.“[99]

Sphärenvermengung – auf diese barsche, aber womöglich kürzeste Formel läßt sich bringen, was nach Kierkegaard die *Wissenschaft der Logik* daran gehindert hat, das zu sein, was sie zu sein vorgibt, nämlich ein im Modus des reinen Begriffs voraussetzungslos und autosuffizient operierender Vernunftdiskurs, dem zudem eine Schlüsselrolle für die Fundierung der anderen, nämlich phänomenologischen und realphilosophischen Systemteile zukommt. Der Vorbehalt der Sphärenvermengung ist beileibe nicht neu. Schließlich hat er seinerseits eine Geschichte im 19. Jahrhundert durchlaufen, die mit dem späten Schelling anhebt und mit seinem Namen wohl untrennbar verbunden sein dürfte. Man kann sich leicht davon überzeugen, daß eben jener Vorwurf den Maßstab seiner Kritik aus jener Unterscheidung bezieht, die Schellings Spätphilosophie im ganzen zugrunde liegt, nämlich der Sphärendifferenz zwischen einem im Möglichkeitsmodus des Denkbaren angesiedelten Vernunftdiskurs und der Wirklichkeit, die diesem Diskurs zuvorkommt und zugrunde liegt. Es ist schon augenfällig, wie sehr diese Differenz Kierkegaard quasi zur zweiten Natur geworden ist, ja, wie selbstverständlich er von ihr Gebrauch macht, wo er doch erst gar nicht darauf verfällt, diese Unterscheidung als Hin-

---

98 *AUN, GW1* 10, 101; *SV1* VII, 88. Vgl. die Parallelstelle bei Schelling: *Friedrich Wilhelm Joseph von Schellings sämmtliche Werke,* hg. v. K. F. A. Schelling, Bd. 1-14, Stuttgart / Augsburg 1856-61 [abgekürzt: *Schellings sämmtliche Werke*]; Bd. 10, S. 137ff.

99 *AUN, GW1* 11, 31; *SV1* VII, 283.

tergrund seiner Hegel-Kritik und Grundlegung seiner eigenen Existenzphilosophie offenzulegen. Es ist letztlich so sehr im Horizont jener Fundamentaldifferenz Schellings gedacht, was er gegen Hegel ins Feld führt, daß es bisweilen schwerfällt zu sehen, worin der Däne in der eigenen Hegel-Kritik gegenüber der Schellings etwas substantiell Neues zu bieten hat. Daß er nicht unbedingt gut beraten war, sich die Schellingsche Sicht auf die spekulative Selbstüberforderung der Logik zu eigen zu machen, soll im Rahmen dieses knapp bemessenen Beitrags vorab angedeutet und an einem, wenn auch Bände sprechenden Beispiel erläutert werden.

## X.

Es ist offenkundig, daß Kierkegaard Hegel nicht in dem Licht seiner argumentativen Stärke, vielmehr im Schatten der spekulativen Selbstüberforderung seines Systems vorführt. Man wird zudem den Verdacht nicht los, daß er diese Selbstüberforderung bereits in den Anfang der Logik projiziert und diesen Anfang im Ausgriff auf das Ganze der Kategorienentwicklung zum Schauplatz erklärt, welcher über das Ende, wo der wohl bekanntesten Formulierung der *Enzyklopädie* nach die Idee „in der absoluten Wahrheit ihrer selbst sich *entschließt*, […] sich als *Natur* frei *aus sich zu entlassen*“[100], gleich mitentscheidet.

Es ist jedenfalls auffällig, daß Kierkegaard den Deutschen auf das Gegenteil dessen, worauf jener am Anfang der Logik hinauswill, verpflichtet und gegen diesen Anfang ausspielt, was er – so die hier leitende Annahme – jenem auch in unbefangener und authentischer Lektüre hätte entnehmen können. Der Verdacht an und für sich wäre nicht einmal die Mühe der Erwähnung wert, brächte der Däne sich nicht selber um die produktiven Potentiale des Textes, welcher – zudem auch

---

[100] Hegel *Theorie Werkausgabe* (s. Anm. 7), Bd. 8, S. 393 („Enzyklopädie“ § 244); vgl. die ausführlichere Darstellung in der großen Logik: ebd., Bd. 6, S. 548f.; Schellings komprimierteste Kommentierung dieser Stellen findet sich in *Schellings sämmtliche Werke* (s. Anm. 98), Bd. 10, S. 156f. Kierkegaard ist unvoreingenommen genug, durch die Brille dieser Kommentierung, die der Berliner Schelling in extenso noch einmal, zumal unter der Vorgabe seiner späten Dialektik der Potenzen wiederholt, sich dem Hegelschen Text zu nähern. Vgl. Schelling *Philosophie der Offenbarung 1841/42* (s. Anm. 6), S. 128ff. Im Rahmen dieser Anmerkung beschränke ich mich auf den Textnachweis, dessen Auswertung einer eigenen Abhandlung vorbehalten bleiben muss: *AUN, GW1* 10, 10ff.; *SV1* VII, 91ff.

noch an ausgezeichneter, weil anfänglicher Stelle – gerade auf jenen heraklitisch-platonischen Traditionszusammenhang des Plötzlichen[101] zu sprechen kommt, welchen der Däne dem Verfasser der *Wissenschaft der Logik* schulmeisterlich glaubt eigens vor Augen führen zu müssen.

Schließlich sprechen die Anfangspassagen der Seinslogik („Werden“) hier eine mehr als nur deutliche Sprache: „*Das reine Sein und das reine Nichts ist also dasselbe.* Was die Wahrheit ist, ist weder das Sein noch das Nichts, sondern, daß das Sein in Nichts, und das Nichts in Sein – nicht übergeht, sondern übergegangen ist.“[102] So, als wolle Hegel Einwände schon abwehren, wo sie noch gar nicht erhoben worden sind, nimmt es sich beinahe aus, wenn er das plötzlich-unvermittelte Übergegangen*sein* des reinen Seins in das reine Nichts vice versa als Einstiegsgeschehen der logischen Kategorienentwicklung voranstellt, – ein Geschehen, dem man womöglich alles nachsagen kann, nur eben dies nicht, auf das Kierkegaard – in seinen Augen die Quintessenz der ganzen Hegelschen Logik – es zu bringen versucht, nämlich die „Schimäre“ eines „immanente[n] Übergang[s], [...] als bestimme sich der eine Standpunkt selbst so, daß er notwendig und aus eigener Kraft in den anderen übergehe [...]“[103], zu sein.

Man kann sich leicht davon überzeugen, daß Hegel der *präsentischen* Form eines solchen Übergehens nichts abzugewinnen vermochte, ja, der Text ihr sogar an allen Ecken und Enden widerspricht. Dem Wortlaut nach klingt der Text beinahe wie ein vorweggenommenes Echo auf den Dänen – ein Echo, das so prompt erfolgt, als hätte Hegel gewissermaßen nur auf das Stichwort gewartet, ja, als hätte er vorausgesehen, was die Wirkungs- und Nachgeschichte der *Wissenschaft der Logik* dieser anhängen wird, indem man das abrupte Übergegangen*sein* des Anfangsgeschehens als eine nur vorläufige, nach Klarheit über die eigene Natur verlangende und noch zu entfaltende Gestalt des *Werdens* – verstanden als wahre Einheit von Entstehen und Vergehen – begreift.

---

[101] Vgl. Ruth-Eva Schulz-Seitz „‚Sein‘ in Hegels Logik: Einfache Beziehung auf sich“ in *Wirklichkeit und Reflexion. Walter Schulz zum 60. Geburtstag,* hg. v. Helmut Fahrenbach, Pfullingen 1973, S. 370ff.; Theunissen *Sein und Schein* (s. Anm. 28), S. 202f.; ferner Hans-Jürgen Gawoll „Der logische Ort des Wahren. Jacobi und Hegels Wissenschaft vom Sein“ in *Hegels Seinslogik. Interpretationen und Perspektiven* (*Hegel-Forschungen*), hg. v. Andreas Arndt und Christian Iber, Berlin 2000 (abgekürzt: *Hegels Seinslogik*), S. 105ff.

[102] Hegel *Theorie Werkausgabe* (s. Anm. 7), Bd. 5, S. 83.

[103] *AUN, GW1* 10, 291; *SV1* VII, 253.

Aus diesem Blickwinkel bringt der unter dem Titel des Werdens vollzogene Übergang als *Prozeß* zur Vollendung, was im jähen Übergegangensein, wo „unmittelbar *jedes in seinem Gegenteil verschwindet*“[104], als Akt völlig unterbestimmt ist und gewissermaßen als noch nicht voll ausgereifte Anfangsgestalt nur darauf wartet, im vollen Wortsinn ein dialektischer Umschlag zu werden. Die methodisch geregelte, qua Werden organisierte Einheit von zwei ihrem Richtungssinn nach polar entgegengesetzten Prinzipien verwandelt sich derart zum Inbegriff dessen, was den beiden Anfangskategorien – dem reinen Sein und dem reinen Nichts – zur Erreichung der Erfüllung in ihrem Telos, das ist einer wohlbestimmten, konturierten Einheitsvorstellung gerade fehlt. Und leichter als gerade vor jener Negativfolie dürfte sich die inbegriffliche Einheit, die das Werden ist, wohl kaum in ihrer überlegenen, jedenfalls entwicklungsfähigeren Nachfolgerrolle konturieren lassen.

Diese Einheit ist nämlich durch eine Art prästabilisierende Harmonie schon im Vorfeld zu einer entschärften Variante der Widerspruchserfahrung zweier sich ursprünglich wechselseitig paralysierender Prinzipien herabgesetzt. Diese Prinzipien werden zu konfligierenden Seiten ein und desselben Prozesses depotenziert – eines Prozesses, dessen vorwärtstreibender Impuls des *Entstehens* mit dem hemmenden des *Vergehens* vorgängig längst vermittelt ist, ohne daß aporetische Dualismen und an ihren eigenen Selbstwidersprüchen kollabierende Verhältnisse überhaupt zustande kommen, die dann zu kompensieren wären.

Die Selbstinszenierung eines solchen Übergegangen*seins*, wonach auf übergangslose und abrupte Art und Weise gleich zu Beginn am reinen Sein das reine Nichts hervorbricht, ist Hegel nicht ohne Grund wichtig genug, um mit dieser als Grenzerfahrung unseres Denkens im Rücken den Anfang in der *Wissenschaft der Logik* zu machen[105] – einen Anfang freilich, der im Grunde nie ein (zeitlicher) Anfang war,

---

[104] Hegel *Theorie Werkausgabe* (s. Anm. 7), Bd. 5, S. 83.

[105] Die mittlerweile ins Uferlose angewachsene Fülle von Interpretationen, welche die Sonderstellung jenes mit dem reinen Sein gemachten „ersten“ Anfangs der Logik mit Hinsicht auf diese Grenzerfahrung diskutieren, hat jüngst Andreas Arndt aufs komprimierteste zusammengefaßt und um eine weitere, spekulative eigene Version der Interpretation erweitert. Angesichts dieser profunden Bestandsaufnahme wäre es des Guten zu viel, hier noch einmal die Diskussion um den exklusiven Status des ersten, seinslogischen Anfangs hinsichtlich des Ganzen der logischen Kategorienentwicklung aufzurollen und die Geschichte seiner Deutungen darzutun. Ich begnüge mich mit dem Verweis: A. Arndt „Die anfangende Reflexion. Anmerkungen zum Anfang der Wissenschaft der Logik“ in *Hegels Seinslogik* (s. Anm. 101), S. 126-139.

vielmehr immer schon und stets aufs neue im Innersten einer jeden kategorialen *Neu*setzung (mit-)vollzogen wird. Weit im Vorfeld allen dialektischen Fortkommens, mit dem das Werden als die Einheit von Entstehen und Vergehen erst beginnt, wirft jener unvordenkliche Anfang, gerade weil er aufs äußerste komprimiert die innere Dynamik einer Negativität exponiert, sozusagen seine Schatten auf alle zukünftigen Anfänge – eine Negativität, die späterhin nur gemildert sowie durch die Ordnungsmetaphern eines resultativen Aufhebens geglättet, ihren Weg in das logische Kategoriensystem gefunden hat. Es ist der Bruch mit jeder Form affirmativer Präsenz, gleichgültig, ob es sich um die Einstiegskategorien selber oder um ihre nicht umsonst in ein heilloses Oszillieren ausschlagende, ja kollabierende Vermittlung handelt, was beides von Hegel im vollen Ausmaß seiner ruinösen Konsequenzen vorgeführt wird; und dies so, daß er nur noch den fertigen Vollzug eines Geschehens in den Blick bringt, bei dem ein Anfang, eine Ende oder gar ein eindeutiger Richtungssinn gar nicht abzusehen ist. Die Radikalität, die diesen Bruch auszeichnet, bleibt unterbestimmt, wollte man ihn – wie es irrigerweise Schelling vorschlägt und es Kierkegaard kolportiert (s.u.) – um der geforderten Vermittlung von Anfang und Fortgang willen für vorläufig erklären, mithin für etwas, das als *Noch-Nicht* einer Einheit von Entstehen und Vergehen gefaßt werden kann, aber von vornherein daraufhin angelegt ist, daß es eine solche Einheit werden *soll.* So gesehen wäre es eine rückläufige Begründung, die dem Anfangsgeschehen seine Richtung und seine Bestimmtheit beibrächte. Denn der Fortgang entspränge einer äußeren Beobachtung, die den *ersten* Anfang der Logik mit dem – unter der Kapitelüberschrift des Werdens – gemachten *zweiten* vergleicht und sodann von einem *dritten* Standpunkt aus beide Anfänge in Beziehung setzt. Läßt man sich auf diese Interpretationsperspektive weiterhin ein, dann darf man fortführen: Jener erste Anfang wäre bloß der Anlaß, der eine systembildende Entwicklung aus einfachem Beginn zu begrifflich höherer Komplexität in Gang setzt und einen Reflexionsprozeß herausfordert, der von außen an jenes Geschehen herangetragen wird, ohne daß freilich seine eigene und eigentümliche Realität gewahrt und seiner berühmt-berüchtigten „Sonderstellung" gegenüber der nachfolgenden logischen Kategorienentfaltung Rechnung getragen wäre. So betrachtet, wäre der Fortgang schließlich dadurch erkauft, daß man das unmittelbare Hervorbrechen des Gegensatzes am Sein selber als Mangel einstuft, welcher der Ergänzung bedürftig ist – einer Ergänzung, die ihrerseits extern beigebracht werden müßte, gerade weil sie sich dem Einstiegsgeschehen selbst nicht entnehmen läßt. Schelling schreibt:

> Hier wird also das Wörtlein *noch* eingeschaltet. Nimmt man dieß zu Hülfe, so würde der Satz: das reine Seyn ist das Nichts, nur soviel heißen: das Seyn ist hier – auf dem gegenwärtigen Standpunkt – *noch* das Nichts. Aber gleichwie in dem Anfang das *Nicht*seyn der Sache, wozu er der Anfang ist, nur das noch nicht *wirkliche* Seyn der Sache ist, nicht aber ihr völliges Nichtseyn, sondern allerdings auch ihr Seyn, zwar nicht ihr Seyn unbestimmter Weise, [...] aber ihr Seyn in der Möglichkeit, [...] so würde der Satz: das reine Seyn ist *noch* das Nichts, bloß so viel heißen: es ist noch nicht das wirkliche Seyn. [...] Indeß ist mit jenem eingeschalteten *noch* schon ein künftiges, das noch nicht *ist*, in Aussicht gestellt, und mit Hülfe dieses *noch* gelangt also Hegel zum Werden [...].[106]

Hinter Hegels Entschiedenheit, den (ersten) Anfang vom zweiten des Werdens abzugrenzen, bleibt Schelling mit seinem Vorschlag, ein „noch" zu implantieren, freilich arg zurück. Die Mühe, die er sich gibt, mit extern beigebrachten Hilfskonstruktionen das wettzumachen, was sich aus seiner Sicht dem Einstiegsgeschehen selbst nicht entnehmen läßt, verrät genug von den Problemen, die Hegel sich damit eingehandelt hat, daß er eine sich selbst explizierende Generierung des logischen Geschehens zu unterbreiten vorgibt; es verrät zugleich aber auch einiges über die Projektionen, mit denen die über Schelling wirksame Lektüre des Anfangs der Logik sich einen Zugang zu eben diesem verbaut. Wie wenig der Anspruch einer sich begrifflich selbst explizierenden Wissenschaft des Logischen austrägt, bestätigt jedenfalls der Leonberger auf seine Weise, wenn er, gerade weil die Anfangspassagen an Ort und Stelle den nötigen Grad an Plausibilität vermissen lassen, rückläufig zu erschließen versucht, was der Text von sich aus an Überzeugungskraft nicht aufbringt.

## *XI.*

Die schon von den Zeitgenossen beklagte Dunkelheit und unaufhebbare Zweideutigkeit des logischen Einstiegs, an welchen der Meister selbst freilich nicht ganz unschuldig sein dürfte, haben wohl das ihre dazu beigetragen, daß man mit gewaltigen Hilfskonstruktionen jenem ersten Anfang sozusagen auf die Sprünge helfen muß, um aus ihm das zu machen, was er in den Augen der spät- und nachidealistischen Kritik sein soll: ein prinzipiierender Anfang, den es bekanntlich definiert, die ganze folgende Kategorienentwicklung schon keimhaft präformiert in sich zu enthalten, und welcher zudem der Generierung seiner eigenen Formbestimmungen fähig sein soll. Nur so dürfte sich jedenfalls die Einhelligkeit des Erscheinungsbildes erklären, das nicht nur

---

106 *Schellings sämmtliche Werke* (s. Anm. 98), Bd. 10, S. 134f.

die dänische, vielmehr die ganze nachidealistische Hegel-Kritik weit ins 19. Jahrhundert hinein in Europa geprägt hat.

Es ist jedoch leicht, sich davon zu überzeugen, daß die Vorstellung eines prinzipiierenden Anfangs, auf die Hegel beinahe geschlossen verpflichtet wird, sich einer solchen Projektion verdankt, die vermutlich weit mehr über die in den folgenden Generationen verfolgten Pläne und Abgrenzungsbemühungen verrät als über das, was Hegel – bei aller zugegebenen Zweideutigkeit und Ambivalenz der Einstiegspassagen – selber im Sinn hatte.

Wer Hegel auf den Selbstanspruch eines prinzipiierenden Anfangs zu vereidigen sucht, kann in der Konsequenz auch nicht umhin, ihm anzulasten, an diesem Anspruch gescheitert zu sein. Es spricht schließlich womöglich für alle erdenkliche, nur eben nicht für die prinzipiierende Kraft der ganzen Konstruktion, wenn auf Schritt und Tritt zusätzliche Nachbesserungen und ergänzende Beigaben dazwischengeschaltet werden müssen, damit ein Bestimmungszuwachs im Fortgang von einer Kategorie zur anderen zustande kommt.[107]

Wer das Einstiegsgeschehen unter prinzipientheoretischen Vorbehalt stellt[108], weiß dann natürlich nur allzu gut, daß es *zum einen* mit der dialektischen *Selbst*entfaltung eines konstellativen Gangs der Sache nicht weit her sein kann; daß *zum zweiten* die von Hegel behauptete Voraussetzungslosigkeit des Anfangs die womöglich größte Voraussetzung überhaupt ist, und *zum dritten*, daß um der geforderten Vermittlung von Anfang und Fortgang willen Hegel auf eine außerlogische Reflexionsinstanz zurück- und ausgreifen muß – eine Instanz, die er in dem Maße leugnet, wie er unter dem Stichwort einer „Befreiung von dem Gegensatze des Bewußtseins“[109], den die *Wissenschaft der Logik* qua Selbstaufhebung aller phänomenalen und realphilosophischen Vermittlungen hinter sich gelassen haben will, auf just diese angewiesen ist.

---

[107] Bernd Burkhardt hat diese über Schelling philosophiegeschichtlich wirksam gewordene Lektüre des Anfangs der Logik in aller nur wünschenswerten Ausführlichkeit mit Hinsicht auf jene so namhaften Hegel-Kritiker wie Christian Hermann Weiße, Immanuel Hermann Fichte, Braniß, Herbart u. a. herausgearbeitet und am Ende seiner Monographie einer systematischen Zusammenfassung zugeführt, in Burkhardt *Hegels „Wissenschaft der Logik“* (s. Anm. 9), S. 319-325. Vgl. auch A. Arndt „Die anfangende Reflexion. Anmerkungen zum Anfang der Wissenschaft der Logik“ in *Hegels Seinslogik* (s. Anm. 101), S. 129.

[108] Vgl. *Schellings sämmtliche Werke* (s. Anm. 98), Bd. 10, S. 137ff.

[109] Hegel *Theorie Werkausgabe* (s. Anm. 7), Bd. 5, S. 43.

## *XII.*

Das von Hegel seiner Unvordenklichkeit nach profilierte Übergangsgeschehen liest sich nicht nur als antizipierte Antwort auf den Dänen, so als ob jener der einzige wäre, dessen Bedenken zerstreut werden müßten. Es ist schlicht und ergreifend so, daß Kierkegaard lediglich einen Lektüreeindruck weitergibt, den der breite Strom gerade jener philosophiegeschichtlichen Wirkungsgeschichte hinterlassen hat, der auf die von Schelling erstmals in seinen Münchener Vorlesungen 1827 zur *Geschichte der neueren Philosophie* vorgetragene Hegel-Kritik zurückgeht – eine Kritik, die augenscheinlich so nachhaltig ins allgemeine philosophische Bewußtsein vorgedrungen ist, daß es Schriftstellern wie Kierkegaard überflüssig erschienen sein mag, die Triftigkeit der ganzen Deutung an den Einstiegskategorien noch zu überprüfen. Doch man täusche sich nicht: Wer wie Schelling und die durch ihn angestoßene Interpretation dieses in der ganzen Geschichte des deutschen Idealismus bis heute wohl am häufigsten rekonstruierten Übergangsgeschehens davon ausgeht, dieses ließe sich auf ein „eintöniges, beinahe einschläferndes Fortschreiten“[110] bringen, macht sich selbst etwas vor, jedenfalls unterschätzt er das Hegelsche Unternehmen gewaltig.

Fernerhin bereitet es nicht die geringste Mühe, in der Unvordenklichkeit dieses längst schon vollzogenen Übergangs eine Vorwegnahme aller künftigen Übergänge der Logik zu erkennen, bringt dieser dem *Gang der Darstellung* nach erste doch nur in Reinform zum Vorschein, was alle ihm folgenden, „kleineren“ Übergänge in der *Wissenschaft der Logik* bloß wiederholen. Jene Übergänge führen ja nie und schon gar nicht in einsinniger Linearität und Horizontalität bloß zu anderen und immer wieder anderen Begriffskonstellationen hin.[111] Schließlich sind sie in sich dergestalt rückläufig, daß sie allesamt und stets aufs neue die Nötigung zur Umwendung des Denkens zu und in sich selber demonstrieren.[112] Diese Wende gleichsam ins

---

[110] *Schellings sämmtliche Werke* (s. Anm. 98), Bd. 10, S. 137.

[111] „Das Fortgehen besteht nicht darin, daß nur ein *Anderes* abgeleitet oder daß in ein wahrhaft Anderes übergegangen würde; – und insofern dies Übergehen vorkommt, so hebt es sich ebensosehr wieder auf. So ist der Anfang der Philosophie die in allen folgenden Entwicklungen gegenwärtige und sich erhaltende Grundlage, das seinen weiteren Bestimmungen durchaus immanent Bleibende“ (Hegel *Theorie Werkausgabe* [s. Anm. 7], Bd. 5, S. 71).

[112] Thomas Kesselring *Die Produktivität der Antinomie. Hegels Dialektik im Lichte der genetischen Erkenntnistheorie und der formalen Logik,* Frankfurt am Main 1984, S. 115ff.

„Vertikale“ hat einen Grundriß, dem diese Wende in ihrer ganzen inneren Verlaufsform folgt, übrigens auch dann und zumal dann, wenn dieser Grundriß fortan unter der Überformung resultativ verhärteter Selbstaufhebungen zu verblassen droht und als solcher womöglich gar nicht mehr kenntlich sein mag. Man kann sich recht leicht davon überzeugen, daß es sich bei allen fortbestimmten Übergängen innerhalb des logischen Systembaus um Selbstmodifikationen dessen handelt, was jener erste, erklärtermaßen nicht logifizierbare *Anfang aller Anfänge* in wenig artikulierter, darin aber gerade beredter Weise vor sich bringt, nämlich das Abgründig-Unvermittelbare eines *jeden* dialektischen Übergangsgeschehens, welches alle begrifflichen Vollzugsbemühungen in den Rang der Nachträglichkeit gegenüber einem längst Vollzogenen verweist.

Der Charakter der Unvordenklichkeit widerstreitet aber auch dem Schein, dieser Umschlag ließe sich zu einer Art Fundamentalpräsenz hypostasieren, so, als ob dessen unreduzierbare Eigenständigkeit anders als eine durch den Begriff hindurchgegangene festgehalten werden könnte, und sei es auch nur dadurch, daß der Diskurs intern gegen die ihm eigenen Grenzen anrennt und auf die eine oder andere Art, nicht zuletzt auf die von Hegel offenbar bevorzugte anakoluthische Art – sich selbst ins Wort fallend – kundtut[113], daß es die höchstmögliche eigene Vollzugsweise ist, einen möglichst angemessenen Umgang mit der (zwangsläufig) eigenen Unangemessenheit zu praktizieren. Aus dieser Sicht markiert das Eingeständnis, es mit einem Erfahrungsgehalt zu tun zu haben, welchen der Begriff im Stand unverstellter Präsenz nie erreicht, die Grenze aller Vollzugsbemühungen. In Übertragung einer zutiefst paradoxen, wesenslogischen Grundfigur läßt sich zuspitzen: „Dies Vorgefundene *wird* nur darin, daß es *verlassen* wird.“[114]

Nach wohlvertrautem Muster, nämlich dem nachträglich hergestellter Apriorität, gibt erst das Scheitern aller stets zu spät kommenden Versuche, sich ex post eines Erfahrungsgehaltes zu versichern, der offenbar einzig und allein im Geschehen seines unvermittelten Freisetzens das ist, was er seiner Definitionsbedingung nach sein soll, den Blick auf jene dem Begriff immer schon und immer wieder zuvor-

---

113 Zur Erinnerung: „*Sein, reines Sein*, – ohne alle weitere Bestimmung“ (Hegel *Theorie Werkausgabe* [s. Anm. 7], Bd. 5, S. 82). Vgl. Wolfgang Wieland „Bemerkungen zum Anfang von Hegels Logik“ in *Dialektik in der Philosophie Hegels* (s. Anm. 39), S. 195ff.

114 Hegel *Theorie Werkausgabe* (s. Anm. 7), Bd. 6, S. 27.

kommende, gegen seine Erklärungen buchstäblich resistente Faktizität frei – eine Faktizität, die sich „herausgestellt“ hat und einzig und allein im Modus urplötzlichen Statthabens ihre Wirklichkeit bezeugt.

Der ausgezeichnete Charakter eines solchen sinnvoll nicht hinterfragbaren Statthabens liegt darin, daß es alle begrifflichen Vermittlungsbemühungen in den Rang der Nachträglichkeit, des „Zu-spät“ verweist. Dieses Statthaben läßt sich gerade nicht in einer übergreifenden Bestimmungseinheit aufheben, schließlich reproduziert dieses sich immer aufs neue in *jedem* einzelnen Vermittlungsschritt, der in der Faktizität seines Eintretens gerade nicht aus einer bestimmten Vermittlung hervorgeht noch sich in einem allbefassenden Ordnungsschema des Logischen einfach nur „finden“ oder wie eine Leerstelle unter längst bekannten Erfüllungs- und Geltungsbedingungen ohne weiteres erschließen läßt. Doch wie gezeigt, nach Hegel versagt das begriffliche Instrumentarium nicht vor der Zeitlichkeit des Plötzlichen. Diese greift vielmehr – so die hier vertretene These – durch den unüberbrückbaren Zeitabstand in *jeden* Akt dialektischen Selbstvermittelns unvermerkt, gleichwohl richtungweisend ein – einen Abstand wie gesagt, den der Begriff jeweils aufs neue bestätigt und schafft und durch den hindurch er abhängig bleibt von dem, was ihm in unvordenklicher Weise zuvorkommt. So gesehen ist die Zeitlichkeit des Plötzlichen keine spekulative Gegenvokabel, die äußerlich hinzugebracht werden müßte.

Diese ist vielmehr die Kehrseite und darin das Inzitament einer begrifflichen Selbstentfaltung, die unbeschadet ihrer Überzeitlichkeit *zugleich* eine zeitliche, weil prozessuale Entwicklung durchläuft, wobei die Frage nach der synthetisierenden Kraft, die in diesem „Zugleich“ beide Dimensionen – in ihrer diachronen, vertikalen Durchdringung ebenso wie in ihrer synchronen, horizontalen Verlaufsform – miteinander in Einheit verklammert, dadurch an Brisanz und an Schärfe gewinnt. Denn das eigentlich Wichtige ist noch nicht gesagt, wenn man nur einseitig auf die Zeitlosigkeit einer Selbstbewegung abstellt, die wie ein Kreis in ihrem Anfang und in allen folgenden Schritten eine zeitlos vollendete, absolute Idee – ihre Totalitätsgarantin – ebenso antizipiert, wie sie jene zur Erscheinung bringt. Daß jene absolute Idee eine in sich geschlossene, stets bei sich seiende Selbstentfaltung absolviert, welche ihren Weg über perspektivisch gebrochene Ganzheiten zur begrifflichen Totalität der in ihr angelegten Vollzugsweisen durchläuft, so daß sie darin ausschließlich mit sich selbst zusammengeht, ist nämlich nur die eine Seite eines Prozesses, der völlig unverständlich wäre, käme nicht auf der anderen Seite noch etwas

Entscheidendes hinzu. So wichtig es ja auch ist zu sehen, daß jene Idee in den sie sozusagen kaleidoskopisch spiegelnden Ganzheiten – als den begrenzenden Erscheinungsweisen ihrer selbst – sich auf sich (zurück)bezieht, – dieser Rückbezug seiner ganzen Reflexivität nach ist beileibe doch nicht alles. Er ist vielmehr nur ein Moment in der Einheit einer Wahrheitsbewegung, das untrennbar mit einem anderen Moment, nämlich dem zunehmender Differenzierung verbunden ist. Bei allem Einbehaltensein trägt dieser Prozeß in seinem Inneren zugleich die Spannung zu einem längst schon vollzogenen, oszillierenden Geschehen aus – einem Geschehen, dem die ganze Rede von einem wahrhaften *Zuwachs* an Bestimmtheit, von einem wirklichen *Mehr* im Erkenntnis*fortschritt* ihre ganze Plausibilität, weil treibende Dynamik verdankt: Gleichviel, wie die kategoriale *Neu*setzung jeweils aussehen mag, sie entspringt einem Geschehen, das bei aller Starrheit der Form nicht spurlos versickert, vielmehr als eine in diese Form eingelassene, ihre Fixierungen stets sprengende Kraft in der Wiederholung immer und immer aufs neue sich bezeugen und bewähren muß, und dies nicht zuletzt da, wo dieses Geschehen seiner ganzen ursprünglichen Geltung nach aus der unumgänglichen begrifflichen Fixierung heraus (wieder) einen Umschlag ins Gegenteil herbeiführt. Beinahe überflüssig der Hinweis, daß der Begriff aus der inneren Logik jenes Geschehens überhaupt nicht ausscheren kann, ja gar nicht einmal ausscheren darf, und dies nicht nur, weil jenes durch die Irritation der Diskontinuität hindurch – einer Erstarrung im System entgegenwirkend – ein Fortkommen ermöglicht und sodann unterhält.[115]

## *XIII.*

Das von Hegel umrissene Erscheinungsbild einer auf zwei Ebenen zunächst angesiedelten, simultan verlaufenden und durch dialektische Schritte in Phasen einschlägig gegliederten Wahrheitsbewegung spannt zum einen die beiden in ihrer Richtung gegenstrebig verfaßten Bewegungsabläufe zusammen, so daß ein lineares Voranschreiten mit einem gleichzeitigen Zurückschreiten in den eigenen Grund gleichgeschaltet und in eins gesetzt wird. Auf den „Sinn des logischen Fortschreitens" glaubt Hegel sich schon darum zu verstehen, weil jedes „Vorwärtsschreiten in der Philosophie vielmehr ein Rückwärtsgehen und Begründen sei, durch welches erst sich ergebe, daß das, womit an-

[115] Vgl. Hegel *Theorie Werkausgabe* (s. Anm. 7), Bd. 5, S. 71f.

gefangen wurde, nicht bloß ein willkürlich Angenommenes, sondern in der Tat teils das *Wahre*, teils das *erste Wahre* sei"[116].

Diese in ihrer Gegenläufigkeit synchron verlaufende Bewegung schließt zum anderen aber auch eine diachrone Durchdringung der in linearer Diskursivität aufgereihten Kategorien ein – ein Durchdringen, das diese kategorialen Bestimmungen je aufs neue zur Überschreitung ihrer Selbstdefinition anheben und diese ihre lineare Anordnung vertikal durchbrechen läßt.[117]

Hegels philosophischer Zugriff auf die Tradition des Plötzlichen setzt der Sache nach gezielt an genau der Stelle an, wo die horizontale und vertikale Argumentationsebene sich wie bei kreuzenden Diagonalen des Vierecks in einem Diagonalenschnittpunkt treffen. Dieser Koinzidenzpunkt steht in mehrerer Hinsicht für die innere Temporalisierung des dialektischen Geschehens ein, spannt dieser Punkt doch in der Form paradoxaler Zeitlosigkeit („Zugleich") die beiden gegenstrebig verlaufenden Bewegungen zusammen, so daß ein Voranschreiten mit einem gleichzeitigen Zurückschreiten in den eigenen Grund untrennbar verknüpft ist.

Hegels philosophischer Zugriff auf die Tradition des Plötzlichen setzt aber auch an der Stelle an, die ein logisch stringent verfahrendes Denken planmäßig ausgrenzt, wo dieses ja aus nun durchaus einsehbaren Gründen darauf pocht, daß externe Faktoren aus allbefassenden, rein formalen Denkoperationen, die zwangsläufig an Prinzipien und die Kriterien der Universalität und des Vernunftnotwendigen gebunden sind, ausgeblendet werden müssen. Nicht von ungefähr ist das Logische ein klassisches Beispiel für ein Untersuchungsfeld, welches es nicht mit dem widerspruchsvollen Erscheinungsbild der alltäglich erfahrbaren Ordnung der Dinge, die so, aber auch anders sein können, zu tun hat, welches hingegen auf das So-und-nicht-anders-sein-Können jener (ermöglichenden) Ordnungsstrukturen zielt, die ihrer ganzen einförmig ablaufenden Regelmäßigkeit und Gesetzmäßigkeit nach zu jeder Zeit und beständig gleichbleibend sind.

Zweifelsohne geschieht mit Absicht, daß Hegel das Plötzliche, welches traditionellerweise durch die Maschen eines logischen Kategoriennetzes hindurchfällt, aufgreift und in einen auf Generalisierung und Gesetzmäßigkeit hin angelegten Rationalitätsdiskurs des rein Logischen einbaut, wobei er das systematische Interesse der her-

---

[116] Ebd., S. 70.

[117] Vgl. Hans Friedrich Fulda „Unzulängliche Bemerkungen zur Dialektik" in *Dialektik in der Philosophie Hegels* (s. Anm. 39), S. 136ff.

kömmlichen Kategoriensysteme teilt, das Interesse nämlich, den erhobenen unverbrüchlichen Geltungsanspruch logischer Evidenz nicht durch Kontingenz zu gefährden, vielmehr ihn durch den konsequenten Ausschluß jeglichen Auch-anders-sein-Könnens zu sichern und zu stabilisieren.

Den Ausgrenzungsversuchen, mit denen herkömmliche Kategoriensysteme auf den Stachel des Plötzlichen reagieren, antwortet Hegel sodann auf seine Art, wenn er das Plötzliche für die innere Temporalisierung des dialektischen Geschehens einsetzt, ja dieses in Gestalt einer inneren zeitlichen Differenzerfahrung zur Stimulanz eines begrifflichen Formzusammenhangs macht, der in dem Maße aus diesem die Antriebspotentiale für eine *prozessuale* Verlaufsform bezieht, wie er diese „externe“ Quelle sich zu integrieren und anzuverwandeln vermag. Aus dieser Warte gesehen erkennt Hegel in und mit jener Differenzerfahrung das Plötzliche als die notwendige Bedingung eines jeden Aktes dialektischer Selbstvermittlung an. Was er lediglich ablehnt, ist, diese Bedingung als eine bloß externe Quelle zu affirmieren.

Schon unter philosophiegeschichtlichem Blickwinkel versteht es sich mitnichten von selbst, daß unverhofft einer prozessualen Auslegungsperspektive unterworfen wird, was bislang gar kein angemessener Gegenstand für die Darstellungslogik einer bewußt prozessual verfaßten und darin sich selbst explizierenden Verlaufsform war: daß auf einmal ein Kategorienraster als ein sich selbst explizierender und generierender Prozeß auftritt – dies dürfte bis Hegel ein unerhörtes Novum sein, das als solches erst einmal festzuhalten ist. Schließlich darf ein solcher Prozeß *zum einen* gar nichts anderes enthalten als dasjenige, was er selbst in seiner Entfaltung zu begründen und zu generieren vermag, und *zum anderen* soll er außerdem in seinen verschiedenen Phasen und Schritten gleichzeitig seinen eigenen Totalitätsgaranten antizipieren, nämlich den sich zunehmend selbst entfaltenden Begriff, dem jene Phasen und Schritte letztlich überhaupt die Kohärenz ihres inneren Zusammenhalts erst verdanken.

Der Verdacht liegt nahe – schließlich hat er nicht ohne Grund sich als so überaus zählebig erwiesen –, es sei die spekulative Selbstüberforderung dieses mit Fundierungsoptionen völlig überzeichneten Prozesses, die Hegel bei der rhetorischen Eingängigkeit des Vokabulars der klassischen Umschlagskategorien Zuflucht habe nehmen lassen, welches er in eigentümlicher und völlig undurchschauter Weise auf logische Verhältnisse projiziere. Seine provokative Spitze hat dieser Einwand darin, daß Hegel im Zuge der inneren Temporalisierung des Dialektischen Anleihen macht, wobei es auch hier Substitute sind, die er auf ungute Weise überträgt, nur um kompensieren zu können, was die Kategorien an eigener Dynamik und Entwicklungsfähigkeit nicht aufbringen. Der Tribut, den er zollt, um das Plötzliche zu einer internen, wenn auch in aller Regel verdeckten und begrifflich unzugänglichen Antriebsfeder zu verwandeln, schlägt indes nach dem bisher Gesagten nicht gering zu Buche, zumal diese Übertragung in zweifach bestimmter Weise tief in die Fundamente des logischen Systembaus eingreift, wobei die Umschlagskategorie des Plötzlichen noch einmal intern regelrecht eine perspektivische Verschiebung in ihrem Stellenwert erfährt: Weitgehend freigesetzt aus der Klammer systemischer Totalitätsansprüche, steht nämlich am Anfang die Umschlagskategorie des Plötzlichen zunächst unter dem Vorzeichen eines nicht-logifizierbaren Anfangsgeschehens, das der Irreduzibilität und Ingression eines Phänomens immerhin noch Rechnung trägt – eines Phänomens, das zunehmend mehr von strategischen Synthetisierungsabsichten überformt und operational vereinnahmt wird, ja, am Ende zu einer Art Antriebsfeder gerät, aus der sich das System die Evidenz für die Selbst- und Fortbewegung des Logischen beschafft. Kein Zweifel, daß der Anfang der Logik zugleich der Ort ist, an dem Hegel die systemische Klammer am weitesten gelockert hat, gerade weil er – so darf man vermuten – nicht umhin kann, eben den Antriebspotentialen, die innerhalb des Systems selbst nur operational eingesetzt, nicht aber als solche thematisch werden, einen Platz zuzuweisen, der aufs Ganze ausgreift. Denn was Hegel anfangs ausdrücklich zuläßt und quasi im Horizont freigehaltener Optionen in einer bewußt nicht zurechtgestutzten und positiv verhärteten Gestalt bedenkt, – diese Offenheit wird von ihm wieder verspielt, ja, beinahe mit dem Verlust des Phänomens selbst erkauft, wenn er den Zeitmodus des Plötzlichen nicht einmal mehr in das Perfektum des *Übergegangenseins* jener besagten Einstiegskategorien einschleust, vielmehr diesen Zeitmodus nur heranzieht, um den Anschein einer immanenten Folgerichtigkeit im flüssigen Ablauf einander hervortreibender Kategorien zu erwecken. Die Geradlinigkeit, welche ihm augenscheinlich vorschwebt, der gemäß eine Begriffsbestimmung die andere reibungslos ablöst und methodisch geregelt einen Schritt vorwärts auf dem Weg rückwärts zu einem kreisförmig sich schließenden und darin sich vollendenden Ganzen durchläuft, hat nach dem bisher Gesagten freilich keinen geringen Preis.

Doch ehe man beginnt, über jenen Preis und seine genaue Höhe nachzudenken, lohnt sich ein abschließender Blick zurück zum Anfang, nämlich zu Kierkegaards Vorwurf, es sei niemand anderes als

Hegel selber, der die logische Kategorienentwicklung um die Umschlagskategorie des Plötzlichen betrüge, und dies mit der Folge, daß der Idealist weit hinter dem zurückbleibe, was er bereits am Platonischen *Parmenides* hätte studieren können. Daß der Hegel, wie man ihn authentisch aus seinen Büchern kennt, von diesem Einwand sich gar nicht angesprochen und nicht getroffen zu fühlen braucht, ja, es zu seiner Ehrenrettung gar keiner umständlichen Rehabilitierungsbemühungen bedarf, sollte schon aus Gründen der intellektuellen Redlichkeit nicht ganz unerwähnt bleiben. Schließlich hat eben die von mir hier dargelegte, über Schelling und Kierkegaard philosophiegeschichtlich wirksam gewordene Lektüre den Hegelschen Text nachweislich ja nicht auf ihrer Seite.

# System und Christologie

## Schellings und Kierkegaards Kritik des systematischen Denkens

Von Hartmut Rosenau

*Abstract*

This essay attempts, in comparison of Schelling's and Kierkegaard's critique of systematic thinking, to demonstrate a connection between their understanding of Christology and the systematic impotence of reason to which the kenosis of the divine logos in Jesus Christ corresponds. For Schelling, the kenosis represents the ontological and epistemological basis of the true God in his revelation, whilst Kierkegaard regards it as the paradoxical incognito of God's revelation in Jesus Christ. That is why Schelling's critique of the principle of systematic thinking nonetheless remains systemic. Kierkegaard's critique, on the contrary, is placed outside the system due to the consequences.

### *1. System: das mysterium fascinans et tremendum*

„Was Dante an der Pforte des Infernum geschrieben seyn läßt, dieß ist in einem andern Sinn auch vor dem Eingang zur Philosophie zu schreiben: ‚Laßt alle Hoffnung fahren, die ihr eingeht'". Das schreibt Schelling reichlich desillusionierend in seiner Abhandlung *Ueber die Natur der Philosophie als Wissenschaft* aus dem Jahre 1821.[1] Wissenschaft: präzise, klar und deutlich, das sollte die Philosophie der Neuzeit seit Descartes werden, darin sollte ihre Natur, ihr Wesen bestehen. Sie sollte nicht mehr länger nur Liebe zur Weisheit im Sinne eines vielleicht unerfüllten Verlangens und Strebens nach Erkenntnis

[1] F. W. J. Schelling „Ueber die Natur der Philosophie als Wissenschaft" (1821) in *Friedrich Wilhelm Joseph von Schellings sämmtliche Werke,* hg. v. K. F. A. Schelling, Bd. 1-14, Stuttgart / Augsburg 1856-61 (abgekürzt: *Schellings sämmtliche Werke*); Bd. 9, S. 218.

sein, wie es Platon damals am Mythos des Eros, dem Sohn des Poros (Pfadfinder) und der Penia (Armut), versinnbildlicht hat.[2] Das war den großen Denkern der Neuzeit (Descartes, Spinoza, Leibniz, Kant), insbesondere den Denkern des sog. deutschen Idealismus (Fichte, Schelling, Hegel), zu wenig. Sollte etwa die Philosophie, die Mutter aller Wissenschaften, hinter den Leistungen und Resultaten der exakten Mathematik und den nunmehr ebenfalls exakten Naturwissenschaften zurückbleiben? Sollte die Metaphysik, die Erste Philosophie, nur immer unterwegs sein und im Ungefähren „herumtappen"[3], hier und da bescheidene Weisheiten auf unkontrollierbar hohem Niveau formulieren, aber nicht zu gediegenen Resultaten, zu methodisch gesichertem Wissen wie die Physik kommen können? Nein, aus der poetisch-mythischen Liebe zur Weisheit (*sapientia*) muß und kann strenge, prosaische Wissenschaft (*scientia*) werden. Fichte hat darum auch den altehrwürdigen Titel „Philosophie" durch sein machtvolles Programmwort „Wissenschaftslehre" abgelöst. Der Grundzug wie das Wesen der Philosophie als Wissenschaft aber ist das System. Das war der faszinierende Leitstern und die Parole neuzeitlichen Philosophierens, von Descartes ausgegeben, von Kant vorbereitet, von Fichte begründet, von Schelling ergänzt und von Hegel schließlich unüberbietbar durchgeführt (so sieht es jedenfalls die gängige Philosophiegeschichtsschreibung im Sinne Hegels).[4]

Ein System (von griechisch σύστημα = das Zusammengestellte) ist ein architektonisch klar gegliedertes, unerschütterlich in sich selbst gegründetes, fest zusammengefügtes, vollständig abgeschlossenes Gebäude, in dem alles an seinen eindeutigen Platz gestellt und in wechselseitiger Unterstützung sicher und stabil darin aufgehoben ist. Und in dieser harmonisch ausgewogenen, stimmigen Architektonik sind vollendete Systeme auch eindrucksvoll schön, so wie Paläste und Kathedralen (auch wenn man nicht unbedingt selbst darin wohnen möchte). Übertragen auf die Philosophie heißt das: Die Seinsauslegung und Weltgestaltung erfolgt auf einem Grundsatz als *fundamentum inconcussum* und *principium*, schreitet methodisch durchsichtig am Leitfaden von Logik und Dialektik voran, um das Ganze des Seins in all seinen Dimensionen widerspruchsfrei und vollständig zu begreifen. Und die Nagelprobe dabei ist, daß das Ende, das Ziel, der Schluß-

---

[2] Platon *Symposion* 202e-204c.

[3] I. Kant *Kritik der reinen Vernunft,* 2. Aufl., Riga 1787 [1781], B XV.

[4] M. Zahn „System" in *Handbuch philosophischer Grundbegriffe,* Bd. 1-6, München 1973-74; Bd. 5, S. 1458-1475.

stein des Systems wieder auf den Anfang, auf das *fundamentum* und *principium* lenkt und sich somit beides wechselseitig in seinem Anspruch auf Gewißheit bestätigt. Ist ein solches System möglich, dann wäre der philosophische Erkenntnisdrang in strengen Beweisen und mit Evidenz seiner Prinzipien im zweifelsfreien Wissen ins Ziel gekommen und das Streben nach unfehlbarer Wahrheit als Gewißheit (*securitas*) befriedigt.[5]

Wie schon erwähnt, hat sich auch Schelling der Faszination des philosophischen Systemprogramms nicht entziehen können. Aber vielleicht ist es nicht nur mangelnde Muße, die Ablenkung durch äußere widrige Umstände oder gar mangelnde Geisteskraft gewesen, sondern in der Sache selbst angelegt, daß er nie zu einer befriedigenden, abschließenden Ausarbeitung eines Systems gekommen ist. In immer neuen Anläufen nimmt Schelling, der „Proteus" der Philosophie, das System in Angriff, um alsbald wieder abzubrechen und neue Versuche zu unternehmen: Hatte er zunächst in der Nachfolge Fichtes das *Ich als Princip der Philosophie* (1795) aufgestellt, um dann (in Abkehr von oder in Ergänzung zu Fichte) einen *Ersten Entwurf eines Systems der Naturphilosophie* (1799) folgen zu lassen, dem dann wiederum eine *Einleitung* (1799) zur Erklärung nachgeschickt werden mußte, so hat Schelling am ehesten noch mit seinem *System des transzendentalen Idealismus* (1800) die Kriterien eines philosophischen Systembaus erfüllt. Aber auch das ist, kaum beendet, von Schelling selbst explizit als unvollkommen und einseitig eingestuft worden. Denn es handelt sich hier nur um ein System des Geistes und des Wissens, dem das System der Natur noch mehr oder weniger unverbunden gegenübersteht. Ein richtiges philosophisches System aber muß die bislang getrennten Bereiche, Geist und Natur, Subjektives und Objektives, Ideales und Reales, Denken und Sein miteinander verbinden und vermitteln können.

So macht sich Schelling nun daran, ein absolutes System aufzustellen, das auf dem Grundsatz der Identität von Natur und Geist errichtet werden soll: *Darstellung meines Systems der Philosophie* heißt darum Schellings nächster Versuch aus dem Jahre 1801. Doch dessen Unvollkommenheit wird schon daran deutlich, daß im Jahre 1802 noch *Fernere Darstellungen aus dem System der Philosophie* folgen müssen. Daneben werden einzelne Teile des Systems in separaten Schriften entwickelt, die aber nicht ohne weiteres untereinander zu-

---

[5] F. W. J. Schelling „System des transzendentalen Idealismus" (1800) in *Schellings sämmtliche Werke* (s. Anm. 1), Bd. 3, S. 329-334.

sammenstimmen, um dann endlich (1804) das *System der gesamten Philosophie und der Naturphilosophie insbesondere* anzubieten, aber auch hier nur den „Ersten Teil", dem nie ein zweiter bzw. ein abschließender Teil folgen wird. Auch das völlig neu angesetzte System der *Weltalter* (1811/1813) bleibt bei mehreren verschiedenen Anläufen ein Fragment. Und während Fichte in strenger Konsequenz seines einen Grundgedankens die „Wissenschaftslehre" entwickelt und Hegel beharrlich ein System des absoluten Geistes konsequent als philosophische Enzyklopädie ausbaut, endet Schelling scheinbar ganz unsystematisch bei Aphorismen, philosophischen Erzählungen, Mythen und Urkunden der christlichen Offenbarungsreligion.

Vielleicht gibt es ein logisches System des Seins im ganzen, für Gott, aber nicht für uns und unser endliches Dasein. So wird es Schelling, schon in gewisser Weise Kierkegaard vorwegnehmend[6], in seiner bereits erwähnten Programmschrift *Ueber die Natur der Philosophie als Wissenschaft* (1821) klar, obwohl Schelling bis zuletzt an der Idee des Systems festgehalten hat.[7] So bleibt Schellings Denken zwar dem Inhalt nach systematisch, aber der Form nach unsystematisch. Und genau diese Diskrepanz zwischen Form und Inhalt ist es, die letztlich die systemische Ohnmacht der Vernunft offenbart, wenn nämlich die Kongruenz von Form und Inhalt eine notwendige Bedingung des Systems ist. Dagegen hat Kierkegaard unter dem Einfluß der Hegel-Kritik Trendelenburgs und der Systemkritik von Sibbern, Möller und Mynster[8] sein Werk von vornherein als polemisches Gegenstück zum Systemdenken des Idealismus („[…] fort vom […] Systematischen zum Einfältigen […]"[9]) konzipiert. Denn wenn das System alles zum „Abschluß"[10] bringt, dann reichen seine Logik und Dialektik nicht zur adäquaten Erfassung von Wirklichkeit. Zur Wirklichkeit gehört nämlich auch das alles wieder öffnende Zufällige, das als das Unmittelbare nicht im Gliederbau eines Systems kohärent und konsistent mit anderem antizipierend vermittelt werden kann.[11] Es kann nur um

---

6 *AUN, GW1* 10, 101ff., 111ff.

7 A. Gulyga *Schelling,* Stuttgart 1989 (abgekürzt: Gulyga *Schelling*), S. 333.

8 N. Thulstrup *Kierkegaards Verhältnis zu Hegel,* Stuttgart u. a. 1969, S. 204; W. Janke *Entgegensetzungen. Studien zu Fichte-Konfrontationen von Rousseau bis Kierkegaard,* Amsterdam / Atlanta 1994, S. 159-163; S. 168; H. Schulz „Kierkegaard über Hegel. Umrisse einer kritisch-polemischen Aneignung" in *Kierkegaardiana,* Nr. 21, Kopenhagen 2000, S. 152-178.

9 *GWS, GW2* 27, 115.

10 *BA, GW1* 7, 4.

11 *BA, GW1* 7, 7.

den Preis des Wirklichkeitsverlustes aus dem System als unwesentlich ausgeschieden und in seiner Bedeutung für das Dasein geleugnet werden. Gemessen am System- und Wissenschaftsanspruch neuzeitlicher Philosophie, kann und will Kierkegaard daher nur *Philosophische Brocken* und eine *Unwissenschaftliche Nachschrift* anbieten. Dies allein ist ihm die adäquate Form für das Erfassen von Wirklichkeit, sofern sich diese nicht an und für sich, sondern zuallererst aus dem Wirklichkeitsverständnis einer spezifischen Daseinsform menschlicher Existenz (ästhetisch; ethisch; religiös) erschließen läßt. Und eine solche vollzieht sich nicht im methodisch geschlossenen Sein *modo aeterno* und *more geometrico*, sondern im offenen Werden und im augenblickshaften „Sprung".[12] Insbesondere die religiöse, speziell die paradox-religiöse, christliche Existenz sperrt sich in ihrem Selbstverständnis dem spekulativen, ordnenden Zugriff des allumfassenden Systems, wenn sie den „Einzelnen" in ein unmittelbares Verhältnis zu Gott setzt und von Sünde oder Vergebung spricht. Denn von all dem gibt es keine „Wissenschaft".[13] Und weil das System in seiner Abgeschlossenheit nicht mit der offenen Zukunft des Zufälligen rechnet, hat es auch keinen rechten Sinn für die Ethik.[14] Denn Ethik reflektiert auf das immer ausstehende und darum auch unendlich anzustrebende Gute, das sein soll, aber noch nicht ist.[15] Wenn aber das System keine Ethik kennt, dann kennt es auch nicht die Wirklichkeit im ganzen, und so kann es seinen eigenen Anspruch nicht einlösen.

Freilich ist sich Kierkegaard sehr wohl darüber im klaren, daß seine polemische Kritik am systematischen Denken im Namen des „Einzelnen" nicht system-immanent vorgetragen, sondern nur von außen an das System herangetragen werden kann.[16] Insofern ist Kierkegaards Denken dem Inhalt nach ganz unsystematisch, aber der Form nach, im Blick auf die Strategie seiner Schriften, dennoch systematisch, wobei diese Diskrepanz von Form und Inhalt in ständiger Ironisierung gesetzt und zugleich wieder aufgehoben wird. Insofern ist seine Systemkritik keine Widerlegung, sondern nicht mehr, aber auch nicht weniger als eine Problemanzeige in Richtung auf die christliche Existenz. Schellings späte Kritik am System ist und bleibt dagegen systemisch und öffnet dieses von innen her zugunsten einer Priorität des

---

[12] *BA, GW1* 7, 9ff.
[13] *BA, GW1* 7, 13.
[14] *AUN, GW1* 10, 112.
[15] *AUN, GW1* 10, 112, 114ff.; *GW1* 11, 8.
[16] *GWS, GW2* 27, 113.

Religiösen und der mythisch-christlichen Offenbarung durch den Nachweis einer systemischen Ohnmacht der Vernunft. Seine Kritik greift das *principium* und *fundamentum* des Systems an, Kierkegaards Kritik dagegen kreist um die Konsequenzen für das menschliche Dasein, indem er immer wieder den „Abschluß" problematisiert.

Gemessen an der von Schelling wie von Kierkegaard noch nicht problematisierten Überzeugung, daß Wahrheit (als Gewißheit) in der Übereinstimmung von Vorstellung und Sachverhalt, Subjektivem und Objektivem, Idealem und Realem, Denken und Sein (*adaequatio rei et intellectus*) besteht und Gleiches nur durch Gleiches erkannt werden kann[17], muß, wenn es ein philosophisches System des Seins geben soll, das Erkenntnisorgan für ein solches System, die Vernunft, das Denken, ebenfalls systemisch sein. Ja, im Grunde müßte das System des Seins und das System der Vernunfterkenntnis letztlich ein und dasselbe sein, wenn es das absolute System sein soll, das Philosophie als Wissenschaft ausmacht. Und nur, weil die absolute Vernunfterkenntnis, die auch von Schelling als „intellektuelle Anschauung" von der diskursiven, begrifflichen Verstandeserkenntnis wie von der sinnlichen Wahrnehmung unterschieden wird (s.u.), in sich selbst systemisch ist, hat sie die Kraft und die Macht, ein philosophisches System auf der Basis der Identität von Denken und Sein zu errichten. Insofern muß die systemische Vernunft genau denjenigen Kriterien entsprechen und genügen, die für Systeme überhaupt gelten: sie muß unerschütterlich in sich selbst gegründet, ausgewogen und fest zusammengefügt, klar gegliedert und vollständig abgeschlossen sein; und nach diesen Konstituentien (*claritas, harmonia, consonantia*) ist Vernunfterkenntnis auch schön. So zeigt sich die systemische Macht der Vernunft im Sinne der Selbstermächtigung, die sich sowohl über das System des Seins im ganzen als auch und vor allem über sich selbst erstreckt. Es ist die Macht der Selbstvergewisserung und damit der Selbstsicherung im systemischen Gefüge von Idealem und Realem, Denken und Sein, wie sie im Selbstbewußtsein als der unmittelbaren Identität von Subjekt und Objekt vollzogen wird. Denn hier, in dem ausgezeichneten Fall des Selbstbewußtseins, des Ich, ist beides unmittelbar in eins und identisch: Denkendes und Gedachtes, Subjekt und Objekt. Hier ist das Ich durch nichts anderes als durch sich selbst bestimmt. Diese Selbstbestimmung und Autonomie ist der Grundzug seiner wesentlichen Freiheit.

---

[17] F. W. J. Schelling „System des transzendentalen Idealismus" in *Schellings sämmtliche Werke* (s. Anm. 1), Bd. 3, S. 339ff.; „Ueber die Natur der Philosophie als Wissenschaft" in ebd., Bd. 9, S. 221.

Erweist sich diese Macht der Vernunft als trügerisch oder zweifelhaft (die neuralgischen Punkte sind hier vor allem das Problem der Geschichtlichkeit, des Bösen und der Freiheit), dann muß, bei aller Macht der Vernunft, die sie in anderer Hinsicht hat und behält (z. B. bei der Rekonstruktion des Seins nach Prinzipien, freilich als vermittelte und ermächtigte, nicht unmittelbar von sich her), letztlich von einer systemischen Ohnmacht der Vernunft gesprochen werden. Denn sie muß sich ein „unvordenkliches Seyn" voraus- und zugrundeliegend denken[18], um sich selbst verstehen und in der Ambivalenz von Geschichtlichkeit und Freiheit, Gut und Böse durchsichtig werden zu können. Das heißt: Systemische Ohnmacht der Vernunft läßt diese nicht länger ein unerschütterlich in sich selbst gegründetes Prinzip, sondern nunmehr ein begründetes, von einem höheren Prinzip abgeleitetes und insofern abhängiges Prinzipiat sein.

Schelling selbst markiert diesen Wechsel der Stellung des absoluten Subjekts vom Prinzip des Ich qua Selbstbewußtsein zum Prinzipiat eines „unvordenklichen Seyns" und damit von der systemischen Macht zur systemischen Ohnmacht der Vernunft mit dem Wechsel der Schlüsselbegriffe „intellektuelle Anschauung" (= absolute Vernunfterkenntnis) und „Ekstase" (= freies Denken), der letztlich zur Unterscheidung von negativer und positiver Philosophie im Spätwerk Schellings führt. Ekstase ist die system-kritische Transformation der intellektuellen Anschauung. Theologisch gesprochen impliziert dieser Wechsel eine unterschiedliche Behandlung der Christologie bei Schelling: sie wird von einer bloß episodischen, zur Illustration ontologischer Verhältnisse im absoluten Vernunftsystem, zur konstitutiven Christologie innerhalb einer „Philosophie der Offenbarung" angesichts der Vermittlungsbedürftigkeit einer systemisch ohnmächtigen Vernunft.[19]

Geht der neuzeitlich aufgeklärte Mensch im Bewußtsein seiner Selbstmächtigkeit ein „vernünftiges" Verhältnis zur nach wie vor faszinierenden Gestalt Jesu ein, dann ist es seine vorbildliche Menschlichkeit, die ihm zur Vervollkommnung seiner eigenen Humanität Antrieb gibt (Kant; Fichte; Dostojewski; Tolstoi; Jaspers). Oder die Christologie wird, wie bei Hegel, zur Illustration und „Vor-

---

[18] F. W. J. Schelling „Philosophie der Offenbarung" in ebd., Bd. 14, S. 337.

[19] H. Rosenau *Die Differenz im christologischen Denken Schellings,* Frankfurt am Main u. a. 1985, sowie als Gegenposition dazu Ch. Danz *Die philosophische Christologie F. W. J. Schellings,* Stuttgart-Bad Cannstatt 1966, der eine einheitliche Christologie des frühen wie späten Schelling vertritt.

stellung", wenn auch nicht moralischer, so doch ontologischer Verhältnisse wie zum Beispiel der dialektischen Einheit von Unendlichkeit und Endlichkeit, Göttlichem und Menschlichem eingeführt, wobei das eine wie das andere unabhängig von der Gestalt Jesu Christi begriffen werden kann. Daß sich in und mit dem Gottmenschen Jesus Christus Heil und Rettung für die erlösungsbedürftige und soteriologisch ohnmächtige Menschheit ereignet, ist auch und gerade dem neuzeitlichen Zeitgeist Torheit und Ärgernis (1 Kor 1,23). Denn dieser soteriologische Anspruch steht im Widerspruch zur selbstbewußten Autonomie des Menschen, der sich seiner selbst und der Welt systemisch mächtig weiß. Daher ist für ihn Jesus Christus nicht konstitutiv, sondern nur episodisch bedeutsam als Illustration von allgemeiner Moralität und Ontologie. Insofern ist Christologie als nicht unbedingt zum Vernunftsystem gehörender Exkurs aufzufassen, eben nur als „episodische Untersuchung", wie Fichte treffend gesagt hat.[20]

Im Spätwerk Schellings liegt dagegen ein vor dem Hintergrund neuzeitlicher Religionsphilosophie herausragender Versuch vor, eine begrifflich notwendige Beziehung zwischen Philosophie und Christologie zu entwickeln, die eine konstitutive Bedeutung Jesu Christi für die weder moralisch-praktisch noch ästhetisch-theoretisch zu leistende Vermittlung von Denken und Sein begründen will. In Schellings *Philosophie der Offenbarung* geht es darum um nichts anderes, als „die Person Christi zu begreifen"[21]. Die Legitimation eines solchen Programms ergibt sich aus dem von Schelling erbrachten Nachweis der systemischen Ohnmacht der Vernunft. Schelling ist insofern ein Beispiel dafür, wie das „*sola ratione*" konsequenterweise in das „*sola scriptura*" einmündet, wenn er die Inhalte der formal konstitutiv zu nennenden Christologie anhand einer subtilen Interpretation zweier zentraler Überlieferungsstücke des Neuen Testaments entfaltet: des Prologs des Johannesevangeliums (Joh 1) und des Christus-Hymnus (Phil 2,5-11).[22] Dabei betont Schelling (wie Kierkegaard) – entsprechend dem formalen Aspekt seiner Christologie – auf der inhaltlichen Seite die freiwillige Selbsterniedrigung Gottes in Jesus Christus, die Kenosis, und nicht, wie theologisch üblich, Kreuzestod und Auferste-

---

[20] J. G. Fichte „Die Anweisung zum ewigen Leben" (1806) in *Fichtes Werke,* hg. v. I. H. Fichte, Bd. 1-8, Berlin 1845-46; Bd. 5, S. 493.

[21] F. W. J. Schelling „Philosophie der Offenbarung" in *Schellings sämmtliche Werke* (s. Anm. 1), Bd. 14, S. 35.

[22] Ebd., S. 39-50, 89-151.

hung Christi.[23] Denn die Kenosis entspricht der heilsamen Ekstase der Vernunft als Aufgabe jeglicher Selbstsucht und Selbstbehauptung, vielmehr als Selbstbescheidung gegenüber dem göttlichen Absoluten.

Die freiwillige Kenosis und Inkarnation Gottes in Jesus Christus ist das der systemisch ohnmächtigen Vernunft entscheidende unvordenkliche Faktum, demgegenüber Tod und Auferstehung Jesu Christi nur noch als die unvermeidlichen Konsequenzen der Menschwerdung post factum anzusehen sind.[24] Denn das alles „muß" geschehen (Mk 8,31). So bringt die von Schelling vertretene Kenosis-Christologie den formalen wie den inhaltlichen Aspekt seiner Christologie in einen konvenienten Zusammenhang, ohne auf eine problematische Sühnetod-Theorie rekurrieren zu müssen. Zwar vollendet der Tod Jesu Christi die Versöhnung des gefallenen Bewußtseins mit Gott, die mit der Kenosis des Präexistenten anfänglich konstituiert wird. Aber der Tod Christi als solcher hat für Schelling trotz seiner konservativ beibehaltenen Terminologie keine Besonderheit gegenüber dem Tod eines jeden anderen Menschen. Das entscheidende, unableitbare Faktum ist die freiwillige Entäußerung, die Inkarnation. Der Tod ist die mit dem freiwilligen Verzicht auf das göttliche Sein notwendig verbundene Konsequenz, gleichsam das B, das man sagen muß, wenn man A sagen will. Die Rückführung der Versöhnung von Gott und Welt auf einen freien Willensentschluß kann durchaus auch in den Zusammenhang der Hegel-Kritik Schellings gestellt werden: „Damit hat auch das letzte Grundmotiv des Deutschen Idealismus, die dialektische Einheit von Gott und Mensch, die in Christus offenbar wurde, Recht und Begrenzung erfahren; diese dialektische Einheit wurde aus der Sphäre des notwendigen Denkens des Absoluten in die freie Wahl und in den freien Gehorsam hineingeborgen [...]."[25]

Auch Kierkegaards Christologie des absoluten Paradoxes setzt mit der Kenosis und Inkarnation Gottes in Jesus Christus ein.[26] Ist jedoch für Schelling die Kenosis geradezu die Demonstration des wahren Gottes, der darum auch post festum noch systemisch begriffen werden kann, so ist sie für Kierkegaard dagegen sein „incognito", das au-

---

[23] Zum exegetischen, theologiegeschichtlichen und dogmatischen Gehalt der Kenosis-Christologie vgl. G. Delling / P. Althaus „Kenosis" in *Die Religion in Geschichte und Gegenwart,* Bd. 3, 3. Aufl., Tübingen 1959, Sp. 1243-1246.

[24] F. W. J. Schelling „Philosophie der Offenbarung" in *Schellings sämmtliche Werke* (s. Anm. 1), Bd. 14, S. 153, 195, 206.

[25] W. Kasper *Das Absolute in der Geschichte. Philosophie und Theologie der Geschichte in der Spätphilosophie Schellings,* Mainz 1965, S. 395.

[26] *PB, GW1* 6, 60.

ßerhalb der systemischen Macht der Vernunft liegt. Dies ist das von ihm aufgestellte Prinzip des Christentums im ganzen[27], mit dessen Annahme sich *im nachhinein* fatale Konsequenzen für das Systemdenken ergeben. Allerdings geht bei Kierkegaards konstitutiver Christologie nicht eine Begründung der systemischen Ohnmacht der Vernunft als ihr Korrelat (wie bei Schelling) voraus. Denn die Betonung von Kenosis und Inkarnation richtet sich nicht nur einerseits gegen die Euphorie, die Glaubwürdigkeit des christlichen Glaubens an der Gewißheit des „historischen Jesus" festzumachen (die doch höchstens nur zu Approximationen führen kann), und andererseits gegen die Verkürzung des Heilsanspruchs Jesu Christi auf die Rolle eines bloßen Lehrers von Moral und Sittlichkeit im Sinne Kants und Fichtes. Sie richtet sich vielmehr vor allem gegen eine systemisch konstruierte Christologie im Modus der Notwendigkeit[28], wonach Menschwerdung, Tod und Auferstehung Jesu Christi (wie bei Hegel) gemäß der vernünftigen und darum selbstverständlichen ontologischen Dialektik von Endlichkeit und Unendlichkeit im Absoluten konstruiert werden. Zwar sind Leiden und Tod Christi notwendig, aber nicht absolut, sondern nur als Konsequenz der freiwilligen Menschwerdung, die als incognito der Göttlichkeit Christi gerade Grund für das Ärgernis am Paradox ist, daß das Göttliche sich gerade in diesem einzelnen Menschen zu einer bestimmten Zeit zum Heil der Menschheit im ganzen unkontrollierbar offenbart haben soll, wie es insbesondere Kierkegaards *Einübung im Christentum* (1850) immer wieder einschärft. Dieses „Ärgernis ist die Abschirmung des Christlichen aller Spekulation gegenüber."[29] Das Paradox der Kenosis wird auch nicht durch das Wunder der Auferstehung gleichsam als demonstrative Bestätigung des ärgerlichen Anspruchs aufgehoben, sondern vielmehr aufgrund der Zweideutigkeit und Rätselhaftigkeit, die allen Wundern als solchen zukommt, fortgeschrieben.

Das christologische Paradox des kenotischen Gottes in Zeit und Raum fundiert sowohl das pistologische Paradox der Wiedergewinnung der Endlichkeit kraft des Absurden als auch das ontologische Paradox, daß der Einzelne höher ist als das Allgemeine, wie es Kierkegaard an Abrahams „teleologischer Suspension des Ethischen" in seiner Schrift *Furcht und Zittern* (1843) expliziert hat. Es fordert im Ärgernis oder im Glauben dazu heraus, auf das system-immanente

---

[27] J. Sløk *Christentum mit Leidenschaft,* München 1990, S. 139.

[28] D. Law *Kierkegaard as Negative Theologian,* Oxford 1993, S. 182f.

[29] *KT, GW1* 17, 82.

Transzendieren des Endlichen (etwa anhand des Leitfadens einer „Phänomenologie des Geistes") zu verzichten und den Zwiespalt der Existenz in der Spannung von Unendlichkeit und Endlichkeit zu übernehmen, und zwar entweder verzweifelt im Unglauben oder getröstet im Glauben. „War also die Einheit [der Existenz] nicht durch ein Emporsteigen zuwege zu bringen, so muß es durch ein Herabsteigen versucht werden."[30] Denn: „Der menschgewordene Gott macht den Zwiespalt ertragbar, weil er ihn auf sich nimmt."[31] So kommt es angesichts der Kenosis Christi zu einer Umkehr (μετάνοια) der Existenzperspektive im Glauben: nicht das Transzendieren im Blick auf ein Jenseits, sondern das gelassene Akzeptieren der eigenen Endlichkeit im Blick auf das Diesseits ist das Entscheidende.

Daher tritt auch für Kierkegaard zumindest im pseudonymen und halb-pseudonymen Werk das Bedenken von Kreuzestod und Auferstehung Christi gegenüber Kenosis und Inkarnation in den Hintergrund, um nicht in den Sog einer die Endlichkeit überfliegenden *theologia gloriae* einer *ecclesia triumphans* zu geraten.[32] Und nur im Blick auf die Kenosis Christi kann Kierkegaard das Existenzial der „Nachfolge" gegenüber dem „Vorbild" Christi begründen, ohne einerseits in eine moralisierend-pietistische Werkgerechtigkeit angestrengter Selbsttranszendenz abzugleiten und ohne andererseits auf eine problematische Sühnetod- oder Rechtfertigungstheologie mit ihrer Tendenz zur existenzvergessenen „billigen Gnade" (Bonhoeffer) rekurrieren zu müssen.

Der anthropologische Reflex dieser hier nicht weiter zu verfolgenden, weit ausholenden Onto-Theologie Schellings wie der Existenztheologie Kierkegaards besteht in einem Übergang von einer trügerischen *securitas* vermeintlicher Selbstvergewisserung im Selbstbewußtsein zu einer ekstatisch-gelassenen *certitudo* des freien Denkens. Das hat auch theologisch relevante Konsequenzen für das Selbstverständnis des Menschen, sofern es sich an der Leithinsicht des *animal rationale* in der Spannung von Gesetz und Evangelium, Scheitern und Rechtfertigung orientiert, sich vom Fortschritts-, Kultur- und Vernunftoptimismus löst und die vorwissenschaftlichen, lebensweltlichen

---

[30] *PB, GW1* 6, 29.

[31] W. Schulz *Sören Kierkegaard. Existenz und System,* Pfullingen 1967, S. 37.

[32] *EC, GW1* 18, 21. Vgl. auch H. Deuser *Dialektische Theologie. Studien zu Adornos Metaphysik und zum Spätwerk Kierkegaards,* München 1980, S. 274. Dagegen vertritt Kierkegaard in seinen *Erbaulichen Reden* durchaus eine ganz konventionelle *theologia crucis* (vgl. H. Deuser *Kierkegaard. Die Philosophie des religiösen Schriftstellers,* Darmstadt 1985, S. 216).

Bezüge des Menschseins in ihrer konstitutiven Bedeutung wieder entdeckt.[33] Aber auch das kann hier nur angedeutet werden, denn es geht nun vielmehr im Rückgriff auf Schelling um die Markierung der entscheidenden systemischen Problemzone, und das ist die intellektuelle Anschauung, mit der das System steht und fällt.

## 2. *Die innere Problematik des systematischen Denkens*

Die zunächst von Schelling angenommene systemische Macht der Vernunft besteht darin, daß die Vernunft von sich her (*natura sua;* φύσει), mit ihren eigenen Erkenntnismitteln zum Absoluten aufsteigen und für sich selbst absolut werden kann. Mit Schellings eigenen Worten: Es ist die Macht „der Vernunft, welche sich selbst erkennend, jene Indifferenz, die in ihr ist, allgemein, absolut setzend als den Stoff und die Form aller Dinge, allein unmittelbar alles Göttliche erkennt".[34] Das Organ bzw. der Vollzug dieser absoluten und unmittelbaren Vernunfterkenntnis ist Schelling zufolge die intellektuelle Anschauung. In ihr wird das vergegenständlichende, distinktive Entgegensetzen eines Objekts zu einem es denkenden Subjekt, wie es in der alltäglichen und auch wissenschaftlichen Erkenntnis von Welt üblich ist, durch unmittelbares, nicht gegenständliches und insofern indifferentes Einssein des Erkennenden mit dem Erkannten, Subjektiven und Objektiven überwunden bzw. zuallererst (im Absoluten) begründet. Daher ist die intellektuelle Anschauung als absolute Vernunfterkenntnis von der bloßen Verstandeserkenntnis zu unterscheiden, die sich in diskursiven Begriffen vollzieht. Im Begriff aber ist das Absolute nicht adäquat zu fassen, denn der Begriff ist der Mannigfaltigkeit der sinnlichen Anschauung entgegengesetzt, die auf vielfältige Weise immer einen endlichen Einzelanblick bietet, indem er auf das die Mannigfaltigkeit einigende Allgemeine abzielt.[35] Das Absolute aber, das als solches keinen Gegensatz außer sich haben kann und insofern notwendig auch die Einheit von Denken und Anschauung, Einheit

[33] Es wäre reizvoll, in diesem Zusammenhang den Wechsel von einer kategorialen Auslegung des Seins im ganzen (Subjekt-Objekt; Substanz; Attribut etc.) und des Daseins des Menschen im besonderen zu einer spezifischeren Orientierung an „Potenzen" (Können; Wollen; Müssen; Mögen) und „Existenzialien" wie Furcht, Sehnsucht, Angst etc. im Denken Schellings zu verfolgen und zu begründen.

[34] F. W. J. Schelling „Bruno oder über das göttliche und natürliche Princip der Dinge" (1802) in *Schellings sämmtliche Werke* (s. Anm. 1), Bd. 4, S. 301.

[35] Ebd., S. 243.

und Mannigfaltigkeit sein muß, einigt die Vielfalt der sinnlichen Anschauung und die Einheit des Begriffs. Daher kann weder der Begriffe bildende Verstand noch die sinnliche Anschauung für sich allein die adäquate Erkenntnis des Absoluten sein.[36] Beides ist je für sich nach Schelling eine „untergeordnete Erkenntnißart".[37] Die dem Absoluten adäquate Erkenntnisart kann nur die der Vernunft als Einheit von Anschauung und Denken, kurz: als intellektuelle Anschauung sein. Sie zielt einerseits wie die sinnliche Anschauung unmittelbar auf einen Einzelanblick ab, nämlich auf das eine und ungeteilte, indifferente Absolute, schaut aber andererseits keine sinnlich gegebene Einzelhaftigkeit innerhalb einer Mannigfaltigkeit, sondern Totalität: das ἓν καὶ πᾶν, und teilt diese nicht-sinnliche Erkenntnisweise mit dem Begriffe bildenden Verstand. Dennoch vollzieht sie sich nicht in Verstandesbegriffen, da der Begriff qua Definition immer nur seinen Gegenstand eingrenzend bestimmt, indem er ihn von anderem abgrenzt und daher ein rein Identisches bzw. Indifferentes nicht fassen kann. So ist die intellektuelle Anschauung der Garant für die systemische Macht der Vernunft und erfährt sich als letzte Begründungsinstanz für alles Seiende.

Aber kann sie sich auch selbst begründen? Woher ist und worin gründet sie selbst? Alles erhält erst durch den Bezug auf die absolute Vernunfterkenntnis Bestand und Bedeutung, aber kann sie qua intellektuelle Anschauung in sich selber stehen? Natürlich ist es seit Aristoteles ein Zeichen philosophischer Unbildung, letzte Gründe und Fundamente selbst noch einmal begründet sehen zu wollen. Insofern kann die absolute Vernunfterkenntnis ihrerseits per definitionem nicht mehr durch anderes begründet werden, da sie vielmehr selbst den Stoff und die Form aller Dinge in sich trägt. Daher zielt die Problematik der intellektuellen Anschauung auch nicht auf ihre mögliche oder unmögliche Begründung, sondern auf den Ausweis ihrer möglichen oder unmöglichen Gewißheit, die ja qua absolute Vernunfterkenntnis eine unmittelbare, nichtgegenständliche sein muß. Sie kann zwar als oberste Voraussetzung und als Grund allen Wissens selbst nicht in der Weise gewußt werden, wie in den (Einzel-)Wissenschaften gewußt wird, nämlich im Gefüge von Bedingendem und Bedingtem gemäß dem Satz vom zureichenden Grunde. Intellektuelle An-

---

[36] U. Anacker „Vernunft" in *Handbuch philosophischer Grundbegriffe,* Bd. 1-6, München 1974; Bd. 6, S. 1597-1612, sowie O. Muck „Verstand" in ebd., S. 1613-1627.

[37] F. W. J. Schelling „Bruno oder über das göttliche und natürliche Princip der Dinge" in *Schellings sämmtliche* Werke (s. Anm. 1), Bd. 4, S. 299.

schauung ist vielmehr das grundlos unbedingte Wissen selbst als notwendige Bedingung der Möglichkeit jedes einzelnen Wissensaktes: „Wir können diese wesentliche Einheit [von Erkennendem und Erkanntem, Subjektivem und Objektivem etc. in intellektueller Anschauung] selbst in der Philosophie nicht beweisen, da sie vielmehr der Eingang zu aller Wissenschaftlichkeit ist“.[38]

Aller Anfang ist schwer, und das gilt insbesondere für den Anfang der Philosophie, sofern sie sich als Wissenschaft versteht und sich darum systemisch entwirft. Hier muß einem nicht nur die sinnliche Wahrnehmung, gleichsam Hören und Sehen vergehen, wie Hegel treffend gesagt hat, sondern auch die diskursive, begriffliche Erkenntnis des Verstandes muß in ihrem Ungenügen eingesehen werden. Statt dessen fordert Schelling zu einer intellektuellen Anschauung als absoluter Vernunfterkenntnis auf, um einen adäquaten, unbedingten Zugang zum System auf dem Grund der Einheit von Idealem und Realem zu erhalten. Aber was schützt denn davor, daß diese Definition nicht eine bloße Nominaldefinition ohne Sachgehalt und somit die intellektuelle Anschauung ein bloß ideales, apagogisches Konstrukt oder schlicht ein *ens imaginarium* ist? Hat nicht Kant davor gewarnt, indem er sie zwar als mögliche Erkenntnisart Gottes zugelassen, aber als mögliche Erkenntnisart des Menschen bestritten hat?[39] Und hat sich nicht Hegel mit Recht über dieses merkwürdige Vermögen der intellektuellen Anschauung, das wohl nur Sonntagskinder haben, lustig gemacht: sie sei die Nacht, „worin, wie man zu sagen pflegt, alle Kühe schwarz sind“?[40] Schelling stellt sich bereits vor Hegel diese Zweifelsfrage selbst: „Wie kann außer Zweifel gesetzt werden, daß sie [die intellektuelle Anschauung] nicht auf einer bloß subjektiven Täuschung beruhe [...]?“[41]

In der Tat wird die systemische Macht der intellektuellen Anschauung durch ihre Begriffs- und Sprachlosigkeit eingeschränkt. Schelling selbst räumt ein, daß die Sprache, bei ihm allerdings verstanden als Produkt des Begriffe bildenden Verstandes und damit der untergeordneten Erkenntnis zuzurechnen, zur Nennung und Erfassung des

---

38 F. W. J. Schelling „Vorlesungen über die Methode des akademischen Studiums“ (1803) in *Schellings sämmtliche Werke* (s. Anm. 1), Bd. 5, S. 215.

39 I. Kant „Von einem neuerdings erhobenen vornehmen Ton in der Philosophie“ (1796) in Kants Werke, Akademie-Textausgabe, Bd. 8, Berlin 1968, S. 387-406.

40 G. W. F. Hegel „Phänomenologie des Geistes“ (1807) in Hegel *Werke. In 20 Bänden*, Frankfurt am Main 1969-71 (abgekürzt: Hegel *Theorie Werkausgabe*); Bd. 3, S. 22.

41 F. W. J. Schelling „System des transzendentalen Idealismus“ (1800) in *Schellings sämmtliche Werke* (s. Anm. 1), Bd. 3, S. 625.

Absoluten nicht hinreicht: „Die Natur indeß jenes Ewigen an und für sich selbst durch sterbliche Worte auszudrücken ist schwer, da die Sprache von den Abbildern hergenommen und durch den Verstand geschaffen ist“[42]. Angesichts des Einheitsgrundes von Denken und Sein, des Absoluten, muß die Sprache versagen. Deshalb beschwört Schelling die höchste, weil absolute Vernunfterkenntnis: die intellektuelle Anschauung. Wie aber kann diese sich selbst und anderen mit Gewißheit vermittelt werden, wenn sie notwendigerweise stumm bleiben muß? Folgt aus der Begriffs- und Sprachlosigkeit nicht eine Ungewißheit über die objektive Gültigkeit dieser Erkenntnisart?

Auf dem Boden des Identitätssystems weist Schelling in Erinnerung an Aristoteles die Frage nach der sprachlichen Vermittlung der intellektuellen Anschauung noch selbstbewußt als Zeichen philosophischer Unbildung ab:

> Wenn nun jemand forderte, daß man ihm die intellektuelle Anschauung mittheilen sollte, so wäre dieß ebenso viel, als wenn er forderte, daß man ihm die Vernunft mittheilte. Der Mangel der intellektuellen Anschauung in ihm beweist nichts weiter, als daß in ihm die Vernunft noch nicht zur Klarheit ihrer Selbsterkenntniß gekommen ist.[43]

Doch das Problem bleibt trotz der schroff abweisenden Antwort Schellings bestehen: Wie kann die intellektuelle Anschauung erfahren und mit Gewißheit gewußt werden, wenn die notwendige Bedingung von Erfahrung und Wissen die sprachliche Vermittlung ist und es sonst nur ein bestimmungsloses, unartikuliertes Betroffensein von irgendetwas Mysteriösem in irgendeinem Sinn gibt?

Aber Sprache ist nicht nur Begriffssprache, und der Ausfall begrifflicher Erkenntnis muß nicht generell Sprachlosigkeit und damit Erkenntnis- und Gewißheitslosigkeit bedeuten. Es gibt ja zum Beispiel auch die Sprache der Poesie und der Kunst, des Mythos und der Religion, die nicht in Begriffen aufgeht. Und so gibt es Schelling zufolge einen realen, objektiven, jedem zugänglichen Ausweis für die Gewißheit der intellektuellen Anschauung qua absoluter Vernunfterkenntnis, nämlich die Kunst: Was der Philosoph intellektuell schaut (die ungegenständliche, indifferente Einheit von Denken und Sein, Idealem und Realem etc. als Grund des Systems), macht die Kunst gleichsam dingfest, indem sie das Absolute im Kunstwerk objektiv und gegenständlich werden läßt. Somit soll nun die Gewißheit

---

[42] F. W. J. Schelling „Bruno oder über das göttliche und natürliche Princip der Dinge“ in *Schellings sämmtliche Werke* (s. Anm. 1), Bd. 4, S. 302.

[43] F. W. J. Schelling „System der gesammten Philosophie und der Naturphilosophie insbesondere“ (1804) in *Schellings sämmtliche Werke* (s. Anm. 1), Bd. 6, S. 154.

der intellektuellen Anschauung durch die ästhetische Anschauung verbürgt werden.

Ein Ausweg aus der Ungewißheit über die objektive Gültigkeit der intellektuellen Anschauung und damit über die systemische Macht der Vernunft bietet sich für Schelling zunächst also in der Kunst an. Im vollendeten Kunstprodukt, das als solches (im Verständnis der Romantik) Ideales und Reales, Bewußtes und Unbewußtes, Form und Inhalt, Geist und Materie, Freiheit und Notwendigkeit, Subjektives und Objektives zur absoluten Einheit bringt, soll die Gewißheit „der absoluten Realität jenes Höchsten“[44] gegenständlich und damit faßlich zum Vorschein kommen. Kunstwerke sind „Darstellung des Absoluten in Begrenzung ohne Aufhebung des Absoluten“[45]. So ist die Kunst die „Objektivität der intellektuellen Anschauung“[46] und damit zugleich auch der Schlußstein des Systembaus, der wieder auf den Anfang und das Prinzip in wechselseitiger Bestätigung ihrer Gewißheit zurücklenkt. So ist die Kunst „das einzige wahre und ewige Organon zugleich und Document der Philosophie“[47], und das System ist vollendet.[48] „Aber ist damit die Zweifelsfrage entkräftet? Stützt sich nicht die unbegreifliche und indemonstrable Tätigkeit des Philosophen auf eine andere, ebenso unbegreifliche Tätigkeit, das ingeniöse Produzieren des Künstlers?“[49] Wie also steht es mit der Objektivität und der Gewißheit der ästhetischen Anschauung?

„Ich bin nun überzeugt, daß der höchste Akt der Vernunft, der, in dem sie alle Ideen umfaßt, ein ästhetischer Akt ist“, heißt es zwar im sogenannten *Ältesten Systemprogramm des deutschen Idealismus* von 1796 oder 1797, das Schelling verfaßt haben könnte (auch wenn die Handschrift von Hegel stammt).[50] Aber um ein Kunstwerk als solches erfassen zu können, muß man es ästhetisch beurteilen. Wie Kant sondert Schelling das ästhetische Urteil ab von dem Urteil über Angenehmes („Sinnenvergnügen“), vom Urteil über Nützliches, vom Urteil über das moralisch Gute und schließlich auch vom „wissenschaft-

---

[44] F. W. J. Schelling „System des transzendentalen Idealismus“ in ebd., Bd. 3, S. 618.

[45] F. W. J. Schelling „Philosophie der Kunst“ in ebd., Bd. 5, S. 405.

[46] F. W. J. Schelling „System des transzendentalen Idealismus“ in ebd., Bd. 3, S. 625.

[47] Ebd., S. 627.

[48] Ebd., S. 628.

[49] W. Janke „Intellektuelle und ästhetische Anschauung. Zu Schellings ‚System des transzendentalen Idealismus‘“ in ders., *Entgegensetzungen,* Amsterdam / Atlanta 1994 (abgekürzt: Janke „Intellektuelle und ästhetische Anschauung“), S. 78.

[50] G. W. F. Hegel „Das älteste Systemprogramm des deutschen Idealismus“ in Hegel *Theorie Werkausgabe* (s. Anm. 40), Bd. 1, S. 235.

lichen“ Urteil.[51] Denn das ästhetische Urteil ist nach Kant wie nach Schelling kein Erkenntnisurteil, das sich mittels der Verstandesbegriffe auf ein Erkenntnisobjekt bezieht. Vielmehr ist es reflexiv bezogen auf das urteilende Subjekt und sein „Gefühl der Lust und Unlust“.[52] Daher trägt es zur objektiven Erkenntnis nichts bei. Insofern ist es auch unendlich variabel in seinen Interpretationsfähigkeiten, ohne definitiv auf wahr oder falsch festgelegt werden zu können. Das ästhetische Urteil, das auch vom Erkenntnisurteil geschieden wird, baut nicht wie dieses auf Begriffe, die die Objektivität des Erkannten verbürgen, sondern es erhebt aufgrund seiner „Interesselosigkeit“[53] nur einen Anspruch auf subjektive Allgemeingültigkeit[54], die nicht demonstriert, sondern nur zugemutet werden kann. Soll also das Kunstwerk als die verobjektivierte intellektuelle Anschauung die letzte Gewißheit über die systemische Macht der Vernunft vermitteln, so bleibt diese auf das ästhetische Urteil gegründete Gewißheit doch nur subjektiv, begriffslos auf das subjektive Gefühl bezogen und damit letztlich ungewiß. Auch die ästhetische Anschauung krankt wie die intellektuelle an der Begriffs-, Sprach- und damit Erkenntnislosigkeit. Auch die Kunst kann also das „mysterium fascinans et tremendum“ (R. Otto) des Systems nicht entschlüsseln, und so erweist sich das unmittelbar Gewisse des Systemanfangs trotz intellektueller Anschauung und Kunst als das gerade in seiner Unmittelbarkeit Ungewisse. Damit wird die systemische Macht der Vernunft destruiert.

Möglicherweise von Kants oder Hegels Kritik belehrt, schreibt Schelling später: „im Schauen an und für sich ist kein Verstand“[55]. Das reine Schauen ist den Menschen nicht vergönnt, denn als endliche Wesen können sie „nicht ohne Reflexion“ sein.[56] Weder die intellektuelle noch die ästhetische Anschauung kann sich selbst oder anderen vermittelt werden. Hält man dennoch an ihr fest, steigert sie sich ins Maßlose und somit Unwirkliche.[57]

Und so hat sich Schellings Auffassung von der Kunst im Übergang zu seiner Spätphilosophie (ab 1810: *Stuttgarter Privatvorlesungen*) er-

---

[51] F. W. J. Schelling „System des transzendentalen Idealismus“ in *Schellings sämmtliche Werke* (s. Anm. 1), Bd. 3, S. 628.

[52] I. Kant *Kritik der Urteilskraft,* Riga 1790, A 3ff.

[53] Ebd., A 5ff.

[54] Ebd., A 21ff.

[55] F. W. J. Schelling „Die Weltalter“ (1813) in *Schellings sämmtliche Werke* (s. Anm. 1), Bd. 8, S. 203.

[56] Ebd.

[57] Ebd., S. 204.

heblich geändert. Ist sie noch auf der Höhe der Identitätsphilosophie um 1800 letzter Garant des objektiv gewissen Absoluten und insofern Schlußstein des Systems, so wird sie ab 1821 im Sog der nunmehr bloß „negativen" Philosophie zum Spiegel der systemischen Ohnmacht der Vernunft angesichts des Absoluten. Sie reflektiert eine fundamentale Krise des philosophischen Begriffs und des Selbstbewußtseins als *fundamentum inconcussum* des Systems. Zwar ist für Schelling die Kunst (neben mystischer Frömmigkeit und Wissenschaft) ein respektabler Versuch zum „Wiederfinden Gottes"[58], das heißt zum absoluten Einheitsgrund des Systems, nachdem sich die *vita activa*, der Weg des sittlichen Handelns (Fichte), als unzureichend erwiesen hat.[59] Aber auch die Kunst muß letztlich angesichts des Ziels, absolute Freiheit mit objektiver Gewißheit darzustellen, versagen, obgleich sie schon „das Ich dem Göttlichen ähnlich macht"[60], nämlich indem der Künstler als Genie wie Gott schöpferisch wirkt und produktiv ist. Aber was schließlich selbst das gelungenste Kunstwerk erreicht, ist lediglich das Absolute als „Idee"[61] oder Symbol, nicht aber als universale Wirklichkeit im Sinne sachhaltiger Realität. Der intendierte Inhalt (das ungegenständliche Absolute) paßt nicht in die gegenständliche Form, die Kunst bleibt ihrem Inhalt inkommensurabel. Es bleibt der unüberbrückbare „Abstand von Symbol und Symbolisiertem, sofern die indirekte Veranschaulichung eines unmittelbar nicht zu Objektivierenden Symbol im Kantischen Verstande heißt [...]"[62]. So aber bleibt die Bürgschaft der Kunst für die systemische Macht der Vernunft qua intellektuelle Anschauung „dem Zweifel ausgesetzt"[63].

Das Kunstwerk versagt angesichts des intendierten Ziels und macht deutlich, daß es die gelungene Form für die unmittelbare Gewißheit des Absoluten auch im Ästhetischen nicht geben kann. Das Kunstwerk macht das Absolute zwar anschaulich gewiß, aber nur für die beschränkte Dauer des künstlerischen Produzierens oder ästhetischen

---

[58] F. W. J. Schelling „Philosophie der Mythologie" in ebd., Bd. 11, S. 557.

[59] H. Rosenau / P. Steinacker „Die Ethik im deutschen Idealismus und in der Romantik" in *Ethik in der europäischen Geschichte,* hg. v. S. Pfürtner, Bd. 1-2, Stuttgart u. a. 1988; Bd. 2, S. 79-82. Janke „Intellektuelle und ästhetische Anschauung" (s. Anm. 49), S. 70, 76 hält den Weg Fichtes über das unbedingte sittliche Handeln für gangbar, diskutiert aber nicht die Kritik Schellings (und Hegels) an Fichtes Ethizismus.

[60] F. W. J. Schelling „Philosophie der Mythologie" in *Schellings sämmtliche Werke* (s. Anm. 1), Bd. 11, S. 557.

[61] Ebd.

[62] Janke „Intellektuelle und ästhetische Anschauung" (s. Anm. 49), S. 79.

[63] Ebd., S. 81.

Wahrnehmens einer bestimmten Gestalt, nicht aber an und für sich in universalontologischer Weite des Systems alles Seienden. Die Kunst vereint im Genieprodukt zwar das, was als Einheit nicht zu begreifen ist, aber gedacht werden muß (nämlich die Identität von Idealem und Realem), aber sie tut dies im defizienten Modus der Gegenständlichkeit und Endlichkeit.[64] Und sofern auch in der Kunst Form und Inhalt, Vorstellung und Sachgehalt, Subjektives und Objektives nicht mit absoluter Gewißheit adäquat sein können, bietet auch sie keine Wahrheit (als *adaequatio rei et intellectus*).

Dieser Mangel weist die Kunst mit aller Spekulation in die „negative" Philosophie ein, die im Ganzen die systemische Ohnmacht der Vernunft zum Thema hat. Diese Sicht entspricht weitgehend dem Selbstverständnis der modernen Kunst, wie es zum Beispiel W. Schulz in seiner Studie *Metaphysik des Schwebens* vielfältig dargelegt hat: Die zeitgenössische Kunst thematisiert Negativität, „verstanden als Aufhebung des Weltvertrauens zugunsten der Weltungesichertheit", und Subjektivität, die „in sich selbst keinen Halt findet."[65] So ist der modernen Kunst in vielen ihrer repräsentativen Spielarten das Vertrauen in eine metaphysische Ordnung und damit die Gewißheit einer systemischen Macht der Vernunft verlorengegangen.

### 3. *Die systemische Ohnmacht der Vernunft*

Angesichts dieses Resultats bietet sich der Weg Hegels als äußerste Möglichkeit an, die systemische Macht der Vernunft nachzuweisen und zu erhalten. Hegel hat alle unmittelbare Erkenntnis (Anschauung) als leer und ungewiß durchschaut und daher den (spekulativen) Begriff als adäquates Medium zum Erfassen des Absoluten entwikkelt. Wir müssen also mit Schelling wieder von der Anschauung zurück zum Begriff. Wie aber steht es mit dem Begreifen des Absoluten? Schellings Nachweis, daß sich auch in dieser Hinsicht die Vernunft als unvermögend erweist, führt zu der für seine Spätphilosophie zentralen Unterscheidung von negativer und positiver Philosophie. Diese Unterscheidung wird in seiner bereits erwähnten Schrift *Ueber die Natur der Philosophie als Wissenschaft* von 1821 vorbereitet. Hier

---

[64] F. W. J. Schelling „System des transzendentalen Idealismus" in *Schellings sämmtliche Werke* (s. Anm. 1), Bd. 3, S. 618.

[65] W. Schulz *Metaphysik des Schwebens. Untersuchungen zur Geschichte der Ästhetik,* Pfullingen 1985, S. 13.

wird die „Ekstase“ des menschlichen Wissens angesichts der Unbegreifbarkeit des als absolute Freiheit bestimmten Absoluten als der zentrale Begriff eingeführt, der bezeichnenderweise den der intellektuellen Anschauung ablösen soll.[66]

Diese Ablösung ist keineswegs nur didaktisch motiviert, wie Schelling andeutet, gleichsam als bloßer Wechsel der Terminologie bei gleichbleibendem Inhalt. Denn der Unterschied von intellektueller Anschauung und Ekstase ist kein geringerer als der von apriorisch-unmittelbarem und aposteriorisch-mittelbarem Zugang zum Absoluten und damit von systemischer Macht und Ohnmacht der Vernunft. Freilich besteht das *tertium comparationis* darin, daß es in beiden Fällen um ein System geht. Nur ist dieses nicht mehr aus anfänglicher Selbstbegründung und Konstruktion der Vernunft als *fundamentum inconcussum* möglich, sondern nunmehr durch rekonstruierendes Nach-Denken eines unvordenklichen Seins, demgegenüber die Vernunft als Prinzip abgesetzt und schließlich an die zweite Stelle, als Prinzipiat, gesetzt wird. Insofern bleibt aber nach Schelling (im Unterschied zu Kierkegaard) auch die ohnmächtige Vernunft noch systemisch, das heißt ermächtigt zur klar gegliederten, stimmigen Weltauslegung aus einem lebendigen Einheitsgrund in einem *unverfügbaren* Wirklichkeitsverständnis im ganzen. Mit anderen Worten: Der Ausdruck und das Medium der systemischen Ohnmacht der Vernunft ist Religion (Mythologie und Offenbarung) im gelassenen Wissen (nicht Gefühl wie bei Schleiermacher) um schlechthinnige Abhängigkeit von der alles bestimmenden Wirklichkeit (= Gott). So begreift die Vernunft systemisch Wirkliches, aber nicht die alles bestimmende Wirklichkeit als dessen Grund.[67]

Wie in seiner Identitätsphilosophie bestimmt Schelling das Absolute als Einheit der Einheit und des Gegensatzes. Als solches ist es das Prinzip der Philosophie, sofern sie ein wissenschaftliches System sein will. Mit der Frage nach dem Was dieses Prinzips bricht jedoch die Ohnmacht des begreifen wollenden Wissens auf, denn das Absolute läßt sich gerade als solches nicht begreifen. Das Absolute ist demnach „schlechthin indefinibel“[68]. Doch auch, wenn das Indefinible zur Definition (höherer Ordnung) des Absoluten gemacht wird, schränkt

---

[66] F. W. J. Schelling „Ueber die Natur der Philosophie als Wissenschaft“ in *Schellings sämmtliche Werke* (s. Anm. 1), Bd. 9, S. 229.

[67] F. W. J. Schelling „Philosophie der Offenbarung“ in ebd., Bd. 13, S. 61.

[68] F. W. J. Schelling „Ueber die Natur der Philosophie als Wissenschaft“ in ebd., Bd. 9, S. 217.

man es dadurch ein und verliert es als Absolutes. „Nämlich es ist *nicht* so indefinibel, daß es *nicht* auch ein Definibles werden könnte, es ist *nicht* so unendlich, daß es *nicht* auch endlich werden könnte, *nicht* so unfaßlich, daß es *nicht* auch faßlich".[69] Diese Formulierungen zeigen bereits das Negative der negativen Philosophie an: sie kommt nur bis zum Daß des Absoluten, aber nicht zu seinem positiven Wesen. Sie kann nur angeben, was das Absolute *nicht* ist, und endet somit in einer *docta ignorantia*.[70] Die für menschliches Begreifen letzte Auskunft über das Was des Absoluten ist daher, „daß es sich faßlich machen kann, also daß es frei ist, sich in eine Gestalt einzuschließen und nicht einzuschließen"[71]. Insofern ist es „nichts anderes als die ewige Freiheit"[72]. Diese ihm wesentliche Freiheit muß so potenziert gedacht werden, daß sie auch die Freiheit zur Aufgabe der Freiheit noch impliziert. „Denn wäre es nur so die Freiheit, daß es nicht auch Nicht-Freiheit werden könnte, daß es Freiheit bleiben müßte, so wäre ihm die Freiheit selbst zur Schranke, selbst zur Nothwendigkeit geworden, es wäre nicht wirklich absolute Freiheit"[73].

Wie aber kann diese absolute Freiheit gewußt werden? Wissen und begreifen läßt sich nur etwas, also ein bestimmtes Objekt, ein Gegenstand. Nun ist aber die absolute Freiheit „absolutes Subjekt = Urstand; wie kann sie denn Gegenstand werden?"[74] Zwar kann sich das Absolute gerade kraft seiner absoluten Freiheit vergegenständlichen und wißbar machen, doch dann ist sie „nicht als Subjekt, *nicht wie sie an sich* ist"[75], gewußt. In dieser Aporie besteht die systemische Ohnmacht der Vernunft, wenn der Mensch sich als wissendes und begreifendes Subjekt, als Letztinstanz von Denken und Sein gegenüber dem dann zum Objekt gemachten Absoluten behaupten will und es dadurch gerade in seinem Wesen verfehlt. Die systemische Ohnmacht der Vernunft besteht nun gerade in dem Unvermögen, in den (zeitlichen wie sachlichen) Ursprung (ἀρχή; *principium*) des Systems zu gelangen, denn dieser ist ein „ἀσύστατον".[76] Des absoluten Subjekts wird der Mensch nur inne, wenn er „sich selbst bescheidet"[77] und sich

---

[69] Ebd., S. 219.
[70] Ebd., S. 222.
[71] Ebd., S. 219.
[72] Ebd., S. 220.
[73] Ebd.
[74] Ebd., S. 225.
[75] Ebd.
[76] Ebd., S. 209.
[77] Ebd., S. 229.

als Prinzip absetzt. Diesen Akt der Selbstbescheidung nennt Schelling „Ekstase“.[78] Das selbstbewußte Ich als *fundamentum inconcussum* aller Vernunfterkenntnis wird damit im Austragen seines eigenen Anspruchs in heilsamer Ekstase zur Besinnung gebracht.[79] Dem um seine systemische Ohnmacht angesichts des Absoluten wissenden, bescheidenen Ich „verkündet“ es sich „als das, was es nicht weiß“[80] und nicht von sich her wissen kann: das Absolute als Einheitsgrund des Systems von Denken und Sein, das als solches nicht abstrakt monotheistisch begriffen, sondern nur christologisch, letztlich trinitarisch in einem theogonischen Prozeß der Offenbarung gefaßt werden kann. Und so sind bei Schelling schließlich Kenosis-Christologie und Ekstase der Vernunft in der systemischen Ohnmacht der Vernunft konvenient aufeinander bezogen.

Das der Ekstase folgende „freie Denken“[81] ist nun nicht mehr das selbstbewußte, apriorische, „wissenschaftliche“ Konstruieren und Fixieren der Welt vom Standpunkt des in intellektueller Anschauung unmittelbar zugänglichen Absoluten mit dem Anspruch auf Gewißheit aus. Es ist nicht systemisch konstruierende, sondern die ihm vorgegebene freie Bewegung des Absoluten systemisch rekonstruierende Aktivität[82], die als solche nicht selbstermächtigt, sondern „leidend“, also passiv konstituiert ist.[83] Das freie Denken, frei vom selbstmächtigen und sein Ziel verfehlenden Begreifenwollen des Absoluten, aber frei für den denkerischen Nachvollzug des sich frei erschließenden Absoluten, findet seinen adäquaten Ausdruck in der „positiven“ Philosophie. Von ihr sagt Schelling, daß hier „unverdient und aus Gnaden uns zu Theil werde, was wir anders nie erlangen können“[84]. Hier geschieht die unverfügbare, positiv gegebene Bestimmung des Was-Seins des Absoluten (= Gottes), die auf seine geschichtlich kontingente Selbsterschließung in Mythos und Offenbarung rekurriert. Konsequenterweise erhält nun nicht die Vernunft, sondern erhalten die von Mythos und Offenbarung berichtenden Schriften die Kennzeichen eines Systems zugeschrieben: sie sind die „ewig auf sich selber ruhenden, unerschütterlichen Urkunden, welche allein eine vom An-

---

78 Ebd.

79 Ebd., S. 230.

80 Ebd., S. 231.

81 Ebd., S. 235.

82 Ebd., S. 236.

83 Ebd.

84 F. W. J. Schelling „Philosophie der Mythologie“ in *Schellings sämmtliche Werke* (s. Anm. 1), Bd. 11, S. 567.

fang bis zum Ende hinausgehende Welt- und Menschengeschichte enthalten"[85]. Sie vermitteln als solche zwar keine wissenschaftliche *securitas*, aber eine lebensweltliche *certitudo*, die es dem Menschen erlaubt, statt wissenschaftlich-systematischer Konstruktion (*scientia*) nun eine weisheitliche Interpretation der Welt (*sapientia*) im Licht von Mythos und Offenbarung vorzunehmen.

Dennoch bleibt auch Schellings Spätphilosophie mit ihrer Einsicht in die Ohnmacht der Vernunft noch systemisch, weil metaphysisch. Insofern bleibt Schelling von den Romantikern, den radikalen System-Kritikern, letztlich doch geschieden: „Wer ein System *glaubt,* hat die allgemeine Liebe aus seinem Herzen verdrängt! Erträglicher noch ist Intoleranz des Gefühls, als Intoleranz des Verstandes; – *Aberglaube* besser als *Systemglaube*", so Wackenroder und Tieck in den *Herzensergießungen eines kunstliebenden Klosterbruders.*[86] Denn auch der späte Schelling setzt den alles tragenden Einheits- und Sinngrund (Gott) voraus, der die verwirrende Disparatheit des Seienden zusammenbindet. Dies zwar nicht mehr im Stil einer traditionellen Onto-Theologie am Leitfaden von wissenschaftlicher Logik und Dialektik, sondern in diesem Sinne system- und metaphysikkritisch am Leitfaden von Mythos und Offenbarung. Als inner-systemische Motive für diese Wende Schellings können benannt werden: eine Krise der Rationalität angesichts des irrationalen Grundes des Menschen, des Gottes und damit des Seins im ganzen (*Freiheitsschrift*) und die damit verbundene Einsicht in die Geschichtlichkeit des Absoluten (Theogonie). Insofern muß die metaphysische Frage nach dem systemischen Anfangsgrund alles Seienden (*principium*) sowohl im Sinne des logischen Prius als auch und vordringlich im Sinne des historischen Anfangs (ἀρχή) auch hinsichtlich ihrer sprachlichen Form ernst genommen werden. So wird die zeitlich strukturierte Sprache des Erzählens gegenüber dem zeitlosen Denken *sub specie aeternitatis* der adäquate Modus des Philosophierens (*Weltalter*). Das logisch Frühere muß auch als das zeitlich Frühere aufgefaßt und in einer historisch-philosophischen Archäologie dargelegt werden. In den erzählenden Traditionen und Urkunden des Mythos und der Offenbarung der Völker liegt daher die adäquate Form für den philosophischen Inhalt angesichts der systemischen

---

[85] F. W. J. Schelling „Die Weltalter" in ebd., Bd. 8, S. 271.

[86] Zitiert nach: Gulyga *Schelling* (s. Anm. 7), S. 95.

Ohnmacht der Vernunft[87], „[...] denn alle Systeme sind von gestern, die Sprache des Volkes aber wie von Ewigkeit“[88].

Philosophie kommt damit gleichsam wieder als Weisheitsliebe zwischen Theosophie und Wissenschaft zu stehen, nach beiden Seiten hin offen, dennoch beides kritisch zurückweisend. Folgt aber aus dieser doppelten Negation eine gediegene Position? Das fragmentarische, immer wieder neu angefangene und doch wieder abgebrochene Projekt der positiven Philosophie läßt daran berechtigte Zweifel aufkommen. Die Unruhe des Wissenwollens kann nicht im System des religiösen Glaubens zur Ruhe kommen[89], weil der Glaube selbst ein Hort ständiger Unruhe, Anfechtung und Zweifel ist. Das hat Kierkegaard besser als Schelling gesehen, indem er immer wieder den Blick auf das Ärgernis und das Paradox der christlichen Existenz gelenkt hat, die objektive Ungewißheit des Heils in subjektiver Leidenschaft als Doppelreflexion des Glaubens auszuhalten. Daher philosophiert Kierkegaard zuletzt wie Fichte: „nicht [...] *erschaffend* die Wahrheit, sondern nur [...] abhaltend den *Schein*“[90], oder mit Kierkegaards eigenen Worten im Stil einer negativen Theologie (D. Law): „man reflektiert sich nicht in das Christ Sein hinein, sondern aus Anderem heraus um Christ zu werden.“[91] Es bleibt aber Schellings Verdienst, die dem Menschen vorgegebenen und unverzichtbaren Lebensquellen in ihrer systemischen Unverfügbarkeit philosophisch *durchdacht* zu haben: Natur, Kunst und Religion.[92]

---

[87] F. W. J. Schelling „Die Weltalter“ in *Schellings sämmtliche Werke* (s. Anm. 1), Bd. 8, S. 200.

[88] F. W. J. Schelling *Die Weltalter. Fragmente,* hg. v. M. Schröter, München 1966, S. 195.

[89] Gulyga *Schelling* (s. Anm. 7), S. 341.

[90] J. G. Fichte „Wissenschaftslehre 1804“ in *Johann Gottlieb Fichte's nachgelassene Werke,* hg. v. I. H. Fichte, Bd. 1-3, Bonn 1834-35; Bd. 2 (= *Fichtes Werke,* hg. v. I. H. Fichte, Nachdruck der Ausgaben Berlin 1845/46 und Bonn 1834/35, Bd. 1-11, Berlin 1971; Bd. 10), S. 199.

[91] *GWS, GW2* 27, 90.

[92] Gulyga *Schelling* (s. Anm. 7), S. 12.

# The Legacy of Jacobi in Schelling and Kierkegaard

By Anders Moe Rasmussen

*Abstract*

In presenting the key theoretical notions of Jacobi's philosophical work, this paper shows how these notions are operative in Schelling's late philosophy and in Kierkegaard. It is argued that Jacobi's criticism of Spinozist rationalism is echoed in Schelling's and Kierkegaard's criticism of Hegelian speculation as it is shown that Jacobi's distinction between two different kinds of knowledge, i.e. demonstration and illumination, is also at the very heart of Schelling's and Kierkegaard's philosophy. On this background the article finally discusses some important similarities between Schelling and Kierkegaard, stressing the importance of the concept of the will as well as the relation between negativity and positivity.

Obviously German idealism draws from many different philosophical sources. In a certain way the idealists' theory of thought and rationality, the distinction between *"Verstand"* and *"Vernunft"* is nothing but a reinterpretation of ancient Greek thought about διάνοια and νοῦς. Similarly the philosophy of Plato and Aristotle is always present in the aesthetic and political writings of the German idealists. Kant's critical philosophy presents the main target of critical and constructive interaction, of course. It is certainly uncontroversial that the whole development of German idealism is unthinkable without Kant's groundbreaking work, which shaped a wholly new landscape of philosophical thought, a fact also acknowledged by all of the idealist philosophers. It is much less evident that the philosophy of Friedrich Heinrich Jacobi should have a similar significance. Nevertheless, that is what I want to suggest here. In distinctly different ways the philosophy of Jacobi plays a role comparable to that of Kant in the philosophical systems of the idealists. The suggestion seems strange enough, considering Jacobi's status as a proponent of the counter-Enlightenment, who fiercely attacks not only Spinozist rationalism but also the idealists, especially Fichte and Schelling, accusing them of pantheism and atheism, and even "the honest Kant"; in fact in view of Hegel's and Schelling's extremely negative characterization of Jacobi the claim may seem altogether unintelligible. But this negativism is only one side of the idealists' highly ambivalent relationship to Jacobi. Jacobi is both a *"Prügelknabe,"* the worst example of theological and philosophical regression and a shining hero illuminating the very idea of modern thinking. How can that be? In order to answer that question one has to turn to Jacobi's most influential book, certainly the one that influenced and inspired the idealists, namely the second edition of *Über die Lehre des Spinoza in Briefen an den Herrn Mendelssohn* published in 1789. This book is a subtle criticism of the philosophy of Spinoza as the culmination of rationalism in defense of the freedom and personhood of God. Later I will come back to this book and its central arguments in more detail. For now I merely want to direct attention to the fact that, while rejecting Jacobi's defense of classical theism, the idealists agreed on and were highly inspired by Jacobi's criticism of Spinozist rationalism. As a philosophy of freedom, German idealism, no less than the philosophy of Jacobi, works out its ways of thinking in confrontation with the fatalism and determinism of Spinoza's philosophy, and in that regard Jacobi became a kind of model. One of the main differences between Kant's philosophy and the post-Kantian idealist thought is precisely that the challenge of Spinozist determinism is much more present in the writings of the idealists.

As I said earlier, Jacobi's influence on German idealism took many different forms. As Dieter Henrich[1] has shown in his many excellent studies on early German idealism, Jacobi's philosophy influenced and inspired Hölderlin and Fichte even if in quite different ways. But Jacobi's influence is not restricted to the formation of early German idealism. It reaches to the very end of the idealist philosophical tradition, that is to Schelling's late philosophy and to Kierkegaard. In the following I will try to show how deeply Schelling's late philosophy is inspired and influenced by, indeed even modeled on the philosophy of Jacobi, starting with Schelling's criticism of Hegel.

In the late writings of Schelling the number of direct references to Jacobi is not overwhelming, but there are some substantial passages

---

[1] Dieter Henrich *Der Grund im Bewusstsein. Untersuchungen zu Hölderlins Denken (1794-1795),* Stuttgart 1992; *Konstellationen. Probleme und Debatten am Ursprung der idealistischen Philosophie (1789-1795),* Stuttgart 1991.

that witness Schelling's acknowledgment and even admiration of Jacobi. In his lectures given in Berlin 1841/42, the lectures Kierkegaard attended, Schelling says: "Im 'Denkmal an Jacobi' (1812) ist der Anfang der positiven Philosophie."[2] Now, how is this brief statement to be understood? The book referred to in the quotation is Schelling's polemical answer to Jacobi's book *Von den göttlichen Dingen und ihrer Offenbarung* published in 1811, in which Jacobi accuses Schelling's philosophy of atheism. I find it difficult to read Schelling's *Denkmal an Jacobi* as the beginning or as the prefiguration of Schelling's late positive philosophy, let alone to detect any positive influence that Jacobi might have had on the formation of Schelling's positive philosophy. If we take Schelling's word about *Denkmal an Jacobi* as the beginning of positive philosophy for granted and if this book were the only text documenting the relationship of Schelling's late philosophy to Jacobi's thinking, then one would likely conclude that the relationship between Schelling and Jacobi is a purely negative one. However, there is evidence of a much more positive relationship. In his lectures on the history of modern philosophy delivered in Munich in the 1830's Schelling writes as follows: "Mit seinem Verstand gehörte er ganz und ungetheilt dem Rationalismus an, mit dem Gefühl strebte er, aber vergebens, über ihn hinaus. *Insofern* ist vielleicht Jacobi die lehrreichste Persönlichkeit in der ganzen Geschichte der neueren Philosophie." A bit further on in the text we find: "Indess kann ich Jacobi gewiss nicht *mehr* Gerechtigkeit widerfahren lassen, als indem ich ihm zugestehe, dass Er von allen neueren Philosophen am lebhaftesten das Bedürfniß einer geschichtlichen Philosophie (in unserem Sinne) empfunden hat."[3]

Here Jacobi's philosophy is directly related to the program of Schelling's late philosophy. Furthermore, these quotations are taken from a separate chapter on the philosophy of Jacobi, a chapter that, as pointed out by Axel Hutter,[4] very much has the character of a summary of Schelling's late positive philosophy. According to Schelling's general account of Jacobi's philosophy as *Uebergang von Rationalismus zum Empirismus* the chapter is placed right between his account of rationalism/idealism and his account of empiricism, but following right after

---

[2] F. W. J. Schelling *Philosophie der Offenbarung 1841/42,* ed. by Manfred Frank, Frankfurt am Main 1993, p. 138.

[3] *Friedrich Wilhelm Joseph von Schellings sämmtliche Werke,* ed. by K. F. A. Schelling, 14 vols., Stuttgart and Augsburg 1856-61; vol. X, p. 168.

[4] Axel Hutter *Geschichtliche Vernunft. Die Weiterführung der Kantischen Vernunftkritik in der Spätphilosophie Schellings,* Frankfurt am Main 1996, p. 275.

Schelling's critical analysis of Hegel's philosophy, which is characterized as the culmination of negative philosophy. Thus the chapter very much has the status of a brief presentation of Schelling's alternative positive philosophy. Based on these clues I think it is possible to show that the influence of Jacobi's philosophy reaches into the very core of Schelling's late philosophy. I am not going to suggest a reading of Schelling's late philosophy as a *Weiterführung der Jakobischen Vernunftkritik,* but I will try to show some striking parallels between the philosophy of Jacobi and Schelling's late thinking concerning both the philosophical motif and the kind of philosophical argumentation. Stating that Schelling's criticism of Hegel can be seen as a renewal of Jacobi's criticism of Spinozist rationalism, I will try to show that there is a striking similarity between Schelling's argument against Hegel's *Science of Logic* and Jacobi's argument against Spinoza.

As Dieter Henrich pointed out, Jacobi's *Über die Lehre des Spinoza* is a very complex book containing three main philosophical efforts intertwined with each other. First there is a reinterpretation or rather reconstruction of Spinoza's philosophy, secondly a criticism of Spinoza on the basis of the reconstruction, and thirdly a formulation of Jacobi's alternative to Spinoza's philosophy. In the following I will concentrate on the first two points and later come back to consider Jacobi's alternative. In Jacobi's opinion, the philosophy of Spinoza is the only consistent form of rationalism or the very culmination of philosophical rationalism. When one considers the many objections that had already been raised against Spinoza's thought, this claim seems highly questionable, and so it is only in a reformulation or a reconstruction that Jacobi can maintain his claim about Spinozist philosophy being the culmination of rationalism. In his reconstruction the fundamental theoretical operation substitutes or replaces Spinoza's notion of "substance" with the notion of "being." According to Jacobi, all the difficulties and flaws in Spinoza's thinking go back to his Cartesian vocabulary, that is "substance," "attributes," "modus," "causality" and so on. By replacing "substance" with "being," Jacobi hopes to avoid the flaws without distorting the core of Spinoza's thinking. This means that the notion of "being" must entail all the central features that Spinoza ascribes to his notion of "substance," that is oneness, actuality and necessity. In this Jacobi was inspired by Kant's pre-critical work *Der einzig mögliche Beweisgrund zu einer Demonstration des Daseins Gottes,* where Kant argues that every single thought of a sheer possible existence presupposes a necessary "being," and since every possibility is only intelligible in relation to possibility as such this necessary being also must be one. In Jacobi's thinking this also leads to the idea that the notion of "being" could not be a mere thought, since in the thought due to which we can think of anything existing, the notion of "being" must correspond to something real and actual. In the words of Jacobi, "being" is "das lautere Principium der Wirklichkeit in allem Wirklichen, des Seyns in allem Daseyn."[5] So all features of Spinoza's notion of "substance" are contained in the notion of "being." Furthermore, it avoids Spinoza's flaws by keeping clear of Cartesian vocabulary, especially by keeping clear of the concept of causality. According to Jacobi, the fundamental flaw in Spinoza's philosophy emerges from his extensive use of the concept of causality. This concept is restricted to the domain of experience and cannot be used outside that domain, that is the concept of causality is in fact no rational concept at all. When used outside the domain of experience as in the case of Spinoza, it leads to sheer nonsense. So the philosophy of Spinoza, as the most consistent rational philosophy, is also at the same time the result of an absurd enterprise. So much for Jacobi's critical reconstruction.

Let us now move to his criticism, remembering that reconstruction and criticism are intertwined. Avoiding the fatal amalgamation of the logical notion of "ground" and the experience-based notion of "causality" and at the same time maintaining the fundamental features of Spinoza's notion of "substance," Jacobi's concept of "being" is more than a reconstruction of Spinoza; in fact it is the point of departure of his criticism. The knowledge we have when we think the concept of "being" is rational in the sense that it does not emerge out of experience. On the other hand this knowledge is by no means grounded in rational demonstration. The notion of "being" is not a product of theoretical considerations. The notion of "being" has a peculiar kind of evidence or certainty; every time its existence is considered, the notion is already understood and justified. In that sense the notion of "being" contains a presupposition that is necessarily justified out of itself. All there is to do for philosophers and thinkers is to illuminate the notion of "being" and the peculiar kind of certainty connected to it. Any effort to prove it is absurd. So substituting "substance" with "being" rules out any kind of demonstration or proof, which is always a possibility where "substance" is to be the fundamental notion.

---

[5] F. H. Jacobi *Über die Lehre des Spinoza in Briefen an den Herrn Moses Mendelssohn*, 2. Aufl., Breslau 1789 (hereafter Jacobi *Spinoza*), p. 61.

Moving to Schelling's critique of Hegel's *Science of Logic* formulated most extensively in his lectures on the history of modern philosophy, one is struck by some fundamental similarities between this criticism and that of Jacobi's arguments against Spinoza. This is not to say that the whole of Schelling's critique can be traced back to Jacobi. Schelling does use the same expression to characterize Hegel's philosophy as "reversed Spinozism" as Jacobi uses in his polemic against Fichte. But Schelling's criticism has quite a different look, due also to the very specific character of Hegel's dialectics. Nevertheless there are two very important points in Jacobi's critique that are shared by Schelling's. (1) The first point is the conviction that neither in the order of being nor in the order of knowing is there first the possibility of being and then following from this, the fact of being. Rather there is first existence, being, and actuality itself which exists out of sheer necessity. In the case of Jacobi it has to be said that this is not really part of his criticism of Spinoza, but rather belongs to his critical reconstruction. The idea that first there is being and actuality which exists out of sheer necessity is essential to Spinoza's notion of "substance," but according to Jacobi it is better secured by replacing "substance" with the notion of "being." In the case of Schelling this starting point is an essential part of his critique of Hegel. (2) The second point, and indeed the most interesting point concerning the relationship between Jacobi's criticism of Spinozist rationalism and Schelling's criticism of Hegelian rationalism, is the idea that this being existing out of sheer necessity cannot be grasped by any kind of proof or demonstration. This is the heart of both Jacobi's and Schelling's criticism. Now in showing why this is so, Jacobi and Schelling differ from one another. As we have seen, according to Jacobi, each consideration of the notion of "being" immediately implies its fulfillment and justification out of itself. Schelling's way of showing thought's inability to grasp being is a quite different one. Moving to a – however brief – presentation of Schelling's critique, I want to start with the key premise in his attack on Hegel, namely the idea that "Das Denken hat eben nur mit der Möglichkeit, mit der Potenz zu thun."[6] Now what makes Schelling so sure that it is so? I certainly think Stephen Houlgate[7] has a point in suggesting that this idea goes back to Kant's critique of the ontological proof of God's existence, stating that "being" is what Kant calls a

---

[6] *Schellings sämmtliche Werke* (cf. note 3 above), vol. II/3, p. 161.

[7] Stephen Houlgate "Schelling's Critique of Hegel's *Science of Logic*" in *The Review of Metaphysics,* vol. LIII, no. 1 (1999), pp. 99-128.

"position" and not a predicate. Considering the fact that the critique of the ontological proof of God's existence plays an essential role elsewhere in Schelling's late philosophy, Houlgate's suggestion seems highly plausible. Without going deeper into this issue, I just want to highlight what crucial role this idea plays in Schelling's critique of Hegel. One of the crucial moves in Schelling's criticism is the assertion that Hegel's so-called negative philosophy points below itself. A closer consideration of Schelling's description of Hegel's way of setting out negative philosophy culminates in a consideration of the final possibility. As the final conceivable possibility, this possibility in fact is nothing but sheer or pure actuality. But in another way negative philosophy or rationalism cannot culminate in pure actuality, and this is exactly where the key premise, that thinking is only concerned with the mere possibility of a thing's existence, comes in. Because pure actuality means that there is no longer any possibility as such to think, negative philosophy, subscribing entirely to thought, that is considering only the mere possibility of a thing's existence, is unable to grasp pure actuality. The fundamental flaw or even *aporia* in Hegel's negative philosophy then is that it points to something that is in principle unable to grasp. According to Schelling, this also means there is a limit to thought asserting at the same time a different kind of knowing, an activity not of presenting or picturing but of intuition of things, in the vocabulary of Schelling called *"Vorstellung."* I will later come back to this notion and to the contrast between two different kinds of knowing, knowing as representation and demonstration corresponding to negative philosophy and knowing as intuition corresponding to positive philosophy.

Returning to Jacobi and to the third aspect of his *Über die Lehre des Spinoza,* namely his alternative to Spinoza, I want to begin with the following passage: "Nach meinem Urtheil ist das grösste Verdienst des Forschers, *Daseyn* zu enthüllen, und zu offenbaren … Erklärung ist ihm Mittel, Weg zum Ziele, nächster – niemals letzter Zweck. Sein letzter Zweck ist, was sich nicht erklären läßt: das Unauflösliche, Unmittelbare, Einfache."[8] Having the character of a dictum, Jacobi here distinguishes between two distinctly different ways of thinking: on the one side a thinking devoted to explanation and demonstration and on the other side a thinking governed by the goal of illumination. But it is not only a dictum but also a program. So Jacobi's alternative is to be understood in terms of what could be called a philosophy of illumination. Now what

---

[8] Jacobi *Spinoza* (cf. note 5 above), p. 42.

does this mean? As we have seen, the criticism of Spinoza ended in the idea that there is a kind of certainty, which is not a result of discursive reasoning. Jacobi now tries to work out this idea in considering two thoughts: (a) the thought that all knowledge rests on the presupposition of the immediate; (b) the thought about the certainty of the existence of the infinite. (a) Jacobi's thought about immediacy – in Jacobi's vocabulary *"Glaube"* – has a lot to do with British empiricism, remembering that the other masterpiece by Jacobi is a book on this philosophical tradition, entitled *Hume über den Glauben, oder Idealismus und Realismus* from 1787. But the assertion that knowledge presupposes the immediate is not reducible to the principle of empiricism. The claim that existence or *"Dasein"* can only be illuminated is just another formulation of Jacobi's notion of "being," stating that this notion is prior to any kind of deduction. So *"Dasein"* is a specification of "being," giving content to the notion of actuality and to the peculiar kind of certainty connected to "being." "Being" now means a certainty of experience, a certainty of "something there existing," through which all experience is made possible. Here the vocabulary of rationalism and empiricism is brought together in a way peculiar to Jacobi.

Coming to (b) one has to remember that Jacobi's book on Spinoza is a passionate defense of the freedom and personhood of God. *"Glaube"* means not only an immediate certainty of existence but also an immediate certainty of God's existence. In the vocabulary of Jacobi this has to do with the relationship between the infinite and the finite. Against Spinoza Jacobi both wants to ensure the transcendence of the infinite and the independence of the finite without drawing on the idea of a *"creatio ex nihilo."* This is worked out by contrasting the concepts of the conditioned and the concept of the unconditioned, asserting that we cannot think about the conditioned without at the same time thinking of the unconditioned since the latter is presupposed by the former, as its presupposition. In understanding its conditions it is possible to know the conditioned, but in that way we can never know of the unconditioned. In contrast, in knowing of the existence of something conditioned we also *eo ipso* have knowledge of the unconditioned. In this way Jacobi combines the transcendence of the unconditioned with the independence of the conditioned in showing that, although being the external cause of the conditioned and thereby giving independence to the conditioned, the unconditioned is always present in the conditioned, namely as its internal condition.

Coming back to Schelling and to the legacy of Jacobi in his late philosophy, one is tempted also to see his positive philosophy as prefigured in Jacobi. So Schelling's fundamental distinction between negative and positive can be understood as a reformulation of Jacobi's distinction between two distinctly different kinds of practicing philosophy, by way of explanation or by way of illumination. Furthermore, their common distinction is a distinction between different kinds of knowing, that is knowing by way of theoretical considerations and knowing by way of immediate certainty. There is a striking parallel between Schelling's alternative to Hegelian conceptualism, called *"Vorstellung,"* and Jacobi's notion of immediate certainty, which constitutes the core of Jacobi's own theory. Finally, there is also the common conviction that an alternative way of practicing philosophy can only be worked out through an immanent critique of the opponent's theory. Critique and positive alternative are intimately linked together. Neither in the case of Jacobi nor in the case of Schelling is the distinction between opposing kinds of philosophy to be understood in a dualistic way. Certainly there are also differences between Jacobi and Schelling. One of the big differences is that Schelling's alternative is not so much a new epistemology as it is a program of practical philosophy stressing the human will, a new way of thinking human life. Schelling takes Jacobi's notions of *"Glaube"* and *"Gefühl"* to point in this direction. Commenting on the antagonism between *"Gefühl"* and *"Wissenschaft,"* he says:

> *So* aber hat die Aeußerung dieses Gefühls gegenüber von den rationalistischen Systemen nur den Werth einer individuellen Erklärung: '*ich* will dieses Resultat nicht, es ist mir zuwider, es widerstrebt meinem Gefühl.' Wir können eine solche Aeußerung nicht für unerlaubt erklären, denn wir selbst räumen dem *Wollen* eine große Bedeutung wenigstens für die vorgängige Begriffsbestimmung der Philosophie ein. Die erste (der Philosophie selbst noch vorausgehende) Erklärung der Philosophie *kann* sogar nur der Ausdruck eines Wollens seyn.[9]

This quotation, I think, is to be understood as Schelling's practical reformulation of Jacobi's idea of an illuminating philosophy. That Schelling transforms or reformulates Jacobi's notion of immediate certainty into a practical kind of philosophy is strongly indicated later on in the text. Discussing the relation between *"Glaube"* und *"Wissen,"* Schelling claims that *"Wissen"* not only can contain *"Glaube"* but that *"Glaube"* is an essential part of *"Wissen."* In this connection he distinguishes between *"Glaube"* as immediate knowledge (*"unmittelbares Wissen"*) or sight (*"Schauen"*) and *"Glaube"* as mediate knowledge (*"mittelbares Wissen"*). Schelling asserts, that only in the

---

[9] *Schellings sämmtliche Werke* (cf. note 3 above), vol. X, p. 166.

case where *"Glaube"* is understood as immediate knowledge is dualism installed. This could very well be a critical comment on Jacobi's assertion of the priority of the immediate. Siding with mediate knowledge, Schelling thereby does not subscribe to the program of explanation or to theoretical consideration. That this is not the case is demonstrated in his linking together *"Glaube"* and action. "Glaube ist daher nicht, wo nicht zugleich *Wollen* und *Thun* ist, glauben und sich nicht bewegen, ist Widerspruch."[10] Here the notions of action and movement come to the fore as two otherwise fundamental concepts in Schelling's positive philosophy opposing the lack of movement characteristic of negative philosophy.

Finally, coming to Kierkegaard and to Jacobi's influence on Kierkegaard, it is worth noting that the references to the work of Jacobi are almost entirely concerned with one single passage in *Über die Lehre des Spinoza,* namely the passage where Jacobi speaks of a *"salto mortale":* "Ich helfe mir durch einen *Salto mortale* aus der Sache."[11] Now Kierkegaard is rather critical about Jacobi's idea of a leap or a decision, through which Jacobi wants to escape from Spinozist pantheism. According to Kierkegaard, there are two essential flaws or mistakes in his idea of a *"Salto mortale"*: (a) by opposing the leap to the rationalistic system of Spinoza, Jacobi puts the notion of a leap in the wrong place; (b) by overlooking the interiority of the leap, Jacobi makes it into something that can be given some kind of reason. It says:

> His *"salto mortale"* is, in the first instance, only the subjectifying act as over against Spinoza's objectivity, not the transition from the eternal to the historical. In the next place, he is not dialectically clear about the leap, so as to understand that it cannot be taught or communicated directly, precisely because it is an act of isolation, which leaves it to the individual to decide, respecting that which cannot be thought, whether he will resolve believingly to accept it by virtue of the absurdity. Jacobi proposes, by a resort to eloquence, to give assistance in making the leap. But this is a contradiction.[12]

While the direct references to Jacobi have this rather negative outlook, with Kierkegaard using the opportunity to stress his own concept of leap or decision, the story about their relationship has not yet been told. In some essential regards Kierkegaard, I think, has been positively inspired by Jacobi.

As has been shown, in the history of modern philosophy, Jacobi develops a new kind of thinking by replacing systematic ways of reason-

---

10 Ibid., p. 183.

11 Jacobi *Spinoza* (cf. note 5 above), p. 27.

12 *PLS,* p. 92.

ing with the contraposition of different kinds of reasoning. This new philosophical method is also to be found in Kierkegaard's writings, as it is in the case of Schelling. Trying to reveal truth by pursuing different kinds of perspectives certainly is characteristic of Kierkegaard's writings. Meanwhile it is possible to move beyond this methodological parallel. If we turn to Kierkegaard's use of the word *"tro"* ("faith," *"Glaube"*), one is struck by the many different meanings of this word. Among these different meanings, the word *"tro"* refers to Jacobi's notion of *"Glaube."* As in the case of Jacobi, Kierkegaard claims that immediate certainty is not only a precondition to any kind of experience but also a precondition to the realization of human life, and Kierkegaard here stresses especially the certainty of our own existence. Jacobi also comments on the certainty of our own existence. However, here lies an important difference between Jacobi and Kierkegaard. In commenting on the certainty of our own existence, Jacobi also tries to explain the structure of human self-consciousness. Kierkegaard, following his general dislike of epistemology, shows no interest in what could be called "theoretical self-consciousness" but is only concerned with "practical self-consciousness."[13] The following quotation from *The Concept of Anxiety* shows how Kierkegaard gives Jacobi's notion of immediate certainty a practical reinterpretation. It says:

> The most concrete content that consciousness can have is consciousness of itself, of the individual himself – not the pure self-consciousness, but the self-consciousness that is so concrete that no author, not even the one with the greatest power of description, has ever been able to describe a single such self-consciousness, although every single human being is such a one. This self-consciousness is not contemplation, for he who believes this has not understood himself, because he sees that meanwhile he himself is in the process of becoming and consequently cannot be something completed for contemplation. This self-consciousness, therefore is action.[14]

Like Schelling, Kierkegaard gives a practical reformulation of Jacobi's central ideas stressing the notions of action, movement and becoming.

However, there is another parallel concerning theological motives that is worth noting. In the so-called *"Beylage 7"* Jacobi applies his theory about the relation between the unconditioned and the conditioned to the knowledge we have of ourselves. Self-knowledge is here taken to be a knowledge of our existence as a conditioned existence. At the same time it is emphasized that this knowledge is presupposed

---

[13] In the work of Kierkegaard faith as certainty also has an epistemological and a metaphysical meaning, but the ethical meaning is the predominant one.

[14] *CA, KW* VIII, p. 143.

by knowledge of the unconditioned. That is the reason why we need "das Unbedingte nicht erst zu suchen, sondern haben von seinem Dasein dieselbige, ja eine noch größere Gewißheit, als wir von unserem eigenen *bedingten* Dasein haben."[15] At first glance this seems like just another illustration of Jacobi's overall theory about the unconditioned preceding the conditioned, saying nothing about what is specific and characteristic of the knowledge we have of ourselves. But in the same passage Jacobi directly addresses the specific structure of self-knowledge:

> Ich nehme den ganzen Menschen, ohne ihn zu theilen, und finde, dass sein Bewusstseyn aus zwei ursprünglichen Vorstellungen, der Vorstellung des Bedingten und des Unbedingten zusammen gesetzt ist. Beyde sind unzertrennlich miteinander verknüpft, doch so, dass die Vorstellung des Bedingten die des Unbedingten voraussetzt, und in dieser nur gegeben werden kann.[16]

Jacobi here both claims that the representation of the unconditioned is the fundamental component in the knowledge we have of ourselves and – as the representation of the unconditioned is connected with the certainty of its actual existence – that the certainty of the actuality of the unconditioned is what makes knowledge of our existence possible. So certainty of God is the internal prerequisite of self-knowledge as well as the constituent of the specific structure of this knowledge.

With a quite different vocabulary Kierkegaard seems to hold the same opinion on there being a relation between self-knowledge and the representation of the unconditioned. In his famous passages on the self as a relation in section A of *The Sickness unto Death* it says:

> Such a relation that relates itself to itself, a self, must either have established itself or have been established by another. If the relation that relates itself to itself has been established by another, then the relation is indeed the third, but this relation, the third, is yet again a relation and relates itself to that which established the entire relation. The human self is such a derived, established relation, a relation that relates to itself and in relating itself to itself relates to another.[17]

And later on in the text Kierkegaard speaks about the "dependence of the relation (of the self)."[18] What is interesting here is that Kierkegaard strictly rules out the possibility that the self has established itself, meaning that an external power is the fundamental component in the structure of the self. In that sense there seems to be a similarity be-

---

[15] Jacobi *Spinoza* (cf. note 5 above), p. 423-24.

[16] Ibid., p. 423.

[17] *SUD, KW* XIX, pp. 13-14.

[18] Ibid., p. 14.

tween Jacobi and Kierkegaard concerning self-knowledge and self. Nevertheless it is a quite different kind of dependence that Kierkegaard is talking about. When speaking about the self, Kierkegaard does not refer to a certain kind of knowledge but to a certain kind of attitude or performance. This is spelled out in his characterization of the self as a relation. Kierkegaard is, as pointed out earlier, not concerned with theoretical subjectivity but only with practical subjectivity. This also affects the notion of dependence. Kierkegaard speaks only of dependence in relation to a specific human task, the task of becoming oneself, and so dependence is the expression of "the inability of the self to arrive at or to be in equilibrium and rest by itself." To assert that the unconditioned or the absolute is the internal prerequisite of the self is something that Kierkegaard never could have said. This disagreement also reflects very different kinds of theological motives in Jacobi and Kierkegaard. Against Spinozist pantheism Jacobi wanted to secure the transcendence of God without at the same time subscribing to the idea of a *"creatio ex nihilo."* Jacobi thought to have achieved these goals through his theory about the unconditioned being the internal condition of the conditioned. The unconditioned is the cause of the conditioned while at the same time being present in the conditioned as its internal condition. Surely Kierkegaard also wanted to secure the transcendence of God, but in his view Jacobi's theistic solution cannot avoid a relapse into pantheism. So Kierkegaard's answer to the kind of pantheism he was confronted with, i.e. Hegelian pantheism, took quite a different route as the Christological notions of incarnation and the "absolute paradox" became his solution.

Coming to an end, I will say just a few words on the relation between Kierkegaard and Schelling. I have tried to show how some fundamental characteristics of Schelling's and Kierkegaard's philosophy can be understood as reinterpretations of Jacobi's thinking. Meanwhile, there is an even closer connection between Schelling and Kierkegaard. While it is difficult to decide to what extent Schelling has influenced Kierkegaard's thought, it is evident that Kierkegaard's criticism of Hegel cannot be understood without taking Schelling into account. Where Kierkegaard's criticism of Hegel is something else than irony and satire it draws substantially on that of Schelling. The following quotation taken from *Concluding Unscientific Postscript* repeats some of the key arguments in Schelling's criticism of Hegel. It says:

> Reflection has the remarkable property of being infinite. But to say that it is infinite is equivalent, in any case, to saying that it cannot be stopped by itself; because in attempting to stop itself it must use itself, and is thus stopped in the same way that a disease is

cured when it is allowed to choose its own treatment, which is to say that it waxes and thrives.[19]

Thought or reflection is, according to Kierkegaard as it is to Schelling, only concerned with possibility. But other features of Schelling's criticism of Hegel, which I have not presented, are also echoed by Kierkegaard. The ideas that there is no such thing as movement in logic and that the development of dialectical thought depends on a human desire or interest are substantial in Schelling's criticism. Kierkegaard's criticism of Hegel may have other sources but surely Schelling is the important one.

Furthermore, the fundamental distinction in Schelling's late philosophy between *"das Nichtseiende," "das Nichtseinsollende"* and *"das Seinsollende"* are also reflected in Kierkegaard's work. In *The Concept of Anxiety* all three elements are present, whereas in other texts, such as *The Sickness unto Death,* Kierkegaard is exclusively concerned with the relation between *"das Nichtseinsollende"* and *"das Seinsollende."* In this respect there is a discrepancy because Schelling insists on there being an unbreakable relation between all three elements. But in spite of this discrepancy it is a common conviction that freedom and truth can only be grasped through the negation of the negative or the pathological.[20] In this connection Schelling and Kierkegaard develop different kinds of what could be called "phenomenological pathology." Following the overall historical scheme of his late philosophy, Schelling deploys this phenomenology as a *"Philosophie der Mythologie,"* illustrating negative philosophy in picturing different kinds of coercion or constraint on the human mind, while at the same time pointing to the positive as the liberation from the pathological. As an anthropological or existential counterpart to Schelling's mythology, Kierkegaard develops his negative phenomenology by describing different ways in which the human will fails, while, as in the case of Schelling, at the same time pointing to the positive, in Kierkegaard's vocabulary called "faith," as the liberation from practical coercion. In developing these different kinds of phenomenology, Schelling's and Kierkegaard's philosophy exemplify Jacobi's original idea of philosophy as being an illuminating enterprise.

---

[19] *PLS,* p. 102.

[20] See Michael Theunissen "Kierkegaard's Negativistic Method" in *Kierkegaard's Truth: The Disclosure of the Self,* ed. by J. H. Smith, Psychiatry and the Humanities, vol. 5, New Haven and London 1981, pp. 381-423; Arne Grøn *Subjektivitet og negativitet: Kierkegaard,* Copenhagen 1997.

# Self-Liberation, Reason and Will

By Steen Brock

*Abstract*

The essay discusses two notions of self-liberation that can be ascribed to the considerations of Kierkegaard in *Philosophical Fragments* and the later Schelling in *The Philosophy of Revelation,* respectively. It is shown how, to Schelling, it is reason that is set free from itself, whereas to Kierkegaard, it is the will that is set free from itself. I argue that only a combination of Schelling and Kierkegaard's respective views would provide an adequate account of self-liberation to the effect that, ultimately, self-liberation is to be understood, not, as they both have it, as the liberation from a certain "Christian self" from itself, but as freedom *itself* being set free from itself.

In this essay I want to illustrate how the "positive philosophy" of the later Schelling and the considerations presented by Kierkegaard in *Philosophical Fragments,* respectively, might well be seen as hinging on two different ideas of self-liberation. Still there are certain parallels between the two ideas. First, both Schelling and Kierkegaard point to an internal relation between reason and will, and they both stress how the will can, and should, be set free from certain forms of reason. Second, they both address the question of the interrelation of reason and will by considering the interrelation of philosophy (understood as the historical tradition of systematic metaphysical thought) and Christianity (understood as a historical tradition). Accordingly, they both see philosophy and Christianity as ways in which to assess the *historical* character of both the reason and the will. However, I want to argue, while Schelling sees this liberation of the will from various forms of reason as a manner in which reason is liberated from *itself,* Kierkegaard discusses the way in which the will realizes itself by making a shift within that special part of the will that is related to certain forms of reason. In short, to Schelling, it is the reason that is set free from itself, whereas for Kierkegaard, it is the will that is set free from itself.

Accordingly, by formulating the distinction between "negative" and "positive" philosophy, Schelling means to point to an emancipating feature of the history of philosophy, as such. The history of philosophy becomes, so to speak, not only a history *of* history, but rather a history *for* the historical character of an adequate form of will that is yet to be formed. In this way, positive philosophy becomes one with "true Christianity," one with a new re-birth of what is essential to human existence.[1] However, according to Kierkegaard, this emancipating feature of the history of philosophy is an illusion. Only Christianity, as such, determines the condition for the possibility of a true awakening or re-birth. What is more, this awakening is available to any individual person as such – and is not, as Schelling has it – merely available to the cultivated, self-reflective person.

In this essay, I will further argue that only a combination of Schelling and Kierkegaard's respective views make up an adequate account of self-liberation to the effect that, ultimately, self-liberation is to be understood, not as the liberation of a certain "self" from itself, but as freedom *itself* being set free from itself. I will approach this issue by trying to elaborate the respective notions of "re-birth" of the human will that – as was mentioned – the question of the interrelation between Christianity and a critical philosophy of reason brings to light.

To these ends, I will try to reconstruct some of the main lines of thought in the *Philosophical Fragments.* My ambition here is not exegetical in character, but is rather, I hope, constructive by providing a rough outline of a "Kierkegaardian" notion of self-liberation. The first and main question of Kierkegaard's book is the question of whether truth can be learned. Kierkegaard wants to criticize what he calls the "Socratic" idea to the effect that there is a way in which human beings, among themselves, can question and communicate what would be relevant and decisive as to basic issues. In Christianity, this is different. Here, "the teacher" (i.e. Jesus) has provided the condition

---

[1] My term, referring to both the internal relation between positive philosophy and Christianity (i.e. the task of explaining the divine within whatever exists; F. W. J. Schelling *Philosophie der Offenbarung. 1841/42* [Paulus version], ed. and introduced by M. Frank, Frankfurt am Main: Suhrkamp, 1977 [hereafter: Schelling *Philosophie der Offenbarung 1841/42*], pp. 156-60, p. 311) and to the notion of a "true God" (i.e. the idea of God as a transcending power within all forms of existence and all forms of being; see Schelling *Philosophie der Offenbarung 1841/ 42,* p. 170).

for human beings to learn to acquire the truth. However, what "the teacher" teaches has no, as it were, separate, cultural or inter-subjective manifestation. Neither the contingent history of the church nor the contingent history of philosophy has been, or could have been, an adequate means of providing and maintaining the (eternal) possibility for individual people to acquire the truth.

The proponent of the Socratic view, however, might agree. What is essential to the possibility of learning, he might say, is not the historical conditions in which the teaching takes place. What counts is the internal relation between what is taught and the form in which it is taught and communicated. It is the intellectual character of the intersubjectively mediated inquiry that is essential, not the historical circumstance. But Kierkegaard would still be critical of this. As should be clear, he would be critical not because he wants to stress the factual-historical character of the intersubjective reflection (i.e. of philosophy) as such. It is rather that there is one issue which our discounting the factual history neglects, and that is the *temporal* character of learning and experience.

Knowledge is, to Kierkegaard, always something which *happens* to persons and something which, as such, happens as part of a human "decision," or rather, decisiveness on the part of any individual person. The paradigm case, of course, is the Christian believer. Christianity is, to Kierkegaard, precisely, a *historical phenomenon* in that it (in)forms an *instantaneous* feature of human activity and active reflection. As such, it is a constantly repeated re-birth, or re-vitalization, of an absolutely given possibility of not going astray in one's personal life and thus living "within the truth."[2] The condition for the possibility of "learning" this – of learning the fact of Jesus' birth and death – this condition does not *in itself* have, or form part of, a basic history of knowledge. So instead of asking how the history of our studying and communicating the Bible, or the history of philosophy constitutes a history of *knowledge,* we should realize how truly knowing, as such – in the sense of the sincere belief in the existence of God – is historical. It is to be realized that in belief one brings the reality of the past manifestation of God in connection with one's own will, and thus in connection with the future.

---

[2] I refer to the notion of a conversion through which one overcomes living "in the false" and thus acquires a kind of rebirth in the sense of being open to the truth, to be set free to be truly learning in the non-Socratic sense, see *PS, SV3* 6, pp. 13-18.

The limit and conditions of knowledge are not an *anthropological* feature at all, are not a matter of our moral and intellectual capacities. It is a matter of how a human being can *hold on to* an absolutely given condition and thereby, as it were, constitute a re-birth of our human form of existence. The limit is the absolutely unthinkable, still unknown and absolutely different being of God. In a sense, *this* is the limit – and not some anthropological feature of our experience – *that* is something to be learned, and something which can *only* be learned by the (negative) experience of the history of the church and the history of philosophy. It is precisely the "negative" character of these factual historical developments that (in)forms the historical *moment* of the believer. The believer does not simply turn his or her back on either the church or philosophy. He or she has learnt the (negative) lesson that his or her will cannot, and should not, be constituted in this (quasi-)historical fashion.

However, there is something about this constantly failing attempt to learn the truth by engaging in certain forms of teaching that has been crucial. The knowledge-seeking enterprise has never stopped being a form of *passion* and (self-)*love*. Consequently, the proponent of the Socratic view wrongly stresses the intellectual and/or intersubjective feature of learning. All way through, we have rather had to do with ways in which the *will* passionately seeks to discover and ground itself. The will has wanted to will itself.

The issue then, is the self-liberation of the will by realizing itself as passion (*Leidenschaft – Lidenskab*). This, however, is paradoxical, in a double sense. First, the possibility of learning the truth, the possibility of believing, is in itself no *act* of the will, but is part of the (eternal) condition of the will. Believing is a manifestation and vitalization of the will, as such, but does not constitute any real or decisive *content* of the will. There is an object *for* the believer, i.e. Jesus, but no object *of* belief. There is consequently no specific thing the will can will as to itself, except fully and truly realizing itself as will. The will must be reborn just as God was reborn, and it must see that the possibility of a rebirth includes the possibility of death as well. As with Jesus, such death *has* happened to the human being already.

That is the second paradox: the unity of birth and death. This again is unity of the possibility of eternity to become historical and the possibility of the historical to become eternal. The history of the church as well as that of philosophy was the death of the will, but it was the "true" death thereof, the manifestation and realization of which catalyzes the true rebirth of the will in accordance with Christianity in accordance with a life within the truth. Believing is performing an "autopsy"; it is to perform an examination of the grounds for one's own death.[3]

This autopsy is called "freedom."[4] It constitutes a move from the sphere of possibilities to the sphere of reality. However, we have not to do with a certain kind of "actualization," but rather with the *change* of reality, the change of the reality of becoming. Freedom effects what is at stake within the development of a person's life. In this sense, freedom is the possibility of the reality of that particular kind of "history" that is available to the believer, in contrast to the kind of history that corresponds to the possible development of various forms of being (i.e. the development of nature). The (natural) forms of being are each determined by certain structures of necessity, here, the development from one form of being to another, and the consequent annihilation of the former kind – and all in all, the interchange between being and non-being – this *inter*change constitutes no real *change*. The realization of the world as a consequence of the will and love of God is not like the construction of a certain field of things. The realization of the world rather provides the condition for the possibility – whatever the field may be – for any person to (truly) believe in God. It is a question of providing the possibility of believing, i.e. the possibility of there being *no necessity,* and no bonds on the person's will *but* the condition for learning the truth in accordance with Christianity.

Kierkegaard clarifies his position by saying that the reality of becoming points to a certain unity between presence (*das Anwesende*), past (*das Vorbeigegangene*), and future (*das Zukommende*).[5] This is, so to speak, a movement across the individual person's life, at any moment within that life. It is a temporal structure that conditions the possibility of belief in God. It is not a temporal structure which is already there and which can be somehow directed towards God, or towards morality, etc. It is the very condition that the person's life can have a *true* direction at all.

In this sense, there is no temporal *Wesen* behind or within the leap into faith. Faith is an upsurge into a possible temporal structure, that is *Existenz*. And this, I will say, marks the crucial difference to the later Schelling's position. Because, as I will now illustrate, for Schelling, the possible forms of existence *do* have a both systematic and real bond to various forms of being. Consequently, and this is well

---

[3] *PS, SV3* 6, 66.
[4] *PS, SV3* 6, 71.
[5] *PS, SV3* 6, 73.

known, Schelling wants to relate the possibility of a *certain kind* of *Wesen,* the *Wesen* of personal existence to another, more basic, kind of *Wesen,* the *Wesen* of "the ground."

True, this is a distinction which Schelling explicitly made, first and primarily, in his *Freiheitsschrift* of 1809.[6] Concerning this distinction, the main shift in the later view has to do with one of the principal differences between negative and positive philosophy. The former (i.e. Schelling's *Freiheitsschrift* included) had concentrated on the possibility of existence (i.e. the possibility of liberating oneself from evil, not once and for all, but time and again), whereas the latter concentrates on *real* existence (i.e. what is at stake within the liberating movements). This again has to do with Schelling's notion of the suspension of God's existence. Within the original formation of Being, God acquires the possibility of making his will manifest within a *Wesen.* However, this formation is at first a suspension of the necessity for God to exist. The existence of God (by contrast to his will, *Wesen* and being) has in a sense not yet come true, because God wills that his existence only come true by the formation of *another* kind of existence (i.e. the human kind).

Now, it is this fundamental relation between the existence of God and the existence of human beings which reveals the main illusion of negative philosophy, the idea, namely, that human beings can somehow be seen as creative in a sense which either repeats or fulfills the original Creation of God. That is the ultimate (self-)deception of reason. The creative force of human beings cannot fulfill, but can merely *uphold* the creative force of God.

Here, I cannot and will not try to repeat the complete metaphysical structure of Schelling's positive philosophy. I will merely point to two features of this structure: (1) The systematic distinction between modes of being and modes of existence, where the latter involve a certain *Stellung* between certain modes of being and certain forms of *Potenz.*[7] Thus, it is such *Stellungen* that come forth through God's creation of the world, his suspension of his own existence, the birth of Jesus, the resurrection of Jesus, and the creation of our human kind, respectively. (2) The idea of a *living* God which – by contrast to the idea of God in the *Freiheitsschrift* – is the idea of an already complete God

---

[6] F. W. J. Schelling *Philosophische Untersuchungen über das Wesen der menschlichen Freiheit und die damit zusammenhängenden Gegenstände,* Stuttgart: Reclam Jun., 1964, pp. 69ff.

[7] Schelling *Philosophie der Offenbarung 1841/42* (cf. note 1 above), p. 103.

that, essentially, *wills* that human beings exist such that it is in principle possible for someone to understand God as the Creator of the World.[8] Especially, I want to underscore that, on this view, the creation of beings (the creation of nature), as such, is the creation of a world that is yet to be resurrected according to the will of God. What is more, only *we* (the human being) can achieve this resurrection. Consequently, there is a sense in which human beings can be said to effect a resurrection which is both (1) a liberation from certain forms of being that constrain our human existence, namely, a liberation from the modal structures associated with various forms of *Sein-können* and *Nicht-sein-können,* and (2) an acquisition of a potentiality (*Potenz*), proper, called "freedom." This is a potentiality which is at one with a third kind of being, *das Seinsollende,* to the effect that no *other* kind of being might constrain this kind of *Potenz*. As such, freedom is a "resurrection" similar to the resurrection of Jesus, *qua* a return to an absolute unity. In both cases, the case of freedom and the case of Jesus, we have to do with a return to the unity of *Potenz* and being. Importantly, we should realize that this resurrection forms a way in which the non-divine human existence can, in principle, manifest and fulfill *itself*. However, we should also realize that by doing so, God makes manifest that *he* is *alive*. The existence of God, so to speak, happens in and through the human acquisition of freedom.

The existence of God is not a possible object of knowledge since there can be no facts of the matter. There is nothing special or nothing in particular which either makes up or characterizes the existence of God, except the very existence of the freedom available to human beings. By this, Schelling thinks, (positive) philosophy has finally transcended the bonds of pantheism which darkened the previous (negative) philosophy. God is, and is the only, *Wesen* that need not *exist* in his *Wesen*. Consequently, he does not exist in and through the creation of the world, or in and through the birth of Jesus. Jesus is, by contrast, "within the process," within the world-dialectic in which not only the basic forms of being but also, and primarily, the basic forms of *Potenz* acquire a variety of positions (*Stellungen*) to the effect that certain kinds of voluntary action and deed become available.[9] In that sense,

---

[8] Ibid., p. 170.

[9] I.e., as the reality of the Son unfolds, Father and Son come together in the sense that the will of God unfolds within reality although it never becomes reality as such (ibid., p. 195).

Jesus is the "master of being."[10] He is the *Inbegriff* of the possibility of freedom, of the unity between being and the bare potentiality of a responsible will. The beings within the world can have no position, *qua* their being, that conditions the position, so to speak, of freedom itself. In that sense, Jesus manifests *the possibility* of that which God ultimately wills. Jesus is the re-incarnation of the will of God, namely the will that the existence of God becomes manifest. Consequently, Jesus is not the re-incarnation of *that* which God wills. Only the upsurge of *human* existence forms such a re-incarnation.

However, and this is again the self-deception of reason, the existence of human beings is *not* constituted by the concrete, historical development of human kinds of action, human kinds of thought, or human kinds of volition. It is only in so far as human beings manage to overcome and resurrect this world – the world colored by the human kind – that human existence becomes *real*. It becomes real by truly making a distinguished difference. It is not that the Spirit of God is suddenly infused into our world, but it is rather that the world is resurrected as a proper place for this Spirit to reveal and manifest itself.

This is not, merely, a leap into faith. This is to be able to *insist* that the world, from now on, is the proper place of Spirit. Human *ex*istence means to live in and through this *in*sistence. Through its insistence, practical reason is set free from itself. The human being, from then on, will have plenty of things *to do* in the world. Our lives shall be lived as (if they were) a way for the life of God to be upheld, and to be upheld within the *worldly* affairs. Consequently, a new empirical science, a new church, a new state is called for, as is a new philosophy. As to the latter, it is time to resurrect what Axel Hutter has adequately called, a new *Phänomenologie der Verbindlichkeit*.[11]

As I have presented the matter, one may say that Schelling pushed the issue of self-liberation one step further than Kierkegaard. Schelling managed to circumscribe the basic features of *real* freedom, of freedom as realized within the essential resurrection of the very world that corresponds to the will of God. As such, freedom has, or rather consists in, there being a true position (*Stellung*) for the human being to adopt, whereas freedom, according to Kierkegaard, is only the lib-

---

[10] The Son becomes the *real* master of being in contrast to the Father being (merely) potentially the master of being (ibid., p. 195).

[11] Axel Hutter *Geschichtliche Vernunft. Die Weiterführung der Kantischen Vernunftkritik in der Spätphilosophie Schellings,* Frankfurt: Suhrkamp, 1996, p. 319. See the whole section (pp. 316-29) on the idea of a philosophy of mythology.

erating movement *away* from any such position. Here, the true existence of human beings is primarily a matter of becoming, and continuing to be, "positioned" within the historical (within the eternalization of the historical and the historization of the eternal). This leap into the true dialectic between the historical and the eternal is no *Welt-Dialektik,* which, by contrast, is the kind of positioning with which Schelling is concerned. The Kierkegaardian leap into faith is an individual affair. Of course, it is a possibility open to *anyone* and is as such not a personal possibility. It is not a possibility only for certain persons. The message is we can all, as individual persons, be re-born in the light of the re-birth of God through Jesus. For each and every one of us, there is, as it were, a way to qualify one's life, or should we say, to qualify *as* someone having a *life* (and not just some other kind of socio-historical process) to live.

To Schelling, this would pose a question of what it means to live a life, in the first place. How, exactly, are we to view the life lived before and outside of the truth? We know that Kierkegaard in some works would point to certain universal structures, like anxiety (*Angst*) and despair (*Verzweiflung*). Now, the problem is what such characterizations might mean when they are *not* parasitic on a pregiven positive circumscription, i.e. when they are not to be seen as a kind of collapse or downfall, but rather as a kind of pre-existence to the real and true existence.

It might be suggested that the positive and the negative features of existence are *one* coherent structure, one unity. It might be suggested that they are *gleichurspünglich!* But that is precisely what, according to the later Schelling, we cannot say.[12]

The original will as well as the original being of God, the unity of which is behind all that comes to be and comes to exist, does not, yet, fulfill the existence of God. The existence of God is a way for the will of God to *live* on, and for *human* existence to form the medium from within which, alone, this life (of the will of God) can be realized. Consequently, the life of an evil human being, or the life of an immoral person (since we have here to do with human existence) is *already* within the life of the divine will. Similarly, the collapse of personal reason or of *Persönlichkeit* as such is already a way for the life of the

12 I refer to Schelling *Philosophie der Offenbarung 1841/42* (cf. note 1 above), pp. 168-69 concerning the otherness of the divine as having no general form to the effect that a *real* dialectic (and not a formally structured dialectic such as Hegel's) grounds the possibility of freedom.

divine will to live on. This is because God wills that human beings have choice, and that what we can and shall choose between is real. The dialectic of light and darkness is always, already realized within the world – the very world created by God through the birth, death, and resurrection of Jesus, the world at one with the possibility of the human being to exist. By contrast, the dialectic of light and darkness is, for Kierkegaard, rather a dimension within the condition of having a true world, at all (just as our having a language in which to express both truth and falsity forms part of the condition for pursuing the truth and nothing but the truth).

Concerning this, I want to side with Schelling. However, Schelling's view involves the hard question of how radical or innovative the real existence of human beings can be. What determines the limit of what human beings can hope for? What might a new church, a new state, a new science, a new kind of art bring us? The only answer, it seems, that Schelling might offer to these questions, will be to point to a kind of re-union of the will and the current states of affairs (modes of being). What comes to mind are metaphors like the following – for example – that the potentiality of the will is "sharp" or "latent" to the effect that a potent will which is already positioned within a series of modes of being is *not* blocked or blurred. Then, the *Stellung* of the will becomes "proper" or, simply, *latently real*. There is an idea of *perfection* associated with the picture either in the form of a paradise on earth or in the form of an ultimate political, spiritual or artistic vision that would mark, so to speak, the beginning of a new era in the history of humankind, the emergence of a new world, as such. What is more, this is, to my view, a picture of a kind of volition that can well become *exhausted*.

Such a picture needs qualification, and I think that it needs qualification precisely along the lines of Kierkegaard's analysis in the *Fragments*. There is, we should acknowledge, something like "a leap into faith" in the willingness to face the future knowing that one can never relive the past. History leaves us with a vast experience of what, and how, we should *not* turn to the future. Whatever our situation may be, even after we have got the boost from the "positive" transcendence of the previous "negative" and illusory attempts to reconstruct the essence and principles of our lives, change is *called for* because, change is not just an open invitation to the future. In freedom, human beings face a *challenge* that accompanies any attitude towards the future.

Consequently, we shall seek for an account of both the need and the possibility of a constant re-vitalization of our human lives, a re-vitalization that cannot be brought about by an intellectual comprehension of the human conditions for the possibility of experience (on this Schelling was right), but also a revitalization that can only come about by somehow *enacting* the human situation in various respects and various contexts.

As we have seen, the Kierkegaardian leap into faith – this rebirth of an individual life within the truth, within Christianity – involves a change within the reality of becoming. It marks the freedom to be within the truth no matter what the *current* situation may be. I have criticized this to the effect that the current situation can only be overcome in so far as the current situation *in itself* involves a preparation for this overcoming. On this view, freedom is not a standing possibility *despite* the current situation, but is a transcending response *to* the current situation. This is how I side with Schelling. On the other hand, I criticize Schelling for expressing a kind of conservatism as to positive freedom, i.e. to the issue of what it is that human beings are free to do, the issue of in what freedom may consist or manifest itself. In short, I point to the Kierkegaardian notion of a *radical* change within the reality of becoming. I point to the possibility of a genuine revolution within human existence. Take Cassirer's account of the downfall of the Roman Empire or of the emergence of either the Renaissance or Enlightenment. These events mark a genuine and radical rebirth of the character of human existence. Or take the emergence of certain single sciences, like psychology or sociology. The development of certain epistemic techniques concerning the question of our identity as persons radically transforms the conditions for the possibility of self-realization, or better, transforms the very idea of such a transformation. Or take the development of a new form of art like motion pictures. I mean, consider the emergence of the entire spectrum of epistemic projects that is now available, all these new ways of portraying our lives. This is not merely to have acquired a new means for expressing something that was already a possible object of knowledge. It is a true genesis of certain such objects.

There is such a thing as an upsurge of a new "spirit" at certain times and places. To be specific, there is such a thing as wanting to provide a new *Stellung* to human freedom which, as such, marks a freedom from the current such *Stellung*. In this sense, freedom can search for a liberation from *itself*. This kind of self-liberation does of course not aim at restoring some kind of unfreedom, but aims rather at a transformation of the previous and current forms of freedom, as such; it aims at a change of the very character of freedom. This does not point to an empty, radical form of freedom, to a radically open future. It only points to the endeavor to *become free to become free.* Nor is this an expression of a radical form of autonomy. On the contrary; it is precisely to loosen the bonds between the concept of autonomy and the concept of freedom. In this respect, we should adhere to the Kierkegaardian critique of the Socratic idea of learning. There is nothing that freedom (as a human exercise) can do or learn by itself. There is no particular kind of self-liberation that in itself expresses the essence of freedom. Accordingly, this was Schelling's mistake. He saw the liberation of reason from itself as expressing the essence of freedom (in the sense of a continuing horizon or resource for our lives). Kierkegaard did not see the liberation of the will from itself as expressing such an essence. The lives of human beings are simply not "free" or one with a continuing freedom. Freedom is rather a dimension within the death of our lives as *human beings* and thus within our becoming disciples of Jesus. As I see it, Schelling was right, however, in his underscoring the reality of freedom to the effect that the potentiality of human existence must always be associated with certain modes of being, each of which, for their part, can be seen as expressions of freedom. For instance, certain practical institutions and intellectual traditions embody various forms of *Sein-können* and *Nicht-Sein-können,* and only relative to this does the possibility of being directed towards *das Seinsollende* emerge. This, I have tried to demonstrate, constitutes the condition for the possibility that human existence is *latently* free. My critical remark to Schelling's view has been that this latency should not be seen as itself having a universal form or continuing character. The conversion of a latent possibility to an actual possibility is not just a *consequence* of freedom or a fixed essence of freedom. In principle, it involves the conversion of freedom as such.

# “Actuality” in Schelling and Kierkegaard

By Michelle Kosch

*Abstract*

The paper ties one aspect of the view of actuality that emerges in part of *Concluding Unscientific Postscript* to (a new reading of) Schelling’s critique of the ontological argument. The idea is to try to get clearer on what it means to say that actuality is “transformed into possibility” when it is thought, on what is supposed to go missing from actuality in this process, and on why that (whatever it is) might be a bad thing to lose.

The concept of actuality is clearly intended to play an important role at various junctures in Kierkegaard’s authorship, but it is not always clear what that role is intended to be. One such juncture is the discussion under the heading “Actual and Ethical Subjectivity” in *Concluding Unscientific Postscript.*[1] There, actuality is opposed to thought (and possibility) in passages like the following:

Abstraction deals with possibility and actuality, but its conception of actuality is a false rendition, since the medium is not actuality but possibility. Only by annulling actuality can abstraction grasp it, but to annul it is precisely to change it into possibility. Within abstraction, everything that is said about actuality in the language of abstraction is said within possibility. That is, in the language of actuality all abstraction is related to actuality as a possibility, not to an actuality within abstraction and possibility.[2]

This triumph of pure thinking (that in it thinking and being are one) is both laughable and lamentable, because in pure thinking there can really be no question at all of the difference.…Why is thought-reality confused with actuality? Thought-reality is possibility, and thinking needs only to reject any further questioning about whether it is actual.[3]

---

[1] *CUP,* pp. 301-360; *SV1* VII, 257-312. All page numbers are from both the Hongs’ English edition *KW* and the first Danish edition *SV1*. Translations are those of the Hongs, altered where noted and excepting *Papirer* citations *Pap.,* which are my translations.

[2] *CUP,* pp. 314-315; *SV1* VII, 270.

[3] *CUP,* p. 328; *SV1* VII, 282-283.

What is the concept of actuality at work in this discussion, and in what is its opposition to thinking – and to possibility – supposed to consist? Part of the answer to this question lies, I believe, in an account of Kierkegaard's appropriation of the later Schelling's concept of actuality. This paper will propose a rough sketch of such an account.

Since the concept of actuality plays a role at several junctures in Kierkegaard's authorship, and since it is far from clear that it is the idea rather than merely the term (*Virkelighed*) that is the same across these different instances, I will begin by distinguishing the use of the term "actuality" in this *Postscript* discussion from two further, and apparently quite distinct, uses of that term at work elsewhere (section I). I am not certain what, if any, implications my discussion of the *Postscript* passage will have for understanding these; bracketing them explicitly from the beginning is intended to prevent some confusion and to help to individuate the use of the term with which I am primarily concerned. I will then point out some of the salient characteristics of the usage in the *Postscript* passage (section II). The term is explicated in three quite different ways in the space of a very few pages, and understanding the role the concept is playing will involve saying how these three different elaborations can be elaborations on the same notion – or at least, saying how Kierkegaard could have thought of them as that. Schelling's concept of actuality – and the uses to which he puts it in his criticism of idealism and of the ontological argument – turns out to be the source of some of the peculiarities in Kierkegaard's use of the term. I will briefly introduce that notion, and those criticisms, in section III. Finally, I will show how the three understandings fit together to form an argument for a central portion of Climacus' position – an argument that Schelling himself never made and would not have accepted (section IV).

## *I.*

There are two further uses of the term "actuality" in Kierkegaard's authorship which, though probably equally central and perhaps even related to the use with which I am here concerned, nevertheless do not in any obvious way help to clarify it.[4]

The first is also opposed to something called "possibility," but its characterization (and opposition to possibility) is quite different. This is the sense of "actuality" that is predominant in *The Concept of Irony,*

[4] There are surely more than two, in fact, but these two are most prominent.

that does some work in *Either / Or II* and that is relabeled in *The Sickness unto Death* as "necessity." This (taking the *Irony* characterization as definitive) is just that part of an agent's situation-of-action which consists of unchangeable givens – the givens of situational or psychological or moral determinateness: the character I have, the duties that are mine, the limits of what is possible for me. Actuality in this sense is what distinguishes *real* possibility from *abstract* (or *pure*) possibility. It distinguishes what I can (and perhaps should) do or become from what a human being in general might be able (and perhaps obliged) to do or become. The problem with thinking about action in terms of abstract or pure possibility (rather than in terms of real possibility) is that to do so is not really to think about action at all: it is to engage in idle fantasizing and thereby to avoid getting down to the business of doing. Actuality in this sense is the controlling element in the "controlled irony" described in the final section of *The Concept of Irony.* It is relabeled as necessity in *The Sickness unto Death* in the following passage: "What the self now lacks is indeed actuality....However, closer scrutiny reveals that what he actually lacks is necessity."[5] What is meant by "lacking necessity" is then spelled out clearly enough: what is missing in the person who lacks necessity is the power to submit to his own limitations. In this sense, actuality is what distinguishes real from spurious possibilities: real possibilities (as opposed to pure, abstract possibilities) are things that could (and perhaps should) *be actualized* (by me). The exclusive disjunction between "possibility" as a thought-medium and "actuality" as something entirely distinct that seems to characterize the *Postscript* sense[6] is completely absent from these discussions.

The second sense of "actuality" from which I would like to distinguish the *Postscript* sense is one that is used to convey something like the difference between a mere plan (or imagining) – to engage in a project (the project of communication, for instance, or that of doubt)

---

[5] *SUD,* p. 36; *SV1* XI, 149.

[6] I call it the "*Postscript*" sense although the term "actuality" used in something like this sense also appears elsewhere in the pseudonymous works – most notably in *Philosophical Fragments,* but also in *The Concept of Anxiety.* Compare this passage on the question "to what extent the recent principle that thought and being are one is adequate": "Only the universal is by virtue of the fact that it is thought and can be thought...and is as we think it. The point about the particular is precisely its negative relation to the universal and its repellent relation to it. But as soon as a person thinks the particular away it is canceled, and as soon as it is thought, it is altered, such that one either does not think it at all, but only imagines that one does, or one thinks it, but only imagines that it is taken up into thought" (*CA,* p. 78; *SV1* IV, 347n – translation altered).

or to live a certain kind of life – and the actual engagement or living itself, where the difference lies in the difficulty of the latter, and where that difficulty arises from the fact that the project in question is carried out (the effort made or the suffering suffered) over *time*. The experience of the difficulty or the sustainedness of the effort cannot be reproduced in the imagination (say, when one is contemplating such a project or such a life), the point seems to be, because in imagination any effort, suffering, etc., is *momentary* (appears in "foreshortened perspective"). Perhaps the best illustration of this use of the term "actuality" is the following passage from *Practice in Christianity*:

> It can splendidly depict perfection, has all the magnificent colors to describe it, but, on the other hand, the power of the imagination cannot depict suffering except in a perfected (idealized), that is, in a mitigated, toned down, foreshortened depiction. In one sense the imagination's image or the image that the imagination depicts or maintains is still nonactuality; with regard to adversities and sufferings, it lacks the actuality of time and of temporality and of earthly life. True perfection is, namely, that this perfection *is* – not *was* (for that has reference to him, the one who has finished, not to me) – tried day after day in the actual suffering of this actuality. But this latter the imagination cannot depict – indeed, it cannot even be depicted, it can only be – and therefore the image of perfection that the imagination depicts always looks so easy, so persuasive....If [the imagination] could do that, then with the help of the imagination a person could experience exactly the same as in actuality, could live through it in exactly the same way as if he lived through it in actuality, could learn to know himself as accurately and fundamentally as in the experience of actuality – then there would be no meaning in life.[7]

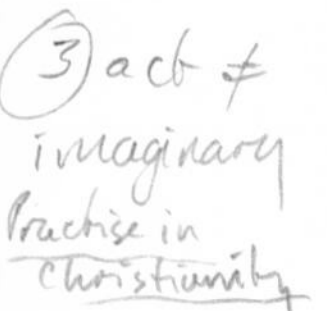


Actuality in this sense is opposed to *imagination* (*Phantasie*) rather than thought (*Tænkning*).[8] Though this use of the term does appear in *Postscript*, it appears in a quite different context,[9] and it is not, or not apparently, identical to the use with which I am here concerned.

---

[7] *PC*, pp. 187-188; *SV1* XII, 174-175.

[8] See also, for example, *Pap.* IX A 382, where the same point is made, and *Pap.* IX A 387, with its distinction between the "media" of imagination and actuality. In the discussion of suffering as dying to immediacy in *Postscript* there is a related remark, though here the opposition is to *speech:* "...just as easy as it is to state that a human being is nothing before God, so is it difficult to express this in existence....[I]n relation to the ethical all speech involves a little deception, because speech, despite the most subtle and skilled precautionary measures, always still has an appearance of the foreshortened perspective" (*CUP*, p. 463; *SV1* VII, 403).

[9] In particular, it appears in the second division of the last chapter. Actuality is what puts the pathos in existence, as it were. In addition to the passage cited in the previous footnote, see also, e.g., *CUP*, pp. 449-450; *SV1* VII, 391: "Similarly, it also seems to me that to be known *in time by God* makes life enormously strenuous. Whenever he is present, every half hour is of infinite importance. But to live in that way cannot be endured for sixty years...." It also appears to be connected with the *Irony* sense in the same *Sickness unto Death* discussion (cf. *SUD*, p. 36; *SV1* XI, 149).

## *II.*

In that use, the distinction is between what is and what is thought, rather than between what is and what is not plausibly plannable or between what is merely planned and what is also carried out. One might be tempted to say that in the sense at issue, actuality has a theoretical, in the two other senses a practical meaning. Yet actuality in the *Postscript* sense is also tied up with the ethical – and this is part of its peculiarity. The connection to the ethical shows itself in passages like the following:

> All knowledge about actuality is possibility. The only actuality concerning which an existing person has more than knowledge about is his own actuality, that he exists, and this actuality is his absolute interest. The demand of abstraction upon him is that he become disinterested in order to obtain something to know; the requirement of the ethical upon him is to be infinitely interested in existing.
>
> The only actuality there is for a person is his own ethical actuality; concerning all other actuality he has only knowledge about, but genuine knowledge is a translation into possibility.[10]

We should probably take "the requirement of the ethical…to be infinitely interested in existing" to mean the demand of the practical perspective to accept responsibility. To be infinitely interested in existing is to be maximally morally engaged. The claim that thinking lacks a grasp of this seems to be equivalent to the claim that the "objective tendency" abstracts from the perspective of agency, deals in explanations, and has no place for freedom and responsibility. One recalls the Judge's polemic against Hegelian philosophy in *Either / Or,* Part II: to be committed to the possibility of absolute knowledge is to be committed to the absolute necessity of everything that is. The Judge is particularly concerned with claims to have understood the necessity of history, and with their apparent consequence: that there is no "either / or," no human freedom, and that the ethical standpoint is therefore an illusion. Indeed, we are given something like a summary of just this line from the second letter,[11] where the distinction is pressed between the standpoint of the observer and that of the agent. One might also want to invoke the point from the end of the section "Possible and Actual Theses by Lessing": "So-called pantheistic systems have frequently been cited and attacked by saying that they cancel freedom and the distinction between good and evil. This is perhaps expressed

---

[10] *CUP,* p. 316; *SV1* VII, 271. "To exist" and "existing" here: "*at existere*"; "*existerende.*"

[11] *CUP,* pp. 305-307; *SV1* VII, 261-263.

just as definitely by saying that every such system fantastically volatilizes the concept of existence."[12]

This point, and the sense of "existence" that goes with it, is the one familiar from *Either / Or*, Part II. The suggestion, then is that one's own actuality will be something that is disclosed, or perhaps constituted, by *interest*: thinking that it matters what one does, being interested in the state of one's soul. "For the existing person, existing is for him his highest interest, and his interestedness in existing is his actuality."[13] Interest is what is missing when actuality is missing. This seems to be where comments to the effect that we should not want "*to observe* the world and human beings ethically"[14] fit in.

I call this being tied up with the ethical a peculiarity, though, because there are clear indications in this very discussion that, on the one hand, what is intended is a familiar epistemological point and, on the other, that what is intended is a familiar metaphysical point. That is, there are two quite distinct *further* points made in the discussion immediately following this passage that offer themselves as glosses upon it, and that have no obvious connection with either one another or with the ethical gloss just given.

Epist consequ.: The epistemological gloss follows immediately (in the next paragraph): "The trustworthiness of sense perception is a deception....The trustworthiness claimed by knowledge about the historical is also a deception insofar as it claims to be the trustworthiness of actuality, since the knower cannot know about a historical actuality until he has dissolved it into a possibility."[15] This is reminiscent of a discussion of the same theme in *Philosophical Fragments*,[16] where two types of knowledge claims are contrasted: logical, mathematical and certain sorts of metaphysical statements that express timeless, eternal truths; and what are called "historical" statements, i.e., statements to the effect that something has happened or "has come into existence." "Historical knowledge" in this context apparently includes claims about historical particulars (actual things and events) and excludes historical generalizations (that is, those properly speaking political, sociological or psychological generalizations that might be extracted from the study of history, but whose justification would look nothing like the justification one would

---

12 *CUP*, p. 122; *SV1* VII, 100.
13 *CUP*, p. 314; *SV1* VII, 270.
14 *CUP*, p. 320; *SV1* VII, 275.
15 *CUP*, p. 316; *SV1* VII, 271.
16 *PF*, pp. 79-86; *SV1* IV, 243-248.

give for claims about the occurrence of particular historical events or the existence of particular items in the past).[17] Historical truths, we are told, are not the objects of immediate sense perception: that something is there, I sense immediately, but the fact that it has come into being is not immediately sensible – this belongs to the past, and can be apprehended only through inference or testimony.[18] Nor are historical claims necessary truths of reason. "[P]recisely by coming into existence, everything that comes into existence demonstrates that it is not necessary."[19] And so claims of this type are liable to a certain sort of skeptical doubt; this sort of skepticism is a persistent aspect of Climacus' view. The skepticism that the passage[20] suggests is in fact deeper than that outlined in the Interlude in *Fragments* – for in the earlier work, "immediate sensation and cognition cannot deceive,"[21] whereas in the later work even "the trustworthiness of sense perception is a deception." One might want to invoke the point from the preceding chapter in *Postscript* ("Subjective Truth, Inwardness; Truth is Subjectivity"[22]) to the effect that taking the "empirical" interpretation of being means turning truth into a desideratum.

Why put this point by saying that knowledge is only of possibility, not of actuality? On the most obvious reading, the point is that one can know what the possibilities are – the various historical possibilities consistent with a given report, perhaps, or the various possible explanations for a given set of experiences – but one cannot know with certainty which one of them is actual. The point would then be something like: thought gives us possible states of affairs and relations between them; but what is *actually the case* – this only actuality gives us, and this is what is missing when actuality is missing. Note that although this is expressed in a way that makes reference to "existence," especially in the discussion in *Fragments* – things that exist or have come into existence, and the coming into existence of things[23] – what is meant is *actual facts* (that something has happened or is the case).

The metaphysical gloss (for want of a better term) follows the epistemological one on the next page: "To conclude existence from think-

[17] The existence of such generalizations is, I think, what explains the fact that "historical" knowledge is sometimes (e.g., at *CUP,* p. 193; *SV1* VII, 161) included in the same list with logical and mathematical knowledge.

[18] *PF,* p. 81; *SV1* IV, 244.

[19] *PF,* p. 74; *SV1* IV, 237.

[20] *CUP,* p. 316; *SV1* VII, 271.

[21] *PF,* p. 82; *SV1* IV, 245.

[22] *CUP,* pp. 189-251; *SV1* VII, 157-211.

[23] Here "existence" is "*Tilværelse,*" "to exist" is "*at være til.*"

ing is, then, a contradiction, because thinking does just the opposite and takes existence away from the actual and thinks it by annulling it, by transposing it into possibility."[24]

This again recalls a discussion in *Fragments*.[25] The context there – unsurprisingly, as there are few other contexts in which such a point would come up – is a discussion of demonstrations of God's existence. One does not reason to existence as a conclusion, Climacus there claims, but rather from existence as a premise.[26] "Whether one wants to call existence an *accessorium* or the eternal *prius*, it can never be demonstrated."[27]

This point is also familiar. The ontological argument is faulty, according to this line of criticism, because it relies on an equivocation between two senses of "being" – the sort of being that objects of thought can be said to have (and that figures in the conceivability premise) and the sort of being that independently subsisting entities can be said to have (and that figures in the conclusion). The ontological argument is mentioned explicitly in the *Postscript* discussion as well,[28] where a different distinction is made: that between the *hypothetical* being involved in the premise and the actual being involved in the conclusion. Climacus continues:

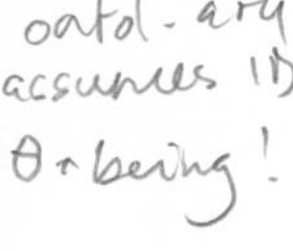

> The confusion is the same as explaining actuality in pure thinking. The section is titled *Actuality*,[29] actuality is explained, but it has been forgotten that in pure thinking the whole thing is within the sphere of possibility. If someone has begun a parenthesis, but it has become so long that he himself has forgotten it, it still does not help – as soon as one reads it aloud, it becomes meaningless to have the parenthetical clause change into the principal clause.[30]

---

[24] *CUP*, p. 317; *SV1* VII, 272. Here, again, "existence" is "*Tilværelse*."

[25] This one at *PF*, pp. 39-43; *SV1* IV, 207-210.

[26] A formulation Kierkegaard owes to Trendelenburg. Cf., e.g., *Pap.* VII, 2 C 1. For a brief discussion of Kierkegaard's debt to Trendelenburg on this issue, see. J. Heywood Thomas "Logic and Existence" in *Journal for the British Society for Phenomenology* 2, no. 3 (1971), p. 6.

[27] *PF*, p. 40; *SV1* IV, 207. References to Kant's and Schelling's critiques of the ontological argument, respectively. Kant does not use the term *accessorium*. Still, we know from *Pap.* V B 5.3 that Kierkegaard associates the term with Kant's critique of the argument – presumably with Kant's claim that existence is something over and above the totality of conceptual determinations of a thing. Schelling does use the term *prius*. The reference is to a discussion in the Berlin lectures: cf. Paulus' notes to the lectures (reproduced in Schelling *Philosophie der Offenbarung 1841/42*, ed. by Manfred Frank, Frankfurt am Main 1977; reference is to p. 110) and Kierkegaard's notes of Schelling's lectures at *Notesbog 11* (*SKS* 19, 303-367) / *Pap.* III C 27 (vol. XIII), p. 260.

[28] At *CUP*, p. 334; *SV1* VII, 288-289.

[29] The reference, of course, is to the "Actuality" section of Hegel's *Wissenschaft der Logik*.

[30] *CUP*, pp. 334-335; *SV1* VII, 289.

In fact Kierkegaard seems to assume the two distinctions are identical: the hypothetical (or possible) and that which is "in thought" are equivalent. What is thought is the merely possible, and what is possible is just what is hypothesized or entertained – what is thought.[31] It seems that the thing about "actuality" that goes missing once it is "taken up into thought" is *existence* – or at least the sort of *independent* subsistence that ordinary objects might be said to have. But note the very different sense of existence here.[32]

So we have (in a space of two pages) these three suggested readings of what it is that abstraction knows it lacks and pure thinking (mistakenly) thinks it has[33]: the practical perspective, certainty about what is actually the case, and a sort of being. All nominally connect actuality to existence, but in three quite different senses of that term (the second

---

[31] For a statement of the view that the possible is thought-dependent in something like this way, see Nicholas Rescher "The Ontology of the Possible" in *The Possible and the Actual,* ed. by Michael Loux, Ithaca: Cornell University Press 1979, pp. 166-181. While Rescher's view is that the *merely* possible (possibilities which never have and never will be actualized) is ontologically dependent on thinking, Climacus seems to hold both this view *and* the view that even the actual is transformed, as it were, into the merely possible once it is thought. I am not sure what to make of this part of Climacus' view, which appears in a number of places, e.g. at *CUP,* p. 321; *SV1* VII, 276: "When I think something I want to do but as yet have not done, then what I have thought, however precise it is, however much it may be called *thought-actuality,* is a possibility. Conversely, when I think something that someone else has done, therefore think an actuality, then I take this given actuality out of actuality and transpose it into possibility, inasmuch as a *thought-actuality* is a possibility and in terms of thinking superior to actuality but not in terms of actuality.–This also means that ethically there is no direct relation between subject and subject. When I have understood another subject, his actuality is for me a possibility, and this thought-actuality is related to me *qua* possibility just as my own thinking of something I still have not done is related to the doing of it."

[32] Cf. *CUP,* p. 330; *SV1* VII, 285: "Existence is always the particular; the abstract does not *exist.*"

[33] There is a distinction to be drawn in the citations given in the opening paragraph between the "thought" involved in the first citation and the thought involved in the second. In the first, it is *abstraction* whose medium is possibility and which can "grasp" actuality only by "annulling" it. In the second, it is *pure thinking* in which "thought-reality is confused with actuality." Actuality, then, is something that escapes both abstraction and pure thinking, both of which are instances of thought, instances that differ not in their relation to actuality, but instead in their conceptions of that relation: abstraction recognizes that actuality eludes it, while pure thinking mistakenly claims to have taken actuality up *into* thought. Abstraction recognizes that it is one term of a relation, while pure thinking is "in mystical suspension," "unaware of the relation that abstraction still continually has to that from which it abstracts" (*CUP,* p. 313; *SV1* VII, 269). "Pure thinking" refers to Hegel, and this "mystical suspension" is the gist of Climacus' critique of Hegelianism in this section.

very artificial). The first of these senses of actuality is Kierkegaard's very own. For the second we are continually referred to ancient skepticism, though we might equally well point to Hume (quite likely via Jacobi – in particular Jacobi's *David Hume on Faith*[34]). The immediate source of the third is Schelling. I will first say something about that sense, and then return to the problem of how Kierkegaard / Climacus seems to want to fit the three senses together.

## *III.*

Schelling began his second lecture in Berlin by announcing that the "relation of philosophy to actuality" would be his theme,[35] and Kierkegaard wrote in his journal:

> I am so happy to have heard Schelling's second lecture – indescribably. I have been pining and thinking mournful thoughts long enough. The embryonic child of thought leapt for joy within me as in Elizabeth, when he mentioned the word "actuality" in connection with the relation of philosophy to actuality. I remember almost every word he said after that....[36]

What is it that he remembered? Schelling began his lecture series that year by summarizing the line he had taken on idealistic philosophy for roughly the preceding fifteen years – a position that Kierkegaard had quite certainly already heard and read about, and which had brought him to hear Schelling to begin with.[37] A central part of that line is a

---

[34] Friedrich Heinrich Jacobi *David Hume über den Glauben, oder Idealismus und Realismus. Ein Gespräch,* Breslau 1787. Kierkegaard would have read the revised edition published in Jacobi's *Sämmtliche Werke,* Leipzig 1812-25.

[35] Schelling *Philosophie der Offenbarung 1841/42* (cf. note 27 above), p. 98. Citations from Schelling's work will be identified as follows: Schelling *Philosophie der Offenbarung 1841/42* refers to Paulus' notes to the lectures Schelling gave in Berlin in 1841/42 as reproduced in the volume indicated in note 27. These are the lectures Kierkegaard heard. *Schellings Werke* vols. 1-13, ed. by Manfred Schröter, Munich: Beck and Oldenbourg 1927-59; vol. 10, refers to lectures given in Berlin in 1842/43 and later years. *Grundlegung der positiven Philosophie* refers to *Grundlegung der positiven Philosophie: Münchener Vorlesung WS 1832/33 und SS 1833,* ed. by Horst Fuhrmans, Torino 1972. These are lectures given in Munich throughout the 1830's.

[36] *Pap.* III A 179.

[37] He had certainly read Schelling's preface to Victor Cousin's *Fragments Philosophiques* (1834) and the various reactions to that and to Schelling's Munich lectures on the part of I. H. Fichte (cf. his *Ueber die Bedingung eines spekulativen Theismus,* Elberfeld 1835) and the latter's contemporaries – many published in the *Zeitschrift für Philosophie und Spekulative Theologie,* Bonn (of which Kierkegaard owned volumes 1-20 [1837-48] and 23-27 [1853-55]).

view of the relation of thought to actuality that sounds very much like the *Postscript* view.

The various idealist systems are accounts, according to this line, of "the relations which things take on in pure thought" rather than an account of "*existence*, what *actually exists.*"[38] Idealism (or "negative philosophy") knows nothing of actual things; it knows only possible things.[39] "[R]eason, so long as it takes itself as its principle, is capable of *no actual knowledge*...."[40] To think otherwise is to fail to acknowledge the distinction between the content of what is (what systematic philosophy presents) and the instantiation of that content (the actual world):

> I am in complete agreement with the Hegelian definition of philosophy: it is *the science of reason, insofar as this latter becomes aware of itself as all of being*....In philosophy, reason becomes aware of itself as all of being – *assuming that by "being" one does not mean actual being* but means instead that in rational science reason appears as all of being according to its content. *That in philosophy reason becomes aware of its own content as the content of all of being – this is the explanation of pure rational science.* But we must not fail to make this distinction![41]

In fact, Schelling pointed out, idealism was essentially committed to the invalidity of the distinction. Post-Kantian idealism was defined by the claim that being is necessarily such as to conform to thinking, and therefore that in constructing the ramified totality of possible thought contents, it has constructed the ramified totality of the actual world. This epistemological claim rested, Schelling thought, on an ontological thesis. What idealism presupposed, according to this diagnosis, was the sort of ontological priority of thought to being that nullifies the distinction between "all of being as thought-content" and "all of being as actually instantiated." Schelling had come to reject that presupposition, and to hold that in fact there is a philosophically significant gap between the conceptual totality reason can construct and the actuality it purports to describe.[42]

---

38 *Schellings Werke* (cf. note 35 above), vol. 10, p. 125.

39 Schelling *Philosophie der Offenbarung 1841/42* (cf. note 27 above), p. 119.

40 Ibid., p. 152.

41 Ibid., p. 122.

42 What exactly Schelling's reasons were for this change of mind – together with what exactly the change of mind amounted to – have been the subject of a long debate. Landmarks in this debate have been Horst Fuhrmans *Schellings Letzte Philosophie,* Berlin 1940; Walter Schulz *Die Vollendung des deutschen Idealismus in der Spätphilosophie Schellings,* Pfullingen 1975; and Manfred Frank *Der unendliche Mangel an Sein,* 2. ed., Munich 1992. My concern in this section will be less with Schelling's reasons for holding the view than with the view itself as he presented it in his lectures.

This presupposition was most clearly demonstrated, he thought, by the renewed commitment (after Kant) to the possibility of something like the ontological argument for the existence of God. As a result, his critique of idealism usually included an assessment of (a modal version of) the argument – an assessment we find repeated in *Fragments* and *Postscript*. He criticized the argument on logical grounds, claiming the invalidity of the inference from being within the scope of a modal operator (the possibly necessary being asserted in the premises) to being outside the scope of a modal operator (the actual being asserted in the conclusion). His grounds for this seem to have been a conviction that the former is an instance of the latter rather than the other way around – in other words a version of metaphysical actualism.[43] Actuality is ontologically prior to possibility, according to this view; the actual world is the only world there is, and possible worlds are not entities independently subsisting alongside it in logical space, but are instead proper subsets of it – subsets consisting of thought constructs or entities "in thought."[44] Schelling's complaint about the ontological argument seems to be that it requires one to take actual existence to be an instance of existence in possibility – i.e., that it relies on a possibilist ontology.[45] The commitment to the onto-

---

[43] Cf. Robert Adams "Theories of Actuality" in *Nous* 8 (1974), pp. 211-231. Adams argues that if we take possibility as ontologically primitive, there turns out to be no answer to the question, "In virtue of what is the actual world actual?" that does not entail either that the actual world is necessarily actual (i.e., that no other worlds are even possible) or that actuality is a relative property – a property that all worlds possess in themselves, but none of them possesses absolutely. Where Adams has arguments, however, Schelling seems to possess only intuition.

[44] Again, the view is similar to the one Rescher presents – cf. note 31 above. There are other versions of actualism, of course. On one view possible worlds are sets of propositions (cf. Adams [see previous note]); on another they are sets of properties (cf. Stalnaker "Possible Worlds" in *Nous* 10 [1976], pp. 65-75); on still another they are states of affairs (cf. Alvin Plantinga *The Nature of Necessity,* Oxford 1974 and "Actualism and Possible Worlds" in *Theoria* 42 [1976], pp. 139-160).

[45] One way to put this in contemporary terms is to say that Schelling believed an actualist ontology required rejecting the symmetry condition on accessibility relations between the actual and non-actual possible worlds, at least in where existential statements are concerned, and paradigmatically in the context of the ontological argument. Since symmetry is assumed in all modal systems which the argument is valid, this would give Schelling the logical objection to the argument he thinks he has. This is why I think Henrich is correct – to this extent – in his characterization of Schelling's position. (Cf. Dieter Henrich *Der Ontologische Gottesbeweis,* 2. ed., Tübingen 1967, pp. 219-237.) He is also right to point out that Schelling ultimately cannot accept the consequences of this position.

logical priority of possibility and the commitment to the possibility of an ontological argument go hand in hand, according to Schelling – and both fall out of the idealist commitment to the priority of thought to being.

Actualism does not in fact commit one to the impossibility of an ontological argument.[46] Schelling, however, apparently thinks it does. I believe it is this view that is the source of many of the difficulties Schelling encounters in making a place for negative philosophy within positive philosophy – in defining a space for necessity, as it were. This is, of course, a central unresolved question about the later Schelling.

It seems to me that Schelling illegitimately oscillates between two views – one of which is that logical truth is simply irrelevant to claims about actuality, the other that logical truth is relevant except in some contexts – paradigmatically, the context of the ontological argument. The first option – that *nothing* about thoughts (not even the necessity of thinking them) entails anything about the actuality of actually existing things – effectively bankrupts the notion of necessity. Some of Schelling's comments make it seem as if he is willing to do just this – for instance: "We are here beginning to grasp that *the so-called eternal truths* are nothing other than propositions abstracted from the present state of things. There are no *eternal* truths in this sense."[47] There is, in other words, no conceptual necessity in nature. Idealism has mistaken empirical knowledge of how the world contingently is for a priori knowledge of how the world necessarily is. At other places, however, Schelling seems to want to limit the scope of his claims, where he insists that negative philosophy does grasp the reality of things, and seems to limit the scope of positive philosophy's claims to knowledge of God alone.[48] This suggests the second option.[49] To take the second option, however, requires making a plausible distinction between the context of the ontological argument and other contexts. Schelling gives us no such distinction, and it is not clear that his view provides

[46] Cf. Alvin Plantinga *The Nature of Necessity* (see n. 44) and "Kant's Objection to the Ontological Argument" in *Journal of Philosophy* 63 (1966), pp. 537-546.

[47] At Schelling *Grundlegung der positiven Philosophie* (cf. note 35 above), p. 90. By the "present" state of things Schelling means the world in its fallen state.

[48] For instance at Schelling *Philosophie der Offenbarung 1841/42* (cf. note 27 above), pp. 99ff.

[49] Fuhrmans is correct to point to a change of mind between the Munich and Berlin periods on this score; this difference is an instance of it.

the resources for constructing one.[50] To draw this line would be to specify negative philosophy's place within positive philosophy.

So, Schelling faces a trilemma: either (1) there is some plausible distinction to be drawn, or (2) we can have at most contingent empirical knowledge of even the "what" of things (and using the term "knowledge" here seems like a stretch), or (3) the point about actuality cannot after all be used against the ontological argument. Schelling seems to waver between options 1 and 2.

## *IV.*

What really bothers both Schelling and Kierkegaard is the idea that some sort of wholesale necessity could be determinative of actuality. The source of the worry, for both, is the suspicion that if we admit that the actual falls into the *grip* of necessity, we shall have to give up freedom and moral responsibility. It looks as though it is this concern that binds the three senses of "actuality" in the *Postscript* discussion together. The structure is roughly the following:

The epistemological point, which amounts to a sort of Humean skepticism, first comes up in the Interlude to *Philosophical Fragments* – where there are also specific references both to natural causation and to freedom. After arguing for the claim that "nothing comes into existence by way of [conceptual – M.K.[51]] necessity"[52] – i.e., arguing that the necessity that might inhere in conceptual relations among properties cannot inhere in the causal relations among historical events[53] – and after claiming that if history were necessary (here the sense of "necessary" is unspecified) "then we could no longer speak of the past and the future"[54] and "freedom itself would be an illusion and coming into existence no less an illusion,"[55] Climacus makes the

---

[50] Kant's view, for instance, does give us a plausible place to draw the line – but it also gives us a non-logical objection to the argument. Cf. Henrich (cf. note 45 above), pp. 139ff.

[51] The context suggests that conceptual necessity is what is meant, and the grounds Climacus cites support only this conclusion anyway.

[52] *PF,* p. 74; *SV1* IV, 238.

[53] For a full reconstruction of the argument at *PF,* pp. 73-75; *SV 1* IV, 236-239 see Poul Lübcke "Freedom and Modality" in *Kierkegaard and Freedom,* ed. by James Giles, Hampshire and New York 2000, pp. 93-104.

[54] *PF,* p. 77; *SV1* IV, 241.

[55] *PF,* p. 78; *SV1* IV, 241.

following comment: "I cannot immediately sense or know that what I sense or know is an effect....That it is an effect is something I believe...."[56] One does not see the relation of cause and effect – and so inferring a causal connection between events requires closing an inductive gap. This is optional; whether and how we do so is in some strong sense up to us. So, at least, goes the view of belief that goes together with Climacus' skepticism: "The organ for the historical must be formed in likeness to this, must have within itself the corresponding something by which in its certitude it continually annuls the incertitude that corresponds to the uncertainty of coming into existence.... This is precisely the nature of belief."[57] Belief is what steps in to fill the gap; it is the "subjective" certainty that takes the place of an absent "objective" certainty. But note that "subjective" here is to be taken in what most would call a pejorative sense. "[B]elief is not a knowledge but an act of freedom, an expression of will."[58] Belief does not arise on its own out of reflection on experience; it is a contingent decision on the part of the reflecting subject. "[I]t is assumed that reflection can stop itself objectively, whereas it is just the other way around; reflection cannot be stopped objectively, and when it is stopped subjectively, it does not stop of its own accord, but it is the subject who stops it."[59]

If what we believe about the outside world is in some strong sense up to us, then it would seem that we are subject to ethical demands with respect to what we believe, just as much as to what we do. This move is suggested in the *Postscript*:

> In other words, if a beginning cannot be made immediately with the immediate...but this beginning must be achieved through reflection, then the question arises very simply...: How do I bring to a halt the reflection set in motion in order to reach that beginning? Reflection has the notable quality of being infinite. But being infinite must in any case mean that it cannot stop of its own accord....Perhaps the infinity of reflection is the bad or spurious infinity. In that case, we are indeed almost finished, since the spurious infinity is reputedly something despicable that one must give up, the sooner the better. In that connection, may I not ask a question:...Is not "spurious" an ethical category?[60]

Here is a connection between two of the glosses on "actuality" in the *Postscript* passage. Our ethical actuality (that is: interest) governs the

---

[56] *PF*, p. 84; *SV1* IV, 247-248.
[57] *PF*, p. 81; *SV1* IV, 245.
[58] *PF*, p. 83; *SV1* IV, 247.
[59] *CUP*, p. 116; *SV1* VII, 95.
[60] *CUP*, pp. 112-113; *SV1* VII, 91-92.

question of what we should take to be actually the case. These two senses of "actuality" are conjoined by the possibility of skepticism about natural causation to support the claim that nothing we could know empirically about the objective world could entail that the fundamental character of the agent perspective is an illusion (that we cannot take ourselves to be free).

There are some distinctly undesirable consequences to this view, but Climacus, at least, is willing to accept them. First among these consequences is that we have no knowledge about the medium in which we act. This implication is duly noted: "to make the subjective individual's ethical actuality the only actuality would seem to be acosmism."[61] But this implication is simply dismissed as irrelevant. The response: we should not worry about giving up the world if we thereby gain ourselves. "[T]o the individual his own ethical actuality ought to mean, ethically, even more than heaven and earth and everything found therein…."[62]

What about the metaphysical sense of actuality? It seems to fit in as follows. There are not two but three senses of "necessary" which Kierkegaard is concerned might apply to history (that is, to human actions). The first is conceptual or logical necessity in some straightforward sense; against this Kierkegaard invokes Aristotle and Trendelenburg. The second is causal necessity on a broadly empiricist interpretation – that is, where the claim that everything that happens does so in accordance with causal laws and hence could not be otherwise is taken as an inductive inference from observed empirical regularities. It is against this that Kierkegaard invokes Hume. The third is causal necessity on a broadly Kantian / idealist interpretation. And it is here that Kierkegaard invokes Schelling.

What Kant claimed to have done – and if anything, post-Kantian idealism claimed to have done it better by correcting perceived inadequacies in Kant's account – was to have made Humean doubt untenable, and thereby to have rescued a sense of necessity applicable in natural science. Does Schelling's view of actuality constitute grounds for abandoning that claim? That depends upon which horn of the tri-

---

[61] *CUP*, p. 341; *SV1* VII, 296.

[62] *CUP*, p. 342; *SV1* VII, 296. This response brings problems of its own. How, for instance, is one then to determine what one's "real" possibilities (one's actuality in the sense operative in *The Concept of Irony*) are? The ethical problems arising out of Climacus' acosmism are the subject of Louis Mackey's paper "The Loss of the World in Kierkegaard's Ethics" in *Review of Metaphysics* 15 (1962), pp. 602-620.

lemma one takes. If one takes the second – that we can have at most contingent empirical cognition of actuality – it does. Climacus takes the second. He takes the metaphysical point about actuality to entail the epistemological point. It does not. But we can see why Kierkegaard might have thought it did: he took the idealist critique of Kant to be correct (and concluded that Humean skepticism is the only alternative to full-fledged Hegelianism), and he took Schelling's critique of idealism to be correct, and thus to defeat the only available line of argument against Hume. The ethical sense of actuality (the first-person agent perspective) can take priority because of the possibility of skepticism (the epistemological gloss), which in turn is made possible by what Kierkegaard sees as a defeat of the project of "pure thinking" effected by the late Schelling.

Schelling himself would never have accepted the sort of triangulation that goes on between these three points. He thinks we do have something properly called empirical *cognition*. But it is unclear that he would have the resources to block this move. Still, the problems this fact raises for Schelling (who still does want to say that thought maps the actual, at least in some limited sense) are not problems for Kierkegaard. For if there was anything Kierkegaard (as Climacus, at least) was not worried about, it was the project of preserving some account of the grip of *thought* on actuality.

# Abbreviations

## *Danish Abbreviations*

*B&A* *Breve og Aktstykker vedrørende Søren Kierkegaard,* udg. af Niels Thulstrup, bd. I-II, København 1953/54.

*Pap.* *Søren Kierkegaards Papirer,* bd. I-XI,3, udg. af P.A. Heiberg, V. Kuhr og E. Torsting, Gyldendalske Boghandel, Nordisk Forlag, København 1909-1948; Anden forøgede Udgave, bd. I-XI,3, ved N. Thulstrup, bd. XII-XIII Suplementsbind, udg. af N. Thulstrup, bd. XIV-XVI Index af N.J. Cappelørn, Gyldendal, København 1968-1978.

*SV1* *Samlede Værker,* udg. af A.B. Drachmann, J.L. Heiberg og H.O. Lange, bd. I-XIV, Gyldendalske Boghandels Forlag, København 1901-1906.

*SV2* *Samlede Værker,* 2. udg. ved A.B. Drachmann, J.L. Heiberg og H.O. Lange, bd. I-XV, bd. XV Sag- og Forfatterregister ved A. Ibsen og Terminologisk Register ved J. Himmelstrup, Gyldendalske Boghandel, Nordisk Forlag, København 1920-36.

*SV3* *Samlede værker,* 3. udg. ved Peter P. Rohde, bd. 1-19, bd. 20 Terminologisk Ordbog ved J. Himmelstrup og Sammenlignende Register, Gyldendal, København 1962-1964.

*SKS* *Søren Kierkegaards Skrifter,* udg. af Niels Jørgen Cappelørn, Joakim Garff, Jette Knudsen, Johnny Kondrup, Alastair McKinnon og Finn Hauberg Mortensen, bd. 1-55 (*SKS* 1-6 + K1-6, 1997-1999), Søren Kierkegaard Forskningscenteret og G.E.C. Gads Forlag, København 1997-.

*AE* *Afsluttende uvidenskabelig Efterskrift, SV1* VII; *SV2* VII; *SV3* 9-10; *SKS* 7 + K7.

*BA* *Begrebet Angest, SV1* IV; *SV2* IV; *SV3* 6; *SKS* 4 + K4.

*BI* *Om Begrebet Ironi, SV1* XIII; *SV2* XIII; *SV3* 1; *SKS* 1 + K1.

*CT* *Christelige Taler, SV1* X; *SV2* X; *SV3* 12.

*DS* *Dømmer Selv! SV1* XII; *SV2* XII; *SV3* 17.

*DSS* *Dette skal siges; saa være det da sagt, SV1* XIV; *SV2* XIV.
*EE1* *Enten – Eller,* Første Deel, *SV1* I; *SV2* I; *SV3* 2; *SKS* 2 + K2-3.
*EE2* *Enten – Eller,* Anden Deel, *SV1* II; *SV2* II; *SV3* 3; *SKS* 3 + K2-3.
*EOT* *En opbyggelig Tale, SV1* XII; *SV2* XII; *SV3* 17.
*F* *Forord, SV1* V; *SV2* V; *SV3* 5; *SKS* 4 + K4.
*FB* *Frygt og Bæven, SV1* III; *SV2* III; *SV3* 5; *SKS* 4 + K4.
*FV* *Om min Forfatter-Virksomhed, SV1* XIII; *SV2* XIII; *SV3* 18.
*G* *Gjentagelsen, SV1* III; *SV2* III; *SV3* 5; *SKS* 4 + K4.
*GU* *Guds Uforanderlighed, SV1* XIV; *SV2* XIV; *SV3* 19.
*HCD* *Hvad Christus dømmer om officiel Christendom, SV1* XIV; *SV2* XIV; *SV3* 19.
*IC* *Indøvelse i Christendom, SV1* XII; *SV2* XII; *SV3* 16.
*KG* *Kjerlighedens Gjerninger, SV1* IX; *SV2* IX; *SV3* 12.
*KK* "Krisen og en Krise i en Skuespillerindes Liv", *SV1* X; *SV2* X; *SV3* 14.
*LA* *En literair Anmeldelse, SV1* VIII; *SV2* VIII; *SV3* 14.
*LF* *Lilien paa Marken og Fuglen under Himlen, SV1* XI; *SV2* XI; *SV3* 14.
*LP* *Af en endnu Levendes Papirer, SV1* XIII; *SV2* XIII; *SV3* 1; *SKS* 1 + K1.
*O* *Øieblikket 1-10, SV1* XIV; *SV2* XIV; *SV3* 19.
*OTA* *Opbyggelige Taler i forskjellig Aand, SV1* VIII; *SV2* VIII; *SV3* 11.
*PS* *Philosophiske Smuler, SV1* IV; *SV2* IV; *SV3* 6; *SKS* 4 + K4.
*SD* *Sygdommen til Døden, SV1* XI; *SV2* XI; *SV3* 15.
*SFV* *Synspunktet for min Forfatter-Virksomhed, SV1* XIII; *SV2* XIII; *SV3* 18.
*SLV* *Stadier paa Livets Vei, SV1* VI; *SV2* VI; *SV3* 7-8; *SKS* 6 + K6.
*2T43* *To opbyggelige Taler* 1843, *SV1* III; *SV2* III; *SV3* 4; *SKS* 5 + K5.
*3T43* *Tre opbyggelige Taler* 1843, *SV1* III; *SV2* III; *SV3* 4; *SKS* 5 + K5.
*4T43* *Fire opbyggelige Taler* 1843, *SV1* IV; *SV2* IV; *SV3* 4; *SKS* 5 + K5.
*2T44* *To opbyggelige Taler* 1844, *SV1* IV; *SV2* IV; *SV3* 4; *SKS* 5 + K5.
*3T44* *Tre opbyggelige Taler* 1844, *SV1* IV; *SV2* IV; *SV3* 4; *SKS* 5 + K5.
*4T44* *Fire opbyggelige Taler* 1844, *SV1* V; *SV2* V; *SV3* 4; *SKS* 5 + K5.

*TAF* *To Taler ved Altergangen om Fredagen, SV1* XII; *SV2* XII; *SV3* 17.

*TS* *Til Selvprøvelse. Samtiden anbefalet, SV1* XII; *SV2* XII; *SV3* 17.

*TSA* *Tvende ethisk-religieuse Smaa-Afhandlinger, SV1* XI; *SV2* XI; *SV3* 15.

*TTL* *Tre Taler ved tænkte Leiligheder, SV1* V; *SV2* V; *SV3* 6; *SKS* 5 + K5.

*YTS* *"Ypperstepræsten" – "Tolderen" – "Synderinden", SV1* XI; *SV2* XI; *SV3* 15.

## *English Abbreviations*

*JP* *Søren Kierkegaard's Journals and Papers,* ed. and trans. by Howard V. Hong and Edna H. Hong, assisted by Gregor Malantschuk, vol. 1-6, vol. 7 Index and Composite Collation, Bloomington and London: Indiana University Press 1967-1978.

*JSK* *The Journals of Søren Kierkegaard,* ed. and trans. by Alexander Dru, New York and London: Oxford University Press 1938.

*PJ* *Papers and Journals: A Selection,* trans. with introductions and notes by Alastair Hannay, Harmondsworth: Penguin Books 1996.

*KW* *Kierkegaard's Writings,* trans. by Howard V. Hong and Edna H. Hong, vol. I-XXVI, Princeton: Princeton University Press 1978-1998.

*AN* *Armed Neutrality, KW* XXII.

*AR* *On Authority and Revelation, The Book on Adler,* trans. by Walter Lowrie. Princeton: Princeton University Press 1955.

*BA* *The Book on Adler,* XXIV.

*C* *The Crisis and a Crisis in the Life of an Actress, KW* XVII .

*CA* *The Concept of Anxiety,* trans. by Reidar Thomte in collaboration with Albert B. Anderson, *KW* VIII.

*CD* *Christian Discourses, KW* XVII.

*CI* *The Concept of Irony, KW* II.

*COR* *The Corsair Affair; Articles Related to the Writings, KW* XIII.

*CUP* *Concluding Unscientific Postscript,* two vols., *KW* XII.1 and XII.2.

*EO1* *Either/Or,* Part I, *KW* III.
*EO2* *Either/Or,* Part II, *KW* IV.
*EOP* *Either/Or,* trans. by Alastair Hannay, Harmondsworth: Penguin Books 1992.
*EPW* *Early Polemical Writings: From the Papers of One Still Living; Articles from Student Days; The Battle Between the Old and the New Soap-Cellars,* trans. by Julia Watkin, *KW* I.
*EUD* *Eighteen Upbuilding Discourses, KW* V.
*FSE* *For Self-Examination, KW* XXI.
*FT* *Fear and Trembling, KW* VI.
*FTP* *Fear and Trembling,* trans. with an introduction by Alastair Hannay, Harmondsworth: Penguin Books 1985.
*JC* *Johannes Climacus, or De omnibus dubitandum est, KW* VII.
*JFY* *Judge for Yourselves, KW* XXI.
*KAC* *Kierkegaard's Attack upon "Christendom," 1854-1855,* trans. by Walter Lowrie, Princeton: Princeton University Press 1944.
*LD* *Letters and Documents,* trans. by Hendrik Rosenmeier, *KW* XXV.
*P* *Prefaces / Writing Sampler,* trans. by Todd W. Nichol, *KW* IX.
*PC* *Practice in Christianity, KW* XX.
*PF* *Philosophical Fragments, KW* VII.
*PLR* *Prefaces: Light Reading for Certain Classes as the Occasion May Require,* trans. by William McDonald, Tallahassee: Florida State University Press 1989.
*PLS* *Concluding Unscientific Postscript,* trans. by David F. Swenson and Walter Lowrie, Princeton: Princeton University Press 1941.
*PVW* *The Point of View for My Work as an Author* including *On My Work as an Author,* trans. by Walter Lowrie. New York and London: Oxford University Press 1939.
*PV* *The Point of View* including *On My Work as an Author* and *The Point of View for My Work as an Author, KW* XXII
*R* *Repetition, KW* VI.
*SBL* *Notes of Schelling's Berlin Lectures, KW* II.
*SDP* *The Sickness unto Death,* trans. with an introduction and notes by Alastair Hannay, Harmondsworth: Penguin Books 1989.
*SL* *Stages on Life's Way, KW* XI.
*SUD* *The Sickness unto Death, KW* XIX.
*TA* *Two Ages: The Age of Revolution and the Present Age. A Literary Review, KW* XIV.

| | |
|---|---|
| *TD* | *Three Discourses on Imagined Occasions, KW* X. |
| *UD* | *Upbuilding Discourses in Various Spirits, KW* XV. |
| *WA* | *Without Authority* including *The Lily in the Field and the Bird of the Air, Two Ethical-Religious Essays, Three Discourses at the Communion on Fridays, An Upbuilding Discourse, Two Discourses at the Communion on Fridays, KW* XVIII. |
| *WL* | *Works of Love, KW* XVI. |

*German Abbreviations*

| | |
|---|---|
| *T* 1-5 | *Die Tagebücher,* übers. und hrsg. von Hayo Gerdes, Bd. 1-5, Eugen Diederichs Verlag, Düsseldorf / Köln 1962-1974. |
| *GW1* | *Gesammelte Werke,* übers. und hrsg. von Emanuel Hirsch, Hayo Gerdes und Hans-Martin Junghans, 36 Abtlg. in 26 Bdn. und Registerbd., Eugen Diederichs Verlag, Düsseldorf / Köln 1950-1969. |
| *GW2* | *Gesammelte Werke*, übers. und hrsg. von Emanuel Hirsch, Hayo Gerdes und Hans-Martin Junghans, 2. Aufl., 36 Abtlg. in 30 Bdn., Gütersloher Verlagshaus (GTB Nachdruck 600-629), Gütersloh 1986-1995. |

| | |
|---|---|
| *A* | *Der Augenblick, GW1* 24; *GW2* 28. |
| *AUN* | *Abschließende Unwissenschaftliche Nachschrift zu den Philosophischen Brocken, GW1* 10-11; *GW2* 13-14. |
| *B* | *Briefe, GW1* 25; *GW2* 29. |
| *BA* | *Der Begriff Angst, GW1* 7; *GW2* 9. |
| *BI* | *Über den Begriff der Ironie mit ständiger Rücksicht auf Sokrates, GW1* 21; *GW2* 25. |
| *BÜA* | *Das Buch über Adler, GW1* 26; *GW2* 30. |
| *CR* | *Christlichen Reden* 1848, *GW1* 15; *GW2* 19. |
| *CS* | *Der Corsarenstreit, GW1* 22; *GW2* 26. |
| *DRG* | *Drei Reden bei gedachten Gelegenheiten 1845, GW1* 8; *GW2* 10. |
| *EC* | *Einübung im Christentum, GW1* 18; *GW2* 22. |
| *EER* | *Eine erbauliche Rede 1850, GW1* 19; *GW2* 23. |
| *EO1* | *Entweder/Oder,* 1. Teil, *GW1* 1; *GW2* 1-2. |
| *EO2* | *Entweder/Oder,* 2. Teil, *GW1* 2; *GW2* 3-4. |
| *ERG* | *Erbauliche Reden in verschiedenem Geist 1847, GW1* 13; *GW2* 16. |
| *ES* | *Erstlingsschriften, GW1* 20; *GW2* 24. |
| *FZ* | *Furcht und Zittern, GW1* 3; *GW2* 5. |

*GU* *Gottes Unveränderlichkeit, GW1* 24; *GW2* 28.
*GWS* *Der Gesichtspunkt für meine Wirksamkeit als Schriftsteller, GW1* 23; *GW2* 27.
*JC* *Johannes Climacus oder De omnibus dubitandum est, GW1* 6; *GW2* 8.
*KA* *Kleine Aufsätze 1842-51, GW1* 22; *GW2* 26.
*KK* *Die Krise und eine Krise im Leben einer Schauspielerin, GW1* 16; *GW2* 20.
*KT* *Die Krankheit zum Tode, GW1* 17; *GW2* 21.
*LA* *Eine literarische Anzeige, GW1* 12; *GW2* 15.
*LF* *Die Lilie auf dem Felde und der Vogel unter dem Himmel, GW1* 16; *GW2* 20.
*LP* *Aus eines noch Lebenden Papieren, GW1* 20; *GW2* 24.
*LT* *Der Liebe Tun, GW1* 14; *GW2* 17-18.
*PB* *Philosophische Brocken, GW1* 6; *GW2* 8.
*2R43* *Zwei erbauliche Reden* 1843, *GW1* 2; *GW2* 4.
*3R43* *Drei erbauliche Reden* 1843, *GW1* 4; *GW2* 6.
*4R43* *Vier erbauliche Reden* 1843, *GW1* 5; *GW2* 7.
*2R44* *Zwei erbauliche Reden* 1844, *GW1* 5; *GW2* 7.
*3R44* *Drei erbauliche Reden* 1844, *GW1* 5; *GW2* 7.
*4R44* *Vier erbauliche Reden* 1844, *GW1* 8; *GW2* 10.
*RAF* *Zwei Reden beim Altargang am Freitag 1851, GW1* 19; *GW2* 23.
*SLW* *Stadien auf des Lebens Weg, GW1* 9; *GW2* 11-12.
*SS* *Die Schriften über sich selbst, GW1* 23; *GW2* 27.
*US* *Urteilt selbst, GW1* 19; *GW2* 23.
*V* *Vorworte, GW1* 7; *GW2* 9.
*W* *Die Wiederholung,* GW1 4; *GW2* 6.
*WCC* *Wie Christus über das amtliche Christentum urteilt, GW1* 24; *GW2* 28.
*WS* *Über meine Wirksamkeit als Schriftsteller,* GW 1 23; *GW2* 27.
*ZKA* *Zwo kleine ethisch-religiöse Abhandlungen, GW1* 16; *GW2* 20.
*ZS* *Zur Selbstprüfung der Gegenwart anbefohlen 1851, GW1* 19; *GW2* 23.

## *French Abbreviations*

*OC* *Oeuvres Complètes,* edités et traduits par Paul-Henri Tisseau et Else-Marie Jacquet-Tisseau, tom. I-XX, Paris: Éditions de l'Orante, 1966-1987.

| | |
|---|---|
| *A1* | *L'Alternative I,* tome III. |
| *A2* | *L'Alternative II,* tome IV. |
| *CA* | *Le Concept d'angoisse. Préfaces,* tome VII. |
| *CC* | *La Crise et une crise dans la vie d'une actrice,* tome XV. |
| *CDD* | *Cela doit être dit, Que cela soit donc dit,* tome XIX. |
| *CI* | *Le Concept d'ironie constamment rapporté à Socrates,* tome II. |
| *CJC* | *Comment Christ juge le christianisme officiel,* tome XIX. |
| *CR* | *Un compte rendu littéraire,* tome VIII. |
| *CT* | *Crainte et tremblement,* tome V. |
| *DC* | *Discours Chrétiens,* tome XV. |
| *DCV* | *Deux discours pour la communion du vendredi,* tome XVIII. |
| *DDE* | *Dix-huit discours édifiants,* tome VI. |
| *EC* | *L'École du christianisme,* tome XVII. |
| *EDD* | *Discours édifiants à divers points de vue,* tome XIII. |
| *I* | *L'instant,* tome XIX. |
| *JC* | *Johannes Climacus ou De omnibus dubitandum est,* tome II. |
| *LA* | *Le Livre sur Adler,* tome XII. |
| *MM* | *La maladie à la mort,* tome XVI. |
| *MP* | *Miettes Philosophiques,* tome VII. |
| *OA* | *Les Oeuvres de l'amour,* tome XIV. |
| *PEC* | *Pour un examen de conscience,* tome XVIII. |
| *PS* | *Post-scriptum définitif et non scientifique aux miettes philosophiques,* tomes X-XI. |
| *PVO* | *Point de vue explicatif de mon oeuvre d'écrivain,* tome XVI. |
| *QA* | *Quatre articles,* tome I. |
| *R* | *La Répétition,* tome V. |
| *S* | *Stades sur le chemin de la vie,* tome IX. |
| *TD* | *Trois discours sur des circonstances supposées,* tome VIII. |
| *V* | *Vingt et un articles de Faedrelandet,* tome XIX. |

# Contributors

Brock, Steen, Ph.D., Lecturer
Department of Philosophy, University of Aarhus
Ndr. Ringgade
DK-8000 Århus C, Denmark
filsb@hum.au.dk

Hennigfeld, Jochem, Prof. Dr.
Institut für Philosophie, Universität Koblenz-Landau
Campus Landau, Im Fort 7
D-76829 Landau, Germany
phil@uni-landau.de

Hutter, Axel, Dr.
Institut für Philosophie, Hegel-Archiv, Ruhr-Universität Bochum
D-44780 Bochum, Germany
axel.hutter@ruhr-uni-bochum.de

Hühn, Lore, Dr.
Fechnerstr. 30
D-10717 Berlin, Germany

Kosch, Michelle, Ph.D.
University of Michigan
2684 Fernwood Ave.
Ann Arbor, MI 48104, USA

Olesen, Tonny Aagaard, cand.mag., Ph.D. Student
Søren Kierkegaard Research Centre
St. Kannikestræde 15
DK-1150 Copenhagen K, Denmark
tao@sk.ku.dk

Rasmussen, Anders Moe, cand.theol., Lecturer
Department of Philosophy, University of Aarhus
Ndr. Ringgade
DK-8000 Århus C, Denmark
filamr@hum.au.dk

Rosenau, Hartmut, Prof. Dr.
Institut für systematische Theologie und Sozialethik
der Christian-Albrechts-Universität
Leibnizstr. 4
D-24118 Kiel, Germany